中交科技丛书·科研著作

公路桥梁伸缩装置

EXPANSION JOINTS FOR ROAD BRIDGES

庄军生　彭泽友　夏玉龙　张　华　编著

余培玉　主审

人民交通出版社股份有限公司
China Communications Press Co.,Ltd.

内 容 提 要

本书在总结国内大量伸缩装置使用经验的基础上，参考借鉴了国外新近制定的大量相关标准，全面阐述了有关公路桥梁伸缩装置的性能要求、构造特点、设计方法、性能检测及施工安装要求，详细介绍了埋入式伸缩装置、柔性填充式伸缩装置、板式橡胶伸缩装置、梳齿板式伸缩装置、单缝式型钢伸缩装置、支承式伸缩装置、模数式伸缩装置等公路桥梁伸缩装置，并对欧洲标准和美国规范进行了节译和解读。本书由国内相关科研、设计和生产制造企业技术人员共同编写完成。

本书适合从事公路、铁路桥梁伸缩装置设计、施工的人员参考，也可供有关院校相关专业师生阅读。

图书在版编目(CIP)数据

公路桥梁伸缩装置／庄军生等编著. —北京：人民交通出版社股份有限公司，2015.1

(中交科技丛书.科研著作)

ISBN 978-7-114-11935-4

Ⅰ.①公… Ⅱ.①庄… Ⅲ.①公路桥－伸缩装置 Ⅳ.①U448.14

中国版本图书馆 CIP 数据核字(2015)第 002549 号

中交科技丛书 · 科研著作

书　　名：公路桥梁伸缩装置

著 作 者：庄军生　彭泽友　夏玉龙　张　华

责任编辑：尤　伟

出版发行：人民交通出版社股份有限公司

地　　址：(100011)北京市朝阳区安定门外外馆斜街 3 号

网　　址：http://www.ccpress.com.cn

销售电话：(010)59757973

总 经 销：人民交通出版社股份有限公司发行部

经　　销：各地新华书店

印　　刷：北京盛通印刷股份有限公司

开　　本：720×960　1/16

印　　张：19

字　　数：311 千

版　　次：2015 年 1 月　第 1 版

印　　次：2015 年 1 月　第 1 次印刷

书　　号：ISBN 978-7-114-11935-4

定　　价：76.00 元

前　　言

桥梁伸缩装置是公路桥梁路面的重要组成部分，主要用于适应桥梁的温度伸缩和混凝土桥梁的收缩、徐变，以及桥上车辆荷载作用等所引起的桥梁伸缩位移，以保证桥上车辆通行的安全性和舒适性。自20世纪80年代以来，随着我国公路桥梁建设的发展，各种类型的桥梁伸缩装置在桥梁上大量使用，其中不乏大量国外进口的伸缩装置。近些年，国内自主研发的模数式桥梁伸缩装置和大位移梳齿板式桥梁伸缩装置在桥梁上得到广泛应用，逐渐取代了国外进口的产品。但目前国内尚缺少对各种类型伸缩装置的结构特点、性能要求和检测要点进行系统介绍的专著。国际上，在桥梁设计规范中对伸缩装置的设计作了相关规定，自20世纪90年代以来，欧洲各国针对公路桥梁伸缩装置制定了一些技术规定，其中有英国1994年的《Expansion Joints for Use in Highway Bridges Decks》(BD 33/94)，德国1992年的《Technical Delivery and Inspection Specifications for Watertight Expansion Joints for Road and Foot Bridges》(TL/TP-FÜ92)等。2007年欧洲制定了《Guideline for European Techical Approval of Expansion Joint for Road Bridges-part Ⅰ》(ETAG 032—2007)，该标准对桥梁伸缩装置的通用技术条件作了详细的规定。2013年欧洲完成了全套公路桥梁伸缩装置标准(ETAGn°032—2013)的制定并正式颁布，在此标准中对各种类型桥梁伸缩装置的构造特点、性能要求、性能检测等作了详细规定，为公路桥梁伸缩装置的设计、制造和验收提供了可靠的依据。

本书在总结国内大量伸缩装置使用经验基础上，参考借鉴了国外新近制定的大量相关标准，由国内相关科研、设计和生产制造企业技术人员共同编写，详细介绍了公路桥梁伸缩装置的性能要求、构造特点、设计计算方法、性能检测及施工安装等内容。

本书正文共分11章，附录分A、B、C，各部分的主要内容如下：

第1章介绍了公路桥梁伸缩装置的基本性能要求、主要类型、设计寿命及发展概况。

第2章介绍了公路桥梁伸缩装置的性能要求,主要包括:承载力、伸缩位移、抗疲劳性能、抗震性能、防水性能及其他性能。

第3章介绍了公路桥梁伸缩装置的设计方法,主要包括:伸缩量的计算方法、静力设计方法、动力设计与抗疲劳设计方法,并给出了相应计算实例。

第4章介绍了公路桥梁伸缩装置的性能检验要求,主要包括:静力性能、伸缩位移性能、走行性能、动力和抗疲劳性能、防水性能及其他性能。

第5章介绍了小位移量桥梁伸缩装置的结构形式及设计要点,主要包括:埋入式伸缩装置、柔性填充式伸缩装置、板式橡胶伸缩装置及悬臂梳齿板式伸缩装置。

第6章介绍了单缝式型钢伸缩装置,主要包括:结构形式、设计方法及性能检测。

第7章介绍了支承式桥梁伸缩装置,主要包括:结构形式、设计方法及性能检测。

第8章介绍了模数式伸缩装置,主要包括:装置简介、主要零部件、分类方法及性能检测。

第9章介绍了公路桥梁伸缩装置的安装,主要包括:模数式伸缩装置、柔性填充式伸缩装置及梳齿板式伸缩装置。

第10章介绍了公路桥梁伸缩装置中存在的问题、劣化评定及养护维修。总结了各类桥梁伸缩装置存在的问题,深入分析了伸缩装置破坏的主要原因,并针对伸缩装置提出性能劣化评定的建议及养护维修措施。

第11章纵观国内桥梁伸缩装置的发展现状,立足桥梁伸缩装置的基本要求,提出了公路桥梁伸缩装置的发展方向。

附录A介绍了欧洲关于桥梁伸缩装置的设计荷载及其荷载组合。

附录B介绍了2012年美国桥梁设计规程中有关伸缩装置的规定。

附录C为本书中的常用术语介绍。

其中,第1~4章由中国铁道科学研究院庄军生编写;第5章第1、第3、第4节由中交第一公路勘察设计研究院有限公司彭泽友和西安中交土木科技有限公司史春娟共同编写,第5章第2节由成都市新筑路桥机械有限公司黄菲编写;第

6章由成都市新筑路桥机械有限公司刘家富和徐秋云共同编写;第7章由西安中交万向科技股份有限公司张华和赵小宇共同编写;第8章由成都市新筑路桥机械有限公司夏玉龙、黄菲和中国铁道科学研究院庄军生共同编写;第9章由西安中交土木科技有限公司王伟和西安中交万向科技股份有限公司王侃共同编写;第10章由西安中交万向科技股份有限公司张维维和西安中交土木科技有限公司王建强共同编写;第11章由中交第一公路勘察设计研究院有限公司彭泽友和西安中交万向科技股份有限公司张华共同编写;附录A~C由中国铁道科学研究院庄军生编译,插图(表)由西安中交土木科技有限公司史春娟绘制。全书由中国铁道科学研究院庄军生审定,中交第一公路勘察设计研究院有限公司余培玉主审。

本书在编撰过程中开展了大量研究工作,先后得到了陕西省自然科学基金(2013JZ017)、陕西省工业攻关(2012GY2-24)、陕西省火炬计划(2012HJ04)等项目的资助,并得到了中交第一公路勘察设计研究院有限公司、西安中交土木科技有限公司、成都市新筑路桥机械有限公司、西安中交万向科技股份有限公司、陕西省公路交通防灾减灾重点实验室的大力支持和帮助。

此外,本书在编写过程中还得到了国内外许多专家、学者的指导和帮助。人民交通出版社对于本书的出版给予了大力支持,在此一并表示感谢。

由于编著者水平有限,书中难免有错误和不妥之处,恳请批评指正。来函请寄西安中交土木科技有限公司(陕西省西安市高新区科技四路205号,邮编:710075,联系电话:029-88851152)。

编著者

2014年12月

目　录

第1章 概　述

1.1 公路桥梁伸缩装置的基本性能要求

桥梁伸缩装置是公路桥梁路面的重要组成部分，主要用于适应桥梁的温度伸缩、混凝土及预应力混凝土桥梁的收缩和徐变、桥梁梁部结构在荷载作用下的伸缩位移等所引起的桥梁伸缩位移，以保证桥上车辆通行的安全性和舒适性。自20世纪80年代以来，随着我国公路桥梁建设的发展，各种类型的桥梁伸缩装置在桥梁上大量使用，除了传统的埋入式伸缩装置和板式橡胶伸缩装置外，先后研发了模数式伸缩装置和大位移梳齿板式桥梁伸缩装置。

桥梁伸缩装置应能将作用于其上面的荷载可靠地传递到桥梁主体结构上，作用于桥梁伸缩装置上的主要荷载有交通工具（机动车）、自行车和行人的荷载。其作用的范畴包括标准作用（车辆荷载的竖向和水平向作用）和随机作用（重轮的极端作用于人行道上，地震、雪、车轮冲击等）。这些荷载作用可以根据桥梁设计规范确定。

桥梁伸缩装置的主体结构应具有足够的支承能力，并与桥梁主体结构有可靠的固定连接。

桥梁伸缩装置应具有足够的位移能力，应能适应梁体竖向、横向和纵向位移的需要。伸缩装置的纵向位移主要是由梁体的温度伸缩、混凝土及预应力混凝土桥梁的收缩和徐变、梁体在车辆荷载作用下的弹性伸长等因素所引起的。伸缩装置的横向位移是由横向风力和地震力等对梁体作用引起的；伸缩装置的竖向位移是由车辆等竖向荷载作用引起的。

伸缩装置的工作温度通常以在背影下的温度为准。直接暴露在阳光下的表面温度，可按背影下的温度提高15℃考虑。

通常可以考虑以下最高和最低工作温度：

最低工作温度：-10℃，-20℃，-30℃，-40℃。

最高工作温度：35℃，45℃。

桥梁伸缩装置除了应满足承载和位移的要求外，还应考虑防水、自洁、降噪、防滑、抗震和环境保护等功能。欧洲标准《公路桥梁伸缩装置》(ETAGn°032—2013)[1]提出的伸缩装置基本性能要求见表1-1。

桥梁伸缩装置的基本性能要求 表1-1

相关工作特性	强制性特性要求
伸缩装置的承载能力、位移能力和工作特性要求	力学性能
	抗疲劳性能
	抗震性能
	位移能力
	自洁性能
	抗磨损能力
	防水性能
	解除危险的能力
车辆行走的走行性要求	容许行车道表面缝宽
	行车表面水平差
	对积雪危险的敏感性
	抗滑能力
	排水能力
其他	防腐、防老化、耐化学腐蚀、耐温度、耐紫外线、耐冰冻、耐臭氧

1.2 公路桥梁伸缩装置的主要类型

根据《公路桥梁伸缩装置》(ETAGn°032—2013),公路桥梁伸缩装置按其结构形式,可以分为7种主要类型,详见表1-2。

公路桥梁伸缩装置主要类型 表1-2

伸缩装置类型	本书相关章节	伸缩装置类型	本书相关章节
埋入式伸缩装置	第5章	单缝式型钢伸缩装置	第6章
柔性填充式伸缩装置		支承式伸缩装置	第7章
板式橡胶伸缩装置		模数式伸缩装置	第8章
悬臂梳齿板式伸缩装置			

1.2.1　埋入式伸缩装置(Buried)

埋入式伸缩装置布置在桥面伸缩部位,采用防水部件或弹性元件填实,用于承受桥面较小的纵向伸缩变形。伸缩装置的支承表面在桥面处连续通过,伸缩材料在表面以下就地填实。

该伸缩装置主要用于中小跨径公路桥梁和低等级公路的桥梁,其能适应的伸缩位移一般在10~40mm,目前已经很少使用。图1-1为其中一种埋入式伸缩装置结构形式的构造示意图。

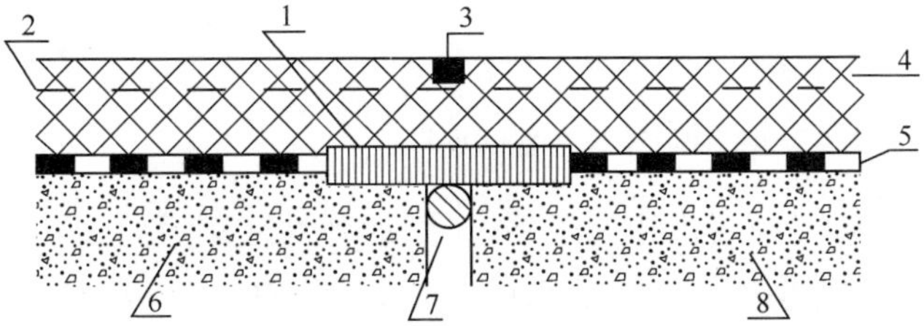

图1-1　埋入式伸缩装置构造示意图

1-包括防水元件的埋入式伸缩部件(密封条或密封件);2-路面加劲钢筋;3-预设开裂槽;4-路面;5-桥面防水层;6-桥面板;7-填缝材料;8-桥台

1.2.2　柔性填充式伸缩装置(Flexible)

柔性填充式伸缩装置是由特种柔性材料(绑扎或集束)组成的柔性条带,现场浇筑在伸缩装置处,表面用金属板或其他部件跨越桥面的缝隙。

柔性填充式伸缩装置可适应的伸缩位移分别为40mm、60mm、80mm和100mm。由于在桥面上没有缝隙,有利于降低车辆通过时的噪声。图1-2为柔性填充式伸缩装置示意图。

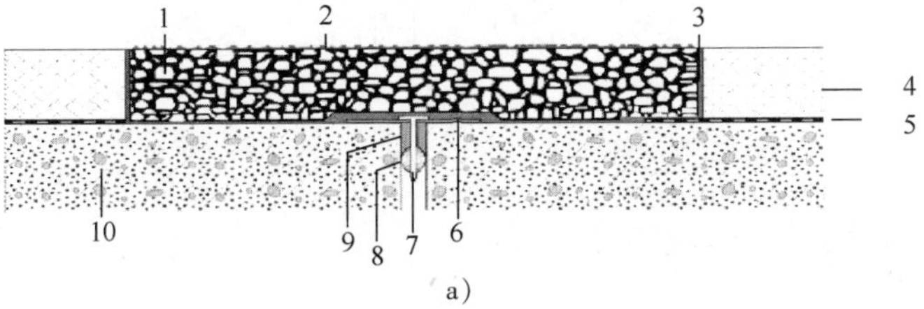

a)

图　1-2

b)

图 1-2　柔性填充式伸缩装置构造示意图

1-伸缩装置填充物(胶黏剂,集料);2-表面敷面层;3-涂沥青防水层;4-桥面铺装;5-桥面防水层;6-钢板;7-钢板定位;8-填缝;9-密封料;10-桥面板

1.2.3　单缝式型钢伸缩装置(Nosing)

单缝式型钢伸缩装置由边梁型钢、树脂或弹性体制成唇边状的防水胶条组成,缝两侧的边梁型钢可以直接埋置在混凝土中,两侧的边梁也可以填充柔性材料,伸缩装置的防水胶条不承受车辆荷载。

该伸缩装置通常由型钢和橡胶防水条组成,型钢可以采用钢材或铝合金型材,两侧路面可以为刚性混凝土路面,也可以采用柔性材料填充。单缝式型钢伸缩装置的设计位移量为 80mm,是目前公路桥梁上使用最广泛的一种伸缩装置。图 1-3 为单缝式型钢伸缩装置构造示意图。

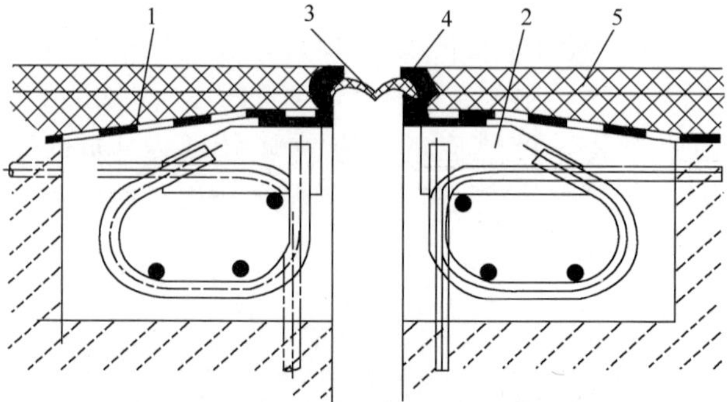

图 1-3　单缝式型钢伸缩装置构造示意图

1-路面;2-锚固系统;3-防水胶条;4-型钢;5-桥面铺装

1.2.4　板式橡胶伸缩装置(Mat)

板式橡胶伸缩装置利用厂制的橡胶条或橡胶板的弹性性能来适应结构的位移,在橡胶板内设置钢板加劲,橡胶条和橡胶板用螺栓固定在结构上,橡胶板与

路面齐平,直接承受车辆荷载。

板式橡胶伸缩装置是20世纪70~80年代在我国公路桥梁上大量应用的一种桥梁伸缩装置,可适应0~40mm的伸缩位移。但由于板式橡胶伸缩装置能适应的位移量较小,且该伸缩装置与路面的连接螺栓过于薄弱,经常出现整块橡胶板脱落,因此,现在很少使用,常用单缝式型钢伸缩装置取代。图1-4为板式橡胶伸缩装置构造示意图。

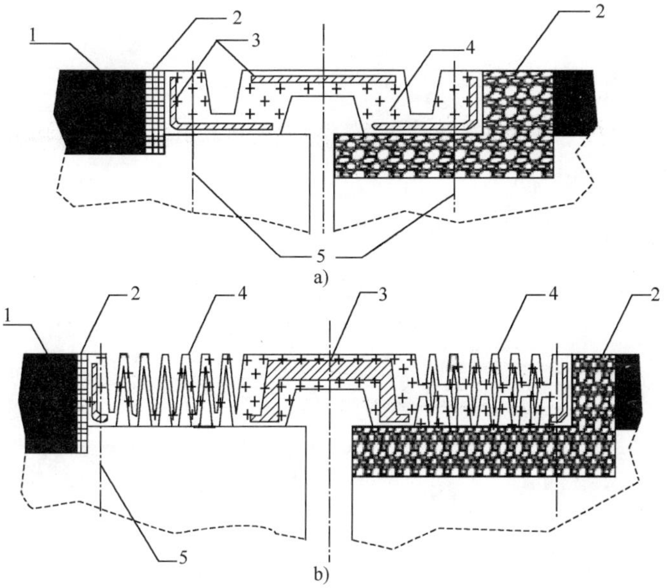

图1-4 板式橡胶伸缩装置构造示意图

a)用于40~60mm缝宽;b)用于大位移量伸缩装置

1-路面铺装;2-(左侧)密封条,(右侧)过渡带;3-加劲钢板;4-橡胶弹性体;5-锚固件

1.2.5 梳齿板式伸缩装置(Cantilever)

梳齿板式伸缩装置由悬臂对称或不对称的元件(像梳子或锯齿形的板)组成,锚固在桥面的一侧,并跨过桥面上的缝隙,元件与桥面齐平。图1-5为悬臂梳齿板式伸缩装置构造示意图。

1.2.6 支承式伸缩装置(Supported)

支承式伸缩装置有跨座式梳齿板伸缩装置(图1-6)和拖拉钢板式伸缩装置(图1-7)两种。

跨座式梳齿板伸缩装置是将桥面一侧的梳形钢板跨过伸缩装置部位,支承在另一侧的路面上滑动,形成简支板体系,因此能适应较大的伸缩位移量,其齿板的锚固构造细节处理的效果,将直接影响该伸缩装置的使用寿命。

拖拉钢板式伸缩装置由与桥面齐平的一个拖拉式钢部件组成,通过铰接方式,固定在桥面一边,并滑动支承在桥面的另一边(用第二个部件),由此跨越桥面的缝隙。预期的结构位移通过在非固定端的滑座上滑动来实现,即在锚固在下部结构上的支承元件上滑动。该种伸缩装置在我国尚无使用实例。

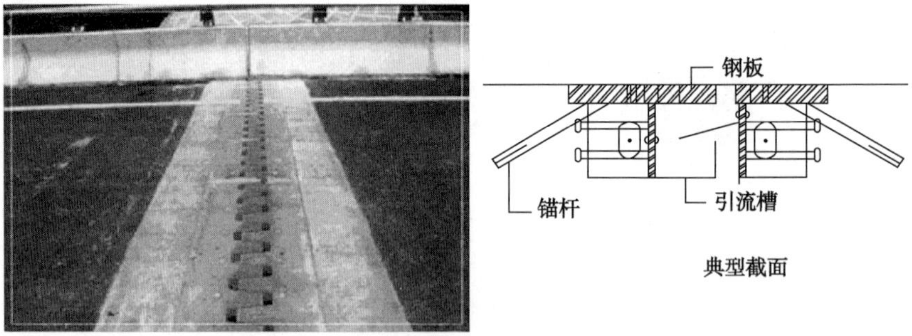

图 1-5 悬臂梳齿板式伸缩装置构造示意图

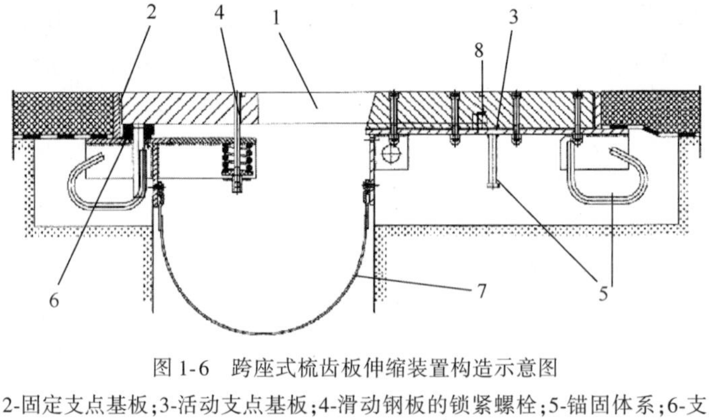

图 1-6 跨座式梳齿板伸缩装置构造示意图

1-活动钢板;2-固定支点基板;3-活动支点基板;4-滑动钢板的锁紧螺栓;5-锚固体系;6-支点;7-排水胶带;8-滑动支点

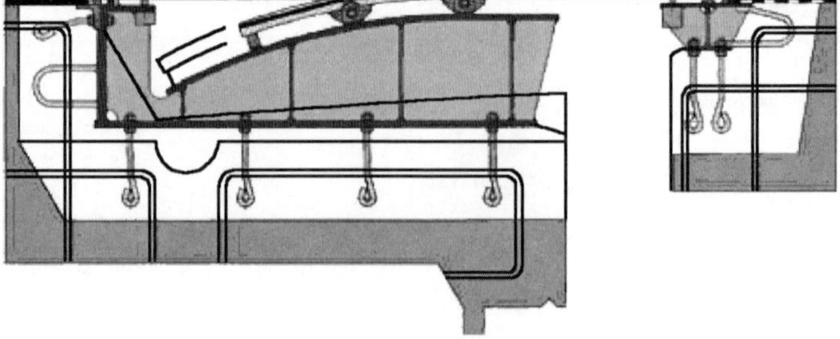

图 1-7 拖拉钢板式伸缩装置构造示意图

1.2.7　模数式伸缩装置(Modular)

模数式伸缩装置由一个充分防水的部件(在行车方向)和位移受控制的钢梁(中梁)支承在可移动的下部结构(如横梁,支承梁)上,跨过结构的缝隙,钢梁(中梁)与行车面齐平。

模数式伸缩装置是国外 MAURER 和 MAGIBA 等公司在 20 世纪 80 年代前后研发而成,并在我国高速公路桥梁上广泛应用的一种伸缩装置。按其位移受控制钢梁(中梁)的支承形式可区分为格梁式(图 1-8)、直梁式(图 1-9)和转轴式(斜梁式,图 1-10)三种。按其位移控制体系可区分为压缩聚氨酯弹簧、剪切橡胶弹簧、机械连杆和转轴式几何关系控制等几种。

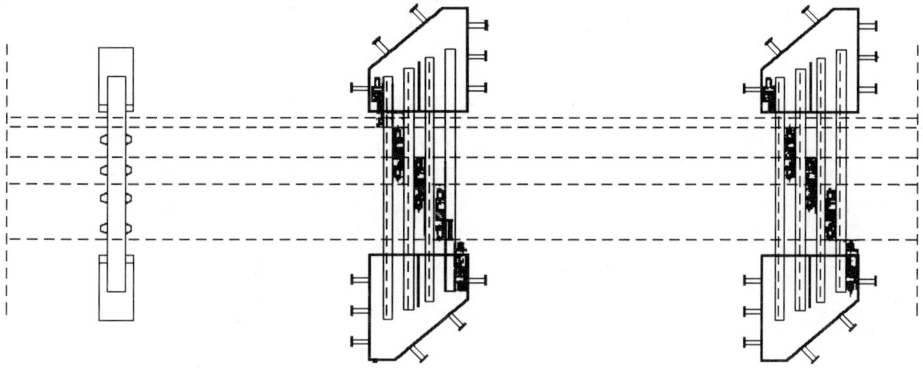

图 1-8　格梁式伸缩装置构造示意图

目前,模数式伸缩装置是国内外公路桥梁上使用最广泛的一种桥梁伸缩装置。

格梁式伸缩装置的每根中梁由相距 1.20~1.80m 的多根支承梁支承,多根中梁需要由多个支承梁所组成的支承梁组(格梁)支承。支承梁组弹性支承在设置于桥面两侧的位移控制箱内,各根支承梁之间,以及支承梁与位移控制箱之间,通过聚氨酯压缩弹簧控制位移的均匀性。

直梁式伸缩装置的支承梁相距 1.20~1.80m,每根支承梁应同时弹性支承多根中梁,支承梁弹性支承在设置于桥面两侧的位移控制箱内,形成直梁式伸缩装置。在各根支承梁之间的中梁下缘(或中梁的腹板之间)设置橡胶剪切弹簧,控制位移的均匀性。

转轴式伸缩装置由一组斜向布置的支承梁组成,每根支承梁弹性支承多根中梁,支承梁弹性支承在设置于桥面两侧的位移控制箱内,通过斜向布置的支承梁的几何同步关系，控制各根中梁之间的位移均匀性。

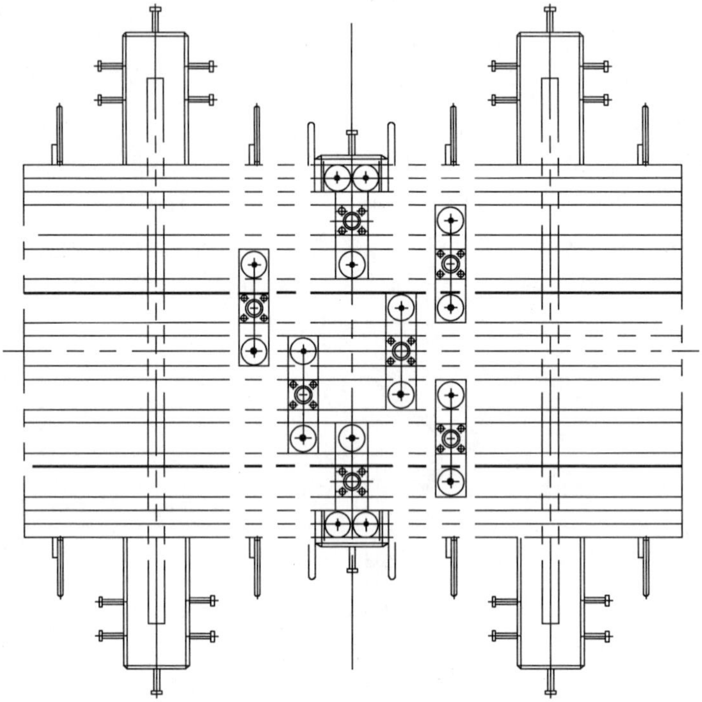

图 1-9　直梁式伸缩装置构造示意图

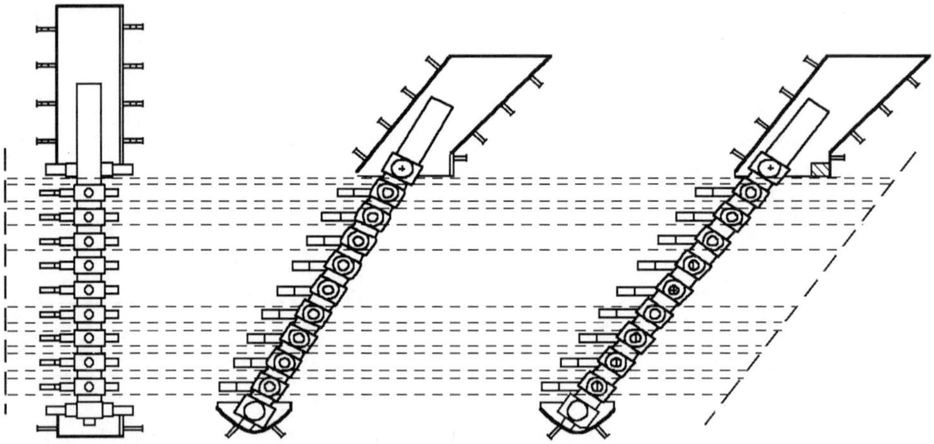

图 1-10　转轴式伸缩装置构造示意图

英国 1994 年的《Expansion Joints for Use in Hlighway Bridges Decks》(BD33 94)[2]中,提出了以下几种形式的伸缩装置:埋入式、弹塑体填充式、加劲橡胶式、加劲板橡胶式、型钢单缝式和梳齿板式。对各类伸缩装置的横向变形范围和竖向变形限值作了规定,见表 1-3。

各种伸缩装置由于跨越缝宽的能力和结构形式不同,具有不同的适用范围。赖尚贤等[3]对主要类型的桥梁伸缩装置的适用性能和适用范围提出建议,见表 1-4。

各类伸缩装置变形范围限值　　表 1-3

伸缩装置类型	可接受的总体横向变形(mm)		伸缩装置两侧可接受的最大竖向变形(mm)
	最小	最大	
埋入式	5	20	1.3
弹塑体填充式	5	40	3
加劲橡胶式	5	40	3
加劲板橡胶式	5	—	3
型钢单缝式	5	—	3
梳齿板式	25	—	3

主要类型伸缩装置的评定　　表 1-4

伸缩装置类型 / 性能评定	悬臂梳齿板式	拖拉钢板式	加筋橡胶板式	模数式
防水性能	差	差	良	优
行驶舒适性	良	优	良	良
降噪性	优	良	良	良
养护和自洁性	差	差	优	优
几何尺寸适应性	良	差	良	良
位移和转动能力	差	良	差	优
总造价	良	差	良	优
典型的位移范围(mm)	<600	240~1 600	<400	160~2 000

针对我国目前采用的公路桥梁伸缩装置的使用情况,结合国外的经验,建议伸缩装置适用范围如表 1-5 所示。

伸缩装置常用范围一览表 表 1-5

桥梁伸缩装置的类型		适应位移的能力												适应转动的能力		
		纵向(mm)										横向	竖向	纵向	横向	竖向
		20	40	80	120	160	240	400	1 200	2 000	>2 000					
埋入式		---										良	良	良	良	良
柔性填充式			---	---	---							优	优	优	优	优
型钢单缝式			---	---								优	优	优	优	优
板式橡胶式			---	---								良	优	良	良	良
悬臂梳齿板式				---	---	---	---					良	优	优	良	优
支承式	梳齿式					---	---	---	---	---		优	优	优	优	优
	拖板式								---	---	---	良	优	优	良	优
模数式	格梁式					---	---	---				优	优	优	优	优
	直梁式					---	---	---	---	---	---	优	优	优	优	优
	转轴式					---	---	---	---	---	---	优	优	优	良	优

注:表中虚线表示其适用范围。

1.3 公路桥梁伸缩装置的设计寿命

伸缩装置的工作寿命取决于外部作用的荷载、伸缩位移、荷载往复作用的频率和频次以及结构部件的耐久性(包括抗疲劳、抗磨损能力等),也取决于部件的可更换性和安装质量。

欧洲标准《公路桥梁伸缩装置》(ETAGn°032—2013)提出的各种伸缩装置预期工作寿命(包括它们的部件)的分级见表 1-6,预期寿命的评估以通行 5 000 万辆车/年为准。

桥梁伸缩装置的工作寿命 表 1-6

工作寿命分级	工作寿命(年)	工作寿命分级	工作寿命(年)
1	10	3	25
2	15	4	50

针对各种系列产品伸缩装置的预期工作寿命,将在下面各章节中分别予以说明。该预期工作寿命的要求,应与伸缩装置及其部件在设计和性能检验时的疲劳循环加载次数相关,也将在以后的章节中予以说明。

在个别情况下,可更换部件的工作寿命也可以小于10年。

美国《桥梁设计规程》(ASSHTO LRFD Bridge Design Specifications)[4]中规定,伸缩装置的钢结构部件的设计寿命一般为70年,而用于伸缩装置的橡胶等弹性元件的设计寿命为20年。

1.4　公路桥梁伸缩装置的发展概况

自20世纪80年代以来,我国广泛开展了公路桥梁伸缩装置的研发工作,先后研发了GQF-MZL模数式桥梁伸缩装置、SSF型模数式桥梁伸缩装置和XF斜向支承式桥梁伸缩装置、单元式多向变位梳齿板桥梁伸缩装置,编制了《公路桥梁伸缩装置》(JT/T 327—2004)[5]标准,以及《单元式多向变位梳形板模数式桥梁伸缩装置》(JT/T 723—2008)[6]等标准。为在公路桥梁上采用我国自行设计的伸缩装置发挥了积极的作用。

但目前我国公路桥梁伸缩装置产品标准的完整性、严密性和可操作性等方面与国外标准尚存在较大的差距。伸缩装置产品的设计理念、产品加工质量、生产过程质量控制和成品检验等方面均与国外知名厂家存在一定的差距。

因此,在不断研发新产品的同时,应首先完善桥梁伸缩装置的设计方法研究,完善设计理念,引入动力学设计方法,更可靠地把握伸缩装置的动力性能。其次,应尽快制定一套完整的桥梁伸缩装置标准,除了对伸缩装置的总体要求外,针对不同类型的伸缩装置,应结合其构造特点,制定相应的产品生产质量检验和型式检验的要求。

桥梁伸缩装置的失效因素,除了产品本身的质量问题外,伸缩装置的施工安装质量也是造成伸缩装置破坏的重要原因之一。制定适用的、可操作性强的施工安装技术细则,对延长桥梁伸缩装置的使用寿命是极为必要的。

21世纪以来,国外开展了桥梁伸缩装置的减震降噪研究。通过改进构造细节,设计成一种带有保险装置的伸缩装置,使伸缩装置在发生地震时能具有卸载保护功能,减小对桥梁主体结构的破坏。另一方面通过构造细节的处理,降低车辆在伸缩装置上通过时的噪声污染。

合理的设计、精心的加工制造、严格的质量控制和检验、认真可靠的施工安装,必将提高我国公路桥梁伸缩装置的总体技术水平。

第 2 章　公路桥梁伸缩装置的性能要求

公路桥梁伸缩装置应在能承受正常工作状态和施工安装时所产生的荷载和位移的作用下，不出现以下损伤：

(1)全部或部分部件的损坏。

(2)主位移达到不可接受的程度。

(3)在与初始状态不成比例的极端作用下，发生破坏。

为满足上述要求，伸缩装置的基本性能要求应包括：承载能力、位移能力、良好的走行性能、抗疲劳能力、抗地震能力、防水能力、抗滑能力和自洁性能等。

2.1　公路桥梁伸缩装置的承载能力

作用于伸缩装置的外部作用，通常是车辆荷载。作用于伸缩装置的其他作用，可由伸缩位移和温度变化等产生伸缩阻力。

作用于伸缩装置的外部作用，可以根据《公路桥涵设计通用规范》(JTG D60—2004)[7]确定，具体的作用荷载及组合，应根据各种伸缩装置的构造特点来确定，将在以后相应章节予以说明。

伸缩装置的破坏极限状态和使用极限状态的性能要求如表 2-1 所示。

伸缩装置极限状态和评定要求　　表 2-1

极限状态	极限状态的要求	备注
破坏极限状态 ULS	静力特性：在预期工作寿命中不发生疲劳损害(应力幅在恒定的疲劳应力极限之下，或累积损伤评定 $D<1.0$)	伸缩装置包括相应的锚固系统
使用极限状态 SLS	仅发生可逆的变形和转角(由于材料性能引起的滞后效应或类似的效应是容许的)	

在确定伸缩装置的力学性能时，应考虑伸缩装置的开启程度，使其处于最不利状态下。

2.2　公路桥梁伸缩装置的伸缩位移

公路桥梁伸缩装置应能适应桥梁纵向、横向和竖向位移及其组合的要求。

伸缩装置的纵向位移主要是由桥梁梁体的温度伸缩、混凝土桥梁的收缩徐变、桥梁在车辆荷载作用下的弹性伸长等产生。对大跨度悬索桥和斜拉桥,由于顺桥向风力、车辆制动均会产生伸缩装置的纵向位移。伸缩装置的横向位移主要由风力和曲线桥梁的离心力等产生。伸缩装置的竖向位移通常是在车辆荷载作用下产生的弹性位移。此外,地震作用下伸缩装置也会产生较大的纵向和横向位移。

对长大的宽桥,还应考虑由于日照作用,引起桥面两侧伸缩量不同,使伸缩装置产生扇形变形,即伸缩装置一侧伸缩量大,另一侧伸缩量小。

伸缩装置还应满足桥梁纵坡的要求,当桥梁纵坡大于4%时,设计中要考虑由于桥梁纵坡产生的附加分力。

伸缩装置的标准位移能力,与桥梁主体结构在承载和非承载条件下的容许位移值相关。通常应由桥梁的结构设计计算确定伸缩装置的设计位移量,在确定伸缩装置的设计位移量时,还应考虑安装温度的影响,并考虑适当的位移富余量,我国《公路钢结构桥梁设计规范》(报批稿)中建议,钢桥用伸缩装置设计位移的富余量按基本伸缩位移量的25%~35%取值。混凝土桥根据《公路钢筋混凝土及预应力混凝土桥涵设计规范》(JTG D62—2004)[8],伸缩装置设计位移的富余量按基本伸缩位移量的20%~40%取值。该值可能偏于保守,尤其对基本伸缩位移量较大的伸缩装置,会造成设计选型伸缩量过大。建议应在认真计算基本伸缩位移量的基础上,适当予以调整。

美国《桥梁设计规程》(ASSHTO LRFD Bridge Design Specifications)中,提出的桥梁伸缩装置最小设计位移限值见表2-2,可供我国在确定公路桥梁伸缩装置的设计位移时参考。

桥梁伸缩装置最小设计位移限值　　表2-2

位移类型	最小设计位移限值*	位移类型	最小设计位移限值*
纵向位移(mm)	估算的设计位移+25mm(1.0in)	绕纵轴的转动(rad)	0.02(1°)
横向位移(mm)	25mm(1.0in)	绕横轴的转动(rad)	0.02(1°)
竖向位移(mm)	25mm(1.0in)	绕竖轴的转动(rad)	0.01(0.5°)

注:*在表中表示的总设计位移是正位移量或负位移量。

2.3 公路桥梁伸缩装置的走行性能要求

公路桥梁伸缩装置的走行性能要求,是为了确保公路使用者的使用安全性,以保证运输的安全,此外还应保证伸缩装置在整个工作寿命期内性能良好,不发生损害。

使用安全性在使用极限状态下包括以下特性:跨越缝宽的能力(最大缝宽)、平整度和抗滑性能,此外还有防水和排水性能要求。伸缩装置的抗滑性能是由伸缩装置表面粗糙度决定的。

伸缩装置的跨缝能力(最大缝宽)和行车表面的水平差,在欧洲标准《公路桥梁伸缩装置》(ETAGn°032—2013)中提出了详细的要求。

2.3.1 伸缩装置容许的行车表面缝隙宽度最大值

对于行车道和自行车车道的行车表面的任何位置,不允许有超过直径为100mm的球状曲率的竖向变位,即在伸缩装置行车表面行车方向的最大缝宽,不应超过100mm。

伸缩装置行车表面容许的缝隙最大宽度值,与以下3种使用条件下伸缩装置行车表面的水平棱柱状凹槽尺寸有关。

1)行车道

在行车方向伸缩装置行车表面的竖向变位不超过10mm,同时应考虑行车方向相关的以下3种情况:

(1)在水平面任何位置和任何方向,在100mm×200mm的尺寸范围内的水平棱柱状凹槽,不应超过10mm。

(2)在水平面任何位置,行车方向斜交角为-20°~+20°时,在65mm×220mm的尺寸范围内的水平棱柱状凹槽,不应超过10mm。

(3)在水平面任何位置,行车方向斜交角为-20°~+20°时,在45mm×350mm的尺寸范围内的水平棱柱状凹槽,不应超过10mm。

可见伸缩装置表面容许的水平棱柱状凹槽的尺寸,与伸缩装置的开启程度(水平棱柱状凹槽的长度)和与行车方向的斜交角度有关,伸缩装置开启程度越大,水平棱柱状凹槽的长度越大,容许的水平棱柱状凹槽的宽度越小。如梳齿板式伸缩装置开启后,桥面两侧的梳齿间会形成水平棱柱状凹槽,该凹槽将对行车的安全产生影响,因此对其凹槽的尺寸及其对车辆行进中的竖向变位,应提出相应的要求。梳齿板式伸缩装置开启程度越大,各侧齿板上两梳齿之间的最大净距就越小。容许缝隙和间隙的布置见图 2-1。

各种伸缩装置系列产品中应说明行车方向,以及满足上述要求中伸缩装置与纵轴的夹角限值。

2)自行车车道

伸缩装置在行车方向的竖向位移不应超过 10mm 或出现与行车方向相关的以下情况:

(1)在水平面任何位置,行车方向斜交角为 −20°~+20°时,在 20mm×220mm 的尺寸范围内的水平棱柱状凹坑槽,不应超过 10mm。

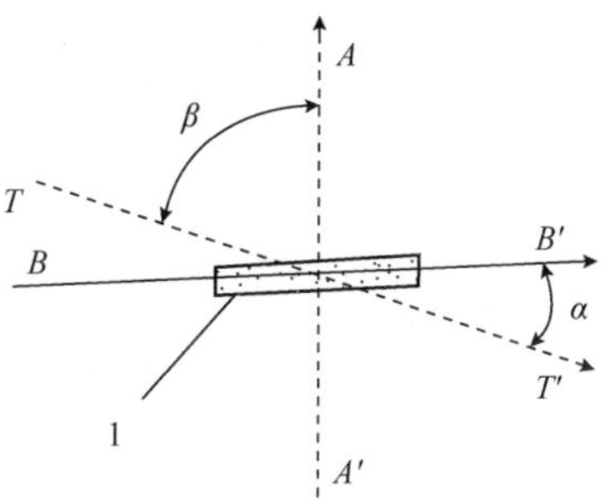

图 2-1　容许缝隙和间隙的布置
TT′-行车方向;AA′-伸缩装置轴线;
BB′-凹陷方位;1-水平棱柱状凹陷

(2)在水平面任何位置,行车方向斜交角为 −20°~+20°时,在 100mm×200mm 的尺寸范围内的水平棱柱状凹槽,不应超过 10mm。

各种伸缩装置系列产品中应说明行车方向,以及满足上述要求中伸缩装置与纵轴的夹角。

3)人行道

用于人行道时,最大凹槽深度为 20mm。或在直径为 80mm 的圆面积范围内,在任何部位的水平差不超过 20mm。

上述对伸缩装置的水平棱柱状凹槽的要求表明,对模数式伸缩装置中梁间的最大缝宽为 100mm,在梳齿板式伸缩装置的设计中确定梳齿宽度时,必须考虑在伸缩装置最大开启缝宽条件下,相邻梳齿间形成的水平棱柱状凹槽对行车安全的影响。

上述在欧洲标准中关于伸缩装置容许的行车表面缝隙宽度最大值的要求,在德国、美国和澳大利亚的相关标准中也都有规定。

德国公路桥梁伸缩装置技术规定《TL/TP-FÜ01/05》中对伸缩装置的缝宽和梳齿板缝的构造尺寸,都有详细的规定。对模数式伸缩装置的缝宽,通常控制在 5~70mm(当在表面设有盖板时,缝宽可放大至 100mm),在考虑伸缩装置中梁由于水平力作用产生的变形后,最大缝宽可取 80mm(当在表面设有盖板或降噪盖板时,缝宽可放大至 110mm)。梳齿板式伸缩装置的构造尺寸应满足图 2-2 的要求,即在顺缝方向(横桥向)两梳齿之间的最大净距为 45mm(主要考虑自行车和轻便摩托车的行车安全),相互靠近梳齿之间的净距不小于 4mm,相互邻近梳齿的最小搭接长度为 10mm,在梳齿方向结构部件的最小间距为 5mm。

美国《桥梁设计规程》(AASHTO LRFD Bridge Design Specifications)第 14 章

中规定,在承载能力极限状态下,伸缩装置在行车方向的最大缝宽应满足以下要求:

(1)对于单缝,$W \leqslant 100$mm;对于多缝,$W \leqslant 75$mm,W 为最大缝宽。

(2)对于钢桥伸缩装置合龙后的最小缝宽,不宜小于 25mm,对于混凝土桥考虑到混凝土的收缩和徐变,最小缝宽可以小于 25mm。伸缩装置沿顺桥方向的缝宽,不应超过 25mm。

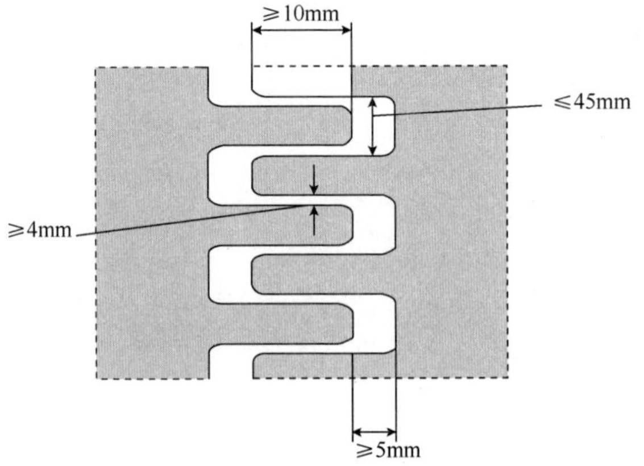

图 2-2 梳齿板式伸缩装置的构造尺寸

梳齿板式伸缩装置在承载能力极限状态下的构造尺寸应符合以下要求:

(1)在顺桥向梳齿板开启的最大值大于 200mm 时,顺缝方向两梳齿之间的最大净距为 50mm。

(2)在顺桥向梳齿板开启的最大值小于或等于 200mm 时,顺缝方向两梳齿之间的最大净距为 75mm。

(3)在最大开启缝宽时,承载能力极限状态下相互邻近梳齿的最小搭接长度为 37.5mm。

(4)在路面有自行车车道时,表面应覆盖钢板。

澳大利亚昆士兰州关于模数式伸缩装置标准中规定,在承载能力极限状态下,模数式伸缩装置中梁顶面最大缝宽为 85mm。支承梁的最大支点间距为 1 500mm。

我国在《公路桥梁伸缩装置》(JT/T 327—2004)标准中规定,模数式伸缩装置中梁之间最大缝宽的容许值为 80mm,这与《公路桥梁伸缩装置—通用技术条件》(ETAG 032—2007)的建议值是一致的,也是比较合理的。欧美各国以往通用的缝宽尺寸大都采用 80mm。

在《单元式多向变位梳形板式桥梁伸缩装置》(JT/T 723—2008)标准中,对梳齿板式伸缩装置的构造尺寸也作了规定，在正位最大压缩量时，齿板的纵向间距应不小于 30mm（德国为 5mm），横向间隙应不小于 2mm（德国为 4mm），在最大拉伸量时，齿板的搭接长度为伸缩量的 10%（德国为 10mm，美国为 37.5mm）。但在标准中对影响行车安全的顺缝方向（横桥向）两梳齿之间的最大净距，却未作详细规定（德国为 45mm，美国规定在伸缩量小于等于 200mm 时最大为 75mm，在伸缩量大于 200mm 时最大为 50mm，欧洲标准则根据开启的缝宽和斜交角度，分别取 100mm、65mm 和 45mm）。这是在今后标准修订中应予以补充的。

综合考虑以上国内外规范的规定，建议各种伸缩装置的设计缝宽要求如下：

（1）模数式伸缩装置中梁顶面最大缝宽为 80mm，最小缝宽为 20mm。

（2）梳齿板式伸缩装置开启时，顺缝方向（横桥向）两梳齿之间的最大净距为 45～50mm，相互靠近梳齿之间的最小净距为 4～5mm，相互邻近梳齿的最小搭接长度不小于 10～25mm，在梳齿方向结构部件的最小间距为 5～10mm。

（3）其他类型的伸缩装置可以参照上述要求设计。

2.3.2　伸缩装置行车表面的水平差要求

伸缩装置行车表面水平差的要求如下（图 2-3）：

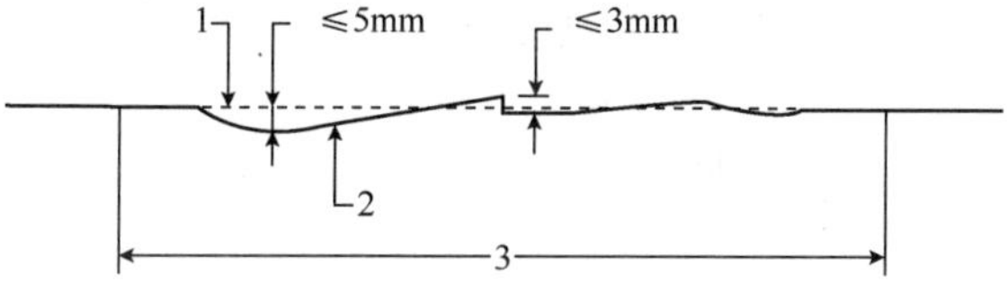

图 2-3　伸缩装置行车表面的水平差

1-理想连接线；2-伸缩装置行车表面；3-伸缩装置范围

（1）在没有任何强加水平变形条件下，如伸缩装置没有承受荷载时，伸缩装置表面的水平差，伸缩装置与两侧临近路面理想连接面之差，在行车方向均应不大于 5mm。

（2）台阶状高差不大于 3mm。

各种类型伸缩装置的其他附加要求见以后各章节。

2.4　公路桥梁伸缩装置的抗疲劳性能

桥梁伸缩装置主要承受车辆荷载，由于车辆通过时的冲击作用，将对伸缩装置部件产生反复荷载作用下的疲劳。伸缩装置的结构部件通常采用钢结构的焊接连接或螺栓连接。因此,结构及其连接的抗疲劳性能是伸缩装置的主要性能之一。以往我国在桥梁伸缩装置的设计中,往往仅考虑车辆作用的冲击系数,对伸缩装置的抗疲劳性能考虑不足,而国外伸缩装置的结构性能设计,则以抗疲劳性能设计为主。伸缩装置的主体结构及其连接的抗力,均应考虑疲劳强度。

由于伸缩装置的疲劳是一种长期的反复荷载作用,伸缩装置并不一定全部处于最大开启位置的情况下,因此,伸缩装置的抗疲劳设计的荷载组合与静力设计的荷载组合是不同的。静力设计时,伸缩装置应处于最大开启位置的情况下,承受最不利组合的荷载作用。在疲劳荷载组合时,应按伸缩装置处于60%最大开启位置的情况,考虑相应的垂直荷载和水平荷载的组合作用。

欧洲标准《公路桥梁伸缩装置》(ETAGn°032—2013)建议,在破坏极限状态下的疲劳极限状态组合时,不考虑邻近车道的车辆荷载作用。

$$C_{FAT}=F_{ik}+(Q_{lk,fat}+Q_{lk1,fat})+\Psi_{0d}d_{EK} \tag{2-1}$$

式中:C_{FAT}——伸缩装置的疲劳极限状态组合时应考虑的荷载;

F_{ik}——特征内力,即由预施应力和强制变形等引起的结构内力;

$Q_{lk,fat}$——车辆竖向荷载;

$Q_{lk1,fat}$——车辆水平荷载;

Ψ_{0d}——伸缩装置开启程度的组合系数,$\Psi_{0d}=0.6$;

d_{EK}——伸缩装置最大开启时的尺寸;

+——含义为应考虑的组合项目。

伸缩装置在其预期的工作寿命中应具有足够的疲劳抗力,在预期工作寿命中不发生疲劳损害,伸缩装置部件的应力幅应在恒定的疲劳应力极限之下,或按累积损伤评定 $D<1.0$。

2.5 公路桥梁伸缩装置的抗震性能

我国现行有关公路桥梁伸缩装置标准,对伸缩装置的抗震性能没有明确的规定。而在《公路桥梁伸缩装置》(ETAGn°032—2013)中,提出了桥梁伸缩装置的抗震设计原则,按该原则伸缩装置的抗震设计,可区分为A、B两级,A级为按位移能力设计,B级为按限制位移和荷载能力设计,用于考虑在地震条件下或地震后的不同性能要求,给出相应的伸缩装置最大开启尺寸 d_{EK},以及设计的地震作用荷载 A_{Ed}。此地震分级可以进一步区分为A1、A2(位移能力设计方法)和B1、B2、B3及B4(限制位移和荷载能力设计方法)几级。抗震设计时不必进行疲劳设计检算。

各种分级的要求和假定如下：

A1 和 A2：伸缩装置在地震设计组合作用下不失效。

B1：在地震设计组合下，考虑了荷载的折减作用，不丧失承载能力，伸缩装置的缝隙增大至地震设计荷载组合下的最大缝宽 160mm。承载结构的抗力应按地震设计荷载组合条件 $C_{ULS-SIEISMI}$ 进行检算。

B2：损害发生的次要部件和不受力的部件。在地震设计条件下，受力部件的承载能力容许降低，缝隙容许增大。

此时，不受力的部件（如防水、密封部件）容许破坏，在地震后可以更换或修复这些部件，其他设计要求与 B1 相同。

B3：在折减了的车辆作用和地震作用的组合作用下，主要部件和保险装置损害，地震产生的缝隙加大（最大缝宽 240mm），承载结构的抗力应按地震设计荷载组合条件 $C_{ULS-SIEISMI}$ 进行检算。

伸缩装置在地震后经少量的修理，仍可满足《欧洲标准—结构设计基础》（EN 1990）[9] 频繁的车辆荷载作用及 ULS 和 SLS 状态的要求。

部件的主要损害应易于修理，不需要进行繁重的修理工作。

B4：在地震后，伸缩装置和保险装置均发生严重的损害，缝隙增大，不再具有承载能力。

在地震条件下的总设计位移，根据英国标准《结构抗震设计—第二部分：桥梁》（EN 1998-2）的要求[10]，应有足够的结构缝宽，以防止主要结构部件的损害。

设计位移的确定要考虑地震作用和恒载及准恒载的长期作用产生的位移，并包括适当部分的温度位移。

通常在设计地震事件之后，应有足够的能力，以保证救援车辆的通行。

由设计地震作用引起的伸缩装置的局部损害是允许的。

（1）常遇地震作用引起的损伤，不需要立即修复，且不影响行车安全。

（2）在地震条件下的总设计位移 d_{Ed}，参照《结构抗震设计—第二部分：桥梁》（EN1998-2）的规定，按下式确定：

$$d_{Ed} = d_E + d_G + \Psi_2 d_{TK} \tag{2-2}$$

式中：d_E——设计地震位移；

d_G——恒载和准恒载长期作用的位移（混凝土的收缩、徐变、松弛、沉降）；

d_{TK}——温度变化产生的位移；

Ψ_2——温度作用产生的位移折减系数，根据《欧洲标准—结构设计基础》（EN 1990）中表 A2-1 ~ A2-3 确定。总设计地震位移应该考虑某些有显著影响的二次作用。

上述均为最不利组合下应包括的位移。

应注意由于较大的桥面初始间隙，以及在地震时的位移速度和加速度的影响。

由地震现象产生的位移，可以通过减震装置来减小。在桥梁设计中应限制由地震产生的位移。

2.5.1 位移能力的设计组合

1)位移能力设计

位移能力设计建立在技术经济的考虑之下，可以为桥梁提供一个较小的地震位移(建议值为 $d_{Ed} \leqslant 200$mm)。

A1:伸缩装置在满足 SLS 条件下的位移能力，同时也满足地震条件下的位移能力。则以使用性能条件下提供的位移能力，作为总设计位移 d_{Ed}，此位移可作为伸缩装置的标准位移。

A2:伸缩装置具有总位移 d_{Ed}的位移能力。

地震位移能力应满足最大容许行车表面缝宽的要求，地震时行车表面的缝宽限值可增加到 160mm。

地震时静力作用的抗力按 EN 1990 的经常作用组合，在此条件下不需要进行疲劳设计。

伸缩装置应假定在《公路桥梁伸缩装置》(ETAGn°032—2013)给定的荷载作用下，在设计地震作用后，不需要修理仍可以使用。

2)限制位移和荷载能力设计

对于较大的地震位移(建议 $d_{Ed}>200$mm)，根据等级 A 设计是不经济的。在某些地震下较小的或有控制的损伤是可以被接受的，结构的最大缝宽，在调整允许的收缩和徐变作用位移后，采用设计地震位移和温度位移是适当的，这样可以保证在常遇地震下不损害。

对于常遇地震，伸缩装置在设计寿命中不应发生任何损伤，因此根据等级 A 的要求，地震位移应采用适当的值，建议采用以下合理的数值:

(1)40%的设计地震位移。

(2)根据 EN 1990 确定经常作用组合下的其他位移。

2.5.2 带有保险装置的桥梁

对地震冲击有阻尼的桥梁，限制极限地震作用，设有保险装置承受在使用条件下的水平力，如果保险装置起作用，可以改变对伸缩装置设计位移的要求（振幅和方向）。

根据以上抗震设计原则，重要桥梁的伸缩装置要考虑地震条件下的设计要求。

地震期间，应检算受力的结构部件在恒载作用下的抗力。

伸缩装置局部在设计地震作用下破坏，应提供预期的破坏模式。

应说明进行永久性修复的可能性。保险装置应能避免或减少对桥梁结构部件在伸缩装置部位的损伤。

在地震发生后有应急车辆通过时，伸缩装置应能满足B3荷载等级的承载要求，且行车方向的最终缝隙不应超过300mm。

注：伸缩装置的水平差，可以通过采取必要的临时措施，保证应急车辆从伸缩装置上慢速通过，并能在短期内修复。

伸缩装置的抗震性能要求详见表2-3。

伸缩装置抗震性能要求 表2-3

等级	要求	设计地震期间		设计地震后	
		作用	使用安全性	承载能力和使用性能	预期的修理工作
A1	在SLS状态及地震期间的位移能力	基本组合按附录A.4.2.1	同SLS状态	同地震前	无
A2	总位移能力为d_{Ed}	常用组合按附录A.4.2.3	最大缝宽160mm	同地震前	无
B1	地震时没有损害，但承载能力降低	地震设计按附录A.4.2.3	最大缝宽160mm	同地震前	无
B2	主要破坏在次要构件上，地震期间承载能力降低	地震设计按附录A.4.2.3	最大缝宽160mm	承载能力同地震前	更换次要部件
B3	结构部件和保险装置破坏，地震期间承载能力降低	地震设计按附录A.4.2.3	最大缝240mm	少量修理后恢复初始能力	结构部件和保险装置少量修理
B4	保险装置破坏，地震后无承载能力	地震设计组合按附录A.4.2.3	无缝宽限制	最大缝宽300mm，可通过应急车辆	需要永久性修理

注：1.最大缝宽指伸缩装置的缝宽；

2.地震设计组合见附录A。

结合我国《公路桥梁抗震设计细则》(JTG/T B02-01—2008)[11],A 级相当于该标准的 E1 级地震作用,也就是地震超越概率为 475 年一遇的设计地震。此时伸缩装置一般不受损害或不需要修复可继续使用,伸缩装置的最大开启状态的缝宽,可以增加到 160mm。B 级相当于该标准的 E2 级地震作用,也就是地震超越概率为 2000 年一遇的设计地震,根据地震后的损害程度又区分为 B1、B2、B3 和 B4 四级,此时最大开启状态的缝宽,可达 160~240mm,极限位移可达 300mm。地震后可以在采取必要的措施后,通过应急车辆。

为了防止地震时伸缩装置合龙对桥梁主体结构的破坏,近年来国外研发了一种带有保险装置的伸缩装置,图 2-4 是 Mageba 公司设计的一种减震型模数式伸缩装置,当发生罕遇地震时,伸缩装置的位移控制箱与梁体的连接螺栓剪断,位移控制箱沿梁端预设的斜面滑起,以免巨大的地震冲击作用,撞坏桥梁主体结构。采取该构造措施后,伸缩装置的抗震设计位移 d_{Ed} 可以适当减小。

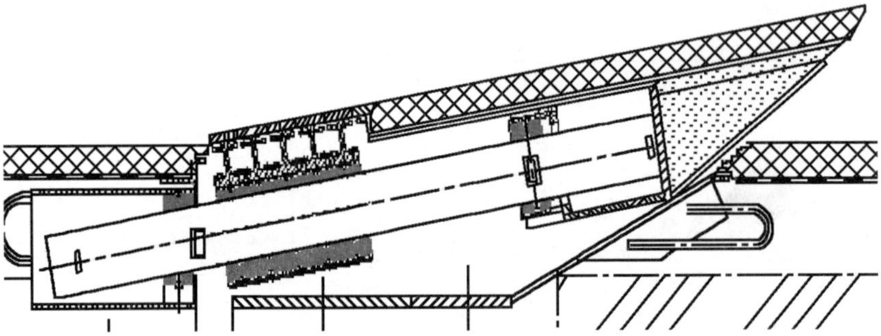

图 2-4　Mageba 公司的减震型模数式伸缩装置结构示意图

2.6　公路桥梁伸缩装置的防水性能要求

桥梁伸缩装置应具有良好的防水性能,以防止桥面上的雨水和雪水通过伸缩装置流入桥梁的梁端,影响桥梁的耐久性。

防水性能可以通过以下两种方式实现:

(1)伸缩装置结构本身的防水。

(2)在桥面表面设排水系统。

伸缩装置结构本身的防水是通过结构的防水密封系统来实现的。

桥面表面排水系统应能将横向溢出行车表面的雨水,通过设置附加的排水系统予以排除,附加的排水系统可以在伸缩装置表面,或在结构下面设置。

伸缩装置设计时应注意预留足够的空间,以便排水系统的冲洗和维修。

2.7　公路桥梁伸缩装置的其他性能要求

伸缩装置的其他性能包括自洁性能、抗磨损性能、防滑性能等。

(1)伸缩装置的自洁性能可以通过良好的设计来保证,设计方案应便于操作人员接近伸缩装置进行养护和维修,以及排除灰尘。

(2)伸缩装置的抗磨损性能是指伸缩装置各部分之间,以及伸缩装置与主体结构之间的位移所产生的部件磨损,该磨损不应影响伸缩装置的正常工作。

对由于磨损而引起伸缩装置工作寿命降低的部件,在其使用年限内应是可以更换的。

(3)伸缩装置的行车表面应有防滑功能,伸缩装置设计的行车表面,应对标准状态下的行车不发生危险。行车道上 150mm×150mm 的面积范围内,不应有超过±1.2mm 的起伏。

(4)伸缩装置的减振降噪性能通常采用构造措施来实现。当车辆在伸缩装置表面通过时,由于车辆的冲击作用和行车路面的不平整度,会引起振动和噪声,对于城市桥梁,该噪声将引起明显的环境污染。近年来国外制造商对伸缩装置的减振降噪开展了众多研究工作,主要通过在伸缩装置表面设置降噪板等措施,使与行车方向垂直的缝隙改变成斜交方向,从而降低噪声的量级,一般可以降低噪声 5~8dB。图 2-5 为德国 Maurer 公司的减振降噪型伸缩装置示意图。上述措施主要用于降低由于汽车在伸缩装置表面撞击产生的高频噪声,对于卡车等重型车辆在伸缩装置上行走产生的低频噪声,需要在伸缩装置下方采取降噪措施,Maurer 公司采用在模数式伸缩装置下方设置隔声装置的降噪方法,见图 2-6。采取该措施后,可以降低低频噪声约 9dB。

对于小位移量梳齿板式伸缩装置可以通过改变梳齿的形状,如采用锯形齿、梯形齿或圆形齿等形状,使车辆的行进方向不与梳齿垂直,减小车轮对梳齿的冲击,也可以达到减振降噪的目的。图 2-7 是减振降噪型小位移量梳齿板式伸缩装置的齿形布置方案。

对于单缝式型钢伸缩装置则可以加工使其呈波浪形或梯形,以降低车辆通过时的噪声,见图 2-8。

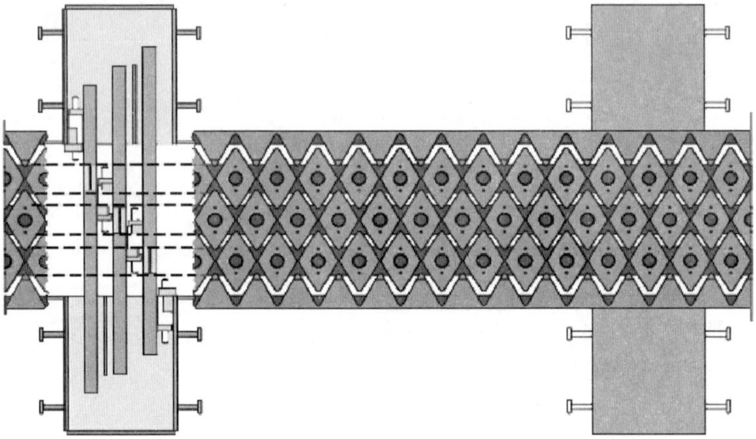

图 2-5　德国 Maurer 公司减振降噪型伸缩装置示意图

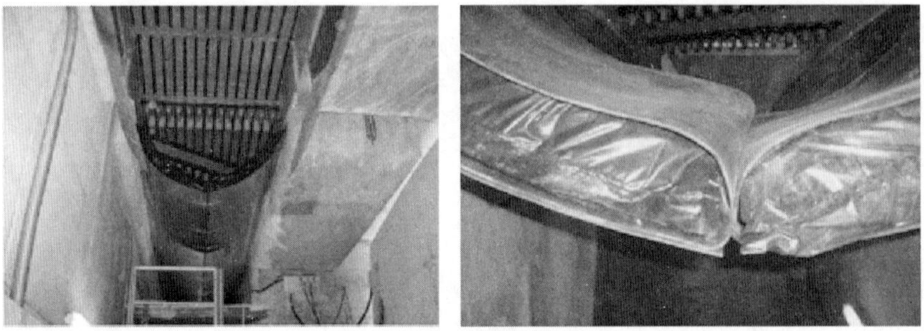

图 2-6　设置于伸缩装置下方的隔振降噪措施

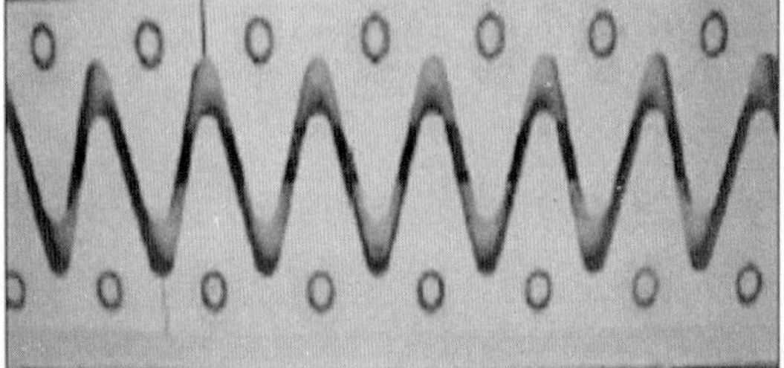

图 2-7　减振降噪型小位移量梳齿板式伸缩装置的齿形布置图

图 2-8　减振降噪型单缝式型钢伸缩装置

第 3 章　公路桥梁伸缩装置的设计

3.1　公路桥梁伸缩装置的伸缩量计算

公路桥梁伸缩装置的主要功能之一是满足桥梁伸缩位移的需要，公路桥梁伸缩装置应能适应桥梁纵向、横向和竖向位移及其组合的要求。

伸缩装置的纵向位移主要是由桥梁梁体的温度伸缩、混凝土桥梁的收缩徐变、桥梁在车辆荷载作用下的弹性伸长等产生。对大跨度悬索桥和斜拉桥，由于顺桥向风力、车辆制动均会产生伸缩装置的纵向位移。伸缩装置的横向位移主要由风力和曲线桥梁的离心力等产生。伸缩装置的竖向位移通常由在车辆荷载作用下的弹性位移产生。此外，地震作用下伸缩装置也会产生较大的纵向和横向位移。

伸缩装置的设计伸缩位移量可按以下简化公式计算：

设计伸缩位移量：

$$\Delta L = \Delta L_0 + \Delta L_0{}' \tag{3-1}$$

式中：ΔL_0——基本伸缩位移量；

$\Delta L_0{}'$——富余量。

ΔL_0的计算如下：

$$\Delta L_0 = \Delta L_t + \Delta L_s + \Delta L_c + R \tag{3-2}$$

式中：ΔL_t——温度变化引起的伸缩量；

ΔL_s——混凝土收缩引起的梁体收缩量；

ΔL_c——混凝土徐变引起的梁体收缩量；

R——车辆荷载引起梁体挠曲产生的梁体伸长量。

3.1.1　桥梁温度伸缩位移量的计算

桥梁的温度伸缩位移是桥梁伸缩装置最主要的伸缩位移量，它与桥梁的伸缩跨长、桥梁所处位置的环境温度差和伸缩装置的安装温度相关。

桥梁的伸缩跨长是指桥梁固定支点到伸缩装置设置位置的距离。

桥梁所处位置的环境温度差是指伸缩装置的工作温度,通常以在背影下的温度为准。对直接暴露在阳光下的表面温度,可按背影下的温度提高15℃来考虑。

通常可以考虑以下最高和最低工作温度:

最低工作温度:-10℃,-20℃,-30℃,-40℃。

最高工作温度:35℃,45℃。

现行《公路桥涵设计通用规范》(JTG D60—2004)规定,桥梁结构的温度变化范围应根据建桥地区的气候条件而定,钢结构可按当地最高和最低气温确定,砖、石、混凝土、钢筋混凝土和预应力混凝土结构,一般按当地月平均最高和最低温度确定。

梁体温度变化引起的伸缩量 ΔL_t 可按下式计算:

$$\Delta L_t = a \cdot \Delta T \cdot L \tag{3-3}$$

式中:a——线膨胀系数,梁体为混凝土结构时取 1.0×10^{-5},梁体为钢结构时取 1.2×10^{-5};

ΔT——桥梁结构所处地点的温度变化范围;

L——有效温度跨长,应根据支座的布置情况确定。

实际确定伸缩装置的位移量时,还应考虑伸缩装置的安装温度,一般情况下,伸缩装置宜在夜间接近年平均温度的条件下安装。如受工程工期影响,不能在年平均温度条件下安装时,应考虑预设调整伸缩装置的缝宽,以满足全年的伸缩位移的要求。

3.1.2 混凝土收缩、徐变产生的收缩位移量的计算

混凝土的收缩和徐变是混凝土材料本身固有的一种特性,混凝土的收缩受混凝土的水灰比、水泥含量、水泥品种、集料配合比、环境温度和湿度、混凝土的强度和龄期等众多因素影响。而预应力混凝土的徐变除了上述因素外,还与施加预应力时的混凝土强度、龄期和预施应力的大小等因素相关。

混凝土的收缩影响,通常转化为温度的下降来处理:

(1)整体现浇混凝土结构的收缩相当于温度下降20℃。

(2)干燥地区,整体现浇混凝土结构的收缩相当于温度下降30℃。

(3)整体现浇钢筋混凝土结构的收缩相当于温度下降15~20℃。

(4)分段浇筑混凝土或钢筋混凝土结构的收缩相当于温度下降10~20℃。

(5)装配式钢筋混凝土结构的收缩相当于温度下降5~10℃。

预应力混凝土徐变量的计算可以按《公路钢筋混凝土及预应力混凝土桥涵设计规范》(JTG D62—2004)进行。

预应力混凝土桥梁的收缩和徐变引起的梁体收缩量可按下式计算：

$$\Delta L_s = \varepsilon_\infty \cdot \beta \cdot L \tag{3-4}$$

$$\Delta L_c = (\sigma_p / E_c) \cdot \Phi_\infty \cdot \beta \cdot L \tag{3-5}$$

式中：ε_∞——混凝土收缩系数；

β——混凝土收缩折减系数，与混凝土龄期有关，按表 3-1 取值；

σ_p——混凝土的预施应力；

E_c——混凝土的弹性模量；

Φ_∞——混凝土的徐变系数。

混凝土收缩、徐变折减系数 β　　表 3-1

龄期(月)	0.25	0.5	1	3	6	12	24
混凝土收缩徐变折减系数 β	0.8	0.7	0.6	0.4	0.3	0.2	0.1

3.1.3　梁体活载作用下的弹性伸长量和梁端的转角

桥梁梁体在车辆荷载作用下的弹性伸长量，应由桥梁设计计算确定。伸缩装置应能适应车辆荷载作用下，桥梁梁端转角的需要，该转角大小应由设计计算确定。一般情况下可按 0.02rad 取值。对一些特殊的桥梁如斜拉桥和悬索桥，也可以按 0.05rad 取值。

3.1.4　其他位移及设计位移富余量

伸缩装置的其他位移包括：大跨度悬索桥和斜拉桥由于顺桥向风力、车辆制动力等产生伸缩装置的纵向位移；由风力和曲线桥梁的离心力等产生的伸缩装置的横向位移；由车辆荷载作用下伸缩装置产生的弹性竖向位移。此外，地震作用下伸缩装置也会产生较大的纵向和横向位移。

由于理论计算伸缩装置的伸缩位移量，与实际结构发生的位移会有一定的差距，因此在确定伸缩装置的设计伸缩位移量时，应根据桥梁实际结构伸缩位移的大小，预留一定的富余量，钢桥用伸缩装置设计位移的富余量按基本伸缩位移量的 25%～35%取值。混凝土桥根据《公路钢筋混凝土及预应力混凝土桥涵设计规范》(JTG D62—2004)，伸缩装置设计位移的富余量按基本伸缩位移量的 20%～40%取值。对于伸缩位移主要由温度、混凝土收缩和徐变、活载作用下梁体弹性伸长产生的梁式桥(多跨简支梁桥或连续梁桥)，由于其伸缩位移量的计算可控性较好，富余量可按下限取值。对于斜拉桥和吊桥等纵向刚度相对较小的桥梁，在风荷载、活载等荷载作用下，伸缩位移量的计算可控性相对较差时，可取较大的富余量。

在确定桥梁伸缩装置的总设计位移量时，应在考虑最小位移限值后，分别给出纵向、横向和竖向位移值，以及绕纵轴、横轴和竖轴的转角，作为产品设计和加工制造的依据。

桥梁伸缩装置的设计位移的富余量与伸缩装置安装时的锁定温度有关。通常伸缩装置安装锁定温度应取为年平均温度，此时伸缩装置的预设缝宽通常为伸缩量的中值，如模数式伸缩装置的单缝最大缝宽为 80mm，伸缩装置安装时锁定缝宽一般为 40mm。当受施工条件所限无法在年平均温度下安装时，伸缩装置安装时的预设总缝宽 Δ_{set}，可根据安装时的锁定温度 T_{set}，按下式计算确定。

$$\Delta_{set}=\frac{\Delta}{2}+(\frac{T_{max}+T_{min}}{2}-T_{set})\cdot a\cdot L-\frac{\Delta L_s+\Delta L_c}{2} \tag{3-6}$$

式中：Δ_{set}——伸缩装置安装时的预设总缝宽（mm）；

Δ——伸缩装置总伸缩量（mm）；

T_{max}——年平均最高温度（℃）；

T_{min}——年平均最低温度（℃）；

T_{set}——安装时的锁定温度（℃）；

a——线膨胀系数，混凝土为 0.000 010，钢为 0.000 12；

L——伸缩梁体长度（mm）；

ΔL_s——混凝土收缩产生的位移量（mm）；

ΔL_c——混凝土徐变产生的位移量（mm）。

如果在施工安装时能很好地控制安装温度与锁定缝宽的关系，则可以适当地减小伸缩装置的设计位移富余量。

在斜交桥上设置伸缩装置时，应考虑在伸缩装置处产生与伸缩装置垂直和平行的两个位移分量。

与伸缩装置垂直方向的位移分量：

$$\Delta L_r=\Delta L\cdot\sin\beta \tag{3-7}$$

与伸缩装置平行方向的位移分量：

$$\Delta L_r=\Delta L\cdot\cos\beta \tag{3-8}$$

式中：ΔL——桥梁伸缩位移总量；

β——伸缩位移方向与桥梁轴线的斜交角。

根据伸缩装置垂直方向的位移分量 ΔL_r，选定该斜交桥伸缩装置的设计位移量，并适当考虑设计位移的富余量。

3.2　公路桥梁伸缩装置的静力设计

3.2.1　桥梁伸缩装置的作用

桥梁伸缩装置的作用包括永久作用、可变作用和偶然作用。永久作用主要是指伸缩装置的结构自重。可变作用是指车辆荷载、制动力、启动力和离心力等。偶然作用主要指汽车撞击力。所有这些作用可以根据《公路桥涵设计通用规范》(JTG D60—2004)确定。

(1)桥梁伸缩装置的永久作用

桥梁伸缩装置的永久作用主要是指伸缩装置的结构自重，应由各种类型伸缩装置的结构设计确定。

(2)桥梁伸缩装置的可变作用

桥梁伸缩装置的可变作用是指车辆荷载、制动力、启动力和离心力等。

作用于伸缩装置的车辆荷载作用，可以根据《公路桥涵设计通用规范》(JTG D60—2004)确定。车辆荷载的立面和平面布置尺寸见图 3-1，车辆荷载的横向布置见图 3-2。车辆荷载的轴重和着地面积见表 3-2。

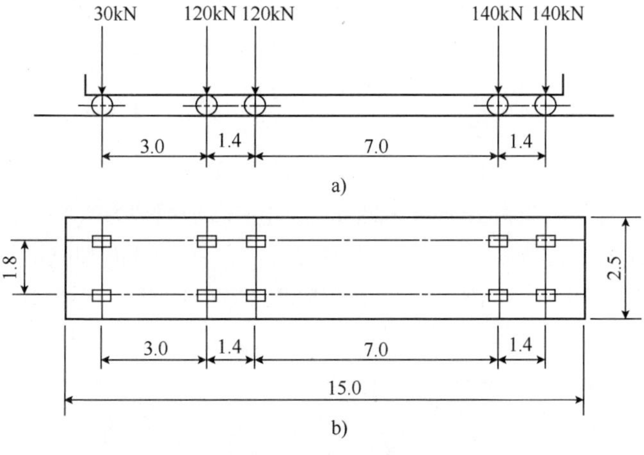

图 3-1　车辆荷载的立面和平面尺寸(尺寸单位：m)

a)立面尺寸；b)平面尺寸

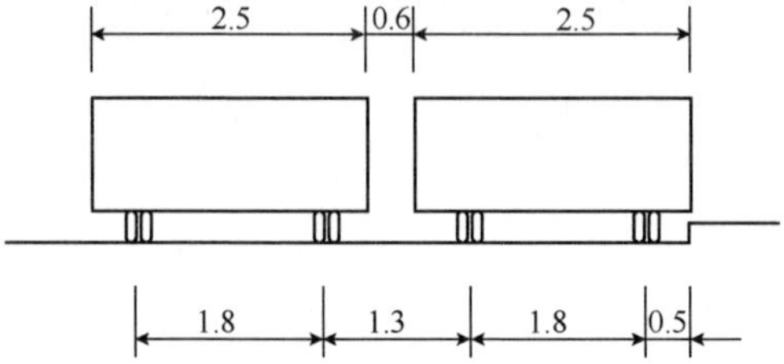

图 3-2 车辆荷载的横向布置(尺寸单位:m)

车辆荷载的轴重和着地面积 表 3-2

项 目	单 位	技术指标	项 目	单 位	技术指标
车辆重力标准值	kN	550	轮距	m	1.8
前轴重力标准值	kN	30	前轮着地宽度及长度	m	0.3×0.2
中轴重力标准值	kN	2×120	中、后轮着地宽度及长度	m	0.6×0.2
后轴重力标准值	kN	2×140	车辆外形尺寸(长×宽)	m	15×2.5
轴距	m	3+1.4+7+1.4			

根据以上车辆荷载的分布图式,作用在伸缩装置上的最大轮压为 140kN/2=70kN。该车轮的轮压荷载还应考虑车辆荷载的冲击作用,根据《公路桥涵设计通用规范》(JTG D60—2004),车辆荷载效应(含冲击力、离心力)的分项系数为 1.4,车辆荷载的最大冲击系数为 1.45,因此考虑车辆荷载效应(含冲击力、离心力)的分项系数和受冲击作用后,作用在伸缩装置上的最大轮压为 70×1.45×1.4=142.1(kN)。

伸缩装置结构设计中,实际作用在伸缩装置部件上的车辆荷载,应考虑伸缩装置的有效缝宽,伸缩装置部件的有效结构尺寸和车轮的着地面积等因素,对实际作用的竖向和水平荷载应按最不利条件进行组合。

1)车辆荷载的有效着地面积

车轮的着地面积示意如图 3-3 所示,根据《公路桥涵设计通用规范》(JTG D60—2004),中、后轮着地面积为 200mm×600mm,前轮的着地面积为 200mm×300mm。

车轮荷载的分配应考虑车轮和伸缩装置上部结构表面和路沿的有效接触面积,此时假定轮胎的接触面是刚性的。荷载的作用应考虑按图 3-4 给出区域的最不利位置。

区域 1:邻接铺装层表面的着地面积;

区域 2:跨越缝隙表面的着地面积;

区域 3:轮胎与伸缩装置结构部件全面接触的面积 A';

区域 4:轮胎与伸缩装置结构部件全面接触的面积 A'';

区域 5′和 5″:轮胎没有作用在伸缩装置结构部件上(缝隙和漏空部分面积)。

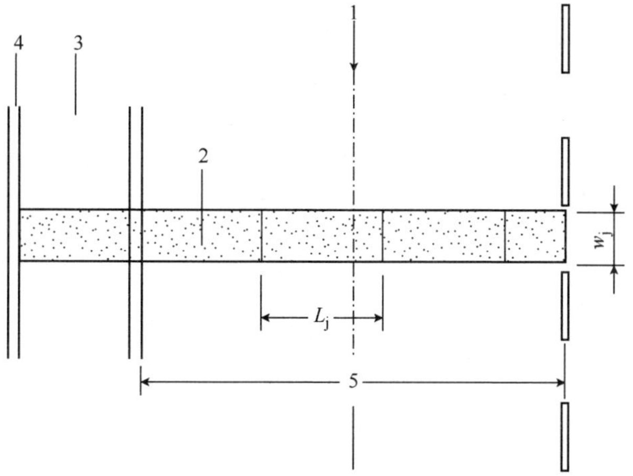

图 3-3　车轮着地面积

1-行车方向;2-伸缩装置;3-人行道;4-人行道护栏;5-行车道;L_j-横向着地宽度;W_j-最大开启缝宽时顺桥向着地长度,该缝宽包括伸缩装置本身和参与荷载传递的邻接部分

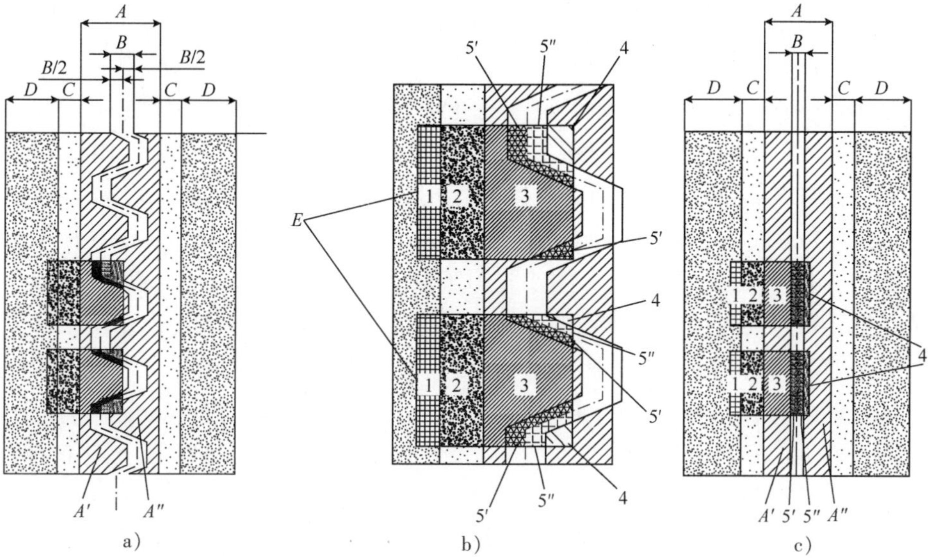

图 3-4　车轮荷载作用原理

a)作用在伸缩装置上的车轮着地面积;b)在不同区域作用的车轮着地面积;c)邻接铺装层及跨越缝隙表面的着地面积

A-伸缩装置面积;*A′*、*A″*-伸缩装置接触表面面积;*B*-缝隙和漏空部分面积;*C*-跨越的缝隙面积;*D*-邻接铺装面积;*E*-车轮着地面积

作用在区域 5′和 5″的荷载应附加作用到邻近的区域 3 和 4 的支承面积上。在这里区域 5′的荷载应附加作用在区域 3 面积上，区域 5″的荷载应附加作用在区域 4 面积上。具体作用在伸缩装置上的荷载，应根据各种类型伸缩装置的构造细节确定。

2）作用于伸缩装置上车辆荷载的布置

伸缩装置静载抗力应是在伸缩装置处于最不利的开启位置时，荷载作用在各种伸缩装置的最不利位置，根据影响线和荷载作用区域分配的相关面积的条件，通过计算确定。

车辆后轴双轴的轴重为 2×140kN，两轮对纵向距离为 1 400mm，每个车轮的着地尺寸为 l=600mm，b=200mm，每轴两个车轮的横向中心距为 1 800mm；中轴双轴的轴重为 2×120kN，两轮对纵向距离为 1 400mm，每个车轮的着地面积为 l=600mm，b=200mm，每轴两个车轮的横向中心距为 1 800mm；前轴单轴的轴重为 30kN，每个车轮的着地面积为 l=300mm，b=200mm，每轴两个车轮的横向中心距为 1 800mm。车轮轮压布置见图 3-5。

对于大位移量的伸缩装置，在伸缩装置开启到一定程度时，作用在伸缩装置上的车轮数量除了一个后轴的作用以外，有可能两个后轴同时作用在一个伸缩装置上（伸缩装置开启后的结构尺寸大于 1.4m 时），而在邻近的车道上还可能承受车辆中轴（第二车道）或前轴（第三车道）的车轮荷载，见图 3-6。因此，在设计伸缩装置的支承系统时，应考虑实际作用于伸缩装置上的车辆重轮的数量。例如，车辆的两个后轮（2×140kN）同时作用在伸缩装置上，对横梁（支承梁）的受力产生较大的影响，而在邻近的车道上（第二和第三车道）分别承受其他车道上的中轴和前轴的车轮荷载。由于我国车辆荷载的前轮轴重仅为 30kN，因此一般情况下可以不考虑第三车道的车辆作用。图 3-6 为欧洲标准《公路桥梁伸缩装置》（ETAGn°032—2013）中规定的车道荷载在伸缩装置上的布置建议。由于汽车在伸缩装置上通过的时间很短，相邻车道上同时承受后轴荷载的概率极小。因此在邻近的车道上（第二和第三车道）仅考虑分别承受其他车道上的中轴和前轴的车轮荷载。

图 3-7～图 3-14 给出了作用于桥梁伸缩装置上的车辆轴重的基本值 Q_{ik}，该值与伸缩装置的几何尺寸有关，是车辆荷载对结构部件的影响。

（1）当伸缩装置全部开启后的最大结构宽度 $W_j \leq 1.40$m，伸缩装置结构部件的有效受力长度 $L_j < 0.60$m 时，作用在伸缩装置部件上的荷载，仅为车辆后轴的一个车辆的轮压，即 140kN/2＝70kN，见图 3-7。

通常如单元式梳齿板式伸缩装置，每个单元板宽为 1m，当最大结构宽度 $W_j \leq 1.40$m 时，作用于单元式梳齿板上的车轮荷载即为车辆后轴的一个轮压，即 140kN/2 = 70kN。该荷载由两侧的梳齿板各承受 50%，或根据两侧的梳齿板的支承条件进行分配。

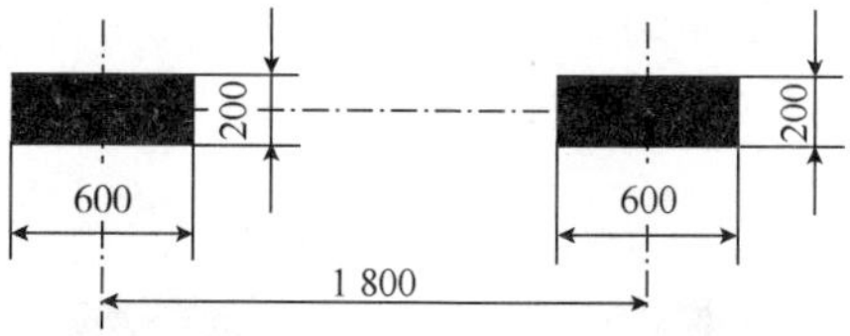

图 3-5　车轮轮压布置(尺寸单位：mm)

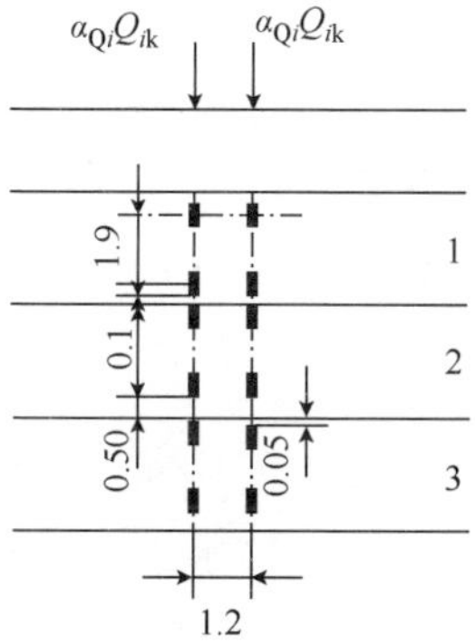

图 3-6　多车道车轴荷载的布置(尺寸单位：m)

注：数字 1,2 和 3 为对应车道数；如果能证明作用在车道 3 上的荷载，对伸缩装置的设计没有影响，可以忽略。

(2)当伸缩装置全部开启后的最大结构宽度 $W_j > 1.40$m，由于车辆两个后轴的中心距为 1.40m，伸缩装置结构部件的有效受力长度 $L_j < 0.60$m 时，作用在伸缩装置部件上的荷载，为车辆两个后轴各一个车轮的轮压，即 2×140kN/2 = 2×70kN，见图 3-8。

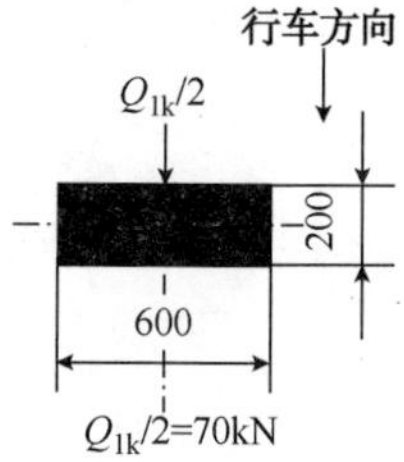

图 3-7　$W_j > 1.40$m，$L_j < 0.60$m 时，车轴荷载(尺寸单位：mm)

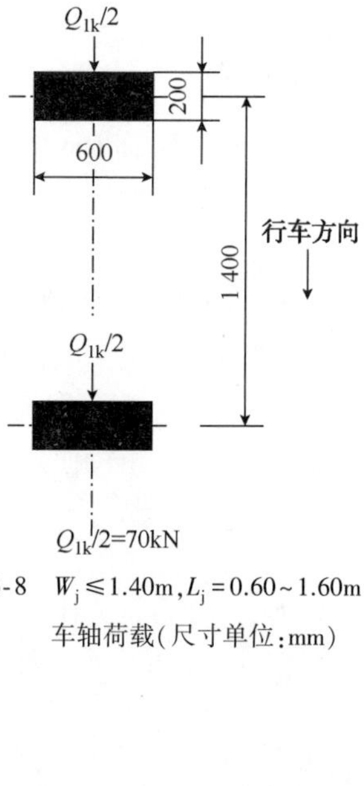

图 3-8　$W_j \leq 1.40$m，$L_j = 0.60 \sim 1.60$m 时，车轴荷载(尺寸单位：mm)

(3)当伸缩装置全部开启后的最大结构宽度 $W_j \leq 1.40\text{m}$，伸缩装置结构部件的有效受力长度 $L_j = 0.60 \sim 1.90\text{m}$ 时，由于后轮两个车轮的中心距为 1.80m，与车轮着地宽度之和为 2.40m，不会同时作用在伸缩装置部件上，而两个相邻车辆内侧车轮的最小中心距为 1.30m，因此作用在伸缩装置上的车轮荷载为车辆后轴的一个车轮轮压 140kN/2，与另一车道上的车轮中轴的一个轮压，即 120kN/2，见图 3-9。

(4)当伸缩装置全部开启后的最大结构宽度 $W_j > 1.40\text{m}$，伸缩装置结构部件的有效受力长度 $L_j = 0.50 \sim 1.90\text{m}$ 时，作用在伸缩装置部件上的荷载，为一个车道上的两个后轴的轮压，与另一车道上的两个中轴的轮压，见图 3-10。

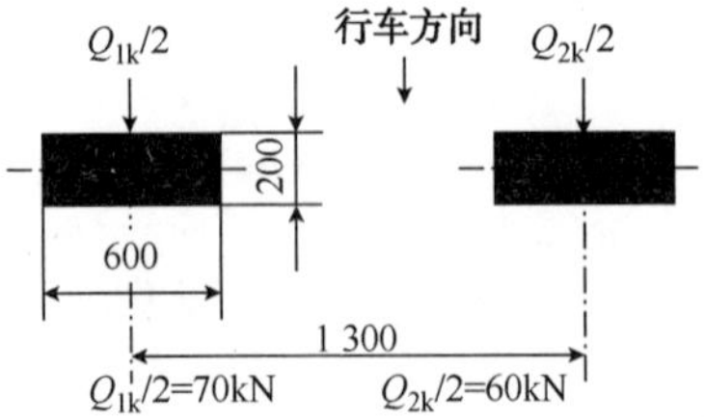

图 3-9 $W_j \leq 1.40\text{m}, L_j = 0.60 \sim 1.60\text{m}$ 时，车轴荷载(尺寸单位：mm)

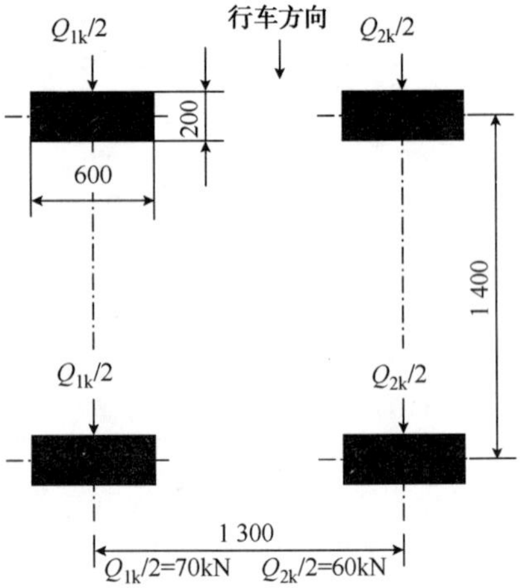

图 3-10 $W_j \leq 1.40\text{m}, L_j = 0.60 \sim 1.90\text{m}$ 时，车轴荷载(尺寸单位：mm)

(5)当伸缩装置全部开启后的最大结构宽度 $W_j \leq 1.40\text{m}$，伸缩装置结构部件的有效受力长度 $L_j = 1.90 \sim 2.40\text{m}$ 时，作用在伸缩装置部件上的荷载，为车辆后轴的两个轮压，见图 3-11。

(6)当伸缩装置全部开启后的最大结构宽度 $W_j > 1.40\text{m}$，伸缩装置结构部件的有效受力长度 $L_j = 1.90 \sim 2.40\text{m}$ 时，作用在伸缩装置部件上的荷载，为车辆后轴的两个轮压，见图 3-12。

(7)当伸缩装置全部开启后的最大结构宽度 $W_j \leq 1.40\text{m}$，伸缩装置结构部件的有效受力长度 $L_j \geq 2.40\text{m}$ 时，作用在伸缩装置部件上的荷载，在第一车道为车辆后轴的两个轮压，而在邻近车道为车辆中轴的两个轮压，见图 3-13。

(8)当伸缩装置全部开启后的最大结构宽度 $W_j > 1.40\text{m}$，伸缩装置结构部件的有效受力长度 $L_j \geq 2.40\text{m}$ 时，作用在伸缩装置部件上的荷载，应考虑在三个车道上分别作用后轮、中轮的前轮的轮压，见图 3-14。

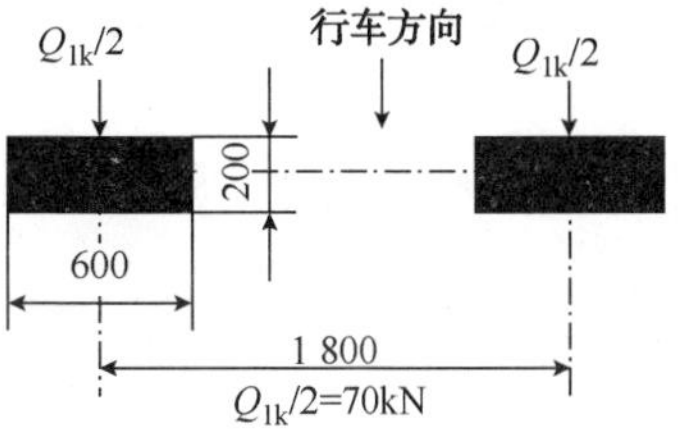

图 3-11　$W_j \leqslant 1.40m, L_j = 1.90 \sim 2.40m$ 时，车轴荷载(尺寸单位：mm)

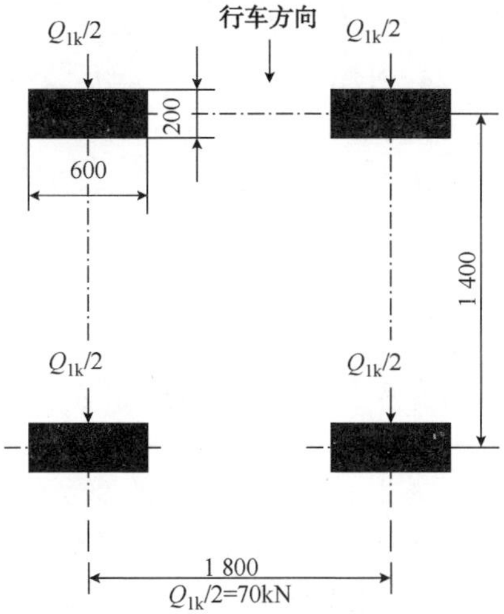

图 3-12　$W_j > 1.40m, L_j = 1.90 \sim 2.40m$ 时，车轴荷载(尺寸单位：mm)

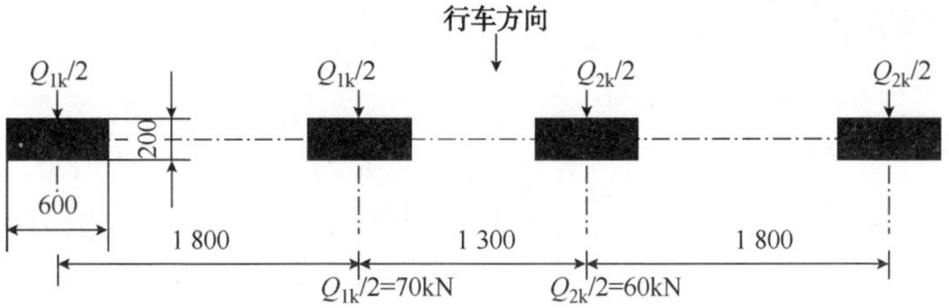

图 3-13　$W_j < 1.40m, L_j \geqslant 2.50m$ 时，车轴荷载(尺寸单位：mm)

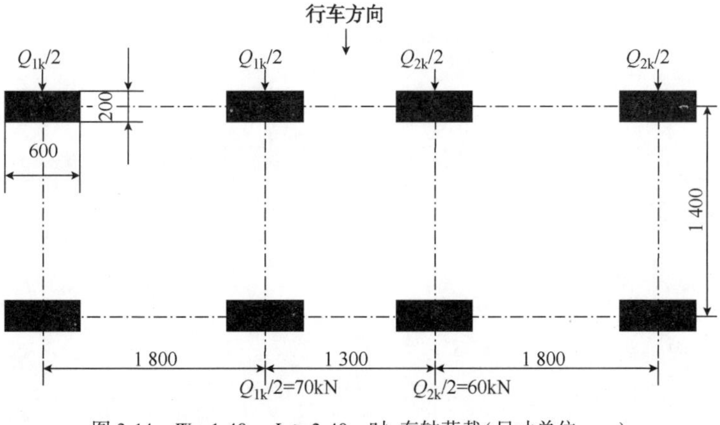

图 3-14　$W_j > 1.40m, L_j \geqslant 2.40m$ 时，车轴荷载(尺寸单位：mm)

注：图 3-7～图 3-14 的说明。

(1)轴向荷载的位置选择如下：在路沿之间的基本结构的最不利位置。在使用荷载下它可以是在不同的位置。

(2)两个邻近车轮最小中距，在垂直行车方向为 1.3m。

(3)车轮着地面积见表 3-2。

(4)除了柔性和填埋式伸缩装置外，在伸缩装置上铺装层的分散作用，不作考虑。

(5)动力放大作用包括在荷载作用内，但荷载的影响作用不作考虑。

(6)给出的荷载包括了路面纵、横坡的影响。

(7)给出的荷载考虑了离心力在轴向的不均匀分布。

以上分析表明，在确定作用于桥梁伸缩装置上的车辆荷载时，应考虑伸缩装置的实际开启状态、伸缩装置结构部件的支承条件(跨径)等因素。除了考虑本车道的车辆轴重的影响外，还应考虑邻近车道的车辆荷载，但邻近车道的车辆轴重为车辆中轴的作用，并且应考虑相应的组合系数。

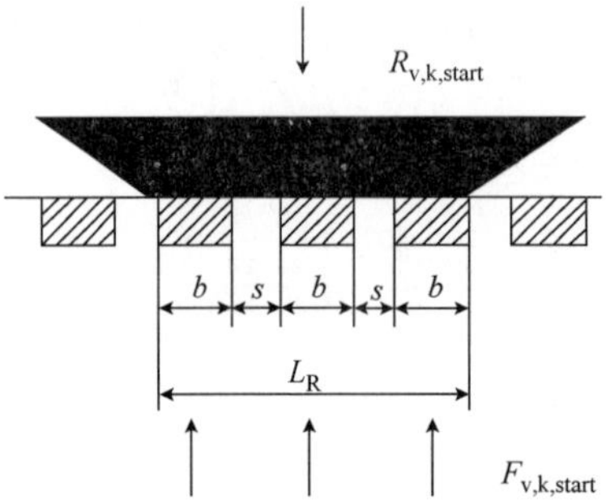

图 3-15　作用于每根中梁上的荷载

关于伸缩装置开启程度对结构部件作用荷载的影响，《桥梁支座和伸缩装置》(Guenter Ramberger，2002)[12]，详细介绍了模数式伸缩装置的设计原理。根据该书介绍，考虑到车轮的着地面积，模数式伸缩装置单根中梁所承受实际车轮荷载的比例 $F_{v,k,start}$，取决于中梁的宽度 b，缝宽 s_i 和车轮接触长度 L_R(图 3-15)。

$$L_N = L_R - \sum_{i=1}^{n} s_i \tag{3-9}$$

$$F_{v,k,start} = R_{v,k,start} \cdot \frac{b}{L_N} \cdot a_\alpha \tag{3-10}$$

式中：L_N——有效接触长度；

L_R——车轮接触长度；

s_i——第 i 个缝的宽度；

n——在接触长度内的缝数；

b——中梁宽度；

$R_{v,k,start}$——分配的轮压；

a_α——伸缩装置和行车方向的夹角的影响系数(图 3-16)。

假如夹角 α 不等于 90°，两轮不会同时在中梁上引起最大轮压，此时可以用系数 a_α 来考虑。

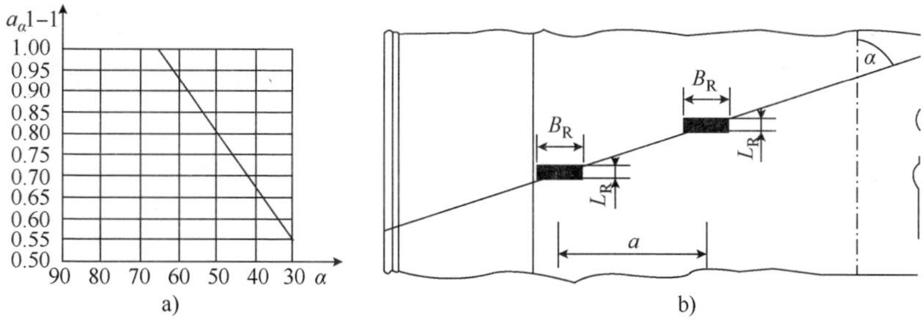

图 3-16　车轮荷载的布置和系数 a_α

a）分配系数 a_α；b）车轮荷载的分布

3）作用于伸缩装置的水平荷载

（1）制动力和启动力

作用于伸缩装置上的水平荷载有制动力、启动力、离心力和风力等，一般情况下主要考虑制动力或启动力的作用。车辆的制动力和启动力与车辆与伸缩装置表面的摩擦因数相关，通常车轮橡胶与钢的摩擦因数为 0.3，制动力和启动力也应考虑冲击作用，因此车辆后轮单个车轮的最大制动力或启动力可取为 $0.3\times70\times1.45\times1.4=42.63$（kN）。

车辆通过伸缩装置上产生的制动力和启动力，取决于伸缩装置的宽度，当 $W_j\leqslant1.40$m 时，仅考虑 1 个轴的作用，当 $W_j>1.40$m 时，考虑 2 个轴的作用。

作用于伸缩装置的水平荷载应与竖向车辆荷载同时存在，而不能单独存在。

（2）离心力

离心力按车辆轴重（不计冲击力）乘以离心力系数 C 计算。

$$C=\frac{v^2}{127R} \tag{3-11}$$

式中：v——设计速度（km/h），应按桥梁所在路线的设计速度采用；

R——曲线半径（m）。

当 $W_j>1.40$m 时，要考虑 2 个轴离心力的作用。

对多车道桥梁的汽车荷载离心力，应考虑横向折减的作用。对于伸缩装置，由于车辆后轴同时作用的可能性极小，因此也只需考虑在一个车道上作用的后轴轴重，和在临近第二车道作用的中轴轴重的离心力。此时不必考虑横向折减的作用。

4)作用于伸缩装置上人行道荷载和偶然荷载

在《公路桥涵设计通用规范》(JTG D60—2004)中人行道荷载按均布荷载给出,一般为 $2.5kN/m^2$,在伸缩装置的设计中可以忽略不计。

而在欧洲标准中,人行道上可考虑按集中荷载 35kN,作用面积 200mm×200mm 设计,此种集中荷载可以包括所有的荷载作用。此外还考虑由于车轮在人行道上或轨道车在伸缩装置上产生的偶然荷载,偶然荷载为:

轴向力:$A_d=\alpha_{Q2}Q_{2k}=200kN$,式中 $\alpha_{Q2}=1.0$。

3.2.2 欧洲标准关于伸缩装置设计作用效应组合的建议

欧洲标准《公路桥梁伸缩装置》(ETAGn°032—2013)建议桥梁伸缩装置按承载能力极限状态和正常使用极限状态进行设计。在承载能力极限状态下性能按全塑性检验,在正常使用极限状态下应考虑荷载作用和主体结构在标准条件下,由位移作用所产生的内部变形的影响。同时要考虑偶然荷载和地震引起的位移。

设计中应考虑伸缩装置的水平作用不能独立于垂直作用单独存在。此外,用作用组合系数 Ψ_0来考虑由于相同原因引起的荷载的相互作用。

1)破坏极限状态下的作用组合(ULS)

在破坏极限状态设计时,应考虑车辆荷载和伸缩装置的开启状态,在不同设计场合应考虑以下组合系数:Ψ_{0T},Ψ_{0d},Ψ_{0lk}和 Ψ_{0tk}。

$$C_{ULS}=\gamma_{Gi}G_k+\gamma_F F_{ik}+\Psi_{0T}\gamma_{Qi}[Q_{1k}+(\Psi_{0lk}Q_{lk1}+\Psi_{0tk}Q_{tk1})+Q_{2k}+(\Psi_{0tk}Q_{tk2})+Q_{3k}+(\Psi_{0tk}Q_{tk3})]+\gamma_{dE}\Psi_{0d}d_{Ek} \tag{3-12}$$

式中:d_{Ek}——伸缩装置开启的最大值;

γ——分项系数,见表 3-3;

Ψ_0——组合系数,见表 3-4;

Ψ_{0T}——车辆荷载的组合系数;

Ψ_{0d}——开启条件下的组合系数;

Ψ_{0lk}——行车方向的车辆荷载(启动力和制动力)组合系数;

Ψ_{0tk}——行车垂直方向的车辆荷载(离心力)组合系数;

G_k——伸缩装置结构自重,见表 3-5;

F_{ik}——特征内力,由制造商提供;

Q——车道车辆荷载,见表 3-5;

作为可以包络所有设计场合的组合系数如下：Ψ_{0T}和$\Psi_{0d}=1.00$；Ψ_{0lk}和$\Psi_{0tk}=0.50$。

分 项 系 数 表 3-3

分项系数	不利值	有利值	备注
γ_{Gi}	1.35	1.00	—
γ_{F1}	1.20	0.90	破坏引起局部和少量的损害
γ_{F2}	1.50	0.70	破坏引起主体结构和大量的损害
γ_{Qi}	1.35	—	—
γ_{dE}	1.00	—	—

组 合 系 数 表 3-4

C_{ULS}	设计条件	Ψ_{0T}	Ψ_{0d}	Ψ_{0lk}	Ψ_{0tk}
1	较小的开启位置，最大车辆荷载，离心力	1.00	0.60	0	0.50
2	最大开启位置，折减的车辆荷载，制动力，离心力	0.70	1.00	0.50	0.50

准 静 力 荷 载 表 3-5

荷载源	数值	方向	作用位置	荷载分配按以下
自重，G_k	由制造商提供	竖向	—	—
反力，F_{ik}	由制造商提供	—	—	—
车道 1，Q_{1k}	轴重 300kN	竖向	见附录 A.2.1.1 和 A.2.1.2	见附录 A.1
车道 2，Q_{2k}	轴重 200kN	竖向	见附录 A.2.1.1 和 A.2.1.2	见附录 A.1
车道 3，Q_{3k}	轴重 100kN	竖向	见附录 A.2.1.1 和 A.2.1.2	见附录 A.1
车道 1，Q_{lk1}	轴重 120kN	水平行车方向	见附录 A.2.1.1 和 A.2.1.2	见附录 A.1
车道 1，Q_{tk1}	轴重 60kN	水平垂直行车方向	见附录 A.2.1.1 和 A.2.1.2	见附录 A.1
车道 1，Q_{tk2}	轴重 40kN	水平垂直行车方向	见附录 A.2.1.1 和 A.2.1.2	见附录 A.1
车道 1，Q_{tk3}	轴重 20kN	水平垂直行车方向	见附录 A.2.1.1 和 A.2.1.2	见附录 A.1
人行道和自行车道偶然荷载，A_{k1}	车轮 100kN	竖向	EN 1991-2,4.7.3.1 (1)和(2)	见附录 A.1
路缘石处偶然荷载，A_{k2}	车轮 100kN	水平	EN 1991-2,4.7.3.2(1)	见附录 A.1

注：表中荷载系欧洲标准的数值，在我国使用时，应根据《公路桥涵设计通用规范》(JTG D60—2004)进行调整。

伸缩装置的破坏极限状态可分为两种组合：

(1)破坏极限状态Ⅰ(ULS1)

伸缩装置处于折减了的开启位置上(即60%的最大开启缝宽)，承受最大的车辆荷载，具有离心力作用的行进中的车辆。

$C_{\mathrm{ULS-1}} = 1.35G_k$(竖向)$+1.2F_{ik}+1.35\times1.00\times${300kN(竖向)+[0.50×120kN(纵向水平)+0.50×60kN(横桥向)]+200kN(竖向)+[0.50×40kN(横桥向)+100kN+0.50×20kN(横桥向)]}$+0.6\times d_{\mathrm{Edec}}$

注：公式中的+号并不是简单的数学公式中加号的含义，这里指的是在荷载组合中需要考虑的因素，在这些因素中选择荷载进行最不利组合。如考虑竖向最不利组合时，应选择$1.35G_k$(竖向结构自重)+1.35×1.00×300kN(第一车道汽车竖向荷载作用)+1.35×1.00×200kN(第二车道汽车竖向荷载作用)+1.35×1.00×100kN(第三车道汽车竖向荷载作用)，同时竖向汽车荷载作用的分配系数按60%缝宽开启程度条件下计算。考虑伸缩装置横桥向最不利组合时，应选择1.35×1.00×0.50×[60kN(第一车道汽车离心力)+40kN(第二车道汽车离心力)+20kN(第三车道汽车离心力)]，同时竖向汽车荷载作用的分配系数按60%缝宽开启程度条件下计算。

以下各公式的含义与此相同。

上述计算公式表明，在进行伸缩装置承载能力极限状态Ⅰ(ULS1)的设计时，荷载组合的条件为：伸缩装置处于60%最大开启缝宽条件下，作用的荷载包括考虑了乘以1.35荷载系数的结构自重G_k、乘以1.20荷载系数的伸缩装置的内力(伸缩阻力)F_{ik}和乘以1.35荷载系数的车辆荷载。伸缩装置的内力F_{ik}是来自位移、转动、预应力的压缩和松弛等相关运动的位移产生的结构内力。车辆荷载包括第一车道的车辆轴重及相应50%的离心力和第二、第三车道的车辆轴重及相应50%的离心力，不考虑制动力的作用。在考虑了各自的荷载系数和组合系数后，按最不利荷载条件进行组合。而一个车轮的荷载Q_{1k}、Q_{2k}和Q_{3k}应为车辆相应轴重的50%。轴位应根据最不利荷载条件布置。实际作用的车辆荷载应根据车轮的有效着地面积和伸缩装置的结构尺寸来确定。

(2)破坏极限状态Ⅱ(ULS2)

伸缩装置处于最大的开启位置上，承受折减了的车辆荷载，制动力和离心力。

$C_{\mathrm{ULS-2}} = 1.35G_k$(竖向)$+1.2F_{ik}+1.35\times0.70\times${300kN(竖向)+[0.50×120kN(纵向水平)+0.50×60kN(横桥向)]+200kN(竖向)+[0.50×40kN(横

桥向)+100kN+0.50×20kN(横桥向)]}+1.00×d_{Edec}

式中:$d_{Edec}=\gamma_{dE}d_{Ek}$。

上述计算公式表明,在进行伸缩装置破坏极限状态Ⅱ(ULS2)的设计时,荷载组合的条件为;伸缩装置处于100%最大开启缝宽条件下,作用的荷载包括乘以1.35荷载系数的结构自重G_k、乘以1.20荷载系数的伸缩装置的内力(伸缩阻力)F_{ik}和按70%折减了的车辆荷载乘以1.35荷载系数。伸缩装置的内力F_{ik}是来自位移、转动、预应力的压缩和松弛等相关运动的位移。车辆荷载包括第一车道的车辆轴重及相应50%的制动力和50%的离心力,第二、第三车道的车辆轴重及相应50%的制动力和50%的离心力的作用。在考虑了各自的荷载系数和组合系数后,按最不利荷载条件进行组合。而一个车轮的荷载Q_{1k}、Q_{2k}和Q_{3k}应为车辆相应轴重的50%。轴位应根据最不利荷载条件布置。

2)正常使用极限状态的组合(SLS)

伸缩装置的使用极限状态设计组合可区分为特征组合和经常组合两种。

伸缩装置使用极限状态的特征组合为:伸缩装置处于60%最大开启缝宽条件下,承受最大车辆荷载,具有离心力作用的行进中的车辆。荷载组合如下:

$$C_{SLS}=G_k+F_{ik}+\Psi_{0T}[Q_{1k}+(\Psi_{0lk}Q_{lk1}+\Psi_{0tk}Q_{tk1})+Q_{2k}+(\Psi_{0tk}Q_{tk2})+Q_{3k}+(\Psi_{0tk}Q_{tk3})]+\Psi_{0d}d_{Ek} \tag{3-13}$$

式中符号含义与破坏极限状态ULS相同;

对所有的设计场合Ψ_0可取为:$\Psi_{0T}=1.00$;$\Psi_{0d}=1.00$;$\Psi_{0lk}=0.50$;$\Psi_{0tk}=0.50$。

伸缩装置使用极限状态的特征组合的实例如下:

$C_{SLS,CHAR}=G_k+F_{ik}+1.00\times${300kN(竖向)+[0.00×120kN(纵向水平)+0.50×60kN(横桥向)]+200kN(竖向)+[0.50×40kN(横桥向)]+100kN(竖向)+[0.50×20kN(横桥向)]}+0.6×d_{Ek}

上述计算公式表明,在进行伸缩装置使用极限状态的特征组合设计时,荷载组合的条件为:伸缩装置处于60%最大开启缝宽条件下,作用的荷载包括均不考虑荷载系数的结构自重G_k、伸缩装置的内力(伸缩阻力)F_{ik}和车辆荷载Q_{1k}、Q_{2k}和Q_{3k}。车辆荷载包括第一车道的车辆轴重及相应50%的离心力和第二、第三车道的车辆轴重及相应50%的离心力,不考虑制动力的作用。在考虑了各自的荷载系数和组合系数后,按最不利荷载条件进行组合。

伸缩装置使用极限状态的经常组合为:伸缩装置按60%开启缝宽条件下,

考虑行进中的车辆的最不利作用，荷载组合如下：

$$C_{\text{SLS,FREQUENT}}=G_{\text{k}}+F_{\text{ik}}+\Psi_{1\text{T}}(Q_{1\text{k}}+\Psi_{0\text{lk}}Q_{\text{lk1}}+Q_{2\text{k}}+Q_{3\text{k}})+\Psi_{1\text{d}}d_{\text{Ek}} \tag{3-14}$$

式中符号含义与破坏极限状态 ULS 相同；

$\Psi_{0\text{lk}}=0.50$；$\Psi_{1\text{T}}=0.70$；$\Psi_{1\text{d}}=0.60$。

伸缩装置使用极限状态的经常组合的实例如下：

$$C_{\text{SLS,FREQUENT}}=G_{\text{k}}+F_{\text{ik}}+0.7[300\text{kN}+0.50\times120\text{kN}(\text{纵向水平})+200\text{kN}+100\text{kN}]+0.6\times d_{\text{Ek}}$$

上述计算公式表明，在进行伸缩装置使用极限状态的经常组合设计时，荷载组合的条件为：伸缩装置处于60%最大开启缝宽条件下，作用的荷载包括均不考虑荷载系数的结构自重 G_{k}、伸缩装置的内力（伸缩阻力）F_{ik} 和车辆荷载 $Q_{1\text{k}}$、$Q_{2\text{k}}$ 及 $Q_{3\text{k}}$。车辆荷载应考虑0.7的折减系数，包括第一车道的车辆轴重及相应50%的制动力和第二、第三车道的车辆轴重的作用。在考虑了各自的荷载系数和组合系数后，按最不利荷载条件进行组合。

总之，桥梁伸缩装置的承载能力极限状态可以区分为承载能力极限状态Ⅰ和Ⅱ两种状态：

（1）在承载能力极限状态Ⅰ下，伸缩装置处于60%的开启位置，垂直方向作用最大车辆荷载，横桥向作用50%的离心力（曲线桥）。

（2）在承载能力极限状态Ⅱ下，伸缩装置处于100%的开启位置，垂直方向作用70%的最大车辆荷载，行车方向作用50%的制动力或牵引力，横桥向作用50%的离心力（曲线桥）。

桥梁伸缩装置的正常使用极限状态可以区分为特征组合和经常组合：

（1）在正常使用极限状态特征组合时，伸缩装置处于60%的开启位置，垂直方向作用100%的最大车辆荷载，行车方向作用50%的制动力或牵引力，横桥向作用50%的离心力（曲线桥）。

（2）在正常使用极限状态经常组合时，伸缩装置处于60%的开启位置，垂直方向作用70%的最大车辆荷载，行车方向作用50%的制动力或牵引力。

伸缩装置各个部件的设计应按照以上条件进行最不利组合。

上述在欧洲标准《公路桥梁伸缩装置》（ETAGn°032—2013）中关于伸缩装置的设计荷载组合的相关建议，可供我国技术人员参考。在实际使用时，相关参数应根据《公路桥涵设计通用规范》（JTG D60—2004）进行调整。

3.2.3 桥梁伸缩装置的作用效应组合的建议

根据我国《公路桥涵设计通用规范》（JTG D60—2004），桥梁设计可区分为承载能力极限状态和正常使用极限状态,其中承载能力极限状态可区分为基本组合和偶然组合两种,正常使用极限状态区分为作用短期效应组合和作用长期效应组合两种。

承载能力极限状态的基本组合,指永久作用的设计值效应与可变作用设计值效应相结合,其效应组合表达式为:

$$\gamma_0 S_{\mathrm{ud}}=\gamma_0\left(\sum_{i=1}^{m}\gamma_{\mathrm{G}i}S_{\mathrm{G}i\mathrm{k}}+\gamma_{\mathrm{Q}i}S_{\mathrm{Q}i\mathrm{k}}+\Psi_{\mathrm{c}}\sum_{j=2}^{n}\gamma_{\mathrm{Q}j}S_{\mathrm{Q}j\mathrm{k}}\right) \tag{3-15}$$

或

$$\gamma_0 S_{\mathrm{ud}}=\gamma_0\left(\sum_{i=1}^{m}S_{\mathrm{G}i\mathrm{d}}+S_{\mathrm{Q}i\mathrm{d}}+\Psi_{\mathrm{c}}\sum_{j=2}^{n}S_{\mathrm{Q}j\mathrm{d}}\right) \tag{3-16}$$

式中:S_{ud}——承载能力极限状态下作用基本组合的效应组合设计值;

γ_0——结构重要性系数,按结构设计等级采用,对应设计等级一级、二级和三级,分别取 1.1、1.0 和 0.9;

$\gamma_{\mathrm{G}i}$——第 i 个永久作用效应分项系数;

$S_{\mathrm{G}i\mathrm{k}}$,$S_{\mathrm{G}i\mathrm{d}}$——第 i 个永久作用效应的标准值和设计值;

$\gamma_{\mathrm{Q}i}$——汽车荷载效应(含汽车冲击力,离心力)的分项系数,$\gamma_{\mathrm{Q}i}=1.4$;

$S_{\mathrm{Q}i\mathrm{k}}$,$S_{\mathrm{Q}i\mathrm{d}}$——汽车荷载(含汽车冲击力,离心力)的标准值和设计值;

$\gamma_{\mathrm{Q}j}$——在作用效应组合中除汽车荷载(含汽车冲击力,离心力)、风载外的第 j 个可变作用效应的分项系数,取$\gamma_{\mathrm{Q}i}=1.4$,但风载取$\gamma_{\mathrm{Q}j}=1.1$;

$S_{\mathrm{Q}j\mathrm{k}}$,$S_{\mathrm{Q}j\mathrm{d}}$——除汽车荷载(含汽车冲击力,离心力)外其他可变作用效应的标准值和设计值;

Ψ_{c}——在作用效应组合中,除汽车荷载(含汽车冲击力,离心力)外其他可变作用效应的组合系数,当永久作用与汽车荷载和人群荷载(或其他一种可变作用)组合时,人群荷载(或其他一种可变作用)的组合系数取$\Psi_{\mathrm{c}}=0.8$,当除汽车荷载(含汽车冲击力,离心力)外尚有 2 种其他可变作用参与组合时,$\Psi_{\mathrm{c}}=0.7$,尚有 3 种其他可变作用参与组合时,$\Psi_{\mathrm{c}}=0.6$,尚有 4 种其他可变作用参与组合时,$\Psi_{\mathrm{c}}=0.5$。

设计弯桥时,当离心力与制动力同时参与组合时,制动力标准值或设计值按70%取值。

承载能力极限状态的偶然组合,指永久作用的标准值效应与可变作用某种代表值效应,组成一种偶然作用标准值效应组合。偶然作用效应分项系数取1.0。与偶然作用同时出现的可变作用,可根据观测资料和工程经验取用适当的代表值。地震作用标准值及其表达式按现行《公路工程抗震规范》(JTG B02—

2013）规定采用。

正常使用极限状态作用短期效应组合由永久作用标准值和可变作用频遇值效应组合，表达式为：

$$S_{sd}=\sum_{i=1}^{m}S_{Gik}+\sum_{j=1}^{m}\Psi_{1j}S_{Qjk} \tag{3-17}$$

式中：S_{sd}——作用短期效应组合设计值；

Ψ_{1j}——第 j 个可变作用频遇值系数，汽车荷载（不计冲击力）$\Psi_1=0.7$，根据《公路桥梁钢结构设计规程》（报批稿）在计算结构变形时，取汽车荷载可变作用频遇值系数为 $\Psi_1=1.0$，人群荷载 $\Psi_1=1.0$，风荷载 $\Psi_1=0.75$，温度梯度作用 $\Psi_1=0.8$，其他作用 $\Psi_1=1.0$；

$\Psi_{1j}S_{Qjk}$——第 j 个可变作用频遇值。

正常使用极限状态作用长期效应组合由永久作用标准值效应和可变作用准永久值效应相组合，其表达式为：

$$S_{Ld}=\sum_{i=1}^{m}S_{Gik}+\sum_{j=1}^{m}\Psi_{2j}S_{Qjk} \tag{3-18}$$

式中：S_{Ld}——作用长期效应组合设计值；

Ψ_{2j}——第 j 个可变作用效应准永久值系数，汽车荷载（不计冲击力）$\Psi_2=0.4$，人群荷载 $\Psi_2=0.4$，风荷载 $\Psi_2=0.75$，温度梯度作用 $\Psi_2=0.8$，其他作用 $\Psi_2=1.0$；

$\Psi_{2j}S_{Qjk}$——第 j 个可变作用准永久值。

结构构件当需进行弹性阶段截面应力计算时，除特别指明外，各作用效应的分项系数及组合系数均可取 1.0，各项应力限值按设计规范规定采用。

上述 4 种作用组合状态是针对桥梁结构设计的，结合伸缩装置的使用特点，作用组合应与伸缩装置的开启缝宽状态相关，而承载能力极限状态中的偶然组合的车辆撞击力与伸缩装置的相关性不大，因此建议伸缩装置在承载能力极限状态下的作用组合，参考欧洲标准根据伸缩装置缝宽的开启程度区分为两种组合：伸缩装置缝宽开启 60% 的基本组合 Ⅰ 和伸缩装置缝宽开启 100% 的基本组合 Ⅱ。伸缩装置在正常使用极限状态下的作用效应组合仍可以区分为作用短期效应组合（相当于欧洲标准的正常使用极限状态特征组合）和作用长期效应组合（相当于欧洲标准的正常使用极限状态经常组合）。伸缩装置的作用及其作用效应组合见表 3-6。

桥梁伸缩装置的作用及其作用效应组合表　　表 3-6

作用与作用组合			承载能力极限状态		正常使用极限状态	
			基本组合Ⅰ	基本组合Ⅱ	作用短期效应组合	作用长期效应组合
永久作用	结构自重		设计确定	设计确定	设计确定	设计确定
	作用分项系数		1.10	1.10	1.00	1.00
	组合系数		1.00	1.00	—	—
可变作用	汽车荷载	标准值①(kN)	140/120	140/120	140/120	140/120
		作用分项系数	1.40	1.40	1.00②	0.70③
		组合系数	1.00	0.70	—	—
		冲击系数	1.45	1.45	—	—
	汽车制动力与启动力	标准值	—	汽车荷载的 30%	—	汽车荷载的 30%
		作用分项系数	—	1.40	—	—
		组合系数	—	0.50	—	0.50③
		冲击系数	—	1.45	—	—
	离心力（曲线桥）	标准值	汽车荷载乘离心力系数	汽车荷载乘离心力系数	汽车荷载乘离心力系数	汽车荷载乘离心力系数
		作用分项系数	1.40	1.40	0.50②	—
		组合系数	1.00	0.50	—	—
	伸缩阻力		设计确定	设计确定	设计确定	设计确定
伸缩装置开启缝宽程度			60%	100%	60%	60%

注：①汽车荷载应根据伸缩装置开启缝宽，车轮着地面积，按本书 3.2 节确定，140kN 用于第一车道上的汽车荷载，120kN 用于第二车道上的汽车荷载。

②该值为正常使用极限状态作用短期效应组合时，根据《公路桥涵设计通用规范》（JTG D60—2004）可变作用频遇值系数取 1.0。此时不考虑制动力的作用。

③该值为正常使用极限状态作用长期效应组合时，根据欧洲标准《公路桥梁伸缩装置》（ETAGn°032—2013）的规定，可变作用准永久值系数取 0.7，而制动力作用的准永久值系数取 0.5，且仅考虑第一车道车辆的制动力作用。

3.3　公路桥梁伸缩装置的动力设计与抗疲劳设计

3.3.1　桥梁伸缩装置的疲劳设计

桥梁伸缩装置的疲劳极限强度设计是伸缩装置的重要设计内容，根据国内外的使用经验，绝大部分伸缩装置的破坏是由于部件的破坏损伤所引起的。

欧洲标准《公路桥梁伸缩装置》(ETAGn°032—2013)中，对伸缩装置作用的荷载及其组合作了以下规定：

(1)疲劳荷载作用的影响，可以是竖向的、水平的或是双向组合的。在 EN 1991-2 的荷载模式中，考虑了伸缩装置与路面铺装良好的质量下的动力放大作用。

(2)伸缩装置的不平顺可以引起附加的动力系数，在垂直方向为 $\Delta\varphi_{fat}$，水平方向产生附加动力系数为 $\Delta\varphi_{fat,h}$，由于伸缩装置的垂直差可以引起在荷载作用下的跳车(自由振动)，也应在各自系列产品中考虑。

(3)由于车轮通过伸缩装置的时间很短暂，因此，不考虑相继通过的轴向荷载作用的相互干扰，即伸缩装置的疲劳荷载模式仅需考虑单轴荷载(不是车辆荷载)的作用。

伸缩装置的疲劳荷载模式可分为 $FLM1_{EJ}$ 和 $FLM2_{EJ}$ 两种，疲劳荷载模式 $FLM1_{EJ}$，用于预期疲劳寿命的检验，可以作为破坏极限状态来考虑。疲劳荷载模式 $FLM2_{EJ}$ 是一种替代荷载，采用等效的轴向力，也可作为制造商的一种选择。

在欧洲标准《公路桥梁伸缩装置》(ETAGn°032—2013)中，对伸缩装置作用的荷载的车轴形式、车轮轮压和轴距尺寸见表 3-7。

欧洲标准的车轴形式、轮压和轴距尺寸 表 3-7

疲劳荷载模式	车轴形式	着地面积 A_w ($l \times b$)	车轮着地面积在横桥向的尺寸
$FLM1_{EJ}$	—	300×250	轮压 250mm，间隙 100mm，轮压 250mm，距离 1 300mm，轮压 250mm，间隙 100mm，轮压 250mm
$FLM2_{EJ}$	A	300×250	轮压 250mm，距离 2 000mm，轮压 250mm
	B	300×250	见 $FLM1_{EJ}$
	C	300×333	轮压 333mm，距离 1 834mm，轮压 333mm。 作为替代荷载，对不承受全部轮压/车轴荷载的上部部件，C 型车轴可以用 A 型替代

1)疲劳荷载作用模式 1($FLM1_{EJ}$)

单轴作用下的垂直和水平荷载可以按下式计算，此时在行车方向的纵坡不超过 4%：

$$Q_{1k,fat} = \Delta\varphi_{fat} \times Q_{1k} \times 0.7 = 273(\text{kN})$$

$$\Delta\varphi_{fat} = 1.3, Q_{1k} = 300\text{kN}$$

同时在行车方向的水平力为：

$$Q_{1lk,fat}=0.2\times\Delta\varphi_{fat,h}\times Q_{1k}\times0.7=42(kN)$$

$$\Delta\varphi_{fat,h}=1.0$$

当纵坡超过4%时,坡度的影响采用以下计算:

$$Q_{1lk,fat}=7.0x+14.0(kN) \tag{3-19}$$

式中:$\Delta\varphi_{fat}$——竖向车轮荷载的冲击系数;

$Q_{1lk,fat}$——车辆制动力等水平荷载的冲击系数;

x——坡度(%)。

2)疲劳荷载作用模式2($FLM2_{EJ}$)

此种模式车辆的数量可按EN1991-2表4.5取值,横向分布见该标准中图4-6。对于在行车方向有坡度的桥梁,垂直和水平荷载相互作用见表3-8。

欧洲标准疲劳作用的垂直和水平荷载 表3-8

$Q_{1k,fat}$(kN),包括冲击系数$\Delta\varphi_{fat}=1.3$在内的竖向轴重	$Q_{1lk,fat}$(kN)在行车方向包括冲击系数$\Delta\varphi_{fat,h}=1.0$在内的水平轴向荷载	轴数比例	车轴形式
100	—	1.1	A
120	—	1.25	C
150	$y=3x+8$	0.20	B
170	$y=4.5x+6$	0.45	B
190	$y=5x+8$	0.45	B

注:x=坡度(%),最小值$x=4$。

表3-8中所述的荷载包括以下动力系数:$\Delta\varphi_{fat}=1.3$,$\Delta\varphi_{fat,h}=1.0$。

在行车方向的水平荷载值是建立在以下假定之下的:

(1)相对风速为35m/s;

(2)坡度为4%;

(3)非驱动轴的滚动摩擦为1%;

(4)每车一个驱动轴(后轴)。

3)疲劳极限状态的荷载组合

在疲劳极限状态下,由于一定数量的荷载循环次数后,裂缝扩展,结构丧失足够的承载能力。疲劳寿命应由车辆荷载的最不利位置来评定。

疲劳寿命应考虑垂直荷载和水平荷载的相互作用,疲劳极限状态的相关组合为:

$$C_{FAT}=F_{ik}+(Q_{lk,fat}+Q_{lk1,fat})+\Psi_{0d}d_{Ek} \tag{3-20}$$

式中: F_{ik}——伸缩装置的伸缩阻力;

Ψ_{0d}——组合系数，$\Psi_{0d}=0.6$；

d_{Ek}——伸缩装置最大开启时的位移；

$Q_{lk,fat}$，$Q_{lk1,fat}$——与车辆作用次数相关的疲劳荷载模式的荷载，对 $FLM1_{EJ}$ 与车辆次数无关，对 $FLM2_{EJ}$ 车辆次数根据 EN 1991-2 标准，对繁忙的公路可按每年每车道 2×10^6 次确定。

上式说明，在考虑疲劳极限状态的荷载组合时，伸缩装置处于 60% 的开启状态下，作用有伸缩装置的内力（伸缩阻力）F_{ik} 和乘以冲击系数的第一车道的车辆竖向荷载 $Q_{lk,fat}$ 和水平荷载 $Q_{lk1,fat}$，进行最不利组合。此处应考虑自由振动和阻尼的作用。

桥梁伸缩装置的总装件和主要结构部件的抗疲劳性能的设计和检验，应满足上述两种疲劳荷载模式的要求，同时还应考虑通过相应的疲劳循环加载次数的试验检验。所需要的疲劳循环加载次数与伸缩装置的种类和工作寿命相关，欧洲标准《公路桥梁伸缩装置》（ETAGn°032—2013）中规定的工作寿命与疲劳荷载循环加载次数的关系见表 3-9。

疲劳循环加载次数与工作寿命的关系表 表 3-9

伸缩装置及锚固部件		疲劳循环加载次数				
试验说明		疲劳荷载模式 $FLM2_{EJ}$				$FLM1_{EJ}$
		10 年	15 年	25 年	50 年	无限期
接触应力 0.8MPa	第一阶段试验，垂直和水平荷载同时作用	1.7×10^6	2.5×10^6	4.2×10^6	采用 $FLM1_{EJ}$	7.4×10^6
	第二阶段试验，仅作用垂直荷载	1.1×10^6	1.7×10^6	2.9×10^6	—	—
	等效荷载作用，垂直和水平荷载同时作用	2.8×10^6	4.2×10^6	7.1×10^6	采用 $FLM1_{EJ}$	7.4×10^6
接触应力 1.0MPa（替代 0.8MPa）	第一阶段试验，垂直和水平荷载同时作用	0.87×10^6	1.3×10^6	2.2×10^6	采用 $FLM1_{EJ}$	3.8×10^6
	第二阶段试验，仅作用垂直荷载	0.57×10^6	0.87×10^6	1.5×10^6	—	—
	等效荷载作用，垂直和水平荷载同时作用	1.44×10^6	2.17×10^6	3.7×10^6	采用 $FLM1_{EJ}$	3.8×10^6

注：1. 接触应力指车轮轮压作用下的平均压应力；

2. 本表以车辆年通行量为 500 000 辆/年为准。

我国《公路钢结构桥梁设计规范》(报批稿)规定了三类疲劳荷载模式。

(1)疲劳荷载模型Ⅰ:用于验算全局受力构件是否具有无限疲劳寿命。

(2)疲劳荷载模型Ⅱ:用于验算全局受力构件在其设计使用期内是否具有足够的安全性。

(3)疲劳荷载模型Ⅲ:用于验算局部受力构件在其设计使用期内是否具有足够的安全性。

模式Ⅰ为等效车道荷载,集中荷载取 $0.7P_k$,均布荷载取 $0.3q_k$,P_k 和 q_k 按《公路桥涵设计通用规范》(JTG D60—2004)取值;模式Ⅱ采用双车模型,见图 3-17,两模型车的中心距不得小于 40m;模式Ⅲ采用单车模型,见图 3-18。

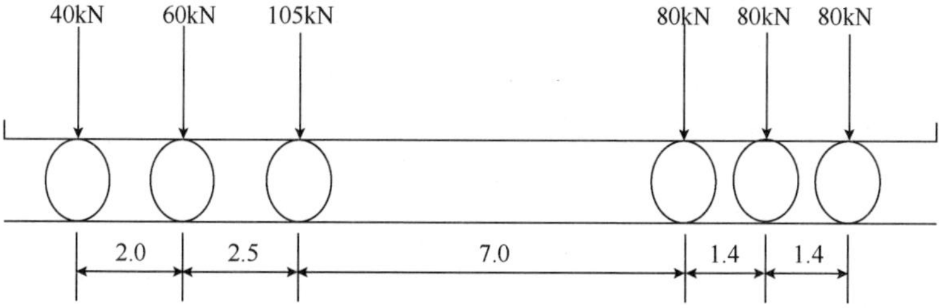

图 3-17　疲劳荷载模式Ⅱ(尺寸单位:m)

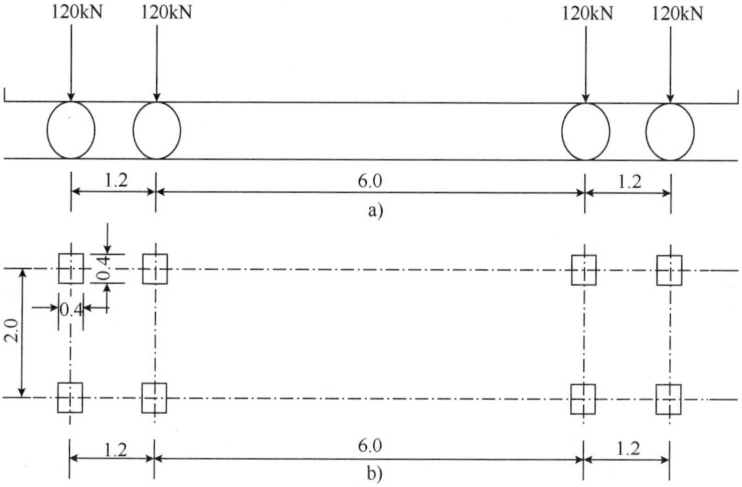

图 3-18　疲劳荷载模式Ⅲ(尺寸单位:m)

a)立面布置;b)平面布置

由于伸缩装置是一种局部构件,模式Ⅱ采用双车模型,两模型车的中心距不得小于 40m,不适用于伸缩装置。疲劳荷载模型Ⅲ是单车模型,用于验算局部受力构件在其设计使用期内是否具有足够的安全性,其最大轴重为 120kN,小于标准轴重 140kN,但轴距为 1.20m,小于标准轴距 1.40m,因此,它也是一种检验伸缩装置部件的荷载模式,与欧洲标准《公路桥梁伸缩装置》(ETAGn°032—2013)中的疲劳荷载作用模式 2($FLM2_{EJ}$)相似。

疲劳荷载模型Ⅰ采用以下公式验算:

$$\frac{\gamma_{Ff}\cdot\Delta\sigma_{p}}{\Delta\sigma_{D}/\gamma_{Mf}}\leqslant 1.0 \tag{3-21}$$

$$\frac{\gamma_{Ff}\cdot\Delta\zeta_{p}}{\Delta\zeta_{L}/\gamma_{Mf}}\leqslant 1.0 \tag{3-22}$$

式中:γ_{Ff}——疲劳荷载分项系数,取 1.0;

γ_{Mf}——疲劳抗力分项系数,对重要构件取 1.35,对次要构件取 1.15;

$\Delta\sigma_{p}$、$\Delta\zeta_{p}$——按疲劳荷载模型Ⅰ计算得到的正应力幅与剪应力幅;

$\Delta\sigma_{D}$——正应力常幅疲劳极限;

$\Delta\zeta_{L}$——剪应力常幅疲劳极限。

疲劳荷载模型Ⅰ为等效的车道荷载。集中荷载为 $0.7P_{k}$,均布荷载为 $0.3q_{k}$。P_{k} 和 q_{k} 按《公路桥涵设计通用规范》(JTG D60—2004)第 4.3.1 条取值。对桥梁伸缩装置计算中主要应考虑集中荷载,均布荷载不考虑。

疲劳荷载模型Ⅰ产生的应力幅按以下公式计算

$$\Delta\sigma_{p}=\sigma_{pmax}-\sigma_{pmin} \tag{3-23}$$

$$\Delta\tau_{p}=\tau_{pmax}-\tau_{pmin} \tag{3-24}$$

式中:σ_{pmax}、σ_{pmin}——将疲劳荷载模型Ⅰ按最不利情况加载于影响线得出的最大和最小正应力;

τ_{pmax}、τ_{pmin}——将疲劳荷载模型Ⅰ按最不利情况加载于影响线得出的最大和最小剪应力。

疲劳荷载模型Ⅲ采用以下公式验算,其中公式(3-27)用于考虑组合应力的情况。

$$\frac{\gamma_{Ff}\cdot\Delta\sigma_{E2}}{\Delta\sigma_{C}/\gamma_{Mf}}\leqslant 1.0 \tag{3-25}$$

$$\frac{\gamma_{Ff}\cdot\Delta\zeta_{E2}}{\Delta\zeta_{C}/\gamma_{Mf}}\leqslant 1.0 \tag{3-26}$$

$$\left(\frac{\gamma_{Ff}\cdot\Delta\sigma_{E2}}{\Delta\sigma_{C}/\gamma_{Mf}}\right)^{3}+\left(\frac{\gamma_{Ff}\cdot\Delta\zeta_{E2}}{\Delta\zeta_{C}/\gamma_{Mf}}\right)^{5}\leqslant 1.0 \tag{3-27}$$

式中: γ_{Ff}——疲劳荷载分项系数,取 1.0;

γ_{Mf}——疲劳抗力分项系数,对重要构件取 1.35,对次要构件取 1.15;

$\Delta\sigma_{C}$、$\Delta\zeta_{C}$——疲劳细节类别值，对应于 2×10^{6} 次常幅疲劳循环的疲劳强度；

$\Delta\sigma_{E2}$、$\Delta\zeta_{E2}$——换算为 2×10^{6} 次常幅疲劳循环的等效常幅应力幅。

疲劳荷载模型Ⅲ为单车模型，模型车轴载及分布规定如图 3-16 所示。

疲劳荷载模型Ⅲ产生的等效常幅应力幅按以下公式计算：

$$\Delta\sigma_{E2}=(1+\mu)\gamma(\sigma_{pmax}-\sigma_{pmin}) \tag{3-28}$$

$$\Delta\tau_{E2}=(1+\mu)\gamma(\tau_{pmax}-\tau_{pmin}) \tag{3-29}$$

式中：　μ——冲击系数，按规定取值；

γ——损伤等效系数，$\gamma=\gamma_1\cdot\gamma_2\cdot\gamma_3\cdot\gamma_4$，且 $\gamma\leqslant\gamma_{max}$；

σ_{pmax}、σ_{pmin}——将疲劳荷载模型Ⅲ按最不利情况加载于影响线得出的最大和最小正应力；

τ_{pmax}、τ_{pmin}——将疲劳荷载模型Ⅲ按最不利情况加载于影响线得出的最大和最小剪应力。

构件的名义应力疲劳强度用相应细节类别的 $\lg\Delta\sigma_R-\lg N$ 曲线和 $\lg\Delta\tau_R-\lg N$ 曲线（$S-N$ 曲线）表示。正压力疲劳强度曲线见图 3-19，剪压力疲劳强度曲线见图 3-20。

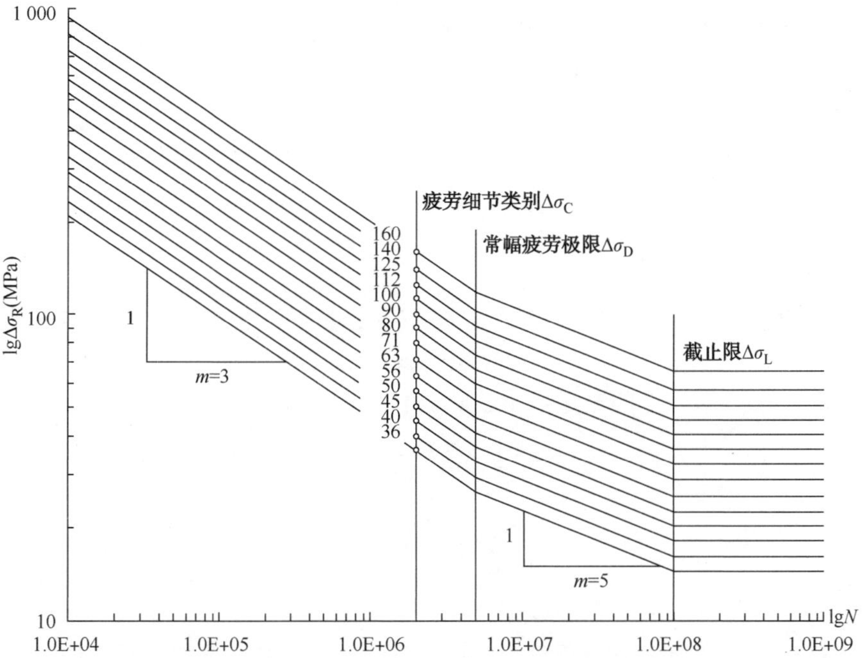

图 3-19　正压力疲劳强度曲线

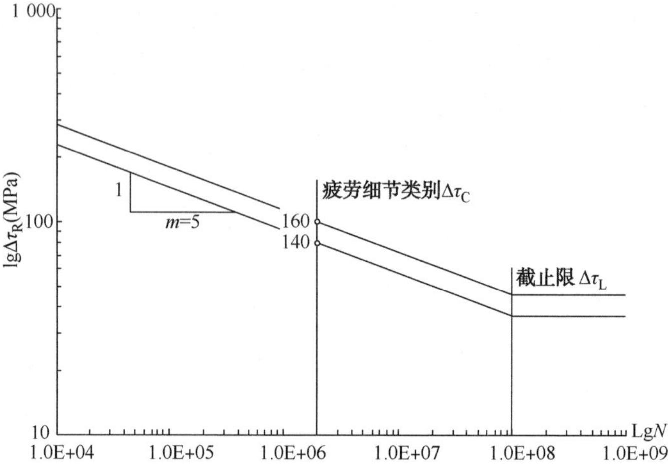

图 3-20 剪压力疲劳强度曲线

综上所述伸缩装置疲劳极限承载能力的设计，可以采用以下方法：

(1)产生疲劳应力幅的车辆作用效应为：

$$C_{FAT}=F_{ik}+(Q_{lk,fat}+Q_{lk1,fat})+\Psi_{0d}d_{Ek} \tag{3-30}$$

式中：F_{ik}——伸缩装置的伸缩阻力；

$Q_{lk,fat}$、$Q_{lk1,fat}$——与车辆作用次数相关的疲劳荷载模式的荷载。

车辆轴重：$Q_{lk,fat}=\Delta\varphi_{fat}\times Q_{1k}\times0.7=142.1(\text{kN})$；

冲击系数：$\Delta\varphi_{fat}=1.45$；

一个后轴轴重：$Q_{1k}=140\text{kN}$。

同时在行车方向的水平力为：$Q_{1lk,fat}=0.3\times\Delta\varphi_{fat,h}\times Q_{1k}\times0.7=29.4(\text{kN})$；

水平力的冲击系数：$\Delta\varphi_{fat,h}=1.0$。

(2)在进行伸缩装置疲劳极限承载能力的设计时，伸缩装置按60%的设计缝宽进行车辆作用的分配，即上述车轮荷载作用应乘以考虑缝宽的分配系数。

(3)疲劳荷载应力幅采用以下公式验算：

$$\frac{\gamma_{Ff}\cdot\Delta\sigma_p}{\Delta\sigma_D/\gamma_{Mf}}\leqslant1.0 \tag{3-31}$$

$$\frac{\gamma_{Ff}\cdot\Delta\zeta_p}{\Delta\zeta_L/\gamma_{Mf}}\leqslant1.0 \tag{3-32}$$

式中：γ_{Ff}——疲劳荷载分项系数，取1.0；

γ_{Mf}——疲劳抗力分项系数，对重要构件取1.35，对次要构件取1.15；

$\Delta\sigma_p$、$\Delta\zeta_p$——按疲劳荷载计算得到的正应力幅与剪应力幅；

σ_D——正应力常幅疲劳极限；

$\Delta\zeta_L$——剪应力常幅疲劳极限。

（4）疲劳荷载正应力常幅疲劳极限$\Delta\sigma_D$，剪应力常幅疲劳极限 $\Delta\zeta_L$，根据疲劳构造细节按 2×10^6次疲劳寿命确定。

3.3.2 桥梁伸缩装置的地震设计

目前，我国对桥梁伸缩装置的地震设计没有明确的规定，原则上应在确定伸缩装置的设计位移时，考虑由于地震引起桥梁伸缩装置部位位移量的增大量。或者采取适当的构造措施，使伸缩装置在地震时发生局部破坏，如伸缩装置的位移控制箱与桥梁梁端的连接剪断，使伸缩装置整体滑入相邻桥面之上，而不影响桥梁在伸缩部位的伸缩需求。

欧洲标准将伸缩装置地震设计分为 A1、A2、B1、B2、B3 和 B4 几级（见第 2 章）。

（1）在设计地震场合 A1 时，如果在设计中已经考虑了地震作用，预设了桥梁的地震极限位移，则不必再进行地震设计场合的组合。

（2）在设计地震场合 A2 时，设计地震极限状态（ULS）的组合如下：

$$C_{\text{ULS-SEISMIC}}=G_k+F_{ik}+\Psi_{1k}(Q_{1k}+Q_{lk1}+Q_{tk1})+A_{Ed} \tag{3-33}$$

式中：Ψ_{1k}——活载作用经常值的组合系数，$\Psi_{1k}=0.4$；

A_{Ed}——设计地震作用（包括由纵向、横向和竖向地震位移，所引起的内力作用）；

其他符号物理意义同前。

$$A_{Ed}=d_E+d_G+\Psi_3 d_{Tk} \tag{3-34}$$

式中：d_E——设计地震位移；

d_G——恒载和准恒载长期作用的位移（混凝土的收缩、徐变、松弛、沉降）；

d_{Tk}——温度变化产生的位移；

Ψ_3——由温度作用产生准恒载的折减系数，通常可取为 0.5。

以上均为最不利组合下的位移。

设计地震场合 A2 时，伸缩装置的分析和内力的计算可表达为：

$$C_{\text{ULS-SEISMIC}}=G_k(\text{竖向})+F_{ik}+0.4[300\text{kN}(\text{竖向})+120\text{kN}(\text{纵向水平})+60\text{kN}(\text{横桥向})]+(d_E+d_G+0.5\times d_{Tk})$$

地震设计组合 A1 和 A2，由具有较高或然率的地震作用产生，可以采用较小的 A_{Ed}值。

上述计算公式表明，在设计地震场合 A2 时，设计地震极限状态（ULS）的组合时，荷载组合的条件为：作用的荷载包括均不考虑荷载系数的结构自重 G_k、伸缩装置的内力(伸缩阻力)F_{ik}、40%的第一车道的车辆荷载 Q_{1k} 和设计地震作用的内力 A_{Ed}。车辆荷载包括第一车道的轴重,相应的制动力和离心力。

(3)在设计地震场合"B"时,具有较低或然率的地震作用。在进行破坏极限状态 ULS 地震设计组合时,采用的各种组合取决于伸缩装置部件的几何尺寸。

$$C_{ULS-SEISMIC}=G_k+F_{ik}+\Psi_{2k}(Q_{1k}+Q_{lk1}+Q_{tk1})+A_{Ed} \tag{3-35}$$

式中:Ψ_{2k}——准恒载的组合系数,B1~B4 场合的值见表 3-10;

A_{Ed}——设计地震作用的内力(包括由纵向、横向和竖向地震位移导出的内力);

其他符号物理意义同前。

场合 A2,B1~B4 地震组合系数 表 3-10

组　合	组合系数 Ψ_{2k}	备　注
A2	0.50	地震时
B1	0.30	—
B2	0.10	—
B3	0.10	地震时
	0.20	地震后
B4	0	地震时
	0.20	地震后在伸缩装置上
	0	地震后在保险装置处

上述计算公式表明,在设计地震场合 B 时,设计地震极限状态下的荷载组合的条件为:作用的荷载包括均不考虑荷载系数的结构自重 G_k、伸缩装置的内力(伸缩阻力)F_{ik}、按组合系数 Ψ_{2k} 折减了的第一车道的车辆荷载 Q_{1k} 和设计地震作用的内力 A_{Ed}。车辆荷载包括第一车道的轴重,相应的制动力和离心力。组合系数 Ψ_{2k} 应根据设计地震场合按表 3-10 取值。

3.4 公路桥梁伸缩装置的计算实例

以下以模数式伸缩装置为例,来说明公路桥梁伸缩装置的设计计算。

3.4.1 伸缩位移 2 000mm 的模数式伸缩装置设计实例

1)设计依据规范

(1)《公路桥梁通用设计规程》(JTG D60—2004)。

(2)《公路桥梁钢结构及木结构设计规范》(JTJ 025—1986)。

(3)《公路桥梁伸缩装置　第一部分　通用技术条件》(ETAGn° 032—2013)。

(4)《公路桥梁伸缩装置》(JT/T 327—2004)。

2)伸缩装置技术要求

(1)设计位移量

纵向位移量:2 000mm;

横向位移量:12mm;

竖向位移量:8mm;

中梁间最大缝宽:80mm。

(2)设计转角

横向转角:0.002 8rad;

竖向转角:0.000 39rad。

(3)大桥采用荷载

公路—Ⅰ级。

3)伸缩装置主要结构部件设计原则

(1)大桥伸缩装置主要结构部件的设计参照《公路桥梁伸缩装置　第一部分　通用技术条件》(ETAGn°032—2013),采用以概率理论为基础的极限状态设计方法进行设计。

(2)汽车荷载作用采用公路—Ⅰ级。

汽车后轴轴重为 140kN,中轴轴重为 120kN,车轮着地面积为 200mm×600mm,两个后轴(和中轴)的顺桥向中距为 1.4m,相邻两车的后轴最小距离为 1.3m,汽车荷载的冲击系数为 1.45,汽车制动力和启动力为竖向车辆荷载的 30%,设计伸缩装置中梁时的汽车荷载作用布置见图 3-21。

由于汽车车辆在伸缩装置上通过时间极短,因此按照欧洲标准《公路桥梁伸缩装置》(ETAGn°032—2013)规定不考虑两个车道上的汽车后轴,同时作用在同一中梁上,仅考虑在第一车道上作用后轴荷载,而在相邻车道上作用中轴车辆荷载。

设计伸缩装置支承梁时的汽车荷载作用的布置为:一辆汽车荷载的两个后轴车轮(单侧)同时作用在支承梁上,见图 3-22。

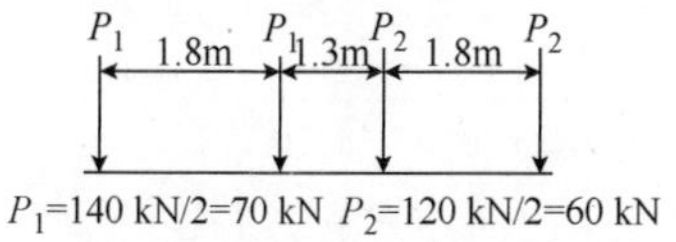

图 3-21　设计中梁时的汽车荷载布置图

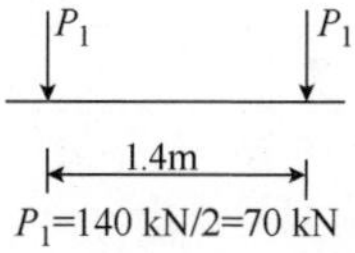

图 3-22　设计支承梁时的汽车荷载布置图

4)伸缩装置的设计荷载组合

伸缩装置的设计荷载组合可区分为以下5种组合状态。

(1)承载能力极限状态基本组合Ⅰ

伸缩装置的开启程度为60%,即每缝的缝宽为48mm时,作用以下荷载效应:

结构自重的作用分项系数为1.10,汽车荷载作用效应的分项系数为1.40,冲击系数为1.45,组合系数为1.00,不考虑制动力(或启动力)。

(2)承载能力极限状态基本组合Ⅱ

伸缩装置的开启程度为100%,即每缝的缝宽为80mm时,作用以下荷载效应:

结构自重的分项系数为1.10,汽车荷载作用效应的分项系数为1.40,冲击系数为1.45,组合系数为0.70,汽车制动力(或启动力)的组合系数为0.50。

(3)正常使用极限状态短期组合

伸缩装置的开启程度为60%,即每缝的缝宽为48mm时,作用以下荷载效应:

结构自重的分项系数为1.00,汽车荷载作用效应的分项系数为1.00,组合系数为1.00。

(4)正常使用极限状态经常组合

伸缩装置的开启程度为60%,即每缝的缝宽为48mm时,作用以下荷载效应:

结构自重的分项系数为1.00,汽车荷载作用效应的分项系数为1.00,组合系数为0.70;汽车制动力(或启动力)的组合系数为0.50。

(5)疲劳极限状态

伸缩装置的开启程度为60%,永久作用为标准值,汽车荷载作用效应仅考虑第一车道车辆作用,冲击系数为1.45,作用分项系数为1.00,作用组合系数为0.70,汽车制动力(或启动力)的冲击系数为1.00,作用分项系数为0.70。

根据以上分析,模数式桥梁伸缩装置的设计荷载组合见表3-11。

模数式桥梁伸缩装置的设计荷载组合表 表3-11

作用与作用组合		承载能力极限状态		正常使用极限状态		疲劳极限状态
		基本组合Ⅰ	基本组合Ⅱ	短期组合	经常组合	基本组合
结构重要性系数 γ_0		$\gamma_0 = 1.10$				
永久作用	结构自重	设计确定	设计确定	设计确定	设计确定	设计确定
	作用分项系数	1.10	1.10	1.00	1.00	1.00
	组合系数	1.00	1.00	—	—	—

续上表

作用与作用组合			承载能力极限状态		正常使用极限状态		疲劳极限状态
			基本组合Ⅰ	基本组合Ⅱ	短期组合	经常组合	基本组合
可变作用	汽车荷载	标准值(kN)	140/120	140/120	140/120	140/120	140
		作用分项系数	1.40	1.40	1.00	1.00	1.00
		组合系数	1.00	0.70	—	0.70	0.70
		冲击系数	1.45	1.45	—	—	1.45
	汽车制动力	标准值	—	汽车荷载的30%	—	汽车荷载的30%	汽车荷载的30%
		作用分项系数	—	1.40	—	—	1.00
		组合系数	—	0.50	—	0.50	0.70
		冲击系数	—	1.45	—	—	1.00
伸缩装置最大开启缝宽60%		缝宽开启程度	60%	100%	60%	60%	60%
		荷载分配系数	0.865	1.00	0.865	0.865	0.865

3.4.2　伸缩装置主要结构部件应力检算

1)伸缩装置中梁截面应力检算

中梁截面形式见图3-23。

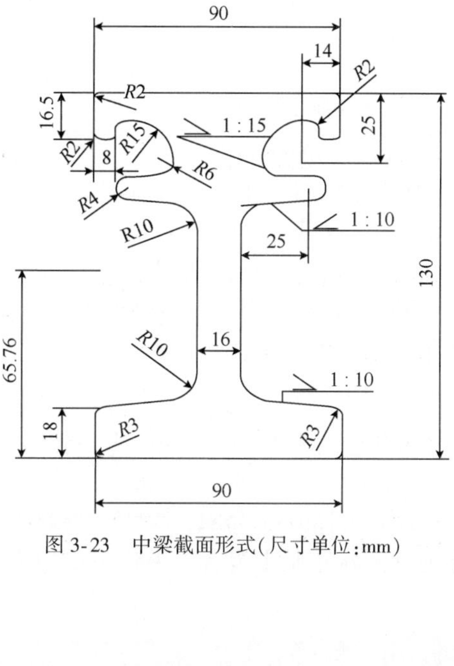

图3-23　中梁截面形式(尺寸单位:mm)

中梁钢的材质为 Q355NH-E,中梁截面的力学特性如下:

中梁高:130mm

中梁宽:90mm

截面积:$A=5\ 451.7\text{mm}^2$

中心轴至截面上缘距离:$e_0=64.24\text{mm}$

中心轴至截面下缘距离:$e_u=65.76\text{mm}$

惯性矩(x 轴):$I_x=12\ 031\ 385.734\text{mm}^4$,$W_0=I_x/e_0=187\ 288(\text{mm}^3)$,$W_u=I_x/e_u=182\ 959(\text{mm}^3)$

惯性矩(y 轴):$I_y=2\ 389\ 731.585\text{mm}^4$,$W_y=I_y/45=53\ 105\text{mm}^4$

中梁钢自重:42.8kg/m×10N/kg=0.428kN/m

中梁钢支点中距在主行车道上长度:1.40m

中梁钢的受力状态为多跨弹性支承的连续梁,简化计算通常可按 4×1.4m 等跨刚性支承连续梁进行内力分析。

①自重弯矩。

跨中弯矩 $M_{max}^{中}=0.065\text{kN}\cdot\text{m}$;

支点弯矩 $M_{max}^{支}=-0.090\text{kN}\cdot\text{m}$。

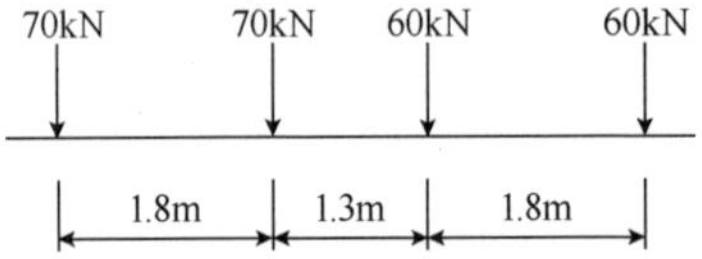

图 3-24　汽车荷载布置图

②汽车荷载(标准轴重)作用下的弯矩(影响线加载,图 3-24)。

中梁最大弯矩:$M_{max}^{中}=18.38\text{kN}\cdot\text{m}$;

$M_{max}^{支}=-12.46\text{kN}\cdot\text{m}$。

③制动力作用下的弯矩(影响线加载)。

中梁最大弯矩:$M_{max}^{中}=18.38\times0.3=5.51(\text{kN}\cdot\text{m})$;

$M_{max}^{支}=-12.46\times0.3=-3.74(\text{kN}\cdot\text{m})$。

(1)承载能力极限状态基本组合 I

考虑大桥的结构重要性,取结构重要性系数 $\gamma_0=1.10$。

当伸缩装置处于 60%开启条件时,作用于中梁上的汽车荷载效应的分配系数为 90/(200−2×48)=0.865 4,汽车荷载效应的作用分项系数为 1.40,冲击系数为 1.45。结构自重作用分项系数为 1.10。

则中梁的最大跨中弯矩为:

$$M_{max}^{中}=1.10\times(1.10\times0.065+1.40\times1.45\times18.38\times0.865\ 4)=35.60(\text{kN}\cdot\text{m})$$

支点最大弯矩为:

$$M_{max}^{支}=1.10\times[1.10\times(-0.090)+1.40\times1.45\times(-12.46)\times0.865\ 4]=-24.19(\text{kN}\cdot\text{m})$$

中梁钢在承载能力极限状态基本组合 I 条件下的应力:

跨中：

$$\sigma_{max}^{中}=35.60\times10^6/182\ 959=194.50(\mathrm{MPa})\leqslant220\mathrm{MPa}$$

支点：

$$\sigma_{max}^{支}=24.19\times10^6/187\ 288=129.16(\mathrm{MPa})\leqslant220\mathrm{MPa}$$

(2)承载能力极限状态基本组合Ⅱ

当伸缩装置处100%开启条件时，90+2×80=250(mm)>200mm，汽车后轴一个车轴的荷载全部由一根中梁承受，作用于中梁上的汽车荷载效应的分配系数为1.00，汽车荷载效应的作用分项系数为1.40，冲击系数为1.45，组合系数为0.70。汽车制动力的组合系数为0.50。结构自重作用分项系数为1.10。则中梁的最大跨中弯矩为：

竖向：$M_{max}^{中}=1.10\times(1.10\times0.065+1.40\times1.45\times18.38\times0.7\times1.00)=28.81(\mathrm{kN\cdot m})$

水平向：$M_{max}^{中}=1.10\times(1.40\times1.45\times0.50\times5.51\times1.00)=6.15(\mathrm{kN\cdot m})$

$\sigma_x=28.81\times10^6/182\ 959=157.47(\mathrm{MPa})$

$\sigma_y=6.15\times10^6/53\ 105=115.81(\mathrm{MPa})$

双向合成应力：$\sqrt{\sigma_x^2+\sigma_y^2}=\sqrt{157.47^2+115.81^2}=195.47(\mathrm{MPa})<220\mathrm{MPa}$

支点处最大弯矩为：

竖向：$M_{max}^{中}=1.10\times[1.10\times(-0.090)+1.40\times1.45\times0.7\times(-12.46)\times1.00]$

$=-19.59(\mathrm{kN\cdot m})$

$\sigma_x=19.59\times10^6/187\ 288=104.59(\mathrm{MPa})$；

水平向：$M_{max}^{支}=1.10\times[1.40\times1.45\times0.5\times(-3.74)\times1.00]=-4.18(\mathrm{kN\cdot m})$

$\sigma_y=4.18\times10^6/53\ 105=78.71(\mathrm{MPa})$

双向合成应力：$\sqrt{\sigma_x{}^2+\sigma_y{}^2}=\sqrt{104.59^2+78.71^2}=130.90(\mathrm{MPa})<220\mathrm{MPa}$

(3)正常使用极限状态短期组合

当伸缩装置处于60%开启条件时，作用于中梁上的汽车荷载效应的分配系数为90/(200−2×48)=0.865 4，汽车荷载效应的作用分项系数为1.00，不计冲击系数。结构自重作用分项系数为1.10。

按4跨等跨连续梁计算在第一车道后轴2×70kN荷载作用下，最大跨中挠度为：

$0.015PL^3/EJ=0.015\times70\times10^3\times0.865\ 4\times1.4^3\times10^9/(2.05\times10^5\times12\ 031\ 385)=1.006(\mathrm{mm})<3\mathrm{mm}$，满足《公路桥梁伸缩装置》(JT/T 327—2004)标准的要求。

(4)疲劳极限状态组合

当伸缩装置处于60%开启条件时，仅考虑第一车道上的汽车荷载作用效应。作用于中梁上的汽车荷载效应的分配系数为 90/(200−2×48)= 0.865 4,汽车荷载效应的作用分项系数为 1.00,冲击系数为 1.45,组合系数为 0.70。汽车制动力的作用分项系数为 1.00,冲击系数为 1.00,作用组合系数为 0.70,结构自重作用分项系数为 1.00。

中梁最大跨中弯矩为:

$M_{max}^{中}=1.10\times1.00\times1.45\times0.7\times12.754\times0.8654=12.32(kN\cdot m)$

$\Delta\sigma_x=12.32\times10^6/182959=67.34(MPa)$

支点弯矩为:

$M_{max}^{支}=1.10\times1.00\times1.45\times0.7\times(-9.78)\times0.8654=-9.45(kN\cdot m)$

$\Delta\sigma_x=9.45\times10^6/187288=50.46(MPa)$

制动力产生的横向弯矩:

$M_{max}^{中}=1.10\times(1.00\times1.00\times0.7\times12.754\times0.3\times0.8654)=2.55(kN\cdot m)$

$\Delta\sigma_y=2.55\times10^6/53105=48.02(MPa)$

$M_{max}^{支}=1.10\times[1.00\times1.00\times0.7\times(-9.78)\times0.3\times0.8654]=-1.95(kN\cdot m)$

$\Delta\sigma_y=1.95\times10^6/53105=36.72(MPa)$

合成应力:

$\Delta\sigma_{max}=\sqrt{\Delta\sigma_x^2+\Delta\sigma_y^2}=\sqrt{67.34^2+48.02^2}=82.71(MPa)$

容许正疲劳应力幅为 140MPa(耐候钢按容许疲劳应力幅下降一级取值)。

$$\frac{\gamma_{Ff}\cdot\Delta\sigma_p}{\Delta\sigma_D/\gamma_{Mf}}\leqslant1.0$$

式中:$\gamma_{Ff}=1.0$,$\gamma_{Mf}=1.35$,$\Delta\sigma_D=140MPa$。

$\frac{1.0\times82.71}{140/1.35}=0.80<1.0$,满足要求。

中梁上由于车辆荷载作用产生的竖向最大剪力为:

$Q_{max}=1.1\times0.7\times0.8654\times1.45\times70\times0.9257=62.61(kN)$

用于制动力作用产生的最大水平剪力为:

$Q_{max}^{h}=1.1\times0.7\times0.8654\times1.00\times70\times0.3\times0.9257=16.49(kN)$

截面的静面距为:$S_x=110200mm^3$,$S_y=30257mm^3$

$$\Delta\zeta_x=\frac{62.61\times10^3\times110200}{12031386\times18}=31.86(MPa)$$

$$\Delta\zeta_y=\frac{16.49\times10^3\times30257}{2389731\times130}=1.61(MPa)$$

合成剪应力$\Delta\zeta_{max}=\sqrt{\Delta\zeta_x^2+\Delta\zeta_y^2}=\sqrt{31.86^2+1.61^2}=31.90(\mathrm{MPa})$

容许剪应力疲劳应力幅为140MPa(耐候钢按容许疲劳应力幅下降一级取值)。

$$\frac{\gamma_{Ff}\cdot\Delta\zeta_P}{\Delta\zeta_D/\gamma_{Mf}}\leqslant 1.0$$

式中:$\gamma_{Ff}=1.0$,$\gamma_{Mf}=1.35$,$\Delta\zeta_D=140\mathrm{MPa}$。

$\frac{1.0\times31.90}{140/1.35}=0.31<1.0$,满足要求。

2)伸缩装置横梁(支承梁)应力检算

横梁材料:Q355NH-E 钢材

横梁的截面:100mm×300mm

截面积:$A=30\ 000\mathrm{mm}^2$

$W=bh^2/6=100\times300^2/6=1.5\times10^6\mathrm{mm}^3$

$I=bh^3/12=100\times300^3/12=2.25\times10^8\mathrm{mm}^4$。

作用于横梁上的汽车效应作用见图3-25。

当伸缩装置100%开启时,横梁的支承跨度为:

$L_{max}=90\times24+80\times25+2\times90=4\ 340(\mathrm{mm})=4.34\mathrm{m}$

在上述荷载作用下,由影响线加载可得到最大跨中弯矩为:

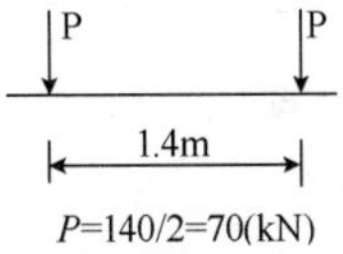

图3-25　汽车效应作用布置图

$M_{max}=1.10\times(1.40\times1.45\times1.48\times70)=231.34(\mathrm{kN\cdot m})$

作用于横梁上的永久作用为结构自重及24根各长1.4m的中梁质量,计算得作用于横梁上的均布荷载为5.675kN/m。则自重弯矩为:

$$M_{max}=ql^2/8=(1.10\times1.10\times5.675)\times4.34^2/8=16.17(\mathrm{kN\cdot m})$$

自重与汽车荷载共同作用下的跨中弯矩为:

$M_{max}=231.34+16.17=247.51(\mathrm{kN\cdot m})$

$\sigma_{max}=(247.51\times10^6)/(1.5\times10^6)=165(\mathrm{MPa})<220\mathrm{MPa}$

(1)正常使用极限状态检算

在2×70kN后轴荷载作用下,伸缩装置的缝宽开启程度为60%,则横梁的计算宽度为:

$L_{max}=90\times24+80\times0.6\times25+2\times90=3\ 540(\mathrm{mm})=3.54\mathrm{m}$

$f=(0.027\ 9PL^3+5QL^4/384)/EI=[0.027\ 9\times(1.1\times70\times10^3)\times3.54^3\times10^9+1.1\times 5\times5.675\times3.54^4\times10^{12}/384]/(2.05\times10^5\times2.25\times10^8)=(95.30+12.76)\times$

$10^{12}/(4.62\times10^{13})=2.34(\text{mm})<3\text{mm}$。

(2)横梁(支承梁)疲劳极限检算

汽车荷载作用效应下的弯矩(组合系数0.7,作用分项系数1.0):

$M_{\max}=1.10\times(1.0\times1.45\times0.7\times1.48\times70)=115.67(\text{kN}\cdot\text{m})$

自重弯矩:

$M_{\max}=1/8\times(1.10\times1.00\times5.675)\times4.34^2=14.70(\text{kN}\cdot\text{m})$

最大可变作用弯矩:

$M_{\max}=115.67+14.70=130.37(\text{kN}\cdot\text{m})$

$\Delta\sigma_{\max}=(130.37\times10^6)/(1.5\times10^6)=86.91(\text{MPa})$

$$\frac{\gamma_{\text{Ff}}\cdot\Delta\sigma_{\text{p}}}{\Delta\sigma_{\text{D}}/\gamma_{\text{Mf}}}\leqslant1.0$$

式中:$\gamma_{\text{Ff}}=1.0$,$\gamma_{\text{Mf}}=1.35$,$\Delta\sigma_{\text{D}}=140\text{MPa}$。

$\frac{1.0\times86.91}{140/1.35}=0.84<1.0$,满足要求。

第 4 章　公路桥梁伸缩装置的性能检验要求

公路桥梁伸缩装置的性能检验是保证桥梁伸缩装置正常工作的关键，我国现行的相关标准对伸缩装置的性能检验缺乏系统的和完整的规定，检验要求、检验方法和检验设备都不够完善，因此，有必要借鉴国外相关标准的经验，针对不同类型的伸缩装置制定详细的检验规则，以保证伸缩装置的产品质量。

桥梁伸缩装置的基本性能检验应能满足表 4-1 的要求。

产品预期使用性能的适用性评定和判断　　表 4-1

强制性要求的性能	分类、目录和评定		没有确定的选择参数
力学性能	行车道	通过/不通过	不适用
	行车和行人	通过/不通过	不适用
	有附加荷载人行道	通过/不通过	不适用
	路沿冲击	通过/不通过	不适用
抗疲劳性能	通过/不通过		—
抗震性能	根据相关公告		适用
位移能力	公告值		不适用
	最小缝宽		适用
自洁性能	通过/不通过		适用
抗磨耗性能	见相关产品系列		不适用
防水性能	通过/不通过		适用
远离危险能力	防危险能力说明		不适用
	无危险说明		不适用
容许表面缝宽	缝宽/间隙		—
	行车道	通过/不通过	适用
	行车方向	通过/不通过	适用
	缝宽/间隙/槽口		—
	自行车	通过/不通过	适用
	人行道	通过/不通过	适用

续上表

强制性要求的性能	分类、目录和评定		没有确定的选择参数
行车表面水平差	水平差和台阶	通过/不通过	适用
	其他附加要求	通过/不通过	适用
	产品系列的规定	通过/不通过	适用
防积雪	行车道	通过/不通过或定值	适用
	人行道	通过/不通过或定值	适用
排水能力	通过/不通过		适用
耐久性:腐蚀、老化、化学稳定性、温度、紫外线、冻融、臭氧	腐蚀	通过/不通过	不适用
	老化	通过/不通过	不适用
	化学稳定性	通过/不通过	不适用
	温度	通过/不通过	不适用
	紫外线	通过/不通过	不适用
	臭氧	通过/不通过	不适用
	冻融	通过/不通过	不适用

4.1 公路桥梁伸缩装置的静力性能检测

公路桥梁伸缩装置结构部件的力学性能与稳定性,应经过详细的计算和试验检验,材料的性能应符合相关的标准要求。

部件的力学抗力应通过计算和试验,或两者相结合确定。

对不同系列的伸缩装置产品应在各自系列产品中给出最低的性能指标的要求。

各种类型的伸缩装置应给出各自结构的计算模型,该模型应与实际结构相一致。对于结构的三维性能,在采用合理的边界条件和考虑相应的偏差后,可以采用二维模型计算来替代。当弹簧采用刚性支承代替后,应在计算中能证明采用上述假定是可行的。

试验用试样的尺寸和边界条件应与实际结构在最不利条件下的性能相吻合。试验方法应在各自产品系列中给定,试验荷载和相应的试验方法,应符合实际结构部件的受力状态。

4.2　公路桥梁伸缩装置的伸缩位移性能检测

公路桥梁伸缩装置的伸缩位移性能是指在未加载条件下的标准位移能力，应由产品制造商予以说明。

伸缩装置的标准位移能力可以通过试验确定，详细的试验方法如下：

(1)公路桥梁伸缩装置位移能力的检验应在试验室内进行，试验用试件的长度应不小于1m(除去在试验台座上的布置外)。

(2)伸缩装置的位移能力应进行水平、横向和垂直三个方向的性能检验，并考虑三个方向位移的组合性能。水平位移指产品作用于伸缩装置理论轴线正交方向的位移；垂直位移指产品作用于伸缩装置垂直方向的位移，它是桥面相对于桥台转动的竖向分量；横向位移指产品作用于伸缩装置轴线方向的位移(由斜交桥和曲线桥上离心力的作用产生)，见表4-2。

伸缩装置三向位移说明　　表4-2

x	伸缩装置理论轴线正交方向的位移	在水平面上	用作动器
y	横向		
z	竖向	—	加垫板或用作动器

x、y和z方向的位移可以组合。

图4-1为伸缩装置三向位移组合示意图。

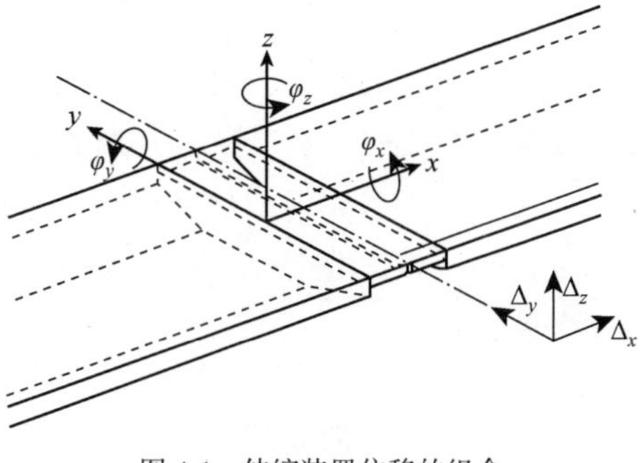

图4-1　伸缩装置位移的组合

(3)试验时在公路桥梁伸缩装置上任取一段，固定在试验台座上，台座可以沿桥面缝隙的水平向和横向移动。垂向位移可以通过装置来保证位移的连续性，或通过加垫板来实施。

试验台座的原理见图 4-2。该装置应能测量位移值,并在需要时能保持位移不变。

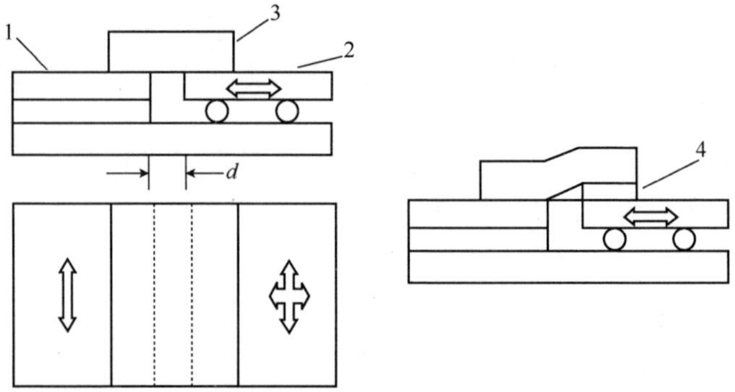

图 4-2 伸缩装置位移试验台座

1-纵向固定横向可动部分;2-纵向和横向均可动部分,可以横向运动;3-伸缩装置部件;4-垫板;d-结构部件之间的距离

试验台座应满足以下要求:

①试验台座应有足够的刚度,以保证测量的精度,不得影响测量的结果。

②试验装置的摩擦力不大于 10%,不得影响测量的结果。

③试验台座应满足各个自由度的位移能力的要求,以方便进行试验。

④试件在试验台座上的连接应是刚性的。

竖向位移的调整偏差为 20mm。

位移通常通过装置来实现,该装置的形式和能力应与所检验的伸缩装置相适应。

试验中试件的力和位移应能测量。

测量设备的力和位移传感器的形式、安装位置,在试验开始前应予以确定。

对于在承受荷载后会发生徐变的材料,应及时分析其徐变和松弛的影响。

位移计应采用比较器或可以逐渐加大量程的传感器,并可以记录试验数据。

力传感器的精度不大于最大量程的 5%,位移传感器的精度为±1/10mm,以便得到一个精度为 mm 级的测量值。

(4)试样的准备。

①用于检验的试样应尽可能代表伸缩装置实际运动性能。必须能真实地反映体系的标准功能,试样的实际长度应根据各部件之间的布置,避免改变产品的工作模式。

②试样的最小长度为 1m。

注:建议试样的长度根据制造部件的标准长度而定。

③用于试验的试样应与制造图一致。其公差应满足设计要求。

④试样的数量为1个,功能可能发生变化的产品,应采用3个试样。

(5)试样在试验台座上的安装。

试样应在产品制造商的指导下安装,并遵守相关的安装程序。

(6)试验过程。

伸缩装置的位移性能试验应在以下条件下进行:

①试验温度:建议试验期间的环境温度为+5~+35℃。

②试验速度:试验中纵向和横向位移的速度在每个观测步骤之间不大于1mm/s,全部加载循环时间不应超过24h。

在试验过程中检查和记录试验温度。

固定的位移测量装置,应准确地记录位移值。试样经受的位移应模拟伸缩装置张开和闭合的全过程。试验往复进行6次循环,见图4-3。每个循环的最大位移由产品设计者提供,每个循环再分4个步骤进行,每步骤为最大相对位移的25%。试验可以在最大位移的任何位置开始,在完成每一步位移后,也可以作为一个评判的周期。在1~5次循环中,同时测量位移和反力。在第5次循环中,与纵向位移组合的同时施加横向位移,检验横向位移能力,记录相应的反力。对具有横向对称位移功能的伸缩装置,只需进行一个方向的位移试验。在第6次位移循环试验中,施加一个垂直沉降的支承位移,模拟支承的不平顺,此试验只在伸缩装置张开和闭合的状态下进行,且不施加横向位移。当伸缩装置抬起和下降有不同的性能时,则两个方向都应测量。

试验过程中应记录伸缩装置的性能和状态。

注:此试验过程也可用于疲劳试验。

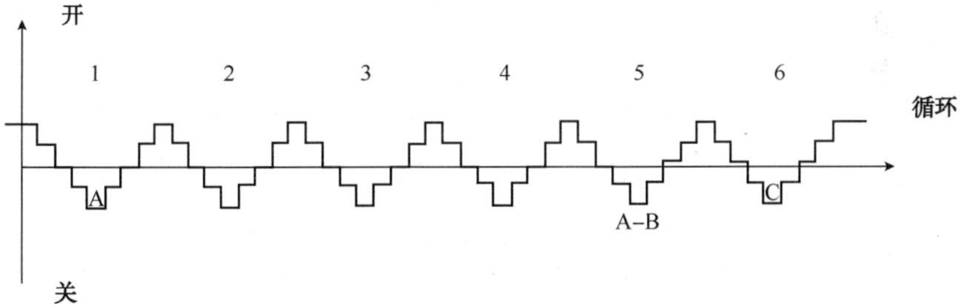

图4-3　伸缩装置位移能力检验的循环过程

(7)试验结果应包括以下内容:

位移以mm计,力以N计。

记录以下结果,并用图形和照片表示。

①记录1~5次循环的测量值(开启和闭合)。

②记录1、4、5、6次循环的力—位移图。

③记录第5次循环的最大横向位移。

④记录第6次循环竖向不平的位移值“d”。

⑤记录各个位置相应的力值。

⑥描述观测到的性能状态,并拍照记录。

(8)试验报告应包括以下内容:

①检验伸缩装置的原始记录(制造厂、产品中心的名称)。

②产品模式说明(类型、理论位移能力、批号)。

③参数及与本附录参数的偏差。

④试验装置的描述。

⑤试件的准备资料、试验数据、试验时的平均温度。

⑥理论位移状态应在产品试验中说明。

⑦试验条件的详细说明(评定、试件描述、位移速度、分级)。

⑧试验过程中力和位移的相互关系。

⑨相对于每个阶段的性能观测。

⑩试验条件和操作的详细说明,在本标准中没有提到的和对试验的结果可能有影响的描述。

任何异常情况的描述和操作中可能出现的情况(橡胶开裂、滚动出刚架、台座变形等),应在试验过程中的每个阶段予以说明。

伸缩装置的转动能力,通常可以通过设计分析来控制。此外对于在ULS和SLS状态下的位移能力,应由产品制造商根据伸缩装置的荷载组合,按材料抗力由计算确定。这些条件的评价在各自产品系列中给定。

有些类型伸缩装置可以不做位移能力试验,如伸缩装置不与两侧主体结构连接,类似于填缝材料。

4.3 公路桥梁伸缩装置的走行性能检测

公路桥梁伸缩装置的走行性能取决于行车表面跨越缝宽和行车表面的平整度。评定根据技术寿命和设计图确定。在各自系列产品中应有具体规定,检验方法参见各系列产品的规定。总体的要求应符合本书2.3节的要求,在此不再详述。

4.4　公路桥梁伸缩装置的动力和抗疲劳性能检测

伸缩装置的疲劳抗力应通过计算和试验,或两者相结合确定。

关于伸缩装置的设计和动力响应,应考虑由于行车面的不平整度、台阶差和阻尼等引起的动力作用,可以通过降低放大系数或增加循环次数等方法予以考虑。

伸缩装置疲劳抗力的分析基础是:

(1)产品在各种场合的专门分析。

(2)产品相关部分的说明。

注:疲劳抗力的评定过程应在各自系列产品中说明。

有关伸缩装置疲劳抗力的分析计算,对不同系列的产品需给出各自的要求,应在各自伸缩装置系列产品中给出最低要求。

应给出结构计算模式,该模式应给出与实际结构一致的设计寿命。设计工作寿命的疲劳细节特征按钢结构设计—钢结构疲劳强度确定。

注:伸缩装置的疲劳试验方法应在各自系列产品中说明。

4.5　公路桥梁伸缩装置的防水性能检测

防水性能是伸缩装置的重要性能之一,可分为伸缩装置本体的防水密封系统和桥面的排水体系,桥面排水体系属桥梁路面结构构造的设计部分,应检验水的通过能力和排水体系材料的耐久性,在此不作详细介绍。伸缩装置本体的防水密封系统的检测方法如下。

(1)试验目的是评定伸缩装置的防水能力,要求水不能通过伸缩装置。试验是对一个预先准备好的伸缩装置试样,在试验室没有车辆荷载的条件下进行。在伸缩装置试件上应设有一个规定的水头高度。在伸缩装置下面应干燥,没有潮气。图4-4为试验装置示意图。

(2)试验试样为足尺的包括全部部件的伸缩装置,并至少有一个可使用的连接件和一个挡水部件。伸缩装置试件应是现实可用的,至少有一个完整的标准功能段和一个相应体系产品的挡水块。试件的实际长度由产品制造商和试验室根据产品的型号确定。最小的试件长度为1m。产品的试件应符合制造图和相应的公差要求。应能证明试件符合规定的要求。试件的数量为

1 件。

试件在试验室台座上的安装由产品制造商控制,应满足试验过程中的基本要求。

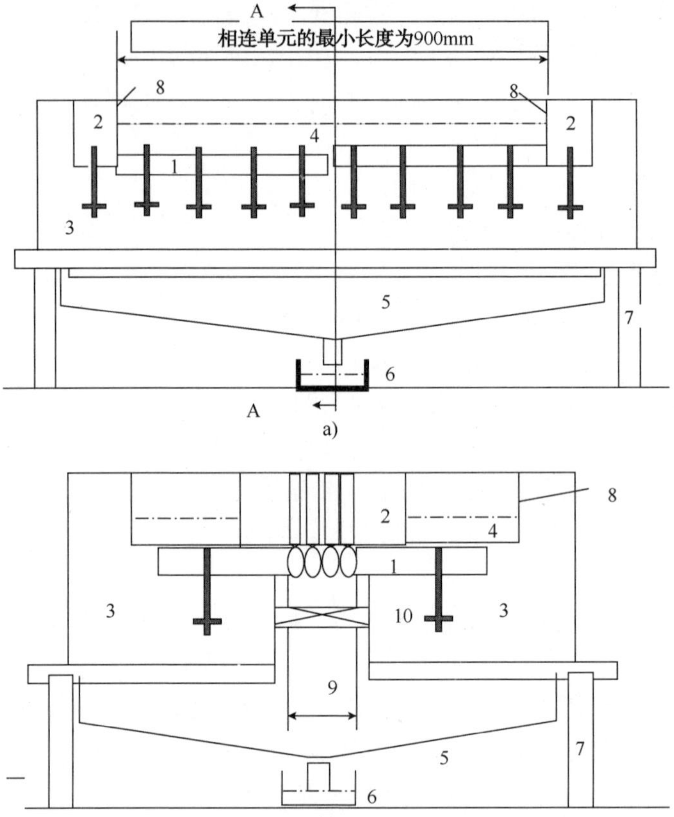

图 4-4 试验装置示意图

a)立面图;b)A-A 剖面图

1-具有一个标准功能的伸缩装置试件;2-挡水块;3-混凝土台座;4-水头高度;5-容器;6-储水器;7-试验台支承;8-存水槽;9-开启口;10-伸缩装置开启部分的最大缝宽的限位部分

(3)试验在材料准备齐全,且伸缩装置按照制造商和试验室安排的安装步骤,安装在试验台座上后进行。

试验温度在+5~+30℃条件下进行。

(4)试件固定在试验台座上后,将伸缩装置开启到最大开启位置并固定,其最大开启尺寸由产品制造商确定。用于试验的最大开启尺寸,可在各自系列产品中进行修正。

注：根据产品类型和功能，开启尺寸应按最不利开启条件确定，但应限制在伸缩装置工作寿命中的实际工作条件之下。

试验用罐装水进行。

试件最高部位的最小水头为3cm，最大水头不超过5cm。如果需要大于5cm的水头，可以在各自系列产品中确定。

试验的时间为6h。

在试验期间应连续观测，不应有开裂，如发现有明显的开裂，试验应中止。对发现开裂的部位应作记录。

注：在伸缩装置设计中设有防水装置（或设有排水系统），位置在刚性表面以下（约5cm），则该试验方法由制造商和试验室讨论，确定防水装置的性能试验方法，批准该试验过程。

（5）试验结果的表述。

伸缩装置的开启程度以mm计。

水头高度以cm计。

时间以h计。

试验温度以℃计。

评定方式：通过/不通过。

记录不通过部位的位置和状态。

（6）试验报告。

试验报告应包括：

①检验伸缩装置的原始记录（制造厂、产品中心的名称）。

②产品的标志说明（类型、理论位移能力、批号）。

③参数及与本附录参数的偏差。

④试验要求的描述。

⑤试件的准备资料、试验数据、试验时的平均温度。

⑥理论位移状态应在产品试验中说明。

⑦试验条件的详细说明（水头、开启试验、试验过程、试件描述）。

⑧试验过程和操作详细说明，在本文中没有提到，但可能影响试验结果的说明。

⑨防水试验结果（通过、不通过、开裂位置等）。

4.6 公路桥梁伸缩装置的其他性能检测

4.6.1 伸缩装置的自洁性能

一种良好的伸缩装置在移动过程中可以自动排除灰尘,这是由设计原理所决定的。对设计参数有疑问时,可以通过位移能力的附加试验,即在缝中放入砂子,通过伸缩装置的张开和闭合来排除砂子予以确定。

作为替代指标,排尘的性能可以作为产品的技术说明分析的一个条件。

建议将有关现存产品的经验总结,作为一种评判的方法。

自洁性能的判定应以设计分析为基础。产品应通过使用检验,提供伸缩装置在移动过程中排除灰尘的能力。同时伸缩装置应能提供良好的养护时的可达性,以排除砂石。

4.6.2 防积雪危险的敏感性

检验应以设计为基础,根据产品的敏感性,参考相应的技术规定。

如果伸缩装置的设计对积雪危险是敏感的,应设置专门的装置,并需要通过检验。

4.6.3 抗滑能力

伸缩装置的抗滑能力检验应以设计分析为基础,如果需要,可以依据 EN 13036-4[13]用轻便式防滑摆锤仪进行测定。行车道采用 CEN 橡胶抗滑器,人行道采用 4S 橡胶抗滑器。两种抗滑器的标准宽度为 76.2mm。

如果不能用 EN 13036-4 的方法进行试验,可以采用 EN 13036-4 的 PTV (摆动试验值)相关试验方法来评定。

4.6.4 伸缩装置的耐久性

部件的耐久性可根据经验评定,或通过直接或间接的试验确定。

1)防腐蚀

伸缩装置结构钢的所有部件应进行防腐涂装。制造商应指明防腐体系的耐久性和养护要求。

采用不锈钢时,其化学成分应符合相关标准的要求。

采用铝合金时,应考虑使用现场的条件,其性能应满足相关标准的要求。制造商应说明防止混凝土与铝合金发生作用的可能性。

产品设计中应检查电腐蚀的作用。

2)化学稳定性

化学稳定性可依据经验和常识确定,可参考相关国家标准,也可以由试验(试验室或现场)来评定,不考虑极端条件。

3)紫外线、温度和臭氧引起的老化

部件的材料应有足够的抗紫外线、温度和臭氧引起的老化的能力。

(1)温度

应检查弹、塑性材料对温度升高的敏感性。材料应能经受《硫化橡胶或热塑性橡胶 热空气加速老化和耐热试验》(GB/T 3512—2001)[14]规定的试验检验。最低的试验条件如下:在70℃下停放14d(温度和时间应根据弹性材料的成分确定),硬度按《硫化橡胶或热塑性橡胶硬度的测定(10—100IRHD)》(GB/T 6031—1998)[15],拉伸强度和断裂伸长率按《硫化橡胶或热塑性橡胶 拉伸应力应变性能的测定》(GB/T 528—2009)[16]确定。

(2)紫外线

当树脂材料(聚氨酯和环氧树脂)暴露在紫外线下时,材料性能会发生变化,应通过试验确定。试件按EOTA技术报告010,暴露在荧光管下(UV-A)5 000h进行试验。

(3)臭氧

应检查弹、塑性材料对臭氧的敏感性,材料应通过试验。试件应符合《硫化橡胶或热塑性橡胶 耐臭氧龟裂静态拉伸试验》(GB/T 7762—2003)[17]的要求,试验条件为:温度40℃,24h,臭氧浓度25pphm(1pphm = 10^{-8}),试件拉伸伸长率20%。如果试验条件不能满足,也可以采用替代方法。

4)冻融性能

砂浆材料应通过冻融试验检验。材料和部件的试件应经受EN 13687-1规定的冻融试验检验[18]。产品试验应在标准环境的试验室条件下,根据产品类型确定试验条件,进行50次冻融试验。

以上各节的性能检测要求说明,为保证桥梁伸缩装置的正常工作,对伸缩装置的产品应进行力学性能、位移能力、走行性能、抗疲劳性能、防水性能和自洁性能等诸多试验检验。欧洲标准《公路桥梁伸缩装置》(ETAGn°032—2013)对伸缩装置产品的型式检验的检验数量,提出了详细的要求,见表4-3。我国在制定相关伸缩装置标准时可以借鉴。

伸缩装置产品型式检验数量表 表 4-3

特性参数	产品检验数量[1]		备注
	1 型	2 型	
力学抗力和稳定性			
力学抗力			
计算	—	—	由计算确定
试验	注[2]	每个可变部件 3 件[2]	有些类型伸缩装置可不做试验
			两个边界各一件,中间做一件
疲劳抗力			
计算	—	—	由计算确定
试验	注[2]	每个可变部件 3 件[2]	有些类型伸缩装置可不做试验
			两个边界各一件,中间做一件
地震能力	—	—	选择相应的级别
位移能力	1	3	位移能力评定除各系列的定义外,由设计分析确定
			两个边界各做一件,中间做一件。如果可行,后一件试验也可以用外推或内推求得
自洁性	—	—	分析技术寿命和图纸
	1	1	在试验时进行
抗磨损能力	1	1	见各自系列产品要求
防水能力	1	3	见各自系列产品要求
			两个边界各做一件,中间做一件。如果可行,后一件试验也可以用外推或内推求得
使用安全性			
跨缝能力和行车表面水平度			
容许表面缝宽	全部	全部	—
行车表面水平差	注[1]	注[1]	分析技术文件和图纸,见各自系列产品要求
抗滑能力	1	1(在伸缩装置范围内做一次试验)	仅在行车道或人行道表面 150mm×150mm 的面积上,没有开凿±1.2mm 以上的表明纹理时,才需要进行此项试验
排水能力	—	—	分析技术文件和图纸
耐久性概述	1	1	参见欧洲标准《公路桥梁伸缩装置》(ETAGn° 032—2013)第一部分,或依据各自系列产品要求确定

注:1.附加规定可以依据各自系列产品要求。

2.原则上伸缩装置试样是唯一的。在不了解设计和使用的材料性能时,需要进行多于一个的试样试验,此时需要经过认证机构、试验机构和 ETA(欧洲技术委员会),根据 EN 1990 确认。

表中 1 型和 2 型试样的定义如下：

1 型：伸缩装置的试样是唯一的，它的设计和功能原理仅针对一种产品和优质标准位移能力。或者伸缩装置的试样是一个部件，该部件具有相同的设计、相同的组成件、相同的功能和相同的功能原理。这种类型限制产品的位移能力小于或等于 240mm。试样在位移能力的中间范围内选取。

2 型：伸缩装置的试样是一个部件，该部件具有相同的设计和相同的功能原理，其位移能力大于 240mm。

第5章　小位移量桥梁伸缩装置

5.1　埋入式桥梁伸缩装置

埋入式伸缩装置在桥面伸缩部位,采用防水部件或弹性元件填实,用于承受桥面的较大宽度的伸缩变形。伸缩装置的支承表面在桥面处连续通过,伸缩材料在表面以下就地填实。

该伸缩装置主要用于中小跨径公路桥梁和低等级的公路桥梁,其能适应的伸缩位移一般在10~40mm。

埋入式伸缩装置的主要结构形式可以分为下列几种:

5.1.1　M形橡胶伸缩装置

如图5-1所示的M形橡胶伸缩装置是20世纪80年代原交通部公路规划设计院设计的,这种伸缩装置为M形橡胶条、定位型钢和锚固系统组合而成的结构。该装置施工时对型钢定位、锚固精度要求稍高,一般伸缩量可以做到30~40mm。

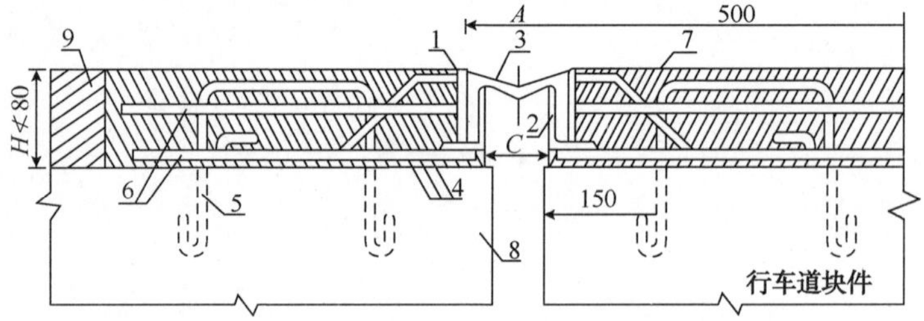

图5-1　M形橡胶伸缩装置构造示意图(尺寸单位:mm)

1-上角钢;2-下角钢;3-M形橡胶条;4-锚固钢筋;5-预埋钢筋;6-水平加强钢筋;7-现浇混凝土;8-行车道上部结构;9-桥面铺装

5.1.2　U形镀锌铁皮伸缩装置

U形镀锌铁皮伸缩装置是以单层或者双层的锌、铝或镀锌铁皮等金属薄板制作成U形作为跨缝材料,然后在其上放置石棉纤维过滤器和沥青胶填充而成，一般多用于中等跨径桥梁，如图 5-2 所示。

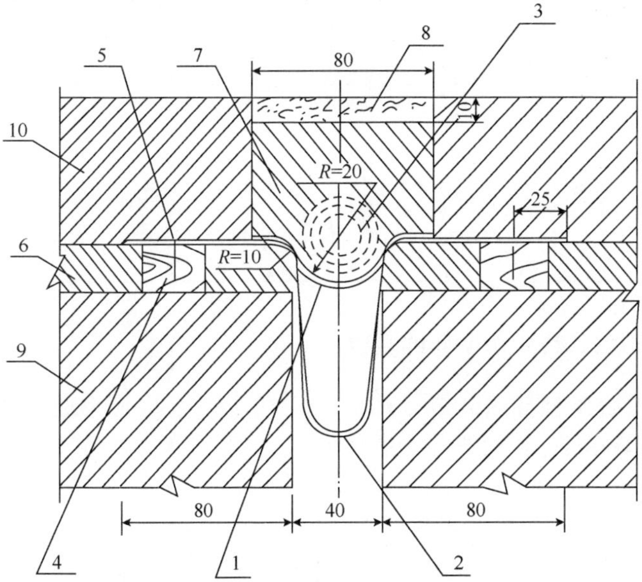

图 5-2　U 形镀锌铁皮伸缩装置构造示意图(尺寸单位：mm)

1-上层镀锌铁皮；2-下层镀锌铁皮；3-石棉纤维过滤管；4-小木块；5-钢钉；6-三角垫层；7-沥青膏；8-砂子；9-行车道块件；10-行车道铺装层

5.1.3　矩形橡胶条型伸缩装置

矩形橡胶条型伸缩装置这类产品目前国内各厂家使用的代号各异，但结构原理和施工方法基本上是相同的，其构造如图 5-3 所示。其中符号 A、C、H 的技术参数如表 5-1 所示。

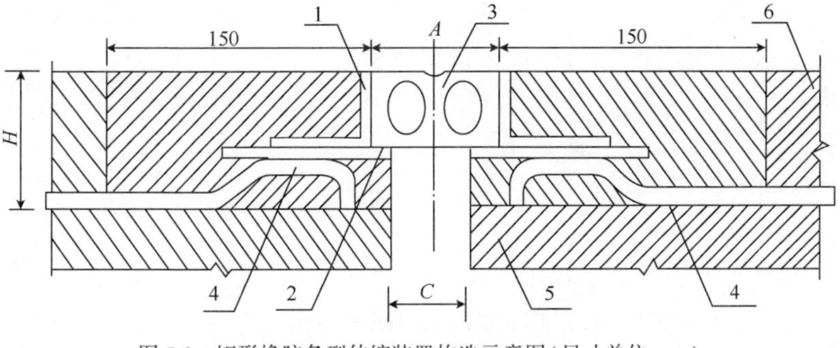

图 5-3　矩形橡胶条型伸缩装置构造示意图(尺寸单位：mm)

1-角钢；2-钢板；3-橡胶条；4-锚固钢筋；5-行车道块件；6-桥面铺装

主要技术参数　　　　表 5-1

伸缩量 (mm)	槽口深 H (mm)	伸缩范围(mm)		安装定位值 A (mm)
		C_{max}	C_{min}	
20	130	50	20	80-10(梁缩短量)
30	130	50	30	80-10(梁缩短量)
40	130	80	40	120-10(梁缩短量)
50	130	90	50	120-10(梁缩短量)

5.1.4　组合式橡胶条型伸缩装置

组合式橡胶条型伸缩装置是由两个或两个以上矩形橡胶条组合而成的，伸缩量为 30～60mm，其构造如图 5-4 所示。

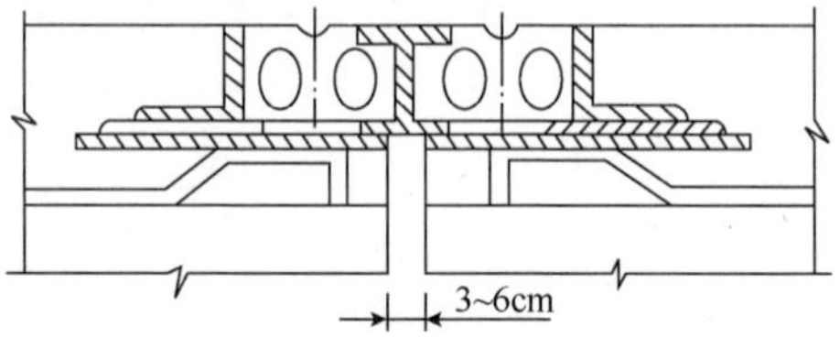

图 5-4　组合式橡胶条型伸缩装置构造示意图

5.1.5　管形橡胶条型伸缩装置

管形橡胶条型伸缩装置，是 20 世纪 80 年代原交通部公路规划设计院设计的，其构造如图 5-5 所示，主要设计参数如表 5-2 所示。

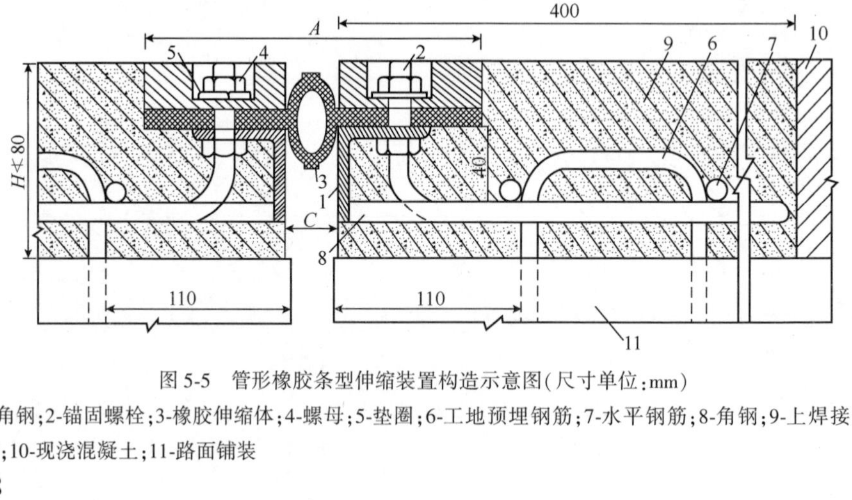

图 5-5　管形橡胶条型伸缩装置构造示意图(尺寸单位:mm)

1-角钢;2-锚固螺栓;3-橡胶伸缩体;4-螺母;5-垫圈;6-工地预埋钢筋;7-水平钢筋;8-角钢;9-上焊接钢筋;10-现浇混凝土;11-路面铺装

主要技术参数　表 5-2

伸缩量(mm)	槽口深 H(mm)	伸缩范围(mm)		安装定位值 A(mm)
		C_{max}	C_{min}	
10	≥80	30	20	200-10(梁缩短量)
20	≥80	40	20	200(梁缩短量)
30	≥80	50	20	200+10(梁缩短量)

5.1.6　W 形橡胶伸缩装置

W 形橡胶伸缩装置是 1991 年原上海市政工程设计院设计的,是由 J 形钢和 W 形橡胶条组合而成的构造。橡胶条嵌在 J 形钢内,安装时根据当时温度调整 A 值后焊接于锚固件上,然后浇筑槽口混凝土。该装置的伸缩量可达 30～40mm,安装比较简单方便。其构造如图 5-6 所示。

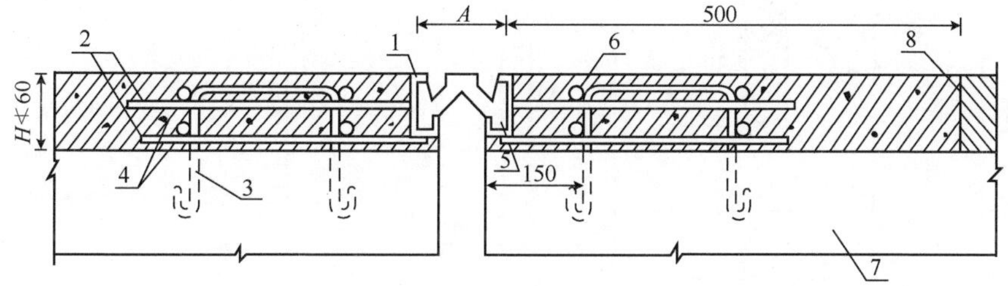

图 5-6　W 形橡胶伸缩装置构造示意图(尺寸单位:mm)

1-L 钢;2-锚固钢筋;3-预埋钢筋;4-水平加强钢筋;5-W 形橡胶条;6-现浇混凝土;7-行车道上部构件;8-桥面铺装

5.1.7　SW 形橡胶伸缩装置

SW 形伸缩装置由两片钢板骨架及 W 形橡胶条组合而成。钢板骨架与混凝土连接,依靠高强螺钉将钢板骨架和锚钉座锚紧,钢板呈 45°倾斜设置。这种连接方式可将来自车轮的冲击力,经橡胶条缓冲后再均匀地传给混凝土,并使两侧混凝土得以保护。该装置的伸缩量一般可达 40mm,其构造如图 5-7 所示。

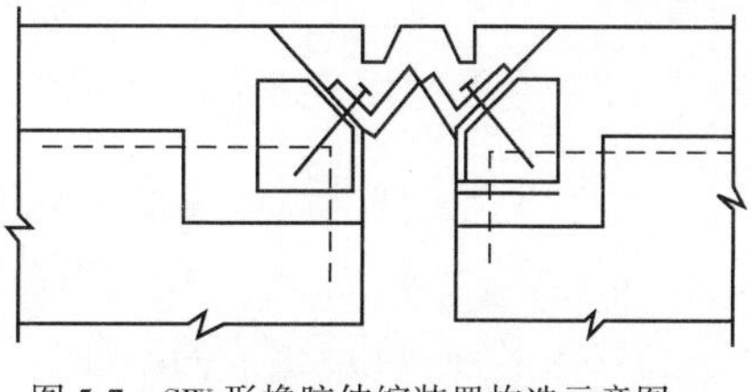

图 5-7　SW 形橡胶伸缩装置构造示意图

5.1.8 SDⅡ型橡胶伸缩装置

SDⅡ型橡胶伸缩装置是陕西省公路局设计的,该装置由钢组件和橡胶条组成。钢组件由角钢组焊成 F 形,橡胶条采用耐候氯丁橡胶材料加工,按折叠型密封构思设计,并通过特殊的几何造型,采用弹性自锚连接。橡胶条上平面一般低于钢组件上平面 3~5mm,以避免行车辗压磨损。钢组件侧面焊接锚固钢筋,并直接锚固于桥面铺装层混凝土内。同时,车行道、人行道、路缘石、中央分隔带、隔离墩以及新泽西护栏,均可采用同一断面结构,该类型伸缩装置具有全缝贯通的特点。该装置有 SDⅡ-50 型(单波)、SDⅡ-80 型(双波)、SDⅡ-80V 型(元波)等不同类型,最大伸缩量分别为 50mm、80mm,其构造如图 5-8 所示。

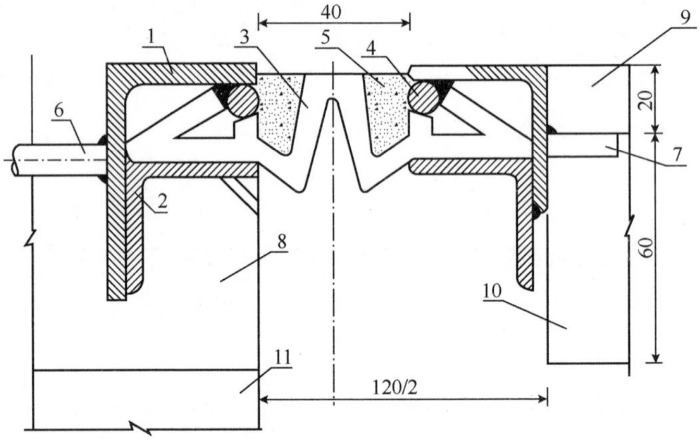

图 5-8 SDⅡ型橡胶伸缩装置构造示意图(尺寸单位:mm)

1-上角钢;2-下角钢;3-橡胶条;4-锁扣钢筋;5-填充料;6-锚固钢筋;7-预埋钢板;8-桥面铺装混凝土;9-人行道铺装;10-人行道板;11-主梁

5.2 柔性填充式桥梁伸缩装置

5.2.1 柔性填充式伸缩装置概述

柔性填充式伸缩装置通常又被称为无缝式伸缩装置,顾名思义是一种能够实现桥面无缝化的伸缩装置,一般用金属板或其他部件跨越梁端的缝隙,并由特种柔性材料(绑扎或集束)组成的柔性条带浇筑在伸缩装置处,一般具有以下特点:

(1)一般不以成品形态出厂,而是在安装现场将填充材料浇注在桥面预留槽区后固化成型；

(2)主要通过填充材料自身的弹性变形来适应桥梁的伸缩、转动等运动；

(3)伸缩装置表面与路面齐平，形成连续的桥面；

(4)填充材料与邻近的路基、路面需要有可靠的黏结；

(5)伸缩装置不会积水、积渣；

(6)施工周期比较短，可方便地进行局部修补。

由于使用柔性填充式伸缩装置的桥面没有缝隙，可以在一定程度上解决车辆通过伸缩装置时的跳车、噪声，以及伸缩装置处漏水对桥梁下部设施产生侵蚀等问题，因此在小位移量的公路桥梁，尤其是市政桥梁上比较受欢迎。

5.2.2 柔性填充式桥梁伸缩装置的结构形式

柔性填充式伸缩装置的常见结构如图5-9所示。

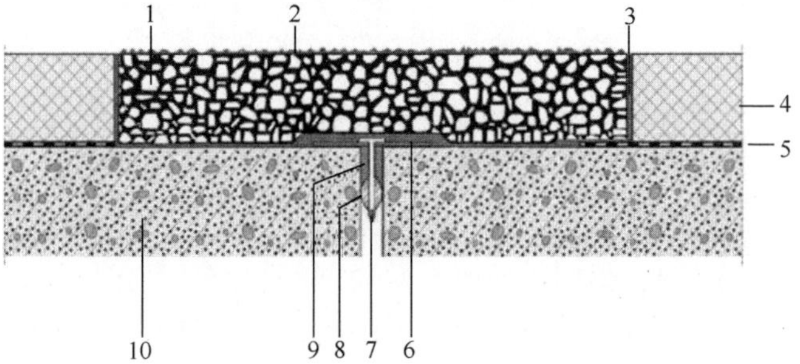

图5-9 柔性填充式伸缩装置的常见结构

1-弹性填充材料；2-面涂；3-防水黏结；4-铺装层；5-防水层；6-跨缝板；7-限位销；8-堵漏物；9-堵漏物；10-路基

弹性填充材料是实现柔性填充式伸缩装置伸缩功能的主要部件，并且直接承受路面荷载，既需要在伸缩方向上具有一定的柔度，又需要在竖向具有一定的刚度，因此其剖面呈一个较为细长的矩形，伸缩方向上较大的变形所对应的材料应变较小，刚度相应也较小；而在竖向上较小的压缩量则对应了较大的材料应变，刚度较大。柔性填充式伸缩装置的宽度和厚度主要取决于其所要满足的伸缩量需求，设计伸缩量越大，伸缩装置的宽度和厚度就越大。

弹性填充材料包括由柔性材料构成的连续相以及分散在其中的硬质集料(或填料)，在施工前需要将集料进行表面处理，以保证其与柔性材料有良好的黏结，然后将二者充分混合并浇入桥面预留槽区成型，集料一方面可以增强填充材料的承载能力，另一方面也可以减少柔性材料的使用量，优化成本。

跨缝板是搭跨在梁间缝隙上的钢板，其作用主要是为上方的弹性填充料在梁间缝隙处提供竖向支撑，为了防止跨缝板在梁体运动过程中从梁间缝隙中滑落，通常还需要在跨缝板上考虑一些限位的设计。在浇筑伸缩装置时，需要对跨缝板下部及两侧的缝隙进行密封堵漏处理，一般是使用具有良好弹性的泡沫材料对缝隙进行填塞，避免液态的柔性材料向下渗漏。

在图 5-9 所示的结构中，伸缩装置与桥梁的桥面板、路面之间的界面主要靠防水黏结进行连接和密封，在力的传递过程中，这些部分往往是较为薄弱的，因此为了避免黏结部位承受过大的应力而产生脱黏、开裂，从而影响伸缩装置的整体使用效果和寿命，一些产品在填充材料内部设置了分散应力的结构（图5-10），通过钢骨架和与之连接的锚固件将应力传递到桥梁梁体中。

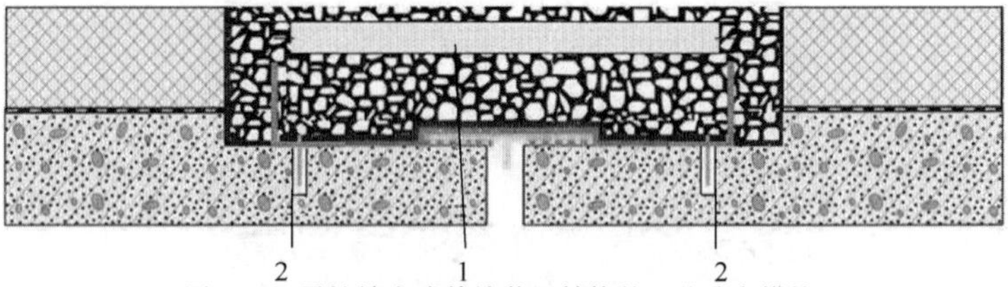

图 5-10　柔性填充式伸缩装置结构的一些改良措施

1-稳定部件；2-钢骨架和锚固件组成的应力分散部件

另外，由于填充材料在伸缩方向的长度比厚度大很多，伸缩装置在受压时可能发生竖向失稳而拱起，影响桥面的平整度，降低行车的舒适性，因此在一些伸缩量相对较大的产品中还设计了稳定部件（图 5-10），在对填充材料的竖向变形进行约束的同时不影响伸缩装置的伸缩功能。这种部件一般是由钢制的轴—套筒组成，轴与套筒可以自由地相对滑动，其外部还需包裹一层隔离套，避免柔性材料在浇筑时流入，使轴和套筒发生黏连而影响伸缩功能。

柔性填充式伸缩装置的主要结构形式可以分为以下几种：

1）TST 型弹塑体伸缩装置

TST 型弹塑体伸缩装置，是由西安市自力化学工业公司研制开发的一种伸缩装置。

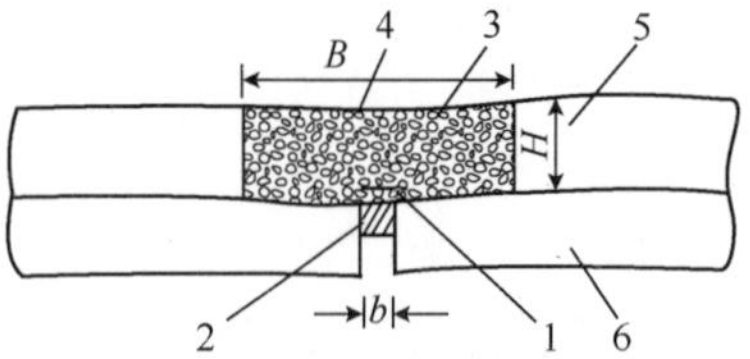

图 5-11　TST 碎石填充伸缩装置构造图

1-跨缝板；2-海绵板；3-TST 型弹塑体；4-碎石；5-桥面铺装层；6-梁体

（1）构造与原理

TST 型弹塑体伸缩装置是由 TST 型弹塑体与碎石填充成型，适用于伸缩量为 50mm 以下的场合，主要用于路面及桥面切缝，如图 5-11 所示。

TST 型弹塑体由多种高分子混合物和沥青混合，并加有防老化剂等多种配合剂而成。

它的力学特点是：承受瞬时荷载与高频振动时完全显示弹性，而在低频缓力作用下，则完全显示塑性。即当车轮驶过，桥梁振动时高频振动，TST 型弹塑体显示弹性；当温度变化桥梁发生伸缩时，属于低频缓力，TST 型弹塑体显示的完全是塑性。因此，水平应力很小，所以黏合面不易脱裂而又可达到伸缩的目的。

（2）TST 型弹塑体伸缩装置技术设计参数

设计工程师在选用该装置时，可根据上述原理确定槽口尺寸，按表 5-3 的规定取值。

对于新建桥梁可按标准槽口预留，无需设计锚固系统，也可铺装后再切割形成。

在旧桥更换时，应清除原有伸缩装置，槽口应做得尽可能接近标准槽口尺寸，横桥向的钢筋应割掉，顺桥向钢筋和垂直钢筋可以保留，但应保证不影响跨缝板的放置，且槽底一定要平整。

填筑 TST 型弹塑体时，应使用专用施工设备。

TST 型弹塑体伸缩装置技术设计参数（单位：mm）　　表 5-3

伸缩量	10	20	30	40	50
槽口宽度 B	80~100	160~200	240~300	320~400	400~500
槽口深度 H	≥20	≥50	≥75	≥100	≥120
梁端间隙 b	15	20	25	30	35

注：1.表中所给尺寸是指在平均温度时，槽口宽度 B 值取（8~10）ΔB，H 值取（2~2.5）ΔB；

2.ΔB 为伸缩体的伸缩量（一般可适应任何值）。

2）EPBC 型桥梁伸缩装置

EPBC 型桥梁伸缩装置是由江苏省镇江市公路管理处和东南大学联合研制的，采用高分子聚合物基复合材料作为伸缩装置的黏结料和填充料的构造，适用于伸缩缝缝隙小于 40mm 以下的桥梁的场合。该产品已获 1995 年国家实用新型专利权（专利号：ZL95202471.3），其结构如图 5-12 所示。

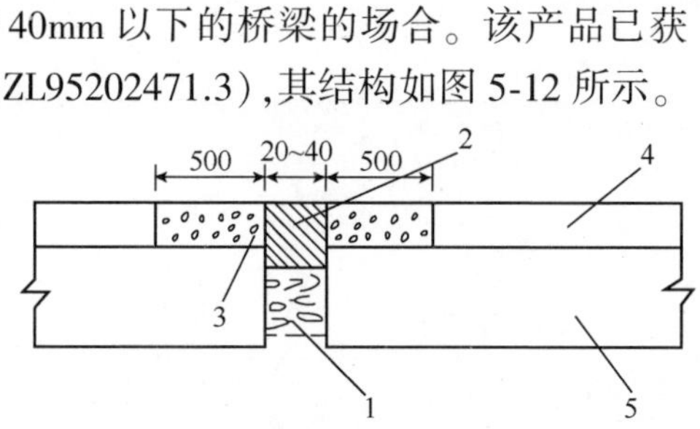

图 5-12　EPBC 弹性体伸缩装置构造示意图（尺寸单位：mm）

1-软木或蜂窝板；2-EPBC 弹性体；3-钢纤维混凝土；4-桥面铺装；5-梁体

3)TCS 填充式桥梁伸缩装置

(1)原理与结构

TCS 填充式桥梁伸缩装置是河北衡水宝力工程橡胶有限公司开发的一种无缝式(暗缝型)伸缩装置。其原理是将宝力公司研制的一种既有弹性又有塑性的专利产品 RS 复合橡胶材料(其主要成分为高分子聚合物和沥青等)加热到 190~210℃熔溶成流体后,灌入经加热的碎石中,形成 TCS 桥梁伸缩装置弹塑体。碎石直接承受车辆荷载,在施工时使用 TCS-Z 专用黏合剂涂刷切槽两边以保证界面的强度,如图 5-13 所示。专用特制的弹塑体主料 RS 复合橡胶的力学性能指标见表 5-4。

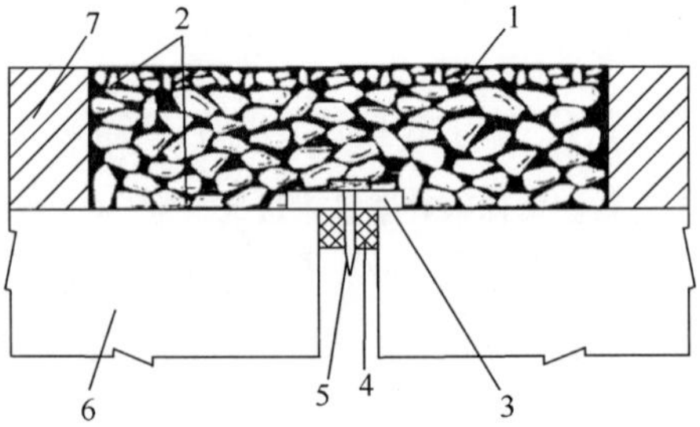

图 5-13 TCS 填充式桥梁伸缩装置构造示意图

1-TCS 弹塑体;2-黏合剂;3-钢盖板;4-泡沫板;5-铁钉;6-混凝土梁体(板);7-桥面铺装

RS 复合橡胶力学性能指标 表 5-4

项目		单位	性能指标
密度		g/cm³	1.20~1.25
扯断强度		MPa	0.20~0.30
扯断伸长率		%	≥800
扯断永久变形(15min)			40~60
耐热试验(163℃±1℃,5h)	扯断强度变化率		-15~+15
	扯断伸长变化率		-20~+10
耐水增重率(23℃±2℃,144h)			≤4.0
针入度(25℃±0.1℃,100g±0.01g,5s)		0.1mm	55~65
软化点(环球法)		℃	≥100
闪点(COC 法)			≥240
脆点(弗拉斯法)			≥-40

(2)适用范围与结构形式

TCS 填充式桥梁伸缩装置适用于-25～+60℃温度的地区,伸缩量在 50mm 以下的公路桥梁、城市立交桥和高架桥的伸缩缝。按照桥梁纵坡的大小可分为两种结构形式,即 TCS Ⅰ型(图 5-14),适用于纵坡小于 2%的桥梁;TCS Ⅱ型(图 5-15),适用于纵坡大于等于 2%的桥梁,两者的区别仅在于是否设置膨胀螺栓和钢筋,其对应的结构尺寸见表 5-5。

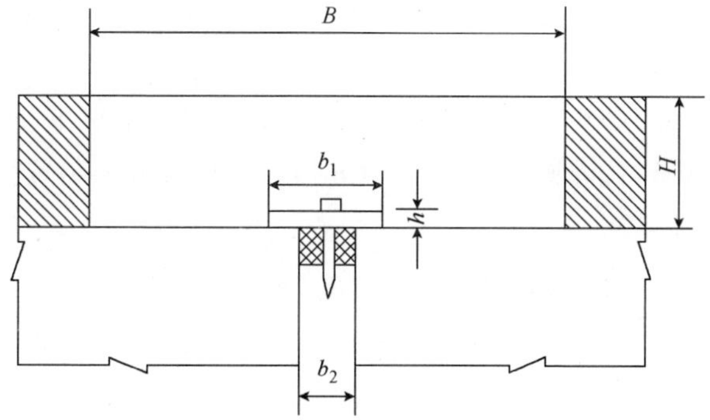

图 5-14　TCS Ⅰ型结构

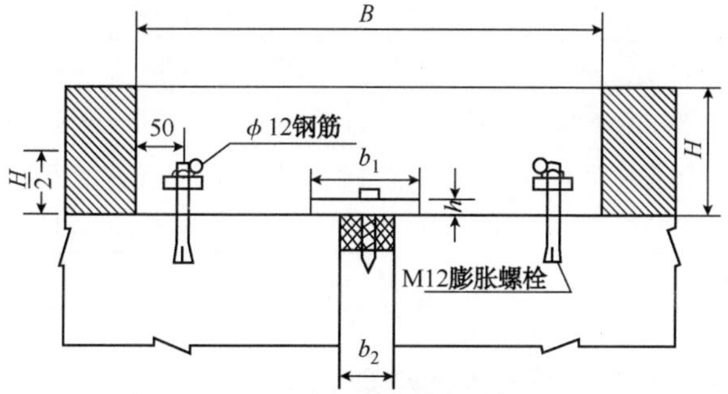

图 5-15　TCS Ⅱ型结构

TCS 填充式桥梁伸缩装置结构尺寸　　表 5-5

伸缩量 ΔB(mm)	槽口宽 B(mm)	槽口深 H(mm)	梁端间隙 b_2(mm)	钢盖板 $b_1 \times h$(mm^2)
10	200	60	20	120×6
20	300	60	20	140×6
30	400	80	30	160×6
40	500	80	40	180×6
45	600	80	40	200×6
50	700	80	40	220×6

(3)施工要领与实例

根据TCS填充式桥梁伸缩装置的结构原理,必须严格掌握施工的各主要环节:

①一般应使用嵌挤性好的坚硬岩石经加工的碎石,其规格主层为20~40mm,面层为5~10mm,并要求其压碎值不大于30%,扁平及细长石料含量应少于15%,同时必须使用专用设备进行加热,加热温度应控制在100~150℃;

②专用RS复合橡胶,加热温度在190~210℃,短时间为230℃,保温时间不得超过2h;

③应注意在风力大于3级、温度低于10℃的天气情况下,不宜施工。对于不同伸缩量,即根据不同槽口的尺寸,TCS填充式桥梁伸缩装置弹塑体每延米的材料用量见表5-6。

TCS填充式桥梁伸缩装置每延米材料用量 表5-6

伸缩量 ΔB (mm)	槽口尺寸 $B\times H$ (mm)	钢盖板	碎石	RS橡胶	黏合剂	泡沫板	铁钉	钢筋	膨胀螺栓
		$b_1\times h$ (mm^2)	m^3	kg	kg	厚50,宽100(mm)	个	m	个
10	200×60	120×6	0.012	7.92	0.10	1 000	4	2	8
20	300×60	140×6	0.018	11.88	0.13	1 000	4	2	8
30	400×80	160×6	0.032	21.12	0.17	1 000	4	2	8
40	500×80	180×6	0.040	26.40	0.20	1 000	4	2	8
45	600×80	220×6	0.048	31.68	0.23	1 000	4	2	8
50	700×80	220×6	0.056	36.96	0.26	1 000	4	2	8

5.2.3 柔性填充式伸缩装置的材料

目前市场上的柔性填充式伸缩装置使用的柔性材料主要有沥青基弹塑体和聚氨酯基弹性体两类,前者多用于伸缩量在50mm以下的桥梁,而后者能够满足100mm以内的伸缩量的使用需要。

沥青基弹塑体的主要成分为改性沥青、SBS树脂、橡胶及其他一些添加剂,颜色一般为黑色,在常温时呈固态,具有较高的弹性模量,加热到100℃以上时由固态逐渐转变为液态。利用沥青基弹塑体的这种性质,可以在施工时用火烘烤将其加热至液态与集料均匀混合后浇入伸缩装置槽区,然后使其冷却固化,形成具有承载能力的伸缩装置。由于沥青基弹塑体材料是一种热塑性的材料,力学性质受温度影响较大,在低温下会变得比较脆硬,而在高温下受力时容易产生一定的塑性变形，因此人们仍在对其配方进行不断的改进。表 5-7 列出了沥青基弹塑体一些常见的性能指标。

沥青基弹塑体的常见性能指标　　表 5-7

项　目	指　标	项　目	指　标
密度	1.2～1.25g/cm^3	软化点（环球法）	>100℃
拉伸强度	0.2～0.3MPa	闪点（COC 法）	>240℃
伸长率	≥800%	脆点（弗拉斯法）	≤-40℃
扯断永久变形	40%～60%		

聚氨酯基弹性体主要成分是聚氨酯、固体填料及相关助剂，可根据需要在原料中添加着色剂来改变最终颜色。聚氨酯是二异氰酸酯和多元醇发生聚合反应的产物，分子具有与橡胶类似的三维网络状结构，是一种热固性的材料，在温度过高或过低时力学性能会有较明显的变化，但不会发生塑性变形。施工前先将原料制备成预聚体和扩链剂两种组分，均呈液态，在安装现场将二者均匀混合后进行浇注，不需要加热，组分间发生化学反应固化成具有高弹性的填充体。聚氨酯弹性体根据配方的不同性质可以有很大区别，用于柔性填充式伸缩装置的聚氨酯材料常见性能指标见表 5-8。

聚氨酯基弹性体的常见性能指标　　表 5-8

项　目	指　标	项　目	指　标
密度	1.2～1.3g/cm^3	撕裂强度（裤型）	15N/mm
硬度（邵氏）	60～70A	适用温度	-50～80℃
拉伸强度	10MPa	施工温度	5～30℃
伸长率	≥650%	施工湿度	<90%

5.2.4　柔性填充式桥梁伸缩装置的基本要求

柔性填充式桥梁伸缩装置一般适用于伸缩量较小的桥梁，其必要条件是在结构上梁长较短、伸缩量小、转角较小，同时不用担心桥面开裂或破损。这种伸缩装置通常适用于沥青桥面，而对于混凝土桥面铺装一般应慎重使用。主要原因是：这类伸缩装置构造特点是利用沥青混合料的伸缩性来代替锯成的预留槽内原有材料，而且这种混合料是由专门的公司以特殊配合比进行配制的，因此，只少量使用，同时一般按桥梁前后桥面铺装施工情况加以选择。这种伸缩装置对如下方面有一些特殊要求。

1)柔性填充材料应防水

柔性填充材料是一种抗风化性优良,与壁面黏结力强,能抵抗重复伸缩,可以应付变化相当大的伸长和具有恢复能力的材料。根据国外经验,其一般性质见表5-9。

柔性填充材料的一般性质 表5-9

项　目	性　质	项　目	性　质
外观(包括主要材料、固化剂)	黑色高黏状及淡黑红色膏状	伸长率	300%~500%
硬化时间	24~72h	抗拉强度	0.7~1.4MPa
可使用时间	混合后2~3h	压缩变形	50%~80%
硬化物的外观	橡胶状弹性体	温度敏感性	非常小
重度	1.34~1.38	—	—

注:表中所谓可使用时间是指在不影响使用目的的情况下,施工可能的时间。

柔性填充材料在施工时必须充分考虑增加其黏结性。在施工时,如果采用需要加热的材料,则填塞物的性质可能要受影响。因此,最好使用常温式的防水灌入材料。不得已使用加热时,要尽可能采用低温加热,并应充分注意不要损伤填塞物。

2)伸缩装置缝隙填塞物的要求

用于伸缩装置缝隙的填塞物主要用来防止柔性填充材料漏落,应具有防水性及抵抗伸缩的性质,并且即使伸缩缝缝隙宽度达到最大时,在其厚度方向仍是处于受压状态为好。以前使用的全带式防水材料和泡沫橡胶之类的填塞物,如果没有采取充分的初期压缩量,就不能保持其功能。因此,设计上、施工上需要充分注意。再者,填塞物处于受拉状态的情况,如有缺陷,就会变得很脆弱。

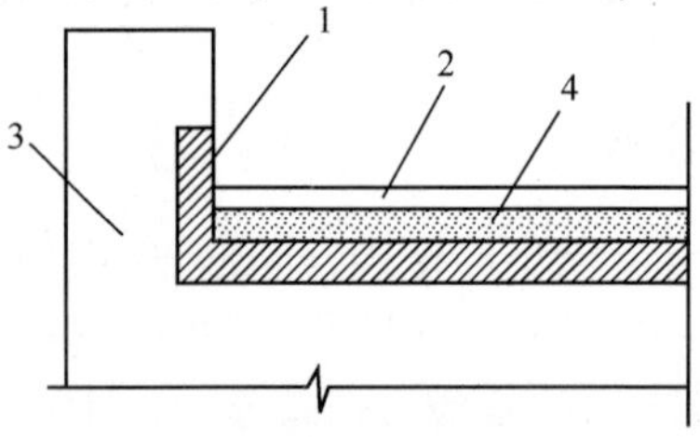

图5-16　栏杆底座部分处理示例
1-填塞物(橡胶系封缝材料);2-桥面铺装;3-栏杆底座;4-柔性填充材料

3)栏杆或中央分隔带底座部位的处理

栏杆底座以及中央分隔带相接部分,如图5-16所示,应该把填塞物做成曲折、不漏水的结构。在栏杆底座和中央分隔带处,混凝土常出现缝隙,雨水将从缝隙里漏出。这往往就是主梁和支座生锈和破损的原因。因此,在缝隙处,必须嵌入防水材料,以防止漏水。再者,为使嵌缝材料更好地与栏杆底座或中央分隔带充分黏结,可以涂刷黏结剂。

4)预留槽宽度的确定应合理

柔性填充类伸缩装置是靠伸缩缝处填料的变形来吸收梁体的伸缩变位的结构形式,是预留槽内填料作为伸缩体在梁体伸缩时不应出现过大的凹下或凸起,即不应超过桥面规定的高差要求,否则会影响行车的舒适性。因此,设计和施工时应特别注意。

5)颜色应协调

这种伸缩装置形式,有可能被用在桥面铺装为沥青混凝土或水泥混凝土的场合,而通常采用的弹塑体以黑色居多,用在沥青混凝土桥面铺装的情况是比较协调的,而用在水泥混凝土桥面铺装的场合时,其颜色上就不那么协调了。所以,建议从颜色上作处理是非常必要的。

6)施工注意事项

(1)表面处理。

弹塑体与桥面板黏结是否充分良好,取决于黏结面以前的处理工作做得如何。因此应尽可能将预留槽内的底面及侧面彻底清理干净。

(2)涂刷黏合剂。

为了增加黏结力,在填塞物和填充材料施工前,在黏结面上需要涂刷黏合剂。一般情况下,此种操作采用涂抹进行。但必要的地方,需要充分进行涂刷。当施工时,因为各个生产厂产品的使用方法不同,因此充分了解各个产品是需要的。

(3)填塞物的施工。

为了防止填塞物脱落,可使用黏结剂等措施进行固定。放入填塞物时,由于混凝土桥面板的边角等容易破损,故必须非常仔细地处理。

(4)灌注弹塑体时,必须完全清除水、灰尘等杂物,并在预留槽完全干燥后灌注。可使用灌注机械进行充分填筑。

5.2.5　柔性填充式桥梁伸缩装置的设计

1)极限荷载

对于柔性填充式伸缩装置,设计时需要考虑其承载能力极限状态和使用极限状态,状态定义见表5-10。

极限状态和评定要求 表 5-10

极限状态	要求	备注
承载能力极限状态	跨缝板无塌陷	—
使用极限状态	永久变形较小,跨缝板无永久变形,表面无宽度超过 1mm、深度超过 5mm 的裂纹,填充物无脱黏	只允许有可回复的变形,允许蠕变及迟滞现象

在进行承载能力极限状态的计算时,L_j取 0.5m,W_j取 1.2m,Q_{1k}取 300kN(Q_{1k}按欧洲标准指第一车道的荷载,对应我国桥梁通用设计规程的轴重为:前轴 30kN,中轴 120kN 和后轴 140kN),主要考虑荷载和开启状态两个方面。

承载能力极限状态的荷载组合如下:

$$C_{ULS}=\Psi_{0T}\gamma_{Q1}Q_{1k}+\Psi_{0d}\gamma_{dE}d_{Ek} \tag{5-1}$$

式中:Q_{1k}——轴载;

γ_{Q1}——分项系数,不利状态下取 1.35(按我国桥梁通用设计规程取 1.40),有利状态时可忽略;

Ψ_{0T}、Ψ_{0d}——组合系数,开启值较小、交通负荷最大时取 1.00 和 0.60;开启值最大、交通负荷较小时取 0.70 和 1.00;如要涵盖所有情况,两者全部取 1.00;

d_{Ek}——伸缩装置最大开启值。

接触应力按式(5-2)计算:

$$\sigma_{contact}=\gamma_{Q1}\left(\frac{Q_{1k}}{2}\times\frac{1}{接触面积}\right) \tag{5-2}$$

使用极限状态的荷载组合如下:

$$C_{SLS}=\Psi_{0T}Q_{1k}+\Psi_{0d}d_{EK} \tag{5-3}$$

接触应力按式(5-4)计算:

$$\sigma_{contact}=\left(\frac{Q_{1k}}{2}\times\frac{1}{接触面积}\right) \tag{5-4}$$

注:车辆后轮的轮压接触应力为:$\sigma=1.4\times[140\,000/(2\times200\times600)]=0.82$(MPa)。

2)疲劳荷载

由于材料不同,柔性填充式伸缩装置通常考虑车辆动载引起的梁体变形以及长期车辆碾压等因素导致的疲劳,这一点与钢制伸缩装置是有明显区别的。

对于柔性填充式伸缩装置,一般按本书 3.3 节中疲劳荷载作用模式 2 进行疲劳设计,不需要考虑水平荷载,垂直荷载可参考《公路桥涵设计通用规范》(JTG D60—2004)中的规定(见本书3.2节表3-2及相关解释);欧洲标准ETAG 032—2007中垂直荷载的具体参数如表5-11所示,其中车轴形式的定义可参见表3-6:

疲劳作用的垂直荷载(欧洲标准)　　表5-11

$Q_{lk,fat}$(kN) 竖向轴重(表3-6)	$Q_{lk,fat}$(kN) 适用于柔性填充式伸缩装置的竖向荷载	轴数比例	车轴形式
100	77	1.1	A
120	92	1.25	C
150	115	0.20	B
170	131	0.45	B
190	146	0.45	B

疲劳极限状态的荷载组合如式(5-5):

$$C_{FAT}=Q_{lk,fat}+\Psi_{0d}d_{Ek} \tag{5-5}$$

式中:Ψ_{0d}——组合系数,取0.6;

d_{Ek}——伸缩装置最大开启值。

5.2.6　柔性填充式桥梁伸缩装置的性能检验

1)承载及抗疲劳性能检验

柔性填充式桥梁伸缩装置的承载及抗疲劳性能应通过在垂直向施加了轴载的轮胎对其表面进行反复碾压来进行验证,样品应按1∶1的比例制作,宽度(垂直于伸缩方向的长度)应在300mm或加载轮胎着地宽度的3倍两者之中取较大值,包含伸缩装置两端的邻接路面、下部的路基以及在两侧的截面处设置的钢板,在三者围成的凹槽内浇筑伸缩装置主体。

样品的开启值为最大设计值的60%;试验温度应恒定,一般为45℃,最高不超过60℃,温度测量应深入填充材料内部至少20mm。试验时,通过配重或液压等方法,使用橡胶充气轮胎垂直加载在伸缩装置表面,着地宽度不小于7cm,接触应力为0.46MPa,轮胎在经过样品表面时应匀速滚动,行进速度控制在0.2~1m/s之间;连续碾压2 000次,并观测伸缩装置的表面状况及纵横两向的变形。

2)变形能力检验

柔性填充式桥梁伸缩装置的变形分为缓慢变形和快速变形,缓慢变形的原因主要是由早晚或季节温差引起的结构热胀冷缩,以及混凝土收缩、徐变等;快速变形则主要是由车辆行驶产生的动载引起的。

变形能力检验主要是验证各界面的黏结是否可靠，填充材料自身变形能力是否足够，伸缩装置水密性是否良好等。试验同样使用 1 : 1 成品截段试样，包含路基、路面，各界面间的结合处理情况要与实际使用时一致，试样宽度不小于200mm，与上一节试样有所不同的是，截面处设置的钢板可以在浇筑时作为模板，但在进行变形能力测试时必须移除，以免影响伸缩装置变形。

试验时，在伸缩装置的设计使用温度范围内（最低温度对应最大开启值，最高温度对应最小开启值），固定试样一端，移动另一端进行加载，绘制荷载—变形曲线，并观察试样的表面和黏结界面是否出现损坏，对试样的温度测量应深入填充材料内至少 20mm。

模拟缓慢变形工况时需要将试样分别在变温和恒温情况下拉伸和压缩至最大设计值，变温范围应涵盖伸缩装置的使用温域，恒温加载则应在最低和最高使用温度下进行，至少应进行一个循环的加载，加载速度不小于 0.2mm/h。

模拟快速变形工况宜在 15℃或者最低使用温度下进行，15℃时使用正弦波微幅加载至少 500 万次，最低使用温度下加载次数可以减少到 130 万次，加载速度不小于 0.6mm/s，每 25 万次需要计算一次伸缩装置的等效刚度。

5.3 板式橡胶桥梁伸缩装置

板式橡胶伸缩装置是利用橡胶材料剪切模量低的原理设计制造而成的。即剪切型橡胶伸缩体设有上、下凹槽，橡胶体内埋设承重钢板和锚固钢板，并设有预留螺栓孔，通过螺栓与梁端连成整体。它依靠上、下凹槽之间的橡胶体剪切变形来满足梁体结构的相对位移。橡胶伸缩体内预埋钢板，跨越梁端间隙，承受车辆荷载；另外在橡胶伸缩体内两侧预埋两块锚固钢板，通过螺栓与梁端连接的受力原理形成结构构造。

伸缩装置利用厂制的橡胶条或橡胶板的弹性性能，来适应结构的位移，在橡胶板内设置钢板加劲，橡胶条和橡胶板用螺栓固定在结构上，橡胶板与路面齐平，直接承受车辆荷载。

板式橡胶伸缩装置是 20 世纪 70~80 年代在我国公路桥梁上大量应用的一种桥梁伸缩装置，可适应 0~40mm 的伸缩位移。但由于板式橡胶伸缩装置能适应的位移量较小，且该伸缩装置与路面的连接螺栓过于薄弱，经常出现整块橡胶板脱落的情况，因此，现在很少使用，常常用单缝式型钢伸缩装置取代。图 5-17 为板式橡胶伸缩装置构造示意图。其伸缩体使用的橡胶材料力学性能指标见表 5-12。

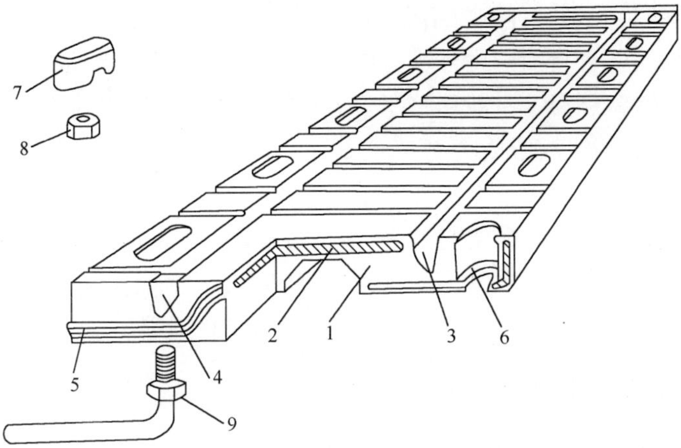

图 5-17 板式橡胶伸缩装置构造示意图

1-橡胶;2-加劲钢板;3-伸缩用槽;4-止水块;5-嵌合部;6-螺帽垫板;7-腰型盖帽;8-螺帽;9-螺栓

板式橡胶伸缩装置伸缩体用橡胶材料力学性能指标 表 5-12

技术指标 / 项目	胶料	氯丁橡胶（适用于-25~60℃地区）	天然橡胶（适用于-35~60℃地区）	氯丁橡胶（适用于-40~60℃地区）
硬度(IRHD)		60±5	60±5	60±5
拉伸强度(MPa)		≥15	≥16	≥14
扯断伸长率(%)		≥400	≥400	≥350
脆性温度(℃)		≤-40	≤-50	≤-60
恒定压缩永久变形(室温,24h)		≤20	≤20	≤20
耐臭氧老化(25~50pphm),20%伸长,40℃,96h		无龟裂	无龟裂	无龟裂
热空气老化试验（与未老化前数值相比发生最大变化）	试验条件	70℃,96h	70℃,96h	70℃,96h
	拉伸强度(%)	±15	±15	±10
	扯断伸长率(%)	±25	±25	±20
	硬度变化(IRHD)	0~+10	-5~+10	0~10
橡胶与钢板黏结剥离强度(kN/m)		>7	>7	>7
耐盐水性(23℃,14d,浓度4%)	体积变化(%)	≤+10	≤+10	≤+10
	硬度变化(IRHD)	≤+10	≤+10	≤+10
耐油污性(一号标准油,23℃,168h)	体积变化(%)	-5~+10	<+45	<+45
	硬度变化(IRHD)	-10~+5	<-25	<-25

这类伸缩装置是一种刚柔结合的装置。它承受荷载之后,有一定的竖向刚度,对此类伸缩装置目前国内外都有应用,国外产品最大伸缩量已做到330mm。但由于其结构特点所致,一般伸缩摩阻力比较大,国内部分厂家生产的板式橡胶伸缩装置,经产品检验测试,每延米的最大摩阻力高达26kN/m,故加工和施工安装稍不注意,往往产生早期破坏。鉴于存在这方面的问题,桥梁工程师和生产厂家经过不断研究,给以完善与改进,结合各地情况、不同条件,生产出各种形式的板式橡胶伸缩装置,投放到国内桥梁工程应用中。到目前为止,国内生产具有代表性的产品有BF型、SEJ型、UG型、BSL型和CD型等。

5.3.1 BF型板式橡胶伸缩装置

BF型板式橡胶伸缩装置,是1991年原上海市政工程设计院提出结构方案,并完成设计的。该装置在技术转让、投产、应用的过程中,不断完善和修改。有关生产厂家也根据各自的生产实践经验对其进行局部的加强和改进,并冠以不同的名称代号,实际上结构大同小异,如JB型、JH型、SD型、SC型、SB型、SG型和SEG型等,都属于这一类性质的产品。该类产品几经改善改进,性能和适应性不断增强,促进了这类伸缩装置的发展。以SD型或BF型为例,其一般结构如图5-18所示,横断面布置和主要技术参数如图5-19和表5-13所示。

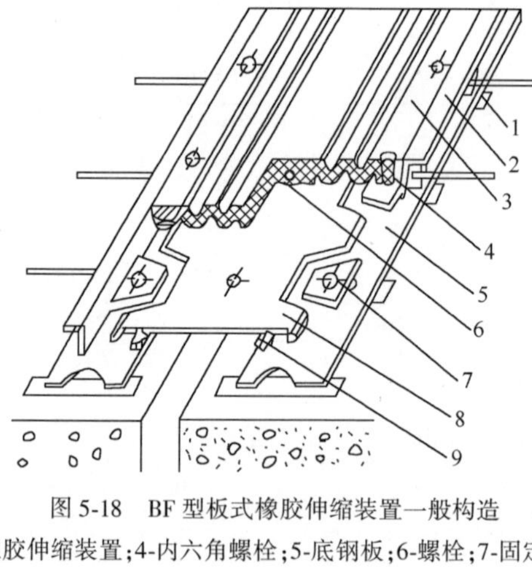

图5-18 BF型板式橡胶伸缩装置一般构造

1-预埋铁;2-边角铁;3-橡胶伸缩装置;4-内六角螺栓;5-底钢板;6-螺栓;7-固定齿板;8-托板;9-限位块

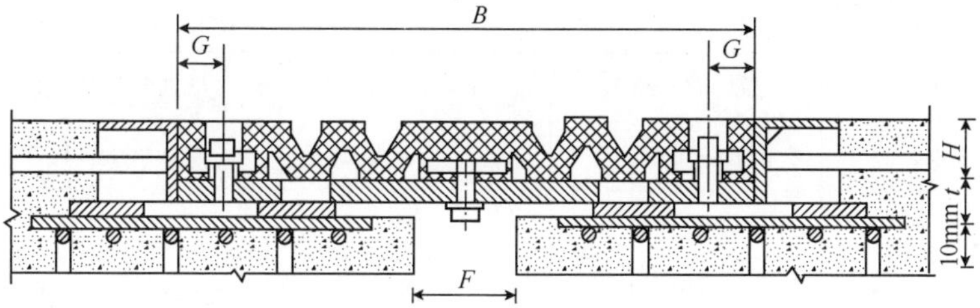

图 5-19　BF 型板式橡胶伸缩装置横断面布置图

BF 型板式橡胶伸缩装置主要技术参数　　表 5-13

型　　号	板　宽(mm)		缝　宽(mm)		H(mm)	t(mm)	G(mm)
	B_{min}	B_{max}	F_{min}	F_{max}			
BF-40	210	250	20	60	40	14	35
BF-60	285	345	20	80	45	18	40
BF-80	360	440	40	120	45	18	40
BF-120	440	560	40	160	50	20	40
BF-160	500	660	40	200	60	20	50
BF-200	590	790	40	240	75	25	60

注:1.本表仅供选择伸缩装置型号之用,绘制施工图需用制造厂的技术条件说明书;
2.设计时应向有关厂家索取产品技术说明。

5.3.2　SEG 型板式橡胶伸缩装置

SEG 型板式橡胶伸缩装置为一般板式橡胶伸缩装置作了较大改进后的改进型伸缩装置。SEG 型伸缩装置主要由角钢、支撑钢板、橡胶板固定装置组成,其结构构造如图 5-20 所示。该装置伸缩量的适应范围为 20~200mm,其规格系列如表 5-14 所示,其安装时参数如表 5-15 所示。

SEG 型板式橡胶伸缩装置规格型号　　表 5-14

型　号	规　格(mm)	伸缩量(mm)	最宽缝时梁缝隙(mm)
改 0~20	L×170×36	20	20+10
改 1~40	L×260×49	40	40+10
改 2~60	L×280×50	60	60+10

续上表

型　号	规　格(mm)	伸缩量(mm)	最宽缝时梁缝隙(mm)
改 3～80	L×370×48	80	80+10
改 4～100	L×400×47	100	100+10
改 5～120	L×430×48	120	120+10
改 6～160	L×500×48	160	160+10
改 7～180	L×560×48	180	180+10

注：L 为桥面宽度。

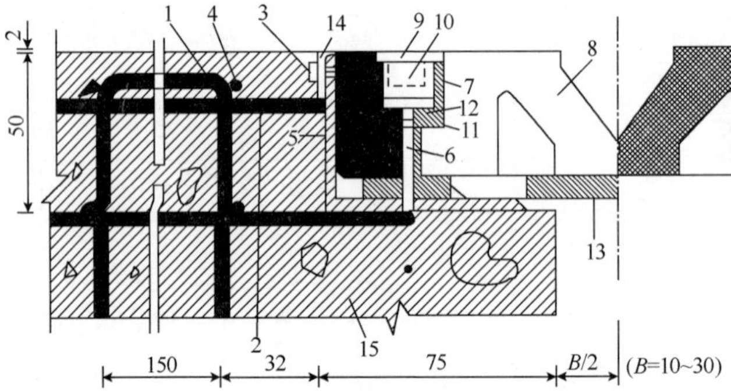

图 5-20　SEG 型板式橡胶伸缩装置构造示意图(尺寸单位：mm)

1-梁预埋钢筋；2-角钢锚固筋；3-锚固螺栓；4-通长拉筋；5-角钢铁管；6-铁管；7-橡胶条；8-橡胶防尘器；9-内六角螺栓；10-平垫片；11-弹簧垫片；12-跨缝支承；13-钢板；14-等边角钢；15-二期混凝土

安装时气温、梁长与压缩量计算对照表(mm)　　　　表 5-15

梁长 / 伸缩量 / 安装时气温	30m	60m	100m	130m	160m	200m	250m	300m
+40℃	21	42	70	88	106	130	160	190
+20℃	15	30	50	62	74	90	110	130
0℃	12	18	30	36	42	50	60	70
−10℃	9	12	20	23	26	30	35	40
−20℃	3	6	10	10	10	10	10	10
采用规格(建议)型号	20～40	40～60	60～80	80～100	100～120	120～140	160～180	180～200

SEG 型板式橡胶伸缩装置的结构特点：

(1)该装置是由橡胶体和钢支撑结构两部分组成的,按桥面宽度设置长度,橡胶体整条铺装,无接缝,防水性好。

(2)该装置由螺栓从上向下与角钢连接,万一发生螺栓断裂、滑牙,无需掀起橡胶条,凿开混凝土,也无需电焊,直接松开螺栓,更换方便;同时,安装时在螺栓固定橡胶条的过程中由顶管直接受力扣紧,并由弹簧垫片销牢,具有较好的整体性和防水性。

(3)该装置在安装时能随时进行预压缩,主要是在梁体伸长时,自由压缩,梁体缩短时,自由松开,水平阻力小,有效地对桥梁起到较好的保护作用,延长使用寿命,有效地吸收行车所产生的垂直荷载及冲击荷载和梁体伸缩等方面所产生的变形。

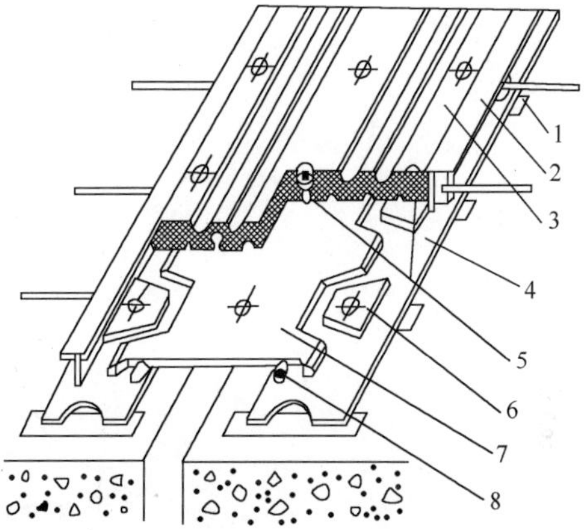

图 5-21　SEJ 型板式橡胶伸缩装置构造示意图
1-预埋铁;2-边角铁;3-橡胶板;4-底钢板;5-内六角螺栓;6-固定齿板;7-托板;8-限位块

5.3.3　SEJ 型板式橡胶伸缩装置

SEJ 型伸缩装置,也属于改进的板式橡胶伸缩装置之一。该装置是由原上海市政工程设计院设计,上海彭浦橡胶制品总厂生产的产品。该装置由钢板作支撑,橡胶伸缩体按桥面宽度做成连续整体,平整度及整体性较好;采用了螺栓紧锁装置,不易发生脱落。其构造如图 5-21 所示,其规格系列见表 5-16。

SEJ 型板式橡胶伸缩装置规格　　表 5-16

型　号	规格长×宽×高(mm)	拉伸量与压缩量(mm)
SEJ40	L×250×45	+10,-30
SEJ60	L×280×51	+10,-50
SEJ80	L×350×51	+20,-60
SEJ100	L×550×51	+20,-80
SEJ120	L×580×51	+20,-100
SEJ140	L×600×58	+40,-120
SEJ160	L×620×58	+40,-120
SEJ200	L×620×58	+40,-160

注:L 为桥面宽度;+为拉伸量;-为压缩量。

5.3.4 UG 型板式橡胶伸缩装置

UG 型板式橡胶伸缩装置,由 Ω 形橡胶伸缩止水带与边压块组成。Ω 形止水带中间有织物加劲,以防刺破、龟裂或者扭曲变形。采用橡胶边压块来锚固 Ω 形止水带使伸缩装置与桥梁连成一体,边压块可按任意长度拼接,Ω 形止水带按桥宽做成整体的连续长度。UG 型伸缩装置按照伸缩量可分为 40mm、60mm、80mm 3 种规格。其适应温度范围:氯丁橡胶(-25~+70℃),三元乙丙橡胶(-45~+70℃)。其构造如图 5-22 所示,主要技术参数如表 5-17 所示。

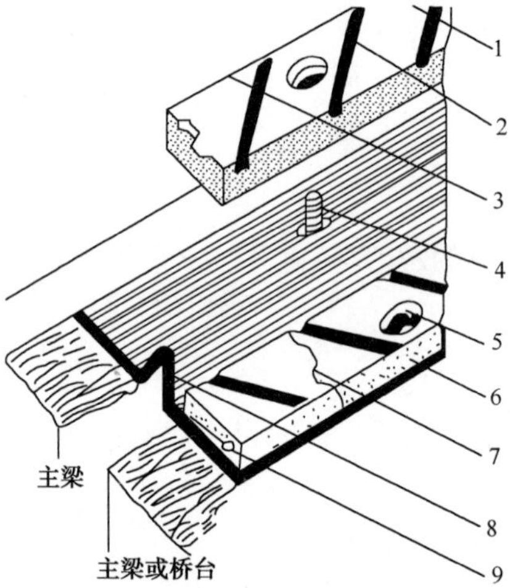

图 5-22 UG 型板式橡胶伸缩装置构造示意图

1-氯丁橡胶边压块;2-防滑槽;3-铺装边缘;4-锚固螺栓;5-预留螺栓孔;6-铺装边接边压块;7-边压块的凹凸接合槽;8-Ω 形止水带;9-加强钢板

UG 型板式橡胶伸缩装置主要技术参数 表 5-17

型 号	设计伸缩量(mm)	边压块间距 D(mm)		伸缩装置宽度 B(mm)		边压块高度 H(mm)	总高度 ΣH_1(mm)	加劲钢板厚度 δ(mm)	螺栓孔间距(mm)
UG-40	40	20	60	180	220	32	40	10	250
UG-60	60	20	80	180	240	40	48	12	250
UG-80	80	20	100	180	260	58	66	6	250

5.3.5　BSL 型板式橡胶伸缩装置

BSL 型板式橡胶伸缩装置,采用连续橡胶伸缩件、连续橡胶压块、橡胶底面处包胶钢板、外角钢等组合而成。其构造如图 5-23 所示,其型号规格如表 5-18 所示。

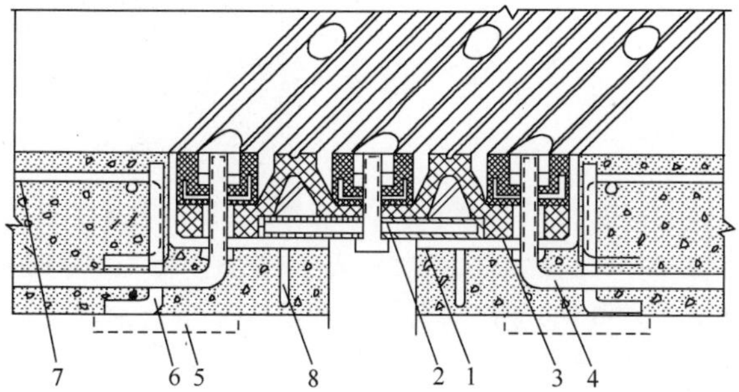

图 5-23　BSL 型板式橡胶伸缩装置示意图

1-外角钢;2-托底钢板;3-橡胶板;4-锚固螺栓;5-梁预埋钢板;6-联系钢筋;7-锚固钢筋 1;8-锚固钢筋 2

BSL 型板式橡胶伸缩装置规格型号　　表 5-18

型　号	伸缩量(mm)	压缩量(mm)	拉伸量(mm)
40	40	20	20
60	60	30	30
80	80	40	40
100	100	50	50
120	120	60	60
160	160	80	80
200	200	100	100

5.3.6　CD 型板式橡胶伸缩装置

CD 型板式橡胶伸缩装置,其伸缩槽采用波浪形而非传统的直槽,橡胶板做成连续整体,固定部位采用设有防松措施专用螺栓与异性钢结合锚固的构造,如图 5-24 所示。现生产有 CD−40、CD−60、CD−80、CD−120 型 4 种规格,其他规格可根据需要设计加工,安装完成后的情况如图 5-25 所示。

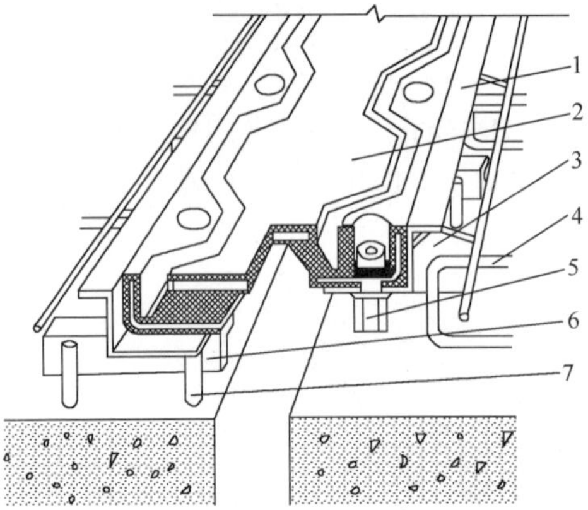

图 5-24　CD 型板式橡胶伸缩装置构造示意图
1-异形角铁;2-橡胶板;3-加劲钢板;4-锚固钢筋;
5-螺栓螺母;6-连接角铁;7-预埋钢筋

图 5-25　CD 型板式橡胶伸缩装置

5.3.7　板式橡胶伸缩装置性能对比

各种类型板式橡胶伸缩装置性能对比见表 5-19。

板式橡胶伸缩装置性能对比表　　表 5-19

伸缩装置类型	伸缩量（mm）	结构简图	结构组成	结构特点
BF 型板式橡胶伸缩装置	40～200	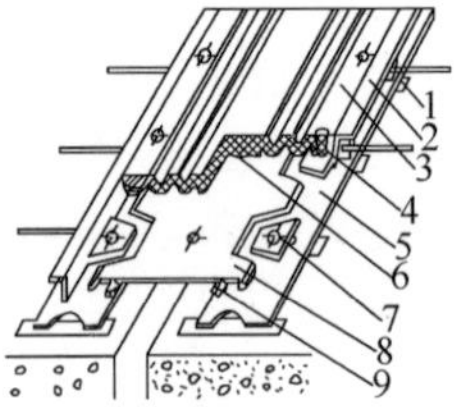	1.预埋铁;2.边角铁;3.橡胶伸缩装置;4.内六角螺栓;5.底钢板;6.螺栓;7.固定齿板;8.托板;9.限位块	——
SEG 型板式橡胶伸缩装置	20～200	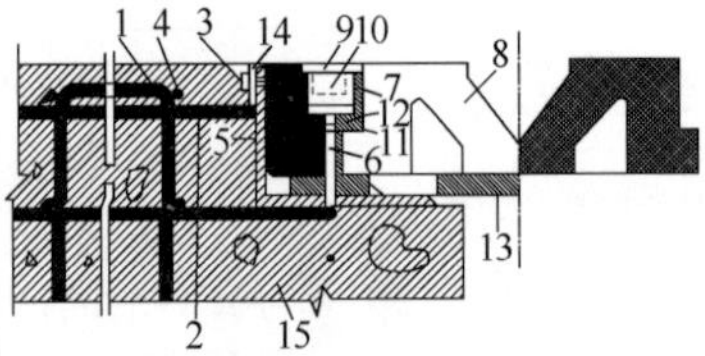	1.梁预埋钢筋;2.角钢锚固筋;3.锚固螺栓;4.通长拉筋;5.角钢铁管;6.铁管;7.橡胶条;8.橡胶防尘器;9.内六角螺栓;10.平垫片;11.弹簧垫片;12.跨缝支承;13.钢板;14.等边角钢;15.二期混凝土	具有较好的整体性和防水性,减少车辆荷载作用,降低桥梁及伸缩装置变形效果

续上表

伸缩装置类型	伸缩量（mm）	结构简图	结构组成	结构特点
SEJ 型板式橡胶伸缩装置	40~200	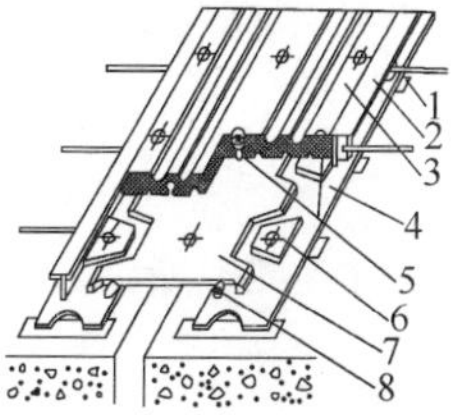	1.预埋铁；2.边角铁；3.橡胶板；4.底钢板；5.内六角螺栓；6.固定齿板；7.托板；8.限位块	表面平整性好，螺栓不易发生脱落现象
UG 型板式橡胶伸缩装置	40,60,80	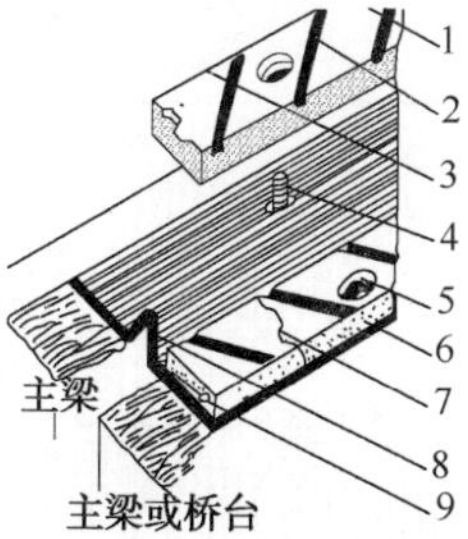	1.氯丁橡胶边压块；2.防滑槽；3.铺装边缘；4.锚固螺栓；5.预留螺栓孔；6.铺装边接边压块；7.边压块的凹凸接合槽；8.Ω 形止水带；9.加强钢板	—
BSL 型板式橡胶伸缩装置	40~200	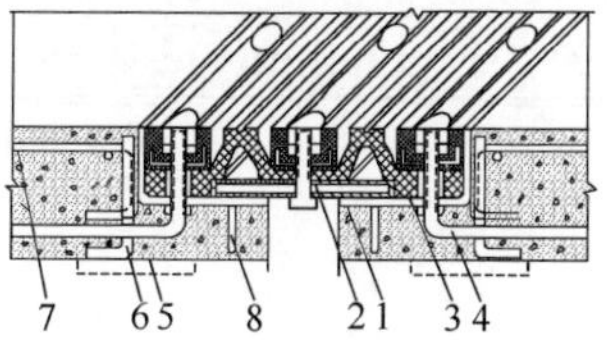	1.外角钢；2.托底钢板；3.橡胶板；4.锚固螺栓；5.梁预埋钢板；6.联系钢筋；7.锚固钢筋 1；8.锚固钢筋 2	—
CD 型板式橡胶伸缩装置	40,60,80,120	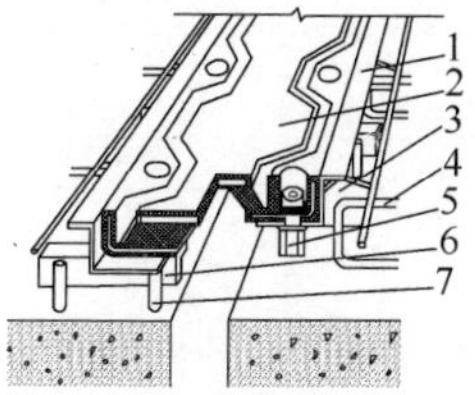	1.异形角铁；2.橡胶板；3.加劲钢板；4.锚固钢筋；5.螺栓螺母；6.连接角铁；7.预埋钢筋	—

5.4　悬臂梳齿板式伸缩装置

悬臂梳齿板式伸缩装置早期在国内外公路上使用较普遍，但由于其适应桥梁梁端转角的能力较差，目前在市场上已经很少直接使用，常常采用能适应多向变位的梳齿板式伸缩装置。

5.4.1 MS 系列悬臂式模块化多向变位梳齿板式伸缩装置

MS 系列悬臂式伸缩装置是由西安中交万向科技股份有限公司自主研发生产的新一代伸缩装置。该系列伸缩装置打破了以往传统伸缩装置不能适应桥梁多向变位的缺点,通过其内部的多向变位系统使得伸缩装置完美地适应了桥梁的三维变位要求。

MS 系列悬臂式伸缩装置的构造如图 5-26 所示,其结构参数如表 5-20 所示。

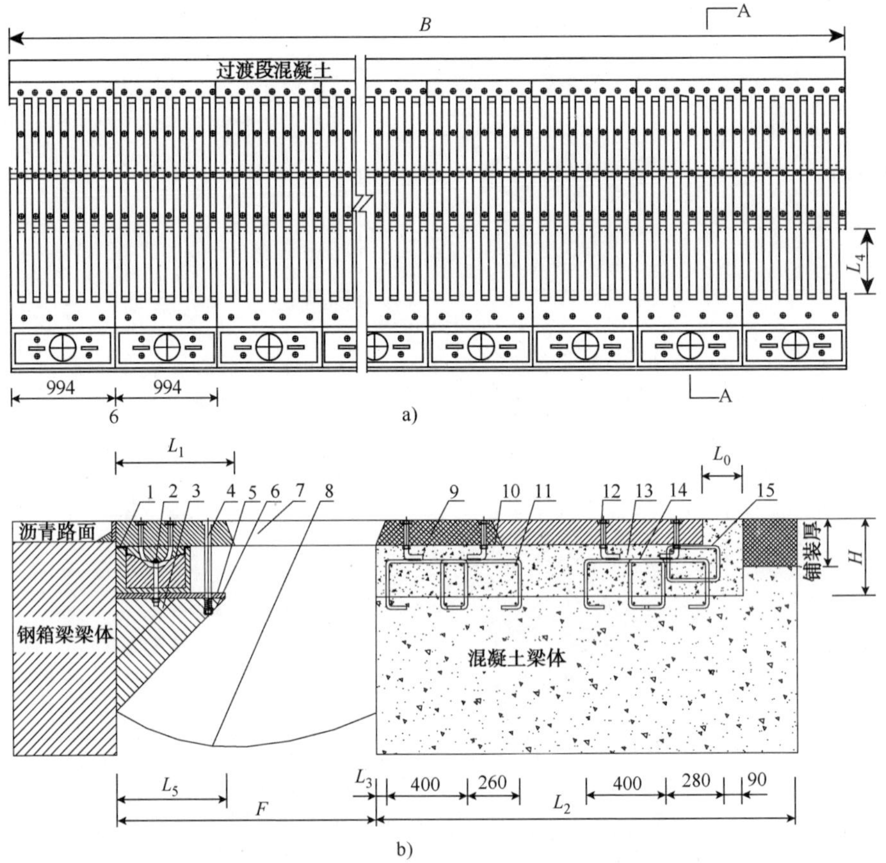

图 5-26 MS 系列悬臂式伸缩装置构造示意图(尺寸单位:mm)

a)平面图;b)A-A 剖面图

1-橡胶垫;2-变位箱组件;3-支撑牛腿(小);4-保险螺栓;5-支撑底板;6-支撑牛腿(大);7-活动板;8-止水带;9-固定板;10-不锈钢板;11-钢筋 N_2;12-固定螺栓;13-钢纤维混凝土;14-钢筋 N_3;15-钢筋 N_1

MS 系列悬臂式伸缩装置结构参数　　表 5-20

序号	型号	设计伸缩量（mm）	安装预留尺寸（mm）							梁端间隙（mm）			钢筋（根）			混凝土（m^3）
			H（min）	L_0（min）	L_1（min）	L_2（min）	L_3（max）	L_4（max）	L_5（max）	F_{min}	F_{max}	F	N_1	N_2	N_3	
1	MSQF880	880	400	200	600	1 480	50	490	530	620	1 500	1 060	5	20	20	0.41
2	MSQF960	960	400	200	600	1 560	50	530	530	620	1 580	1 100	5	20	20	0.43
3	MSQF1040	1 040	400	200	600	1 660	50	580	530	620	1 660	1 140	5	20	20	0.45
4	MSQF1120	1 120	400	200	600	1 740	50	620	530	620	1 740	1 180	5	20	20	0.46
5	MSQF1200	1 200	400	200	600	1 820	50	660	530	620	1 820	1 220	5	20	20	0.47
6	MSQF1280	1 280	400	200	600	1 920	50	710	530	640	1 920	1 280	5	20	20	0.49
7	MSQF1360	1 360	400	200	600	2 000	50	750	530	640	2 000	1 320	5	20	20	0.50
8	MSQF1440	1 440	450	200	600	2 100	50	800	530	640	2 080	1 360	5	20	20	0.62
9	MSQF1520	1 520	450	200	600	2 180	50	840	530	640	2 160	1 400	5	20	20	0.63
10	MSQF1600	1 600	450	200	600	2 260	50	880	530	640	2 240	1 440	5	20	20	0.64
11	MSQF1680	1 680	450	200	600	2 360	50	930	530	660	2 340	1 500	5	20	20	0.66
12	MSQF1760	1 760	450	200	600	2 440	50	970	530	660	2 420	1 540	5	20	20	0.67
13	MSQF1840	1 840	450	200	600	2 540	50	1 020	530	660	2 500	1 580	5	20	20	0.69
14	MSQF1920	1 920	450	200	600	2 620	50	1 060	530	660	2 580	1 620	5	20	20	0.69
15	MSQF2000	2 000	450	200	600	2 700	50	1 100	530	660	2 660	1 660	5	20	20	0.70

5.4.2　DX 系列悬臂式模块化多向变位梳齿板式伸缩装置

DX 系列悬臂式模块化多向变位梳齿板式伸缩装置是由西安中交万向科技股份有限公司研制开发的。该系列伸缩装置在 MS 系列悬臂式伸缩装置的基础上，通过改进创新，设计出了更加简洁轻便的多向变位系统，不仅继承了 MS 系列悬臂式伸缩装置的各种优点，而且具有更好的实用性和经济性。其构造示意图如图 5-27 所示。

在进行悬臂梳齿板式伸缩装置的构造尺寸设计时，应按第 2 章的相关规定，控制两侧梳齿间的最大间距（即最大槽口宽度）和最大伸缩量时梳齿端头的搭接长度，以保证行车安全。对于城市桥梁宜在自行车道上设置盖板。

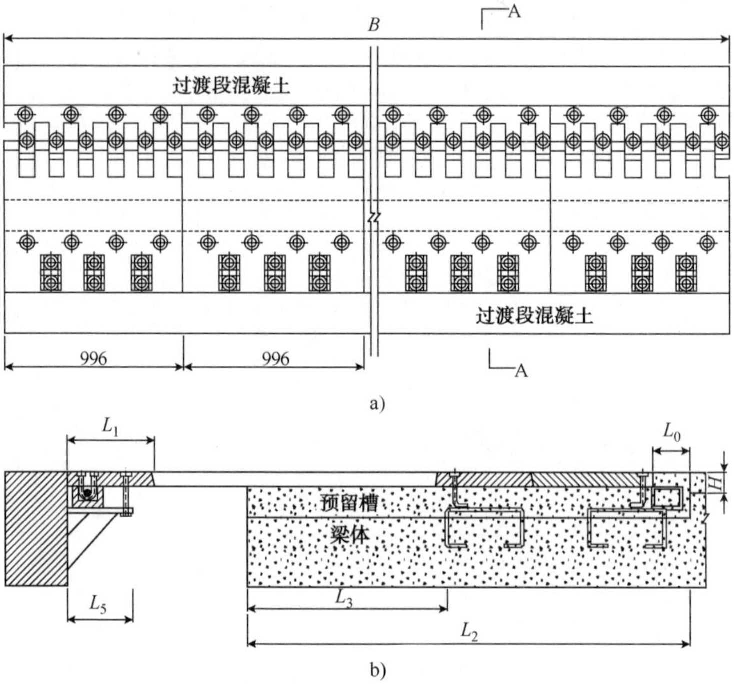

图 5-27　DX 系列悬臂式模块化多向变位梳齿板式伸缩装置构造示意图
a）平面图；b）A-A 剖面图

5.4.3　SGF-120 型伸缩装置

SGF-120 型伸缩装置是上海彭浦橡胶制品总厂开发生产的产品。该伸缩装置采用挤出齿形钢，型钢表面采用热镀锌防腐工艺，并以 W 形氯丁橡胶伸缩密封条嵌入型钢内作为防水和防尘的结构，使用的伸缩量范围为 0～120mm，其构造如图 5-28 所示，图中的 B 和 B_1 值与安装温度关系如表 5-21 所示。

B 和 B_1 值与安装温度关系　　表 5-21

温度（℃） 项目	-10	0	10	20	30	40
B（mm）	125	100	75	50	25	5
B_1（mm）	185	160	135	110	85	65

注：预埋钢筋必须与梁体的构造钢筋连接，埋入长度大于 350mm。

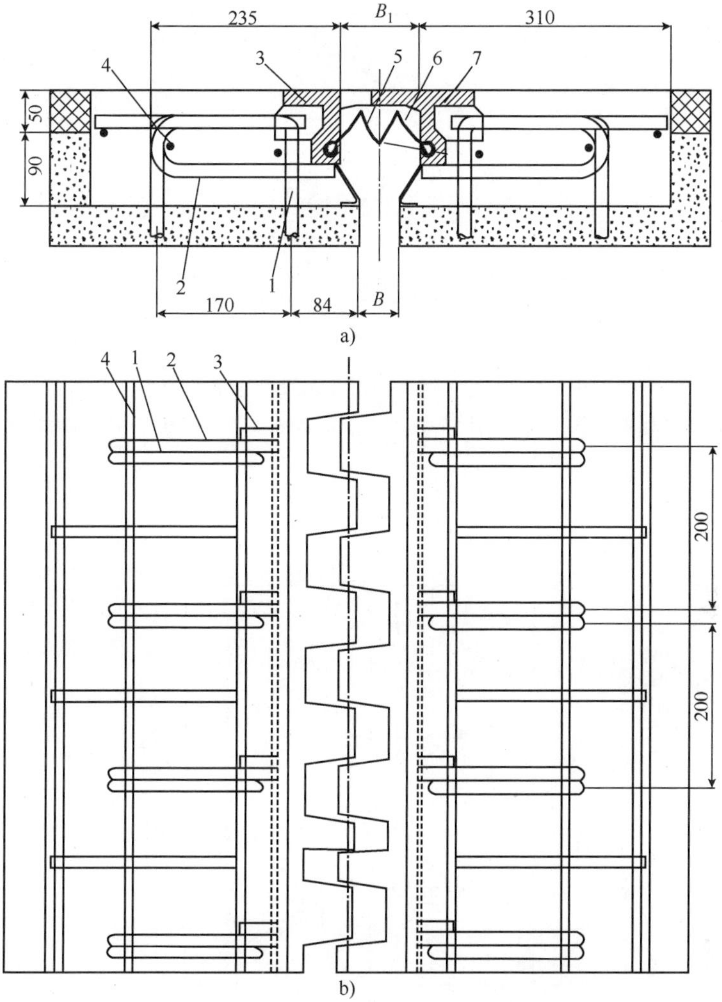

图 5-28　SGF-120 型伸缩装置构造示意图(尺寸单位:mm)

a)剖面图;b)立面图

1-预埋钢筋;2-锚固筋;3-钢板;4-分布钢筋;5-橡胶密封条;6-填充料;7-齿形钢

5.4.4　LB 封缝型钢梳齿形伸缩装置

LB 封缝型钢梳齿形伸缩装置是宁波路宝交通科技有限公司的专利产品,是采用梳形钢与弹性材料结合的结构,适用于伸缩量在 80mm 以内的桥梁工程。该装置的结构与安装结构如图 5-29 和图 5-30 所示。

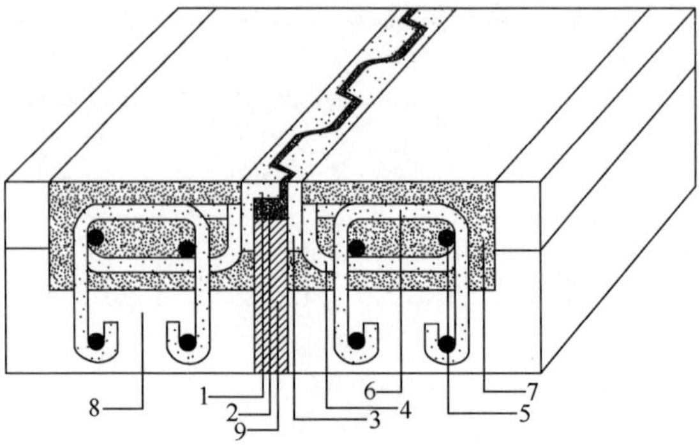

图 5-29　LB 封缝型钢梳齿形伸缩装置构造示意图

1-梳齿板;2-LB 弹性体;3-支撑板;4-锚固钢筋;5-螺纹钢筋网;6-预埋钢筋;7-钢纤维混凝土;8-梁体;9-弹塑性发泡体

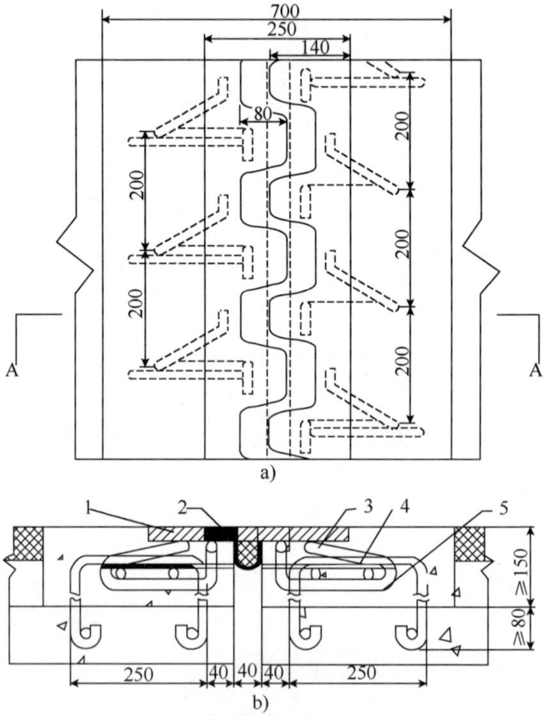

图 5-30　LB 封缝型钢梳齿形伸缩装置安装结构(尺寸单位:mm)

a)平面图;b)A-A 剖面图

1-梳形钢板;2-伸缩止水条;3-锚固钢筋;4-横向钢筋;5-预埋钢筋

5.4.5　瑞士马格巴钢制型伸缩装置

瑞士马格巴钢制型伸缩装置，有 EJ80－EJ110－EJ160 和 EJF 型桥梁伸缩装置，均是同属于钢梳齿板形式的一类伸缩装置。

EJ80－EJ110－EJ160 为专利系统产品，适用于 80～160mm 的位移量。金属件由铸造的铝合金制成，以便于更换。伸缩装置的防水通过设置在齿板下的箱形橡胶密封条来实现。其构造如图 5-31 所示。

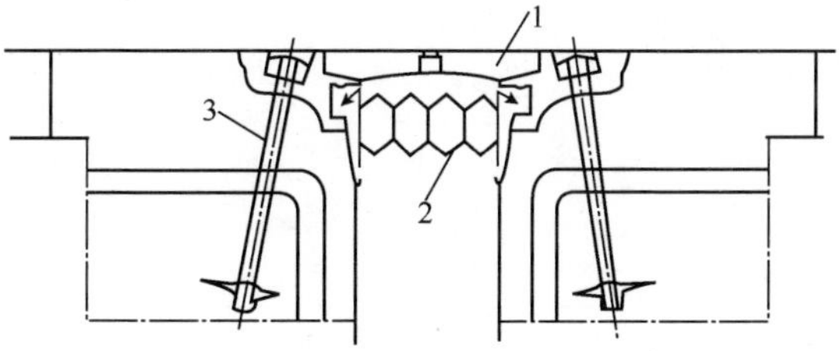

图 5-31　EJ80－EJ110－EJ160 型伸缩装置构造示意图
1-金属片；2-弹性密封体；3-锚固拉杆

EJF 型多用于大位移量的场合，2m 长的金属件由钢制成，可适应反复交通荷载的作用，并适合于在斜桥中使用，其构造如图 5-32 所示。

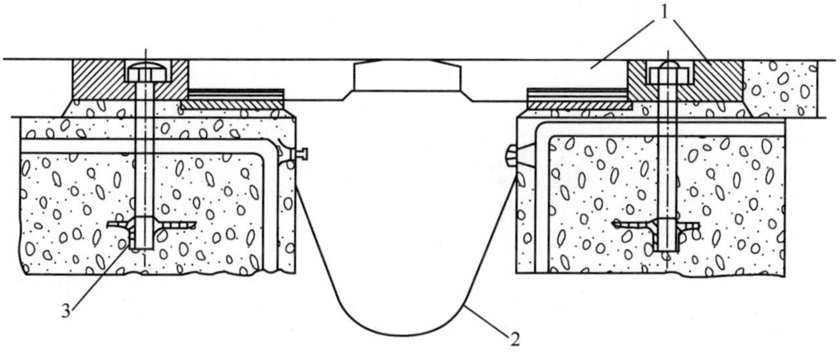

图 5-32　EJF 型伸缩装置构造示意图
1-金属件；2-截水导槽；3-锚固拉杆

5.4.6　悬臂梳齿板式伸缩装置性能对比

悬臂梳齿板式伸缩装置性能对比见表 5-22。

悬臂梳齿板式伸缩装置性能对比 表 5-22

伸缩装置类型	伸缩范围（mm）	结构简图	结构组成	结构特点
MS 系列悬臂式模块化多向变位梳齿板式伸缩装置	880~2 000	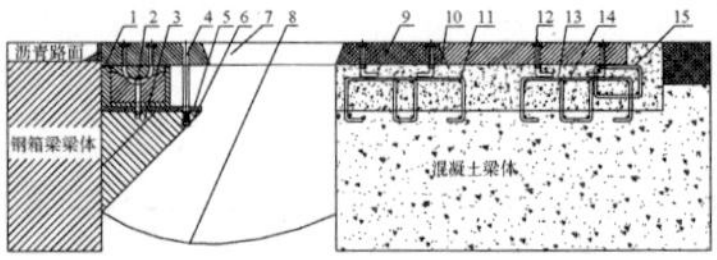	1.橡胶垫；2.变位箱组件；3.支撑牛腿（小）；4.保险螺栓；5.支撑底板；6.支撑牛腿（大）；7.活动板；8.止水带；9.固定板；10.不锈钢板；11.钢筋 N_2；12.固定螺栓；13.钢纤维混凝土；14.钢筋 N_3；15.钢筋 N_1	通过其内部的多向变位系统使得伸缩装置完美地适应了桥梁的三维变位要求
DX 系列悬臂式模块化多向变位梳齿板式伸缩装置	—	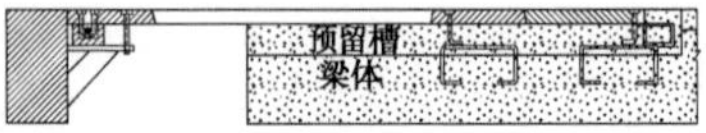	橡胶垫、变位箱组件、支撑牛腿、保险螺栓、支撑底板、活动板、止水带、固定板、不锈钢板、固定螺栓、钢纤维混凝土、钢筋	不仅继承了MS系列悬臂式伸缩装置的各种优点，而且具有更好的实用性和经济性
SGF-120型伸缩装置	0~120	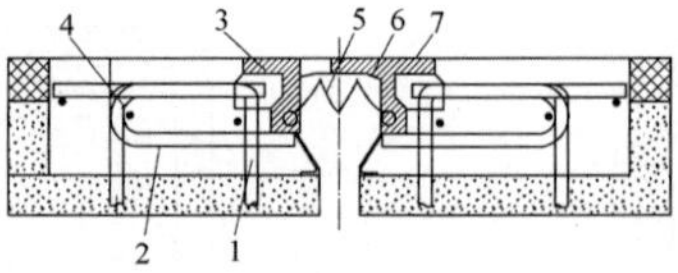	1.预埋钢筋；2.锚固筋；3.钢板；4.分布钢筋；5.橡胶密封条；6.填充料；7.齿形钢	该伸缩装置采用挤出齿形钢，型钢表面采用热镀锌防腐工艺，并以W形氯丁橡胶伸缩密封条嵌入型钢内作为防水和防尘的结构
LB 封缝型钢梳齿形伸缩装置	0~80	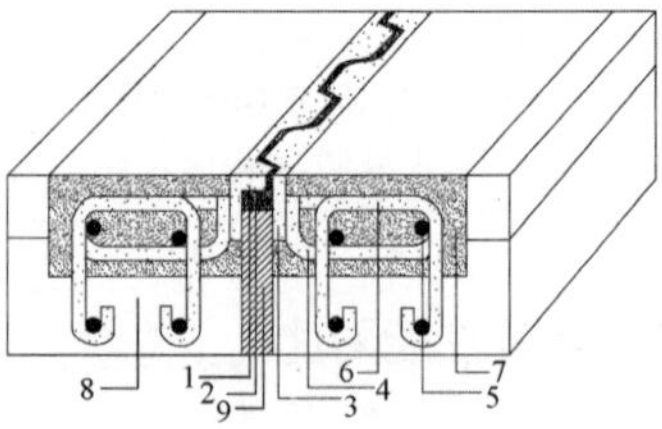	1.梳齿板；2.LB弹性体；3.支撑板；4.锚固钢筋；5.螺纹钢筋网；6.预埋钢筋；7.钢纤维混凝土；8.梁体；9.弹塑性发泡体	它是采用梳形钢与弹性材料结合的结构，适用于伸缩量在80mm以内的桥梁工程

续上表

伸缩装置类型	伸缩范围（mm）	结构简图	结构组成	结构特点
瑞士马格巴钢制型伸缩装置	EJ80－EJ110－EJ160，适用于80~160mm的位移量	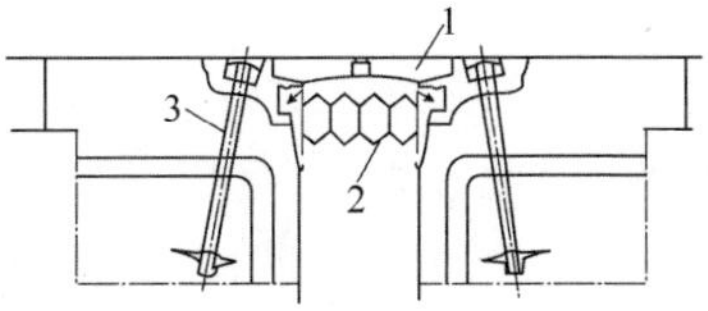	1.金属片；2.弹性密封体；3.锚固拉杆	EJ80－EJ110－EJ160适用于80~160mm的位移量。金属件由铸造的铝合金制成，以便于更换。伸缩装置的防水通过设置在齿板下的箱形橡胶密封条来实现
	EJF型多用于大位移量的场合	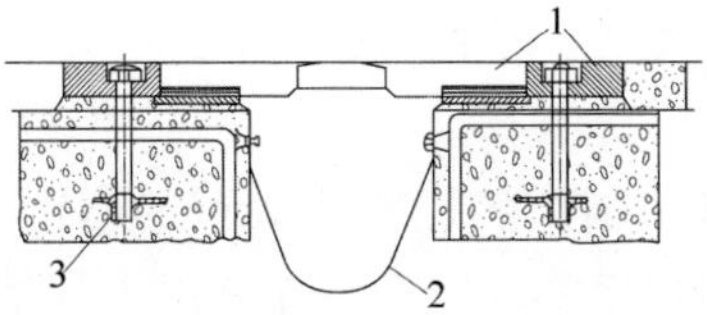	1.金属件；2.截水导槽；3.锚固拉杆	EJF型多用于大位移量的场合，2m长的金属件由钢制成，可适应反复交通荷载的作用，并适合于在斜桥中使用

第 6 章　单缝式型钢伸缩装置

单缝式型钢伸缩装置是国内桥梁上使用最广泛的一种伸缩装置，约占全部伸缩装置用量的 80%~90%，因此该伸缩装置的加工制造质量和施工安装质量，将直接影响桥梁上行车的安全性和长期使用过程中的养护与维修成本。目前国内单缝式型钢伸缩装置的种类繁多，质量参差不齐，急需在总结经验的基础上，规范产品结构形式，加强产品生产加工质量的控制并严格检验产品质量。

6.1　单缝式型钢伸缩装置的主要结构形式

单缝式型钢伸缩装置采用国产热轧整体成型的型钢为主要构件，嵌固防水密封胶条为伸缩体，并配以锚固系统。该装置适用于伸缩量 80mm 以下的各种桥梁工程。下面对几种常用单缝式型钢伸缩装置进行介绍。

6.1.1　刚性连接(混凝土填充)单缝式型钢伸缩装置

1) Cd 型单缝式型钢伸缩装置

Cd 型单缝式型钢伸缩装置采用热轧整体成型的 C 形钢为主要构件，嵌固鸟形防水密封胶条为伸缩体，并配以锚钉和波形筋所组成的锚固系统。其结构形式如图 6-1 所示。

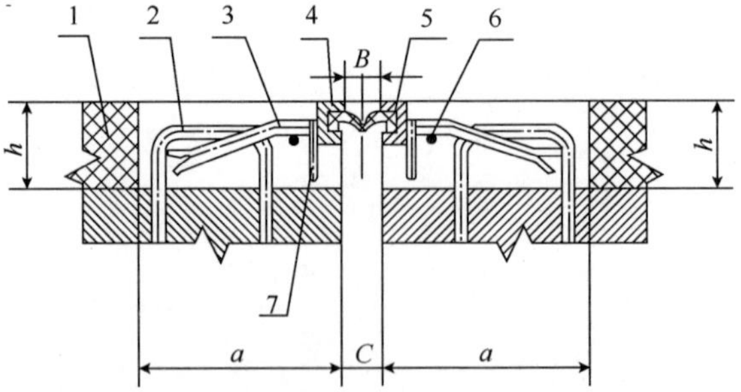

图 6-1　Cd 型单缝式型钢伸缩装置结构示意图

1-桥面铺装层；2-预埋钢筋；3-锚钉；4-C 形异型钢；5-防水密封胶条；6-水平加强钢筋；7-波形筋

Cd 型单缝式型钢伸缩装置具有以下特点：

(1)由热轧整体一次成型的异型钢、密封胶条、锚固系统组成，结构简单可靠。

(2)鸟形防水密封胶条嵌固在异型钢型腔内，防水性能优良、不易脱落且便于更换。

(3)锚钉和波形筋均焊接在异型钢上，具有较强的锚固能力，锚固可靠。

(4)在使用过程中，异型钢通过混凝土将力传递给梁体，降低了异型钢损坏的概率，使得异型钢具有较长的使用寿命。

(5)所需要的预留槽区安装深度非常小。

由于 C 形钢本身截面尺寸较小，在混凝土上的支承面宽度仅为 30mm，因此，该伸缩装置对梁端的齐平度要求较高，否则由于预制梁的长度误差或安装误差，会造成 C 形钢局部无可靠的混凝土支承，锚筋受力过大，使锚固区路面混凝土开裂。因此国外 C 形钢常常用于柔性连接的锚固系统上，如本书 6.1.2 节所述的英国的 BEJ 式伸缩装置。目前国内为了节约成本，将 C 形钢直接用于刚性混凝土路面上，造成 Cd 型伸缩装置大量损害。

2)Cm 型单缝式型钢伸缩装置

Cm 型单缝式型钢伸缩装置采用热轧整体成型的 C 形钢为主要构件，嵌固鸟形防水密封胶条为伸缩体，并配以锚环作为锚固系统。其结构形式如图 6-2 所示。

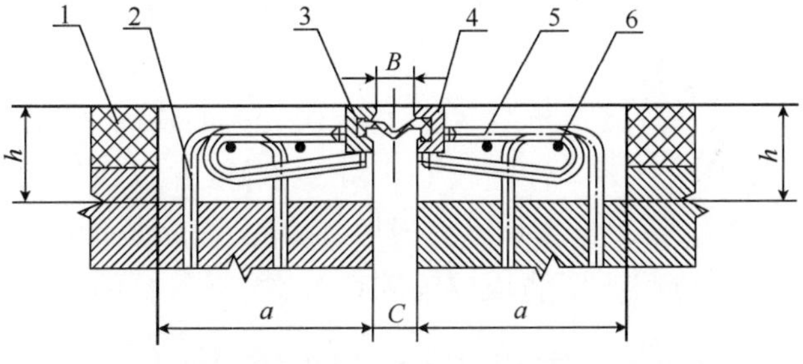

图 6-2　Cm 型单缝式型钢伸缩装置结构示意图

1-桥面铺装层；2-预埋钢筋；3-防水密封胶条；4-C 形异型钢；5-锚环；6-水平加强钢筋

Cm 型单缝式型钢伸缩装置具有以下特点：

(1)由热轧整体一次成型的异型钢、密封胶条、锚固系统组成，结构简单可靠。

(2)鸟形防水密封胶条嵌固在异型钢的型腔内，防水性能优良、不易脱落且便于更换。

(3)锚环焊接在异型钢上,锚固面积增大,可提供更大的锚固力。

(4)在使用过程中,异型钢通过混凝土将力传递给梁体,降低了异型钢损坏的概率,使得异型钢具有较长的使用寿命。

(5)所需要的预留槽区安装深度小。

3)Fd 型单缝式型钢伸缩装置

Fd 型单缝式型钢伸缩装置采用热轧整体成型的 F 形钢为主要构件,嵌固鸟形防水密封胶条为伸缩体,并配以锚钉和波形筋所组成的锚固系统。其结构形式如图 6-3 所示。

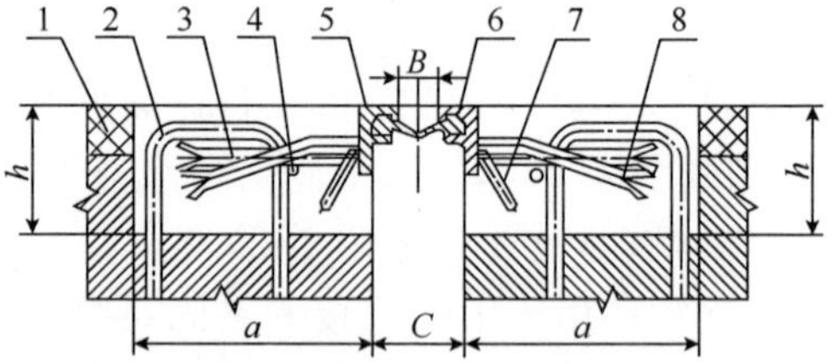

图 6-3　Fd 型单缝式型钢伸缩装置结构示意图

1-桥面铺装层;2-预埋钢筋;3-锚钉Ⅰ型;4-水平加强钢筋;5-F 形异型钢;6-防水密封胶条;7-波形筋;8-锚钉Ⅱ型

Fd 型单缝式型钢伸缩装置具有以下特点:

(1)由热轧整体一次成型的异型钢、密封胶条、锚固系统组成,结构简单,鸟形防水密封胶条嵌固在异型钢的型腔内,防水性能优良、不易脱落且便于更换。

(2)锚钉和波形筋焊接在异型钢上,可提供较大的锚固力,锚固可靠。

(3)F 形异型钢本身力学性能较 C 形异型钢好,并且在使用过程中通过混凝土将力传递给梁体,使得异型钢不易损坏,保障了伸缩装置较长的使用寿命。

(4)由于采用锚钉和波形筋构成锚固系统,故所需要的预留槽区安装深度较小。

4)Fm 型单缝式型钢伸缩装置

Fm 型单缝式型钢伸缩装置采用热轧整体成型的 F 形钢为主要构件,嵌固鸟形防水密封胶条为伸缩体,并配以锚板和锚环所组成的锚固系统。其结构形式如图 6-4 所示。

Fm 型单缝式型钢伸缩装置具有以下特点:

(1)由热轧整体一次成型的异型钢、密封胶条、锚固系统组成,结构简单可靠。

(2)鸟形防水密封胶条嵌固在异型钢的型腔内,防水性能优良、不易脱落且便于更换。

(3)锚环和锚板焊接在异型钢上,增大了锚固面积,极大地提高了锚固力,使锚固性能更加优化。

(4)F形异型钢本身力学性能较C形异型钢好,并且在使用过程中通过混凝土将力传递给梁体,使得异型钢不易损坏,保障了伸缩装置较长的使用寿命。

(5)由于采用锚环和锚板构成锚固系统,故所需要的预留槽区安装深度比Fd型伸缩装置大。

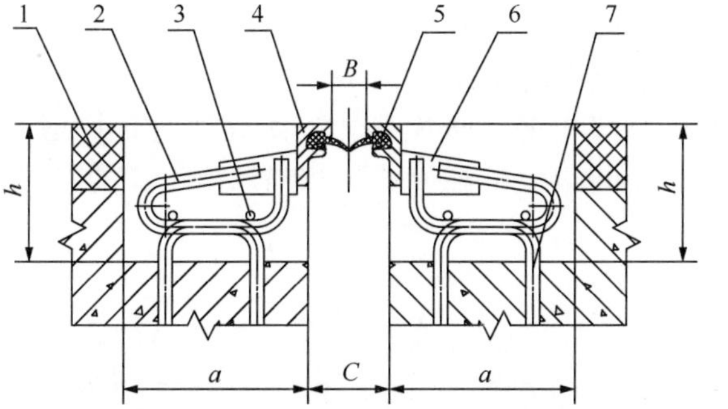

图6-4　Fm型单缝式型钢伸缩装置结构示意图

1-桥面铺装层;2-锚环;3-水平加强钢筋;4-F形异型钢;5-防水密封胶条;6-锚固钢板;7-预埋钢筋

5)Em型单缝式型钢伸缩装置

Em型单缝式型钢伸缩装置采用热轧整体成型的E形钢为主要构件,嵌固鸟形防水密封胶条为伸缩体,并配以锚板和锚环所组成的锚固系统。其结构形式如图6-5所示。

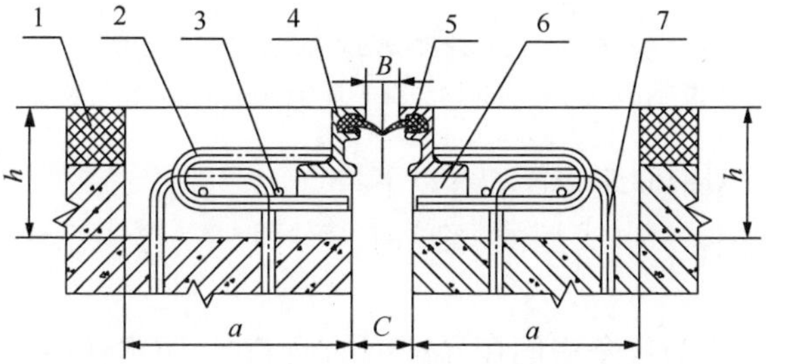

图6-5　Em型单缝式型钢伸缩装置结构示意图

1-桥面铺装层;2-锚环;3-水平加强钢筋;4-E形异型钢;5-防水密封胶条;6-锚板;7-预埋钢筋

Em型单缝式型钢伸缩装置具有以下特点:

(1)由热轧整体一次成型的异型钢、密封胶条、锚固系统组成,结构简单可靠。

(2)鸟形防水密封胶条嵌固在异型钢的型腔内,防水性能优良、不易脱落且便于更换。

(3)锚环和锚板焊接在异型钢上,增大了锚固面积,锚固十分可靠。

(4)E 形异型钢的力学性能较 F 形异型钢进一步得到提高,并且在使用过程中通过混凝土将力传递给梁体,使得异型钢不易损坏,保障了伸缩装置具有较长的使用寿命。

(5)所需安装槽区深度尺寸不大。

6)GL 型单缝式型钢伸缩装置

GL 型单缝式型钢伸缩装置采用热轧整体成型的 E 形钢为主要构件,嵌固鸟形防水密封胶条为伸缩体,并配以锚板和锚环所组成的锚固系统。其结构形式如图 6-6 所示。

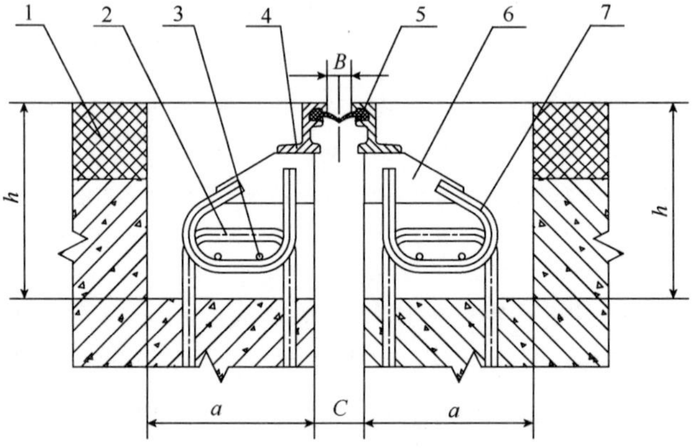

图 6-6　GL 型单缝式型钢伸缩装置结构示意图

1-桥面铺装层;2-预埋钢筋;3-水平横穿钢筋;4-E 形异型钢;5-防水密封胶条;6-锚板;7-锚环

GL 型单缝式型钢伸缩装置具有以下特点:

(1)由热轧整体一次成型的异型钢、密封胶条、锚固系统组成,结构简单可靠。

(2)鸟形防水密封胶条嵌固在异型钢的型腔内,防水性能优良、不易脱落且便于更换。

(3)采用大尺寸的锚环和锚板焊接在异型钢上,极大地增加了锚固面积,使得锚固非常可靠。

(4)E 形异型钢具有十分出众的力学性能,并且在使用过程中通过混凝土将力传递给梁体，使得异型钢不易损坏，保障了伸缩装置具有很长的使用寿命。

(5)由于增大了锚板和锚环的尺寸，故所需安装预留槽区深度尺寸较大。

Em 和 GL 两种单缝式型钢伸缩装置的锚固性能可靠，只要施工质量良好，使用寿命就会相对较长。

以上所述单缝式型钢伸缩装置的结构和性能对比总结如表 6-1 所示：

单缝式型钢伸缩装置结构和性能对比表　　表 6-1

项　目	Cd 型	Cm 型	Fd 型	Fm 型	Em 型	GL 型
型钢种类	C 形钢		F 形钢		E 形钢	

锚固形式	锚钉+波形筋	环形锚筋	锚钉+波形筋	锚板+环形锚筋	锚板+环形锚筋	锚板+环形锚筋
		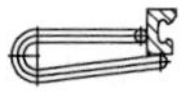		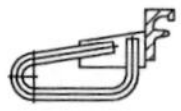	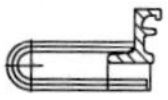	
密封形式	鸟形胶条嵌固在型钢型腔内					
适用位移量(mm)	0~80					
最小预留槽深度(含桥面铺装层)(mm)	110	100	125	145	140	290
锚固性能	较差	良	中	较优	较优	优
耐久性能	较差	中	良	较优	较优	优
承载性能	较差	中	良	较优	优	优

6.1.2　柔性连接(树脂或黏结材料填充)单缝式型钢伸缩装置

当单缝式型钢伸缩装置的锚固区由于结构、施工等原因的限制尺寸不足时，如使用刚性连接，由于填充混凝土过于薄弱，往往不能达到预期的锚固强度，容易发生早期破坏，在这种情况下则宜使用柔性连接的方式对伸缩装置进行锚固，以下列举了两种较为典型的采用柔性连接方式进行锚固的单缝式型钢伸缩装置。

1) BEJ 树脂黏结式型钢伸缩装置

BEJ 桥梁伸缩装置是一种由两条钢梁嵌装防水橡胶条组成的机械系统，黏结桥梁与伸缩装置的混合物是专利产品，这种能快速固化且具有适当弹性的混合物胶料为"Britflex"树脂。其结构形式如图6-7所示。

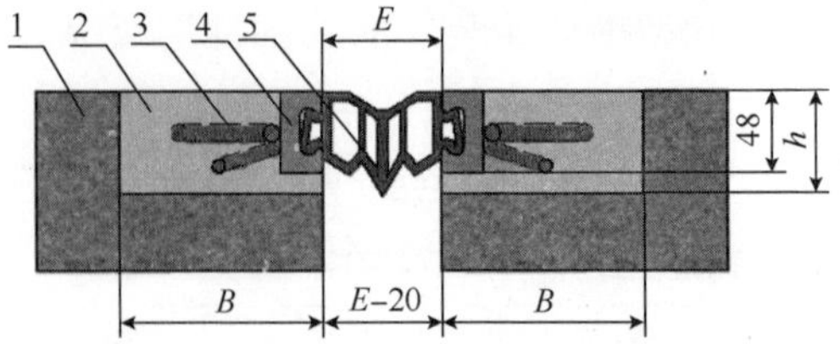

图6-7　BEJ 树脂黏结式型钢伸缩装置结构示意图

1-梁体；2-BEJ 树脂黏结料；3-伸缩装置锚固钢筋；4-伸缩装置型钢；5-防水密封胶条

BEJ 树脂黏结式型钢伸缩装置具有如下特点：

(1)BEJ 伸缩装置与梁体的连接方式为黏结，不需要修改梁体结构，也不需要任何预留锚筋。可靠的黏结使车辆荷载可以扩散到一个较宽的区域，从而有效地防止机械连接局部的疲劳而引起的破坏。

(2)BEJ 黏结树脂在安装后能快速黏结固化，在安装3h 后即可开放交通。

(3)BEJ 黏结树脂具有很高的软化温度，即使在炎热的夏天也不会软化。

(4)BEJ 黏结树脂具有很宽的黏结范围和很高的黏结强度，钢结构桥梁、混凝土桥梁均可牢固地与伸缩装置黏结，经测试 BEJ 伸缩装置与混凝土黏结面的剪切强度大于混凝土本身的强度。

(5)BEJ 黏结树脂具有很高的弹性，在与不同的材料黏结后不会收缩开裂。

(6)BEJ 黏结树脂混合物具有很高的硬度，并且非常耐磨。

(7)BEJ 伸缩装置的结构尺寸小，安装深度为6～10cm，与桥面铺装层的厚度相当，特别适用于薄壁梁体及旧缝的改造。

2)Betoflex 柔性连接式型钢伸缩装置

德国 MAURER 公司的 Betoflex 式伸缩装置是一种柔性连接式型钢伸缩装置，见图6-8。

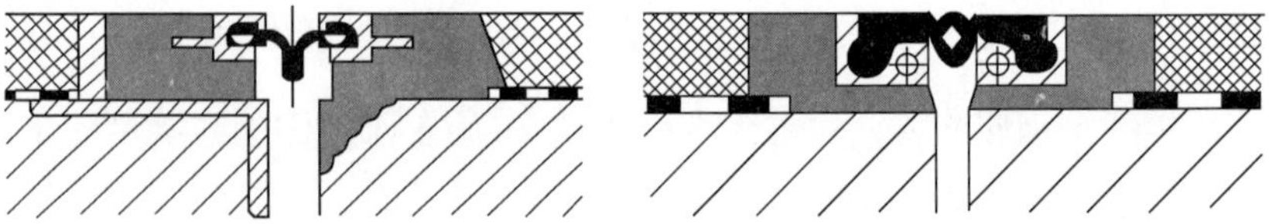

图6-8　德国 MAURER 公司的 Betoflex 式伸缩装置示意图

德国 MAURER 公司的柔性材料具有以下特性(表6-2)：

(1)采用两组分冷浇注聚酯混凝土，在浇筑12~24h 后就可以经受卡车荷载。

(2)通过黏结将伸缩装置上的力传递到结构上,并吸收路面荷载的冲击力,不会发生长时间的变形。

(3)有效地解决伸缩装置上浇注聚酯混凝土与钢梁的防水连接问题,具有可靠的防水性能。

(4)材料表面抗磨损能力强。

(5)材料具有抗化学稳定性,如溶解的盐类、油类和酸类等。

(6)能吸收由不同的温度位移产生的收缩应力。

(7)梁端预留槽口深度小(45~60mm)。

(8)在维修时不需要重锤等机具,只需切割沥青路面。

(9)不需要设置附加的钢筋、锚筋和剪力销。

Betonflex 伸缩装置的材料性能要求　　表 6-2

项　　目	单位	要　　求
抗压强度*	MPa	≥20
弹性模量*	MPa	≤6 000
与钢的抗撕强度(钢材表面喷砂处理)	MPa	≥5
与混凝土的抗撕强度	MPa	≥1.5
扯断伸长率	%	≥8
温度膨胀系数	1/K	$<60\times10^{-6}$
浇筑时间	min	约 15 分钟
连接处防水试验的水压稳定性	bar	15
颜色	—	根据需要(大部分为黑色)

注:* 在室温条件下。

Betonflex 伸缩装置的适用范围:

(1)在短时间内修复和重新铺设伸缩装置时,是一种在桥梁开通运行的条件下,可以选择的合理、简易的伸缩装置。

(2)Betonflex 材料可用于修复伸缩装置结构附近出现的裂缝。

(3)适用于伸缩位移 100mm 的伸缩量。

(4)在边梁处,可以通过 Betonflex 精确地调整水平,得到降噪性能良好的伸缩装置。

(5)伸缩装置表面采用 Betonflex 材料,具有抗滑和降噪性能。

(6)构成抗滑、抗磨和防水的表面涂层。

(7)构成混凝土桥梁表面的防水涂层。

柔性连接式型钢伸缩装置与刚性连接式型钢伸缩装置相比具有以下特点：由于采用柔性连接，可以减小车辆通过时的冲击作用；柔性连接式型钢伸缩装置设置在梁端的预留槽口尺寸较小，常常在路面的铺装层中即可满足伸缩装置的安装要求，便于桥梁结构设计，但柔性连接式型钢伸缩装置施工工艺要求严格，建设成本较高。

6.2 单缝式型钢伸缩装置的设计

6.2.1 主要设计依据

(1)《公路桥梁伸缩装置》(JT/T 327—2004)；
(2)《公路桥涵设计通用规范》(JTG D60—2004)；
(3)《公路钢筋混凝土及预应力混凝土桥涵设计规范》(JTG D62—2004)；
(4)《钢筋焊接及验收规程》(JGJ 18—2012)；
(5)欧洲标准《公路桥梁伸缩装置》(ETAGn°032—2013)。

6.2.2 材料

1)桥梁伸缩装置用型钢

(1)桥梁伸缩装置用型钢采用Q345C或Q335D；钢材的性能要求应符合《低合金高强度结构钢》(GB/T 1591—2008)。

(2)型钢沿长度方向的直线度公差应满足1mm/m，全长直线度公差应满足5mm/10m，扭曲度不大于1/1 000。

(3)不允许使用焊接成型的异型钢材。生产整体热轧成型或整体热轧机加工成型的异型钢材应无内部缺陷。异型钢出厂时应提供该批钢材化学成分分析报告和力学性能检验报告。

(4)锚板钢材采用Q235C或Q235D，其厚度不小于10mm；锚钉用钢材采用Q235C或Q235D；型钢分为：①C形边梁钢；②F形边梁钢；③E形边梁钢，见图6-9~图6-11。型钢外形尺寸应符合JT/T 327—2004的要求。

2)钢筋

普通钢筋采用R235和HRB335钢筋，钢筋应符合《钢筋混凝土用钢　第1部分：热轧光圆钢筋》(GB 1499.1—2008)和《钢筋混凝土用钢　第2部分：热轧带肋钢筋》(GB 1499.2—2007)的规定。

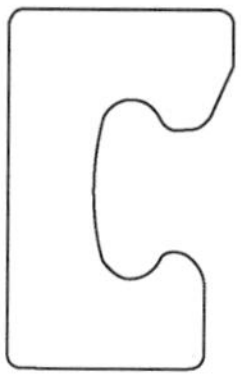

图 6-9　C 形边梁钢示意图

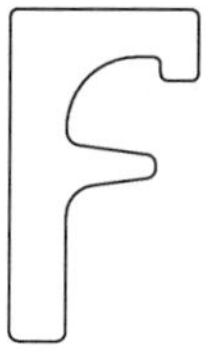

图 6-10　F 形边梁钢示意图

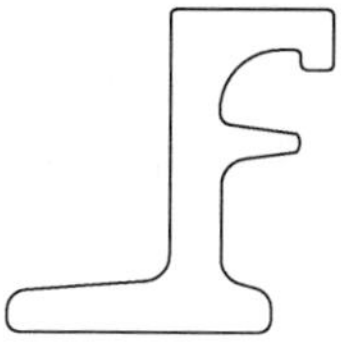

图 6-11　E 形边梁钢示意图

3）橡胶条

伸缩装置中使用的防水密封胶条的物理机械性能应满足 JT/T 327—2004 的要求，不允许使用再生胶或粉碎的硫化橡胶。结构示意图见图 6-12、图 6-13。

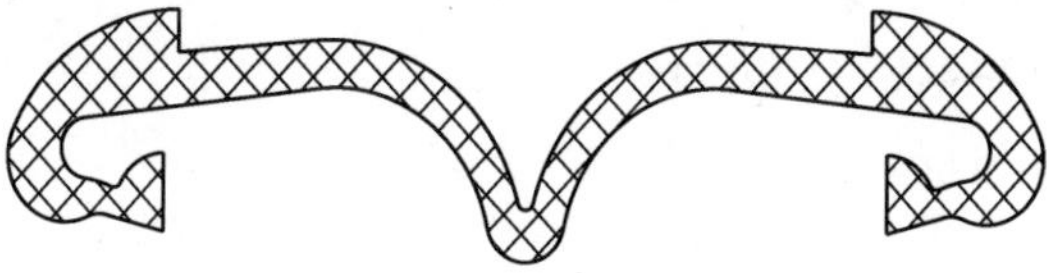

图 6-12　密封带 I 型结构示意图

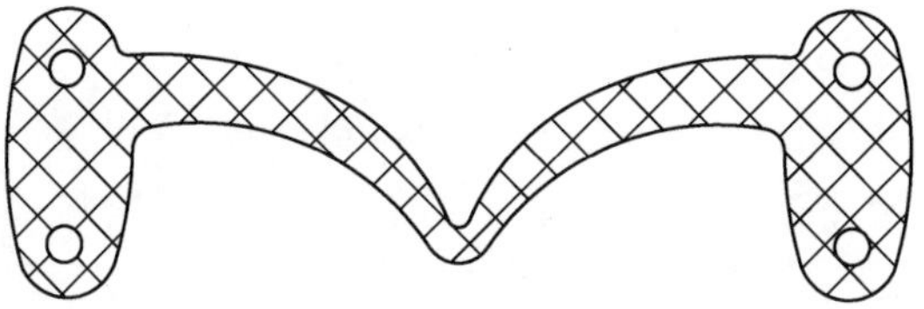

图 6-13　防水密封胶条Ⅱ型结构示意图

6.2.3　防腐要求

（1）伸缩装置的防锈和涂装，应在产品质量检查合格后进行。

（2）防腐方案一。

电镀锌：厚度≥10μm；

喷涂环氧铁红底漆：干膜厚度≥60μm；

喷涂丙烯酸聚氨酯面漆：干膜厚度≥60μm。

（3）防腐方案二。

喷砂或抛丸→喷涂环氧富锌底漆→喷涂丙烯酸聚氨酯面漆。

①喷砂或抛丸：表面清洁度 $S_a = 2.5 \sim 3.0$，表面粗糙度 $R_z = 25 \sim 50$；经过前处理（喷砂或抛丸）后的伸缩装置必须在 4h 内完成底漆涂装；

②喷涂环氧富锌底漆：干膜厚度 70 ~ 80μm，环氧富锌底漆不挥发物中金属

锌含量≥80%；

③喷涂丙烯酸聚氨酯面漆：干膜厚度60～70μm。

(4)涂层技术要求。

①外观：涂层表面应平整、厚度均匀，无剥落、起泡、裂纹、气孔和漏喷等缺陷，允许有不影响防腐性能的轻微桔皮、流挂、刷痕和少量杂质；

②附着力：采用划格法时应不大于GB/T 9286中规定的“1级”，采用拉开法时应不低于5MPa。

(5)在运输和安装过程中，损伤的漆膜应修补。使用溶剂清除表面的漆膜，用抹布擦清后按规定的方案进行修补。

(6)伸缩装置防腐方案的选择。

①因工艺条件限制，无法进行抛丸或喷砂时，选用防腐方案一；

②当工艺条件可以进行抛丸或喷砂时，应优先选用防腐方案二；

③无论采取何种工艺，涂装后伸缩装置表面颜色应保持一致。

6.2.4 维护与保养

(1)检查防水密封胶条

应结合公路桥梁的日常养护工作，经常清扫防水密封胶条中积存的泥沙、石屑等杂物，防止影响伸缩装置受力时的自由伸缩及损坏密封带，造成漏水。经常查看防水密封胶条是否有损坏现象，如发现伸缩装置防水密封胶条间隙内有大石块应及时清理；选择下雨天到桥下查看是否有漏水现象，如发现则说明防水密封胶条被损坏或脱落，应及时更换或重新安装脱落位置的防水密封胶条。

(2)检查边梁

应经常检查边梁与桥面铺装连接处是否有损坏、裂缝、渗漏现象，一经发现应及时修补，以免影响伸缩装置与梁、板间的锚固强度。

(3)检查平整度

应经常检查伸缩装置顶面是否平整，如出现异常不平现象，则可能是滑动支座或压紧支座有损坏。若有部件损坏应及时更换。

(4)检查防锈

应定期进行防锈处理以确保伸缩装置的正常使用和较好的耐久性及可靠性。

6.2.5 主要设计参数

各种类型单缝式型钢伸缩装置主要设计参数见表6-3～表6-9。

（1）Cd 型伸缩装置

Cd 型伸缩装置主要设计参数　　表 6-3

型　号	伸缩量(mm)	预留槽区尺寸(mm)		梁端间隙(mm)	质量(kg/m)
Cd80 型	$B=0\sim80$	$h\geqslant120$	$a\geqslant250$	$C=10\sim90$	26.1

（2）Cm 型伸缩装置

Cm 型伸缩装置主要设计参数　　表 6-4

型　号	伸缩量(mm)	预留槽区尺寸(mm)		梁端间隙(mm)	质量(kg/m)
Cm80 型	$B=0\sim80$	$h\geqslant110$	$a\geqslant230$	$C=10\sim90$	25.2

（3）Fd 型伸缩装置

Fd 型伸缩装置主要设计参数　　表 6-5

型　号	伸缩量(mm)	预留槽区尺寸(mm)		梁端间隙(mm)	质量(kg/m)
Fd80 型	$B=0\sim80$	$h\geqslant150$	$a\geqslant230$	$C=50\sim130$	30

（4）Fm 型伸缩装置

Fm 型伸缩装置主要设计参数　　表 6-6

型　号	伸缩量(mm)	预留槽区尺寸(mm)		梁端间隙(mm)	质量(kg/m)
Fm80 型	$B=0\sim80$	$h\geqslant160$	$a\geqslant260$	$C=50\sim130$	31.8

（5）Em 型伸缩装置

Em 型伸缩装置主要设计参数　　表 6-7

型　号	伸缩量(mm)	预留槽区尺寸(mm)		梁端间隙(mm)	质量(kg/m)
Em80 型	$B=0\sim80$	$h\geqslant160$	$a\geqslant250$	$C=50\sim130$	42.4

（6）GL 型伸缩装置

GL 型伸缩装置主要设计参数　　表 6-8

型　号	伸缩量(mm)	预留槽区尺寸(mm)		梁端间隙(mm)	质量(kg/m)
GL80 型	$B=0\sim80$	$h\geqslant300$	$a\geqslant280$	$C=50\sim130$	47.4

(7)BEJ 型伸缩装置

BEJ 型伸缩装置主要设计参数 表 6-9

型　号	位移量(mm)		单边开槽尺寸(mm)		伸缩装置间隙(mm)	(最高温度时)最小间隙(mm)	(最低温度时)最大间隙(mm)
	水平	垂直	B	h	E	E_{min}	E_{max}
BEJ3	35	±12	100	60	45	25	60
BEJ5	50	±15	120	60	55	30	80
BEJ8	80	±15	140	70	70	30	110
BEJ10	100	±15	160	70	90	40	140

6.3　单缝式型钢伸缩装置的性能检测

单缝式型钢伸缩装置可满足的伸缩量为 0~40mm、0~50mm、0~60mm、0~80mm，由两异型钢、防水橡胶带、锚板及锚筋组成。锚板、锚筋和连体预埋钢筋焊接牢固，并设置横向架立钢筋，槽区浇筑后，伸缩装置和梁体就形成了可靠的整体。荷载通过型钢可靠地传递到梁体，保证其承载要求。密封胶条紧密地嵌装在型钢的“腰部”，避免了车轮的直接碾压；密封胶条除了密封作用外，还具有灵活的三维变形能力，满足了梁端运动的要求。单缝式型钢伸缩装置的性能检测主要包括其整体性能检测、钢材性能检测和胶条性能检测。

6.3.1　整体性能试验

(1)试样

试验设备应能对整体组装后的伸缩装置进行力学性能试验。如果受试验设备限制，不能对整体伸缩装置进行试验时，单缝式型钢伸缩装置应取不小于 4m 长的组装试样进行试验。

(2)试验

整体试验应在制造厂或专门试验机构中进行。

对整体组装的伸缩装置进行力学性能试验时，应将伸缩装置试样两边的锚固系统用定位螺栓或其他有效方法固定在试验平台上，然后使试验装置模拟伸缩装置在桥梁结构中实际受力状态进行规定项目试验。单缝式型钢伸缩装置应进行胶条防水试验。

6.3.2 钢材性能试验

(1)伸缩装置中异型钢材性能试验,应按 GB/T 1591、GB/T 4171 规定的方法进行。型钢采用含钒钛稀土合金的 Q345 钢坯,整体热轧机加工成形。其力学性能和工艺性能满足 GB/T 1591 或同组别的国外耐候钢标准。Q345 应符合 GB/T 1591 标准要求,其强度高、塑性好、可焊性好、耐候性高,抗冲击、抗疲劳、弹性、缓冲性、耐磨性好并且尺寸精度高。型钢机械强度和化学成分分别见表 6-10、表 6-11。型钢采用整体制作,不应进行焊接,钢材表面无锈蚀、麻点、划痕,如出现上述缺陷时,其深度不得大于钢材厚度允许偏差的 1/2。

伸缩装置型钢力学性能　　表 6-10

性　能	屈服强度(MPa)	抗拉强度(MPa)	伸长率(%)	冲击韧性(J,-20℃)
Q345	≥345	510~660	≥22	≥34

伸缩装置型钢化学成分　　表 6-11

化学成分(%)	C	Si	Mn	P	S	Cu	Cr	Ni
Q345	≤0.16	≤0.50	0.5~1.5	≤0.035	≤0.03	0.25~0.55	0.4~0.8	≤0.65

(2)锚固组件钢板钢材为 Q235,其化学成分应符合 GB/T 700 的规定,见表 6-12、表 6-13;其力学性能和工艺性能满足 GB/T 4171 或同组别的国外耐候钢标准。外形尺寸、厚度的允许偏差及表面质量符合 GB/T 709 的规定;钢板的质量要求符合 GB/T 912、GB/T 3274 的规定。

伸缩装置钢板力学性能　　表 6-12

性　能	屈服强度(MPa)	抗拉强度(MPa)	伸长率(%)	冲击韧性(J,-20℃)
Q235	≥235	375~500	≥26	≥27

伸缩装置钢板化学成分　　表 6-13

化学成分(%)	C	Mn	Si	P	S
Q235	0.14~0.22	0.3~0.65	≤0.03	≤0.045	≤0.05

6.3.3 橡胶性能试验

密封胶条是以氯丁橡胶、天然橡胶或三元乙丙橡胶为原料,使用特殊配方制成,采用挤压成形、微波热风硫化生产工艺制造。其变形阻力小、密封可靠、性能稳定可靠、抗老化能力强、尺寸精度高,与机加工型钢形成紧密配合,密封性能优越。

在型钢的保护下，胶条不遭车轮直接碾压，既能抗拉力，又能适应侧向和垂直位移。

(1)橡胶的物理机械性能应满足表6-14规定。

密封胶条物理机械性能表 表6-14

项目		氯丁橡胶	天然橡胶	三元乙丙橡胶	试验标准
硬度(IRHD)		55±5	55±5	55±5	GB/T 6031
拉伸强度(MPa)		≥15	≥16	≥14	GB/T 528
扯断伸长率(%)		≥400	≥400	≥350	
脆性温度(℃)		≤-40	≤-50	≤-60	GB/T 1682
恒定压缩永久变形(室温,24h)		≤20	≤20	≤20	GB/T 7759
耐臭氧老化200pphm,20%伸长,40℃,96h		无龟裂	无龟裂	无龟裂	GB/T 7762
热空气老化	试验条件	70℃,96h	70℃,96h	70℃,96h	GB/T 3512 GB/T 6031
	拉伸强度(%)	±15	±15	±15	
	扯断伸长率(%)	±25	±25	±20	
	硬度变化(IRHD)	0~10	-5~10	0~10	
耐盐水性 (23℃,14d,浓度4%)	体积变化(%)	≤10	≤10	≤10	GB/T 1690
	硬度变化(IRHD)	≤10	≤10	≤10	
耐油污性 (一号机油,室温,70h)	体积变化(%)	-5~10	<45	<45	
	硬度变化(IRHD)	-10~5	<-25	<-25	

上述要求与欧洲标准《公路桥梁伸缩装置》(ETAGn° 032—2013)基本相同，但欧洲标准中增加了抗化学离子溶液老化的要求，要求试件在14d、23℃、4%钾—氯溶液条件下老化后，橡胶的硬度降低值≤5IRHD，体积增长率≤10%。

(2)防水密封胶条的外形尺寸见表6-15。

《公路桥梁伸缩装置》(JT/T 327—2004)规定，密封胶条尺寸公差应满足表6-15的要求；在欧洲标准《公路桥梁伸缩装置》(ETAGn°032-2013)中，对密封胶条的几何尺寸无严格要求，可根据具体图纸确定，但密封胶条的厚度不得低于4mm。

伸缩装置防水密封胶条的外形尺寸(mm) 表6-15

图示	宽度范围	偏差	厚度范围	偏差
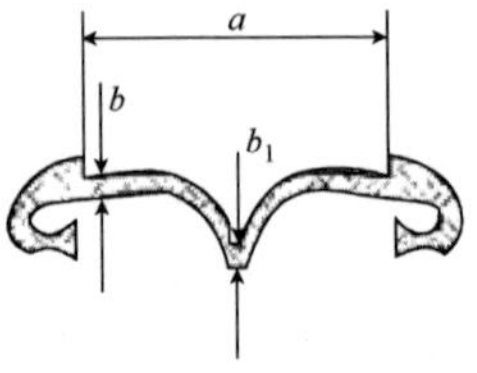	$a=80$	+3,0	$b\geq7$	0,+1.0
			$b_1\geq4$	0,+0.3
	$a<80$	+2,0	$b\geq6$	0,+0.5
			$b_1\geq3$	0,+0.2

6.3.4 单缝式型钢伸缩装置疲劳试验

(1)试验目的

桥梁伸缩装置是长期工作于疲劳荷载下的重要桥梁构件,直接影响行车的安全性和舒适性。单缝式型钢伸缩装置的抗疲劳性能,主要考核锚固组件与伸缩装置型钢焊接的疲劳强度,见图 6-14、图 6-15。

图 6-14 E 形边梁钢与锚固组件焊缝疲劳试验

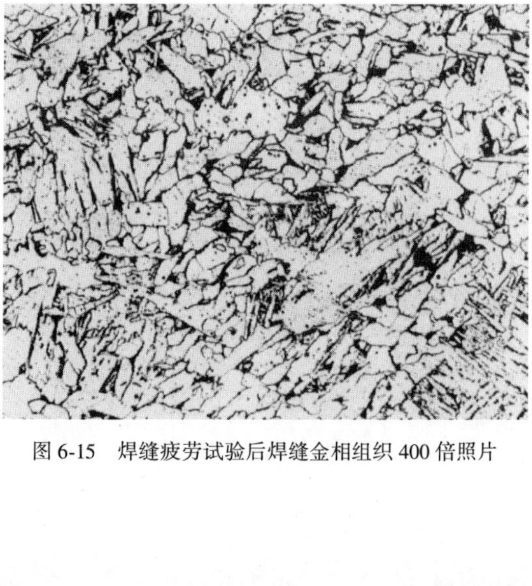

图 6-15 焊缝疲劳试验后焊缝金相组织 400 倍照片

(2)试件

试件长度为300mm,断面参照各单缝式型钢伸缩装置断面。试验前对伸缩装置的外观和焊缝进行检查并记录。

(3)疲劳荷载值

依据《公路桥涵设计通用规范》(JTG D60—2004)的规定,最大后轴荷载为140kN,单个车轮轮载为70kN,该荷载由两侧的边梁各承受50%,即35kN。冲击系数1.45,最大轮载为35×1.45=50.75(kN)。

(4)疲劳荷载幅度

由2kN增至50.75kN。

(5)疲劳试验频率

5Hz。

(6)总疲劳次数

2×10^6次(即二百万次)。

(7)试验方法

①在200万次疲劳加载后,观察试件的变形情况和焊缝有无裂纹。

②在200万次疲劳加载后检查外观质量,并对焊缝进行显微检查,看是否有微裂纹。

(8)试验要求

200万次疲劳试验后锚固组件与型钢的焊缝不得产生任何裂纹。

第7章　支承式公路桥梁伸缩装置

支承式公路桥梁伸缩装置也称作梳齿板伸缩装置，主要由梳齿板、锚固结构、变位结构、止水带以及其他相关构件组成。支承式伸缩装置主要是通过钢板结构承载，保证桥梁桥面的连续性，保证车辆行驶的安全性。通过伸缩装置设计的变位结构，来满足桥梁的纵向、横向、竖向以及合力扭转等方向的变位要求。通过锚固结构保证支承式伸缩装置的牢固性和可靠性。

7.1　支承式公路桥梁伸缩装置的主要结构形式

钢制形式的伸缩装置是用钢材装配制成，能直接承受车轮荷载的一种构造。以前这种伸缩装置多用于钢桥，现也用于混凝土桥梁。钢制支承式伸缩装置的形状、尺寸和种类繁多，其中，面层板呈齿形，从左右伸出桥面板间隙处相互啮合的悬臂式结构或者面层板呈悬架的支承式结构，统称为钢梳形板伸缩装置。国内常见的为梳形板型和折板型。面层板成为矩形的叠合悬架式的构造，称作钢板叠合式伸缩装置。

这种伸缩装置是将钢板做成梳齿板状，跨越伸缩装置间隙后，搭在另一端预埋钢板上，伸缩量可达40mm以上。该种装置可承受较大的水平变位，一般多用于中、大跨径的桥梁。由于这种装置本身刚度较大，抗冲击力强，因此在工程中得到广泛应用。

1）钢梳齿形伸缩装置

钢梳齿形伸缩装置构造如图7-1所示，折板型伸缩装置构造如图7-2所示。伸缩板下设有U形截水槽，可起防水、排水作用。主要产品有SGF-120型、PGF钢齿型和LB封缝式钢梳齿板型等形式。

2）PGF钢齿型伸缩装置

PGF钢齿型伸缩装置是上海彭浦橡胶制品总厂开发生产的产品。该伸缩装置的主要特点为面层板采用梳齿形防滑槽钢板，从左右伸出桥面板间隙处相互啮合的支承式构造，结构刚度较大，可承受较大的水平变位，伸缩量可达420mm。其一般构造如图7-3所示，对应各规格的尺寸见表7-1，气温与安装宽度对照见表7-2。

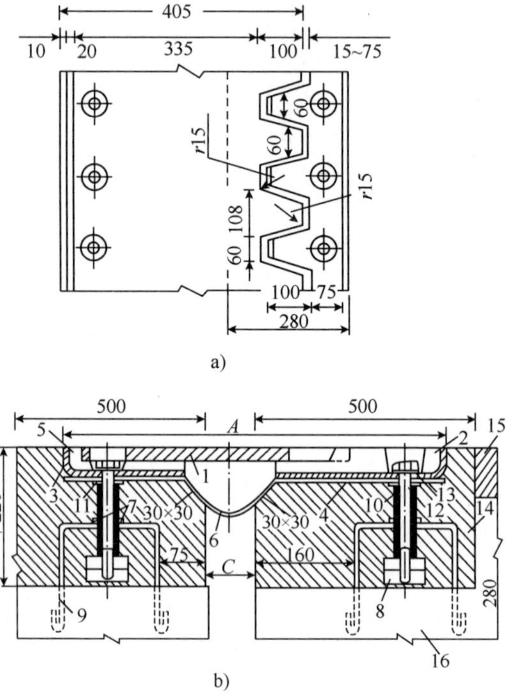

图 7-1　梳齿形伸缩装置构造示意图(尺寸单位:mm)

a)伸缩装置平面大样;b)伸缩装置横断面

A-伸缩装置宽度;*C*-伸缩装置间隙量;1-梳形钢板;2-橡胶梳形板;3-橡胶板下钢板垫;4-橡胶梳形板下钢垫板;5-橡胶板;6-橡胶防水带;7-水平钢筋;8-方螺母;9-预埋钢筋;10-预埋螺栓套筒;11-方垫板;12-锚固螺栓;13-垫圈;14-现浇混凝土;15-桥面铺装;16-行车道块件

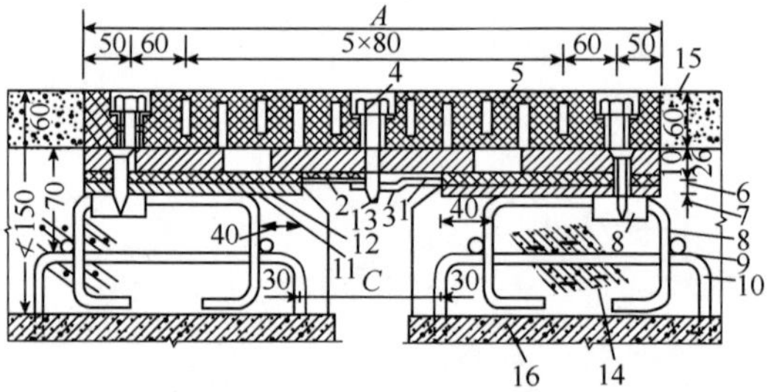

图 7-2　折板型伸缩装置构造示意图(尺寸单位:mm)

1-折形钢板;2-定位连杆;3-变形定位连杆;4-固定螺栓;5-橡胶伸缩体;6-沉头螺钉;7-方螺母;8-锚固加强钢筋;9-水平钢筋;10-预埋钢筋;11-橡胶板;12-钢板;13-销钉;14-现浇混凝土(顺桥方向不少于400mm);15-桥面铺装;16-预制主梁

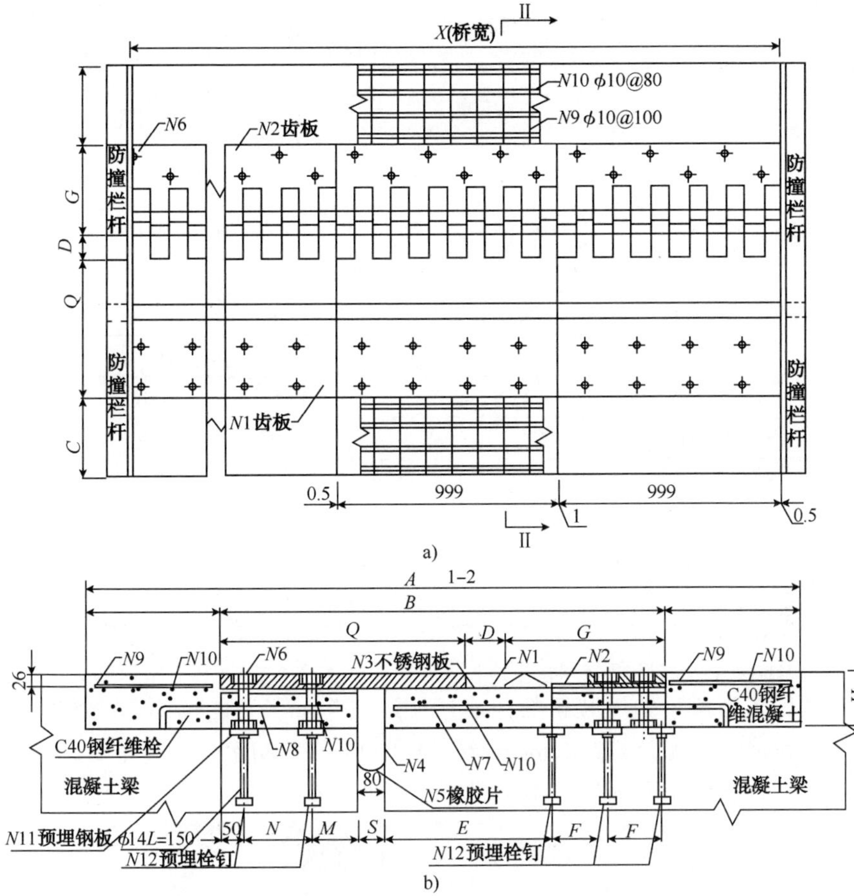

图 7-3　PGF 钢齿型伸缩装置一般构造(尺寸单位:mm)

a)平面图;b)Ⅱ-Ⅱ剖面图

PGF 钢齿型伸缩装置尺寸规格系列表　　　　表 7-1

规格(mm)	A	B	C	D	E	F	H	N	M	S	G	Q
120	1 470~1 590	1 470~990	300	0~300	320	120	≥120	150	100	0~120	320	540
160	1 530~1 690	1 530~1 090	300	10~170	380	120	≥120	150	100	0~160	360	560
240	1 790~2 030	1 790~1 330	350	10~250	540	120	≥120	150	100	0~240	440	640
300	2 110~2 410	2 110~1 610	400	10~310	700	120	≥130	180	130	0~300	510	790
320	2 150~2 470	2 150~1 670	400	10~330	730	130	≥130	180	130	0~320	530	810
400	2 310~2 710	2 310~1 910	400	10~410	890	130	≥130	180	130	0~400	610	890

PGF 钢齿型伸缩装置安装宽度与温度对照表　　表 7-2

规格 \ 气温(℃)		-10	0	15	25	35
120 型	B(mm)	960	944	920	904	888
	D(mm)	100	84	60	44	28
160 型	B(mm)	1 050	1 030	1 000	980	960
	D(mm)	130	110	80	60	40
240 型	B(mm)	1 275	1 245	1 200	1 170	1 140
	D(mm)	195	165	120	90	60
300 型	B(mm)	1 550	1 510	1 450	1 410	1 370
	D(mm)	250	210	150	110	70
320 型	B(mm)	1 613	1 568	1 500	1 455	1 410
	D(mm)	273	228	160	115	70
400 型	B(mm)	1 838	1 783	1 700	1 645	1 590
	D(mm)	338	283	200	145	90

3)法国钢梳齿桥梁伸缩装置

法国钢梳齿桥梁伸缩装置的伸缩量可达 300mm。它的锚固系统采用预应力技术。预应力是通过拧紧锚固螺杆而得到的。它的防水与防尘是通过放在梳齿下的橡胶伸缩体来完成的。结构图如图 7-4 所示。

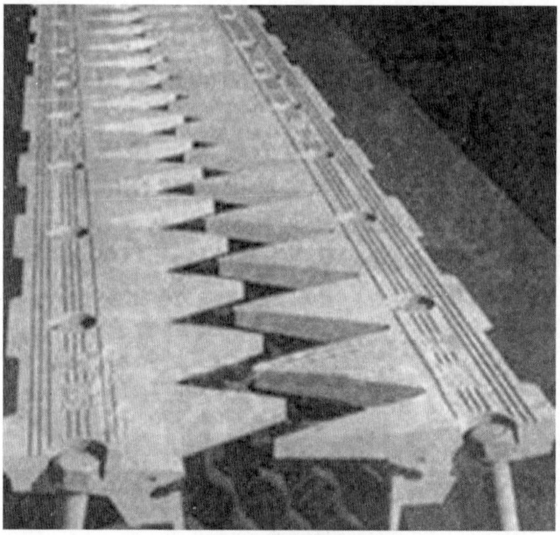

图 7-4　法国钢梳齿桥梁伸缩装置

4)戴玛克式伸缩装置

国外的伸缩装置种类甚多,这里作为支承式伸缩装置的一种特殊形式,就戴玛克式伸缩装置加以简单的说明。

戴玛克式伸缩装置结构示意图如图 7-5 所示。

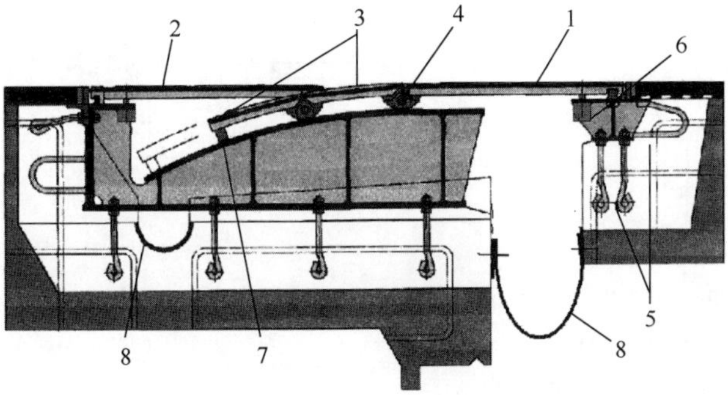

图 7-5 戴玛克式伸缩装置结构示意图

1-摆动板;2-企口板;3-滑板;4-铰;5-锚固系统;6-支承垫块;7-凸轮;8-止水带

戴玛克式伸缩装置是戴玛克公司在 1935 年研制的。其后逐次改良,到现在已有很多施工实例。伸缩机构适用于桥梁的变位而滑板沿着滑块滑动,企口板不改变位置,常与滑板相接,以保证路面的平整性。

企口板、滑板、滑动板等多用高强度钢板(St52,即 Q345 钢板)制作。为防止向路面一侧滑动,做成平行或带菱形的槽子,并粘贴合成橡胶加以处理。再者,把这些部分划分为约 1m 的宽度,用带弹簧的不锈钢螺栓安装,所以即使正在使用中的道路,也能进行拆开、修理等工作。滑块和凸轮等多用锻钢(C45)制造。

这种形式的优点是由于增加了滑动板,可以处理非常大的变位量。路面由于桥梁的伸缩变位而上下移动,产生少量不平,因此变位量大时就应该增大滑块的长度和曲率半径,以便不妨碍行车安全。企口板和滑板的接触部分必须具有足够的厚度,以保证行车面的刚度。因此该种伸缩装置的变位量受到一定的限制。现在已做到变位量约 2 000mm 的设计。该产品虽然进行了标准化,但用于伸缩量小的情况,与其他形式相比是不经济的。目前该种伸缩装置大多被模数式伸缩装置取代。

5)钢板叠合型伸缩装置

钢板叠合型伸缩装置,又称平板式伸缩装置。伸缩量小于 30mm 时,通常用铆钉装配角钢和钢板,面层板使用条纹钢板的钢板叠合式伸缩装置,一般构造如

图 7-6 所示。由于焊接技术的发展,铆接构造变成了焊接构造。根据这种伸缩装置的受力特点和防水性差的缺点,对防水和锚固方法都作了改进,如图 7-7 所示。

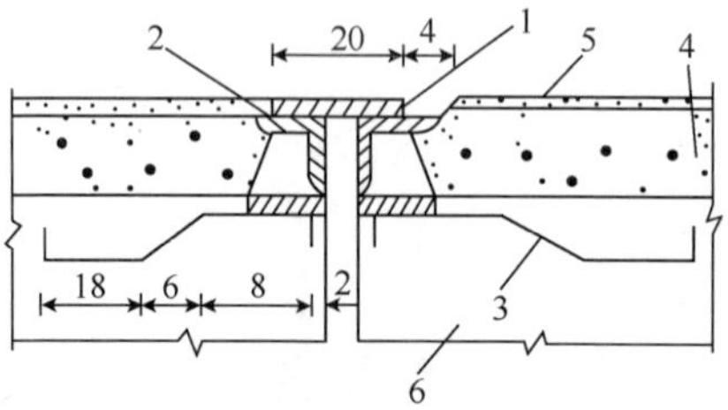

图 7-6　钢板叠合型伸缩装置构造示意图(尺寸单位:mm)
1-钢板;2-角钢(8mm×5mm);3-锚固钢筋;4-混凝土铺装;5-沥青铺装;6-主梁

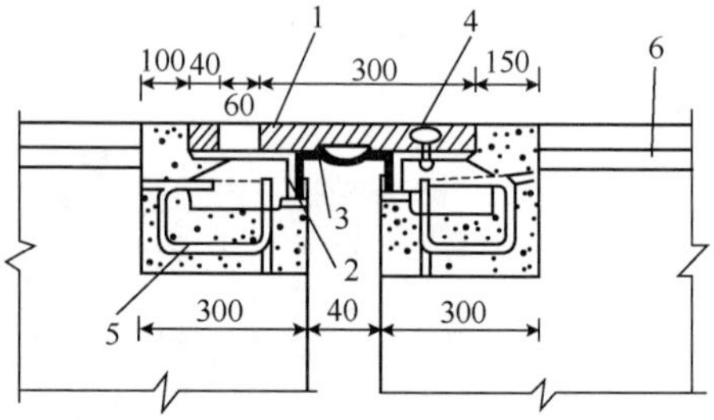

图 7-7　钢板叠合型伸缩装置(改进型)构造示意图(尺寸单位:mm)
1-钢板;2-角钢;3-排水导槽;4-沉头螺钉;5-锚固钢筋;6-桥面铺装

6)SFP 型伸缩装置

SFP 型伸缩装置属于钢板叠合型伸缩装置,是由上海彭浦橡胶制品总厂生产的产品。其结构主要由梳形钢板、不锈钢板、氯丁橡胶防水层和高强螺栓等组成,梳形钢板通过锚固螺栓锚固于桥面结构,直接承受车辆冲击荷载作用,氯丁橡胶防水层起止水作用,同时伸缩装置全部采用耐候材料的"三防"结构。该伸缩装置目前厂家提供产品的最大伸缩量为 240mm,其规格尺寸见表 7-3。SFP 型伸缩装置整体高度为 30~40mm,一般情况下不用改变原梁端结构,浅埋设就能达到有效的锚固强度。SFP 型伸缩装置设置了两层氯丁橡胶防水层,并在梳形钢板伸缩间隙内浇灌防水油膏,起到很好的防水和防尘作用。伸缩装置全部采用耐候材料,使用双排螺栓锚固,整体刚性较好,一般不易损坏,其安装构造如图 7-8 所示。

SFP 型伸缩装置规格尺寸　　表 7-3

型　号	允许伸缩量(mm)	钢板厚度(mm)	锚固螺栓(mm)	结构宽度(mm)	结构高度(mm)	设置面层高度(mm)
SFP80	80	28	M18×180	650	33	120
SFP160	160	30	M20×200	910	35	120
SFP240	240	32	M22×220	1250	37	150

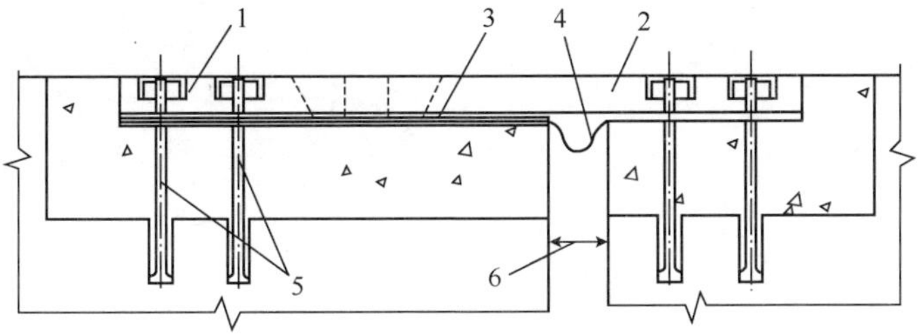

图 7-8　SFP 型伸缩装置安装示意图

1-1 号梳形钢板;2-2 号梳形钢板;3-不锈钢滑板;4-氯丁橡胶防水层;5-锚固螺栓;6-伸缩间隙

7)LB 梳形板伸缩装置

LB 梳形板伸缩装置是宁波路宝交通科技有限公司研制生产的系列产品。该产品已获得"国家技术发明奖"二等奖(证书号:2006-F-221-2-01-R01)和"中国公路学会科学技术奖"一等奖(证书编号:A06-1-009-001),并已在国内的杭州湾跨海大桥、舟山连岛桥梁工程、九江长江大桥和珠江黄浦大桥等大型桥梁工程中应用。其结构构造如图 7-9 所示。该系列产品包括 LBSD 大变位量梳形板伸缩装置和 LBSZ 装配式梳形板式伸缩装置两种类型。同时 LB 梳形板伸缩装置可根据桥梁的斜角要求加工与安装成斜缝,下面分别作简要的介绍。

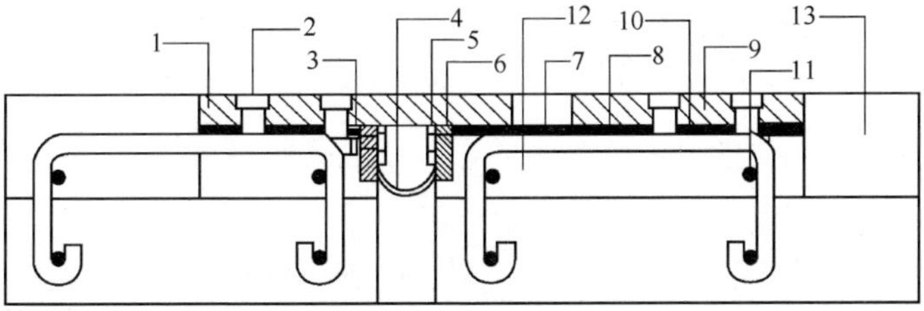

图 7-9　LB 系列梳形板伸缩装置结构示意图

1-活动梳形钢板;2-M20 内六角螺栓;3-支撑托架;4-防尘止水伸缩橡胶条;5-伸缩橡胶压板与固定螺栓;6-支撑板;7-支撑托架 2;8-滑板;9-固定梳形钢板;10-预埋钢筋;11-横向钢筋网;12-钢纤维混凝土;13-梁体

(1)LBSD 型梳形板伸缩装置

LBSD 型梳形板伸缩装置是宁波路宝交通科技有限公司的专利产品,适用于伸缩量在 350mm 以上的桥梁工程。其构造如图 7-10 所示,在混凝土桥梁上的安装结构图如图 7-11 所示,在钢箱梁与混凝土梁上的安装结构如图 7-12 所示,LB 梳形板伸缩装置的斜缝安装构造如图 7-13 所示。

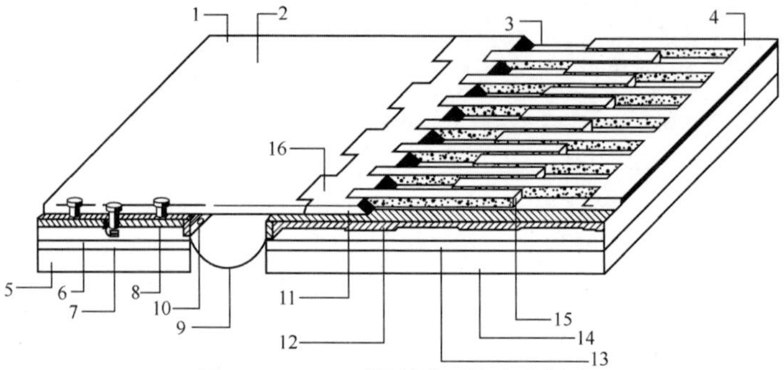

图 7-10 LBSD 型伸缩装置构造示意图

1-活动梳形钢板;2-内六角螺栓;3-不锈钢滑板;4-固定梳形钢板;5-预埋钢筋;6-水平钢筋;7-防裂钢筋;8-支撑托板;9-防尘止水橡胶条;10-伸缩橡胶条压板和固定螺栓;11-连接销轴;12-支撑托板 2;13-钢纤维混凝土;14-梁体;15-活动梳形齿;16-活动连接钢板

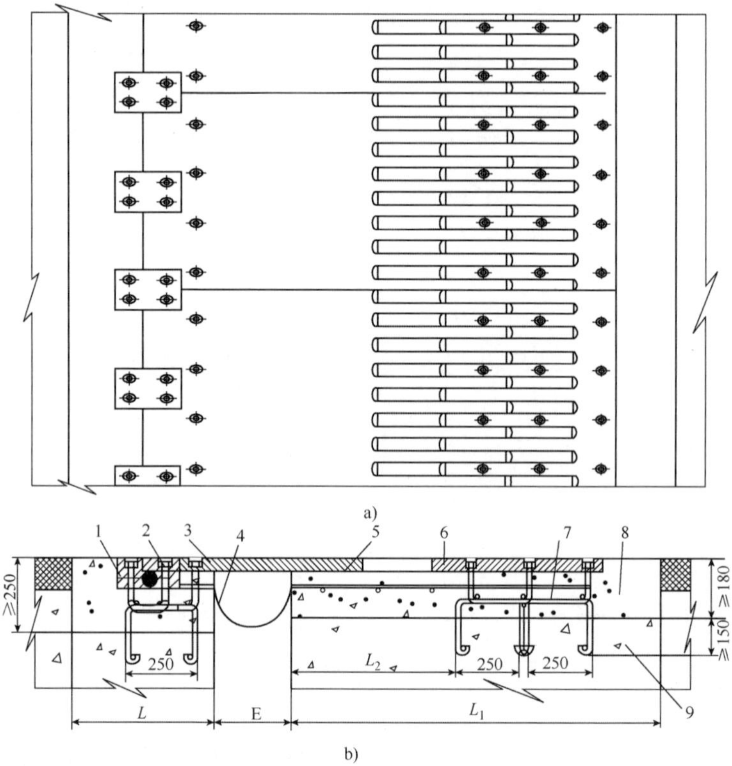

图 7-11 LBSD 型伸缩装置在混凝土桥梁上的安装结构示意图(尺寸单位:mm)

a)平面图;b)截面图

1-控制座;2-安装螺栓组;3-转轴跨缝板;4-防尘止水伸缩橡胶条;5-滑板;6-固定梳形钢板;7-预埋钢筋;8-钢纤维混凝土;9-梁体

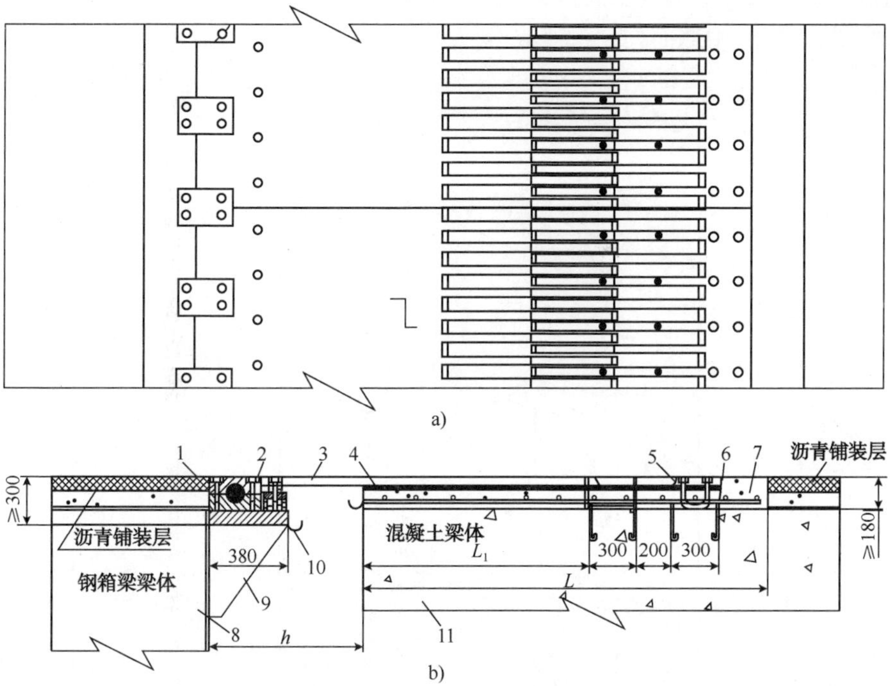

图 7-12　LBSD 型伸缩装置在钢箱梁与混凝土梁上的安装结构示意图(尺寸单位:mm)

a)平面图;b)截面图

1-控制座;2-安装螺栓组;3-转轴跨缝板;4-不锈钢滑板;5-固定梳形板;6-预埋钢筋;7-钢纤维混凝土;8-钢箱梁梁体;9-安装托架;10-防水结构装置;11-混凝土梁体

(2)LBZP 装配式梳形板伸缩装置

LBZP 装配式梳形板伸缩装置适用于伸缩量在 80~350mm 之间的高等级公路桥梁。该装置的结构与安装结构分别如图 7-14、图 7-15 和图 7-16 所示。

8)MS 系列模块化多向变位梳齿板式伸缩装置

MS 系列模块化多向变位梳齿板式伸缩装置是由西安中交万向科技股份有限公司开发研制的,该系列伸缩装置首次采用“球体系”万向变位理念,完美地实现了伸缩装置适应桥梁在纵向、横向、竖向以及合力扭变等各个方向的位移要求,并且该系列伸缩装置中大量采用先进的阻尼减振材料,能够很好地缓解外界荷载对伸缩装置产生的振动,大大提高了伸缩装置的使用寿命。另外,阻尼减振材料结合伸缩装置本身的圆角设计,能够大大地降低车辆通过时产生的噪声,符合现代社会的环保要求。MS 系列伸缩装置目前已经获得国家发明专利,并且通过了行业内专家的技术评审，专家一致认为 MS 系列伸缩装置整体上达到国际先进水平，其中球面副和阻尼减振技术达到国际领先。

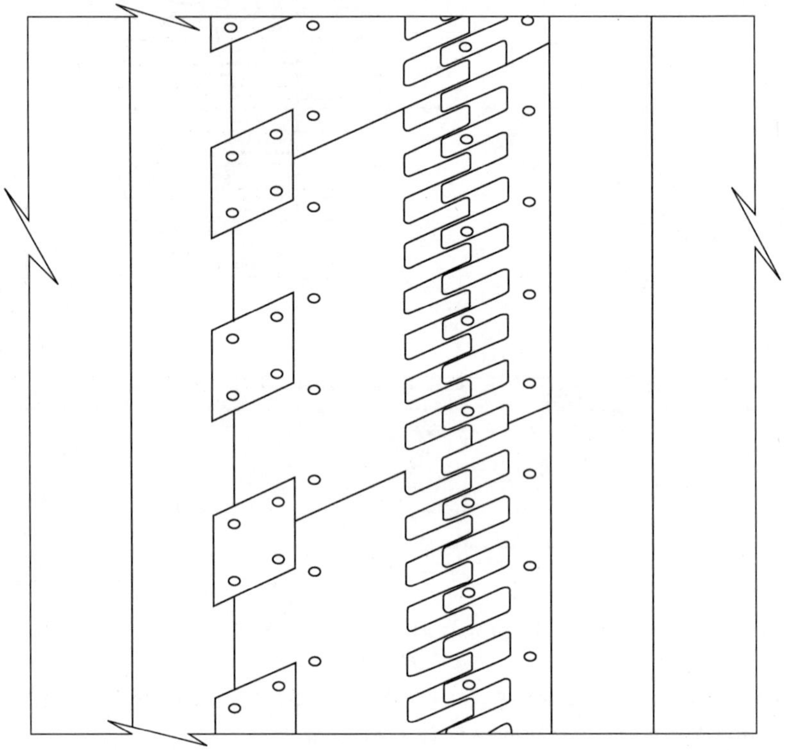

a)

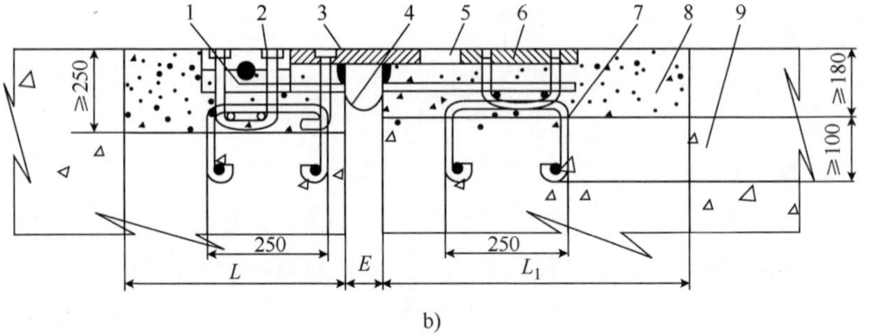

b)

图 7-13　LB 型伸缩装置斜缝安装结构示意图(尺寸单位:mm)

a)平面图;b)截面图

1-控制座;2-安装螺栓组;3-转轴跨缝板;4-防尘止水伸缩橡胶条;5-滑板;6-固定梳形板;7-预埋钢筋;8-钢纤维混凝土;9-梁体

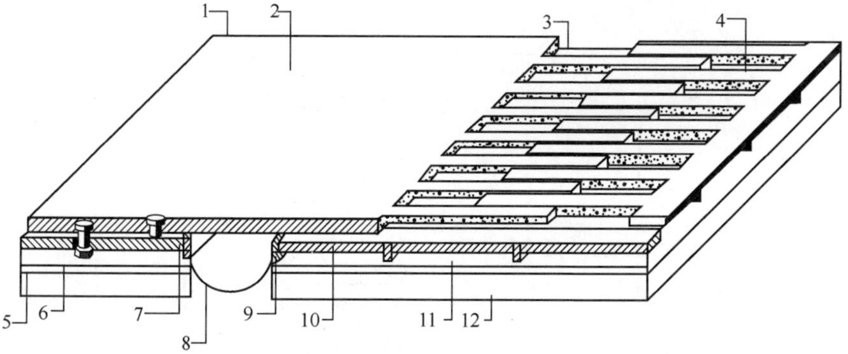

图 7-14　LBZP 型伸缩装置构造示意图

1-活动梳形钢板;2-内六角螺栓;3-不锈钢滑板;4-固定梳形钢板;5-预埋钢筋;6-水平钢筋;7-支撑托板;8-防尘止水橡胶条;9-伸缩橡胶条压板和固定螺栓;10-支撑托板;11-钢纤维混凝土;12-梁体

MS 系列伸缩装置相比于其他类型的伸缩装置有以下优点:

(1)模块化设计

模块化设计,适应性强,制造安装方便。MS 伸缩装置由数个相同的模块组成,各模块功能独立、明确,有利于设计、制造、检测等各个环节,采用"化整为零"的结构形式减少了伸缩装置水平和扭转变位的绝对值,可达到更大的变位效果。

(2)多向变位设计

多向变位设计,拥有良好的适应变位功能。MS 伸缩装置通过变位箱将变位系统和混凝土结构分离,提升了整个伸缩装置的变位性能,同时通过 U 形螺栓组、活动板与变位箱之间的球面副保证了整个伸缩装置的结构稳定性,又具有优良的多向变位性能。

(3)良好的抗震性能

良好的抗震性能,使行车通过更舒适。MS 伸缩装置在钢板与混凝土之间、钢板与钢板之间设置了高分子阻尼材料,减小了车辆等荷载的振动效应,同时在梳齿端面和根部槽口处进行圆弧过渡设计,有效地降低了普通构造接触面迅速过渡时对桥梁和车辆的冲击振动。

(4)耐久性优良

优良的高分子阻尼材料的运用,增强了伸缩装置的环境适应性,延长了使用寿命。MS 伸缩装置主材采用低合金高强度结构钢,该材料大幅提高了伸缩装置的抗压及抗剪能力。伸缩装置中的高分子阻尼材料具有强劲的弹性和机械强度,滞后损失小、抗疲劳性能好,减弱了车载对伸缩装置的反复冲击力,在多向变

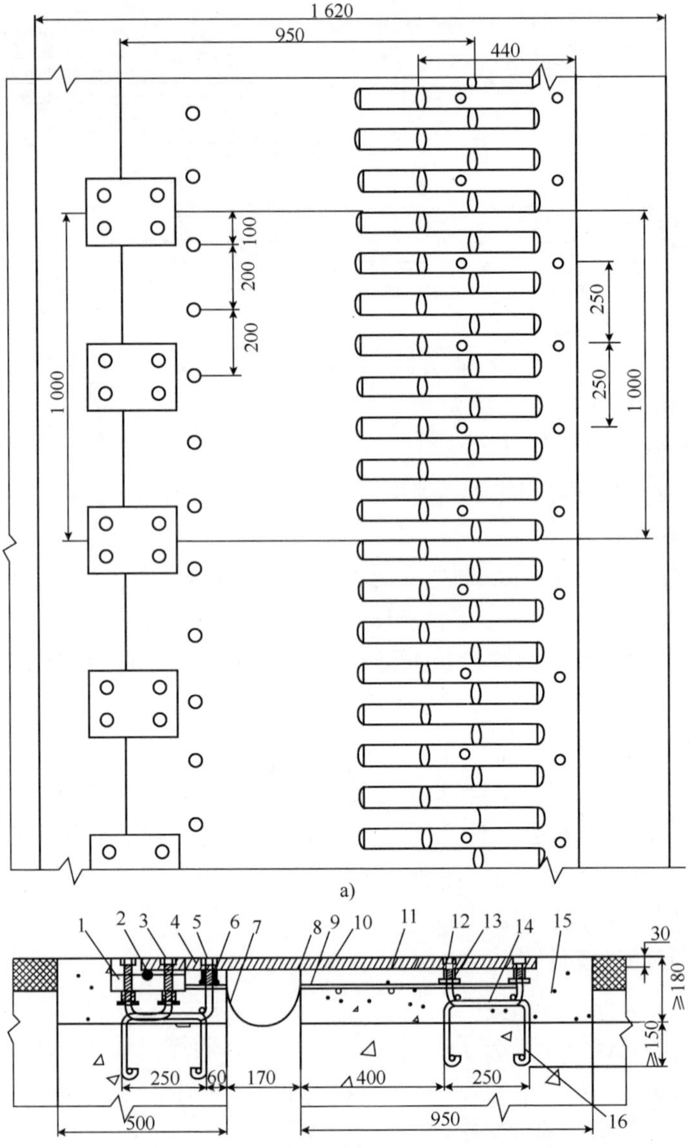

图 7-15　LBZP 型伸缩装置正缝安装结构示意图(尺寸单位:mm)

a)平面图;b)截面图

1-控制座;2-支撑轴;3-U 形螺栓组;4-转轴跨缝板;5-微调橡胶垫;6-支撑板;7-防尘止水伸缩橡胶条;8-橡胶条托架;9-托架钢筋;10-滑板;11-固定梳形钢板;12-U 形螺栓组;13-横向钢筋网;14-预埋钢筋;15-钢纤维混凝土;16-梁体

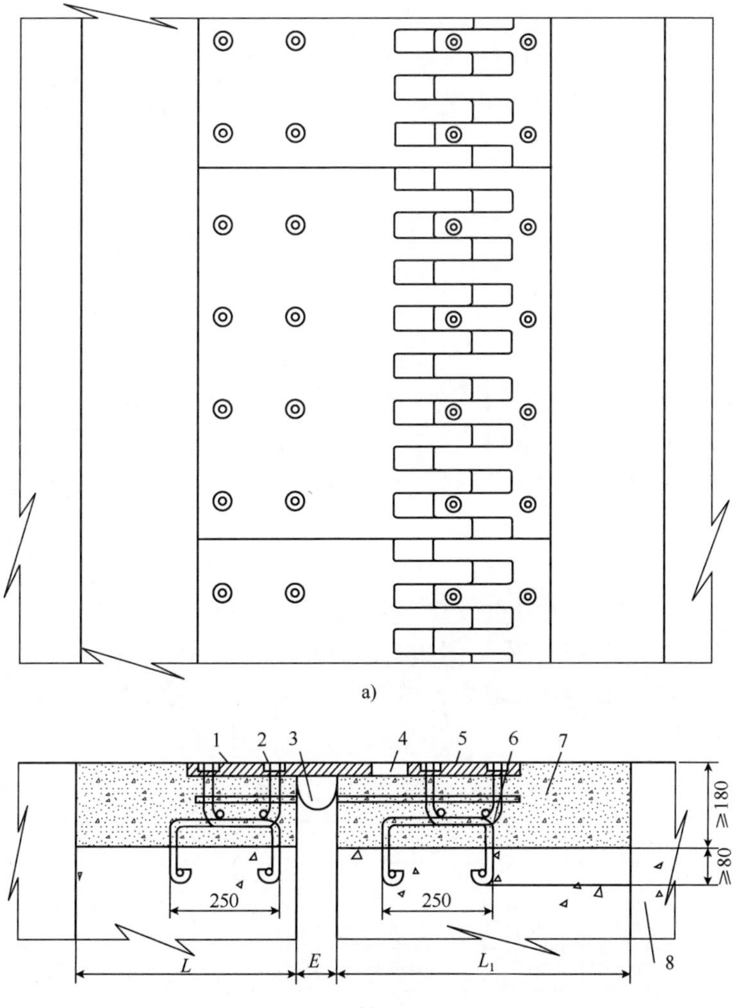

图 7-16　LBZP 型伸缩装置斜缝安装结构示意图(尺寸单位:mm)

a)平面图;b)截面图

1-活动梳形钢板;2-安装螺栓组;3-防尘止水伸缩橡胶条;4-滑板;5-固定梳形钢板;6-预埋钢筋;7-钢纤维混凝土;8-梁体

位球座内加入高分子阻尼材料,有效提高了变位接触面的耐磨性能。同时该装置采用的自由伸缩体系设置在路面表层,主件的自由伸缩功能不受附属结构的制约,进而大幅提高伸缩装置的使用寿命,同时止水带设置在伸缩装置下面,避免其直接暴露在大气中,从而延长其使用寿命。

(5)环保低噪声

独立的环保低噪声设计方式,有效减少了对周围环境的噪声污染。MS 伸缩装置采用梳齿形式,两个梳齿交叉的宽度为一个轮胎的宽度,车辆行驶平稳,不会产生泵气效应,减少了噪声源的数量,同时梳齿与齿槽之间的圆弧过渡不仅减少了车辆的冲击振动而且减少了车辆行驶的冲击噪声,钢板和混凝土之间的高分子阻尼材料阻断了钢板和混凝土的刚性碰撞,从而弱化了钢板和混凝土之间的噪声,减少了对桥梁周边居民环境的影响,更适合城市桥梁的选用。

(6)施工、维养方便

便利化的施工工艺,降低了施工难度和维修成本,更是保障施工质量的前提。MS 伸缩装置为浅埋式结构,大幅降低了对预留槽口深度的要求,并且该伸缩装置在安装时,可先将锚固螺栓与预埋钢筋焊接定位,再将梳齿板调平,解决了模数式伸缩装置定位与调平同时操作而相互干扰的问题,大大提高了施工效率与工程进度。当装置需要维修时,只需对损坏的模块单独拆装更换,且只要求横桥向有一个车道宽度的作业面,可以在不中断交通的情况下对模块进行局部更换,运营成本低,经济和社会效益均十分显著。

MS 系列伸缩装置安装示意图如图 7-17 所示。

跨缝式伸缩装置设计参数如表 7-4 所示,其中包括安装预留尺寸、梁端间隙和固定装置尺寸。

跨缝式伸缩装置设计参数表 表 7-4

序号	型号	设计伸缩量(mm)	安装预留尺寸(mm)							梁端间隙(mm)			钢筋(根)			混凝土(m^3)
			H(min)	H_1(min)	L_0(min)	L_1(min)	L_2(min)	L_3(max)	L_4(max)	F_{min}	F_{max}	F	N_1/N_4	N_2	N_3/N_5	
1	MSKF80	80	180	90	200	520	540	120	60	40	120	80	10/5	15	5/5	0.19
2	MSKF120	120	180	90	200	520	620	160	80	60	180	120	10/5	15	5/5	0.22
3	MSKF160	160	180	90	200	520	700	200	100	60	260	160	10/5	15	5/5	0.24
4	MSKF240	240	250	90	200	520	860	280	140	60	300	180	10/5	15	5/5	0.36
5	MSKF320	320	280	110	200	520	1 020	360	180	60	380	220	10/5	15	5/5	0.40
6	MSKF400	400	280	110	200	520	1 180	440	220	60	460	260	10/5	18	5/5	0.44
7	MSKF480	480	280	100	200	520	1 380	540	270	60	540	300	10/5	18	5/5	0.48
8	MSKF560	560	280	100	200	520	1 540	620	310	60	620	340	10/5	18	5/5	0.52
9	MSKF640	640	300	110	200	520	1 740	720	360	80	720	400	10/5	18	5/5	0.61
10	MSKF720	720	300	110	200	520	1 900	800	400	80	800	440	10/5	18	5/5	0.65

续上表

序号	型号	设计伸缩量(mm)	安装预留尺寸(mm)							梁端间隙(mm)			钢筋(根)			混凝土(m^3)
			H(min)	H_1(min)	L_0(min)	L_1(min)	L_2(min)	L_3(max)	L_4(max)	F_{min}	F_{max}	F	N_1/N_4	N_2	N_3/N_5	
11	MSKF800	800	300	100	200	520	2 060	880	440	80	880	480	10/5	18	5/5	0.68
12	MSKF880	880	300	100	200	520	2 260	980	490	100	980	540	10/5	18	5/5	0.74
13	MSKF960	960	300	100	200	520	2 420	1 060	530	100	1 060	580	10/5	18	5/5	0.78

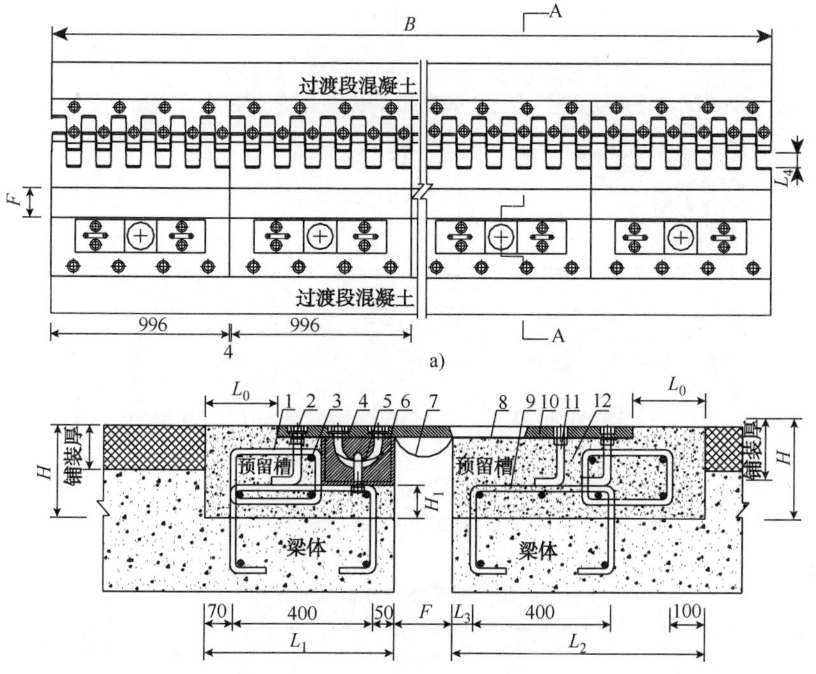

b)

图 7-17　跨缝式伸缩装置安装示意图(混凝土梁用)(尺寸单位:mm)

a)平面图;b)A-A 剖面图

1-钢筋 N_1;2-保险螺栓;3-钢筋 N_2;4-活动板组件;5-变位箱组件;6-橡胶垫;7-止水带;8-不锈钢板;9-钢筋 N_3;10-固定板;11-固定螺栓;12-钢纤维混凝土

9)骑缝式伸缩装置安装参数

MS 系列骑缝式伸缩装置安装示意图如图 7-18 所示。

骑缝式伸缩装置(钢结构桥梁用)设计参数如表 7-5 所示,其中包括安装预留尺寸、梁端间隙和固定装置尺寸。

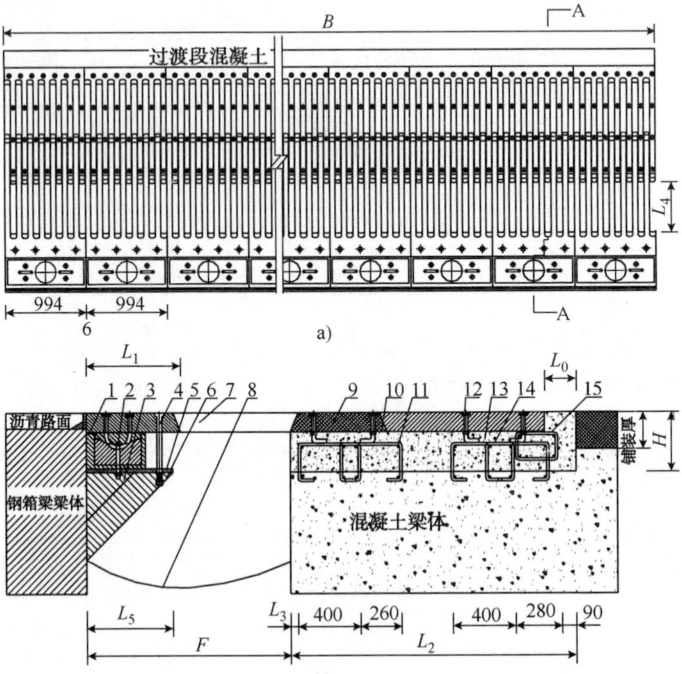

图 7-18　骑缝式伸缩装置安装示意图(钢结构梁用)(尺寸单位:mm)

a)平面图;b)A-A 剖面图

1-橡胶垫;2-变位箱组件;3-支撑牛腿(小);4-保险螺栓;5-支撑底板;6-支撑牛腿(大);7-活动板;8-止水带;9-固定板;10-不锈钢板;11-钢筋 N_2;12-固定螺栓;13-钢纤维混凝土;14-钢筋 N_3;15-钢筋 N_1

骑缝式伸缩装置设计参数(钢箱梁用)　　表 7-5

序号	型号	设计伸缩量(mm)	安装预留尺寸(mm)							梁端间隙(mm)			钢筋(根)			混凝土(m^3)
			H (min)	L_0 (min)	L_1 (min)	L_2 (min)	L_3 (max)	L_4 (max)	L_5 (max)	F_{min}	F_{max}	F	N_1	N_2	N_3	
1	MSQF880	880	400	200	600	1 480	50	490	530	620	1 500	1 060	5	20	20	0.41
2	MSQF960	960	400	200	600	1 560	50	530	530	620	1 580	1 100	5	20	20	0.43
3	MSQF1040	1040	400	200	600	1 660	50	580	530	620	1 660	1 140	5	20	20	0.45
4	MSQF1120	1 120	400	200	600	1 740	50	620	530	620	1 740	1 180	5	20	20	0.46
5	MSQF1200	1 200	400	200	600	1 820	50	660	530	620	1 820	1 220	5	20	20	0.47
6	MSQF1280	1 280	400	200	600	1 920	50	710	530	640	1 920	1 280	5	20	20	0.49

续上表

序号	型号	设计伸缩量(mm)	安装预留尺寸(mm)							梁端间隙(mm)			钢筋(根)			混凝土(m^3)
			H(min)	L_0(min)	L_1(min)	L_2(min)	L_3(max)	L_4(max)	L_5(max)	F_{min}	F_{max}	F	N_1	N_2	N_3	
7	MSQF1360	1 360	400	200	600	2 000	50	750	530	640	2 000	1 320	5	20	20	0.50
8	MSQF1440	1 440	450	200	600	2 100	50	800	530	640	2 080	1 360	5	20	20	0.62
9	MSQF1520	1 520	450	200	600	2 180	50	840	530	640	2 160	1 400	5	20	20	0.63
10	MSQF1600	1600	450	200	600	2 260	50	880	530	640	2 240	1 440	5	20	20	0.64
11	MSQF-1680	1 680	450	200	600	2 360	50	930	530	660	2 340	1 500	5	20	20	0.66
12	MSQF-1760	1 760	450	200	600	2 440	50	970	530	660	2 420	1 540	5	20	20	0.67
13	MSQF-1840	1 840	450	200	600	2 540	50	1 020	530	660	2 500	1 580	5	20	20	0.69
14	MSQF-1920	1 920	450	200	600	2 620	50	1 060	530	660	2 580	1 620	5	20	20	0.69
15	MSQF-2000	2 000	450	200	600	2 700	50	1 100	530	660	2 660	1 660	5	20	20	0.70

10)MS 系列骑缝式伸缩装置(混凝土梁用)

MS 系列骑缝式伸缩装置安装示意图如图 7-19 所示。

骑缝式伸缩装置(混凝土梁用)设计参数如表 7-6 所示,其中包括安装预留尺寸、梁端间隙和固定装置尺寸。

11)DX 系列模块化多向变位梳齿板式伸缩装置

如本书 5.4 节所述,DX 系列伸缩装置是由西安中交万向科技股份有限公司的研发团队在 MS 系列伸缩装置的基础上经过创新和改进而成的,相对于 MS 系列伸缩装置,其经济性和实用性更为明显。

骑缝式伸缩装置设计参数(混凝土梁用)　　表 7-6

序号	型号	设计伸缩量(mm)	安装预留尺寸(mm)								梁端间隙(mm)			钢筋(根)			混凝土(m^3)
			H(min)	H_1(min)	L_0(min)	L_1(min)	L_2(min)	L_3(max)	L_4(max)	L_5(max)	F_{min}	F_{max}	F	N_1	N_2	N_3	
1	MSQF880	880	400	110	200	800	1 480	50	490	530	90	970	530	5	20	20	0.63
2	MSQF960	960	400	100	200	800	1 560	50	530	530	90	1 050	570	5	20	20	0.64
3	MSQF1040	1 040	400	100	200	800	1 660	50	580	530	90	1 130	610	5	20	20	0.66
4	MSQF1120	1 120	400	90	200	800	1 740	50	620	530	90	1 210	650	5	20	20	0.67
5	MSQF1200	1 200	400	90	200	800	1 820	50	660	530	90	1 290	690	5	20	20	0.68
6	MSQF1280	1 280	400	80	200	800	1 920	50	710	530	110	1 390	750	5	20	20	0.70
7	MSQF1360	1 360	400	80	200	800	2 000	50	750	530	110	1 470	790	5	20	20	0.70
8	MSQF1440	1 440	450	120	200	800	2 100	50	800	530	110	1 550	830	5	20	20	0.86

续上表

序号	型号	设计伸缩量(mm)	安装预留尺寸(mm)								梁端间隙(mm)			钢筋(根)			混凝土(m^3)
			H (min)	H_1 (min)	L_0 (min)	L_1 (min)	L_2 (min)	L_3 (max)	L_4 (max)	L_5 (max)	F_{min}	F_{max}	F	N_1	N_2	N_3	
9	MSQF1520	1 520	450	120	200	800	2 180	50	840	530	110	1 630	870	5	20	20	0.87
10	MSQF1600	1 600	450	110	200	800	2 260	50	880	530	110	1 710	910	5	20	20	0.88
11	MSQF1680	1 680	450	110	200	800	2 360	50	930	530	130	1 810	970	5	20	20	0.90
12	MSQF1760	1 760	450	100	200	800	2 440	50	970	530	130	1 890	1 010	5	20	20	0.91
13	MSQF1840	1 840	450	100	200	800	2 540	50	1 020	530	130	1 970	1 050	5	20	20	0.92
14	MSQF1920	1 920	450	90	200	800	2 620	50	1 060	530	130	2 050	1 090	5	20	20	0.93
15	MSQF2000	2 000	450	90	200	800	2 700	50	1 100	530	130	2 130	1 130	5	20	20	0.94

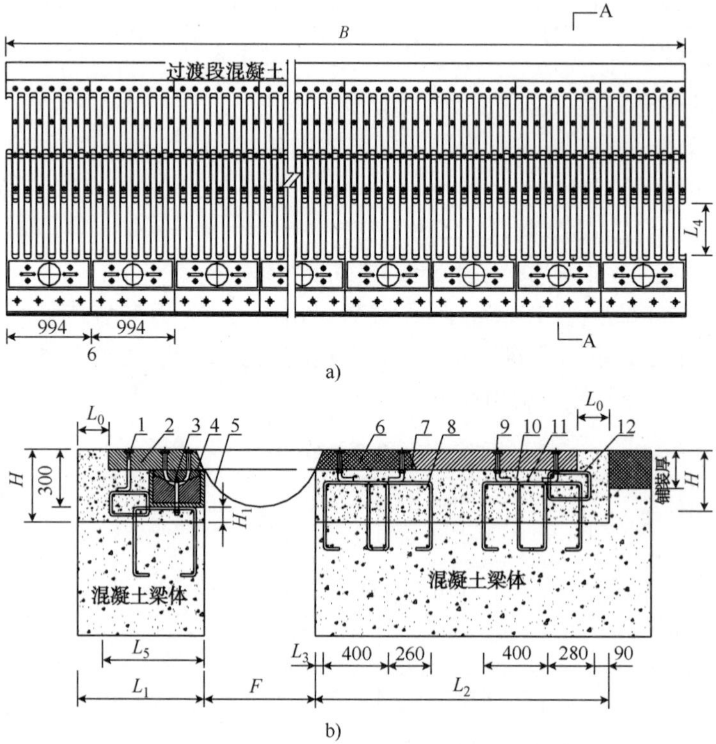

图 7-19 骑缝式伸缩装置安装示意图(混凝土梁用)(尺寸单位:mm)

a)平面图;b)A-A 剖面图

1-保险螺栓;2-活动板;3-变位箱组件;4-橡胶垫;5-止水带;6-固定板;7-不锈钢板;8-钢筋 N_2;9-固定螺栓;10-钢纤维混凝土;11-钢筋 N_3;12-钢筋 N_1

DX 系列伸缩装置除变位系统与 MS 系列伸缩装置相异,其结构参数与 MS 系列伸缩装置相同。图 7-20 为 DX 系列伸缩装置结构示意图。

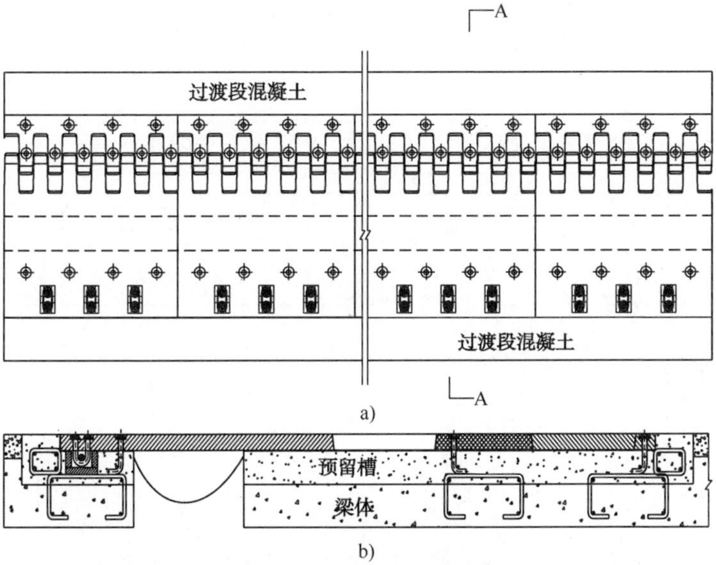

图 7-20　DX 系列伸缩装置结构示意图

a)平面图;b)A-A 剖面图

12)WX 系列梳齿板式伸缩装置

WX 系列梳齿板式伸缩装置是由西安中交万向科技股份有限公司研制的。该系列伸缩装置伸缩量在 0~120mm 之间,相比于市场上其他类型的小伸缩量的伸缩装置,该系列伸缩装置在安装、施工、养护等作业上具有明显优势。

WX 系列伸缩装置安装示意图如图 7-21 所示。结构参数如表 7-7 所示。

WX 伸缩装置设计参数　　表 7-7

序号	型号	设计伸缩量(mm)	安装预留尺寸(mm)							梁端间隙(mm)			钢筋(根)		混凝土(m^3)
			H (min)	H_1 (min)	L_0 (min)	L_1 (min)	L_2 (min)	L_3 (max)	L_4 (max)	F_{min}	F_{max}	F	N_1/N_4	N_2	
1	WX40	40	180	50	300	435	525	50	20	20	60	40	10/5	16	0.18
2	WX60	60	180	50	300	435	555	50	30	30	90	60	10/5	16	0.18
3	WX80	80	180	50	300	435	535	50	40	40	120	80	10/5	16	0.18
4	WX120	120	180	50	300	435	615	50	60	60	180	120	10/5	16	0.19

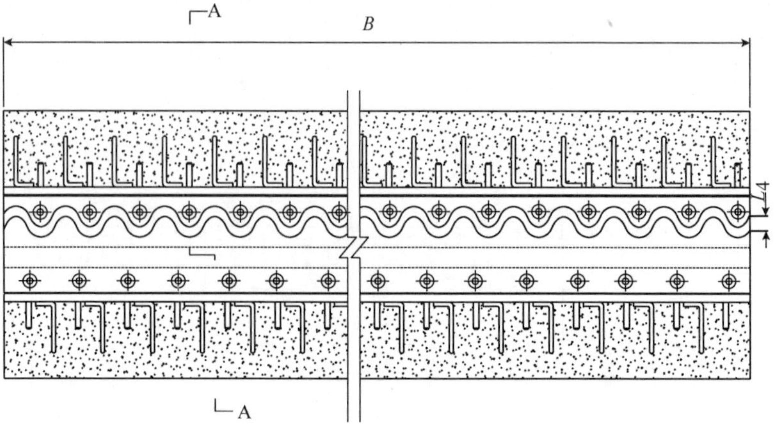

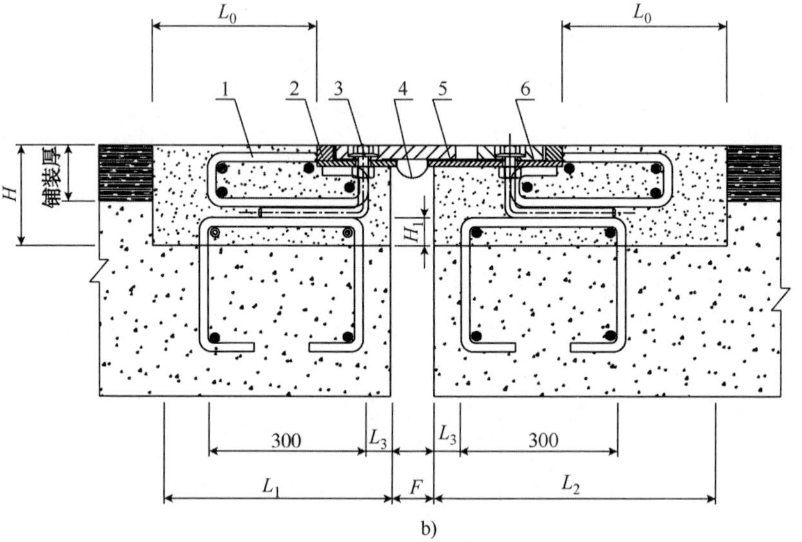

图 7-21 WX 系列伸缩装置结构示意图(尺寸单位:mm)

a)平面图;b)A-A 剖面图

1-焊接钢筋;2-底板组件;3-L 形螺栓;4-止水带;5-活动板;6-固定板

13)支承式梳齿板伸缩装置性能对比

根据我国所使用的各类桥梁伸缩装置的实际情况,其伸缩量的适用范围大致可归纳如表 7-8 所示。表中分别反映了各类伸缩装置通常使用的范围或实际产品的实质范围,以及理论与一般认为可能达到的使用范围。

支承式梳齿板伸缩装置性能对比　　表 7-8

伸缩装置类型	伸缩量范围（mm）	结构特点
钢梳齿形	0~120	其伸缩板下设有 U 形截水槽，可起防水、排水作用
PGF 钢齿型	0~420	面层板采用梳齿形防滑槽钢板，从左右伸出桥面板间隙处相互啮合的支承式构造，结构刚度较大，可承受较大的水平变位，伸缩量可达 420mm
戴玛克式	0~2 000	该种伸缩装置的变位量受到一定的限制。现在已做到变位量约 2 000mm 的设计。该产品虽然进行了标准化，但用于伸缩量小的情况，与其他形式相比是不经济的。目前该种伸缩装置大多被模数式伸缩装置取代
钢板叠合型	0~240	通常用铆钉装配角钢和钢板，面层板使用条纹钢板的钢板叠合式伸缩装置。由于焊接技术的发展，铆接构造变成了焊接构造。根据这种伸缩装置的受力特点和防水性差的缺点，对防水和锚固方法都作了改进
SFP 型	0~240	SFP 型伸缩装置整体高度为 30~40mm，一般情况下不用改变原梁端结构，浅埋设就能达到有效的锚固强度。SFP 型伸缩装置设置了两层氯丁橡胶防水层，并在梳形钢板伸缩间隙内浇灌防水油膏，起到很好的防水和防尘作用。伸缩装置全部采用耐候材料，使用双排螺栓锚固，整体刚性较好，一般不易损坏
LB 梳形板式	0~2 000	该系列伸缩装置采用轴体系变位结构，通过梳齿间隙实现纵向伸缩，轴体系能够满足桥梁的竖向变位要求
MS 骑缝式	880~2 000	该系列伸缩装置首次采用“球体系”万向变位理念，完美地实现了伸缩装置适应桥梁在纵向、横向、竖向以及合力扭变等各个方向的位移要求，并且该系列伸缩装置中大量采用先进的阻尼减振材料，能够很好地缓解外界荷载对伸缩装置产生的振动，大大提高了伸缩装置的使用寿命。另外，阻尼减振材料结合伸缩装置本身的圆角设计，能够大大地降低车辆通过时产生的噪声，符合现代社会的环保要求
MS 跨缝式	0~960	
DX 跨缝式	0~960	DX 系列伸缩装置是在 MS 系列伸缩装置的基础上经过创新和改进而成的，相对于 MS 系列伸缩装置，其经济性和实用性更为明显
DX 骑缝式	880~2 000	
WX 梳齿式	0~120	该系列伸缩装置伸缩量在 0~120mm 之间，相比于市场上其他类型的小伸缩量的伸缩装置，该系列伸缩装置在安装、施工、养护等作业上具有明显优势

7.2　支承式公路桥梁伸缩装置的设计

作用于伸缩装置的外部作用，通常是车辆荷载；作用于伸缩装置的其他作用，一般是伸缩位移和温度变化等产生的伸缩阻力。

作用于伸缩装置的外部作用，可以根据《公路桥涵设计通用规范》（JTG D60—2004）确定，具体的作用荷载及组合，应根据各种伸缩装置的构造特点来确定，将在以后相应章节中予以说明。

伸缩装置的破坏极限状态和使用极限状态的性能要求如表 2-1 所示。

在确定伸缩装置的力学性能时，要考虑伸缩装置的开启程度，使其处于最不利状态下。

下面以 MS 系列伸缩装置中 MSKF160 型支承式伸缩装置为例，计算伸缩装置的承载能力。

（1）荷载布置

根据《公路桥梁伸缩装置设计指南》（中交企字〔2011〕2 号），荷载在横桥向及纵桥向均应考虑布设在装置相对薄弱处，产生最大应力或挠度的位置上；静力荷载施加在伸缩装置伸缩量最大时的状态。伸缩装置上纵桥向荷载布置为车辆荷载的单后轴或双后轴，故在伸缩装置伸缩量最大时，当路面荷载（主要为汽车荷载，忽略钢板自重）作用于伸缩装置中心线处，此时钢板受力变形最大，如图 7-22 所示。设计时以这一工况进行设计校核。材料选用 Q345 钢。上钢板在荷载作用下的简化模型受力图如图 7-23 所示。

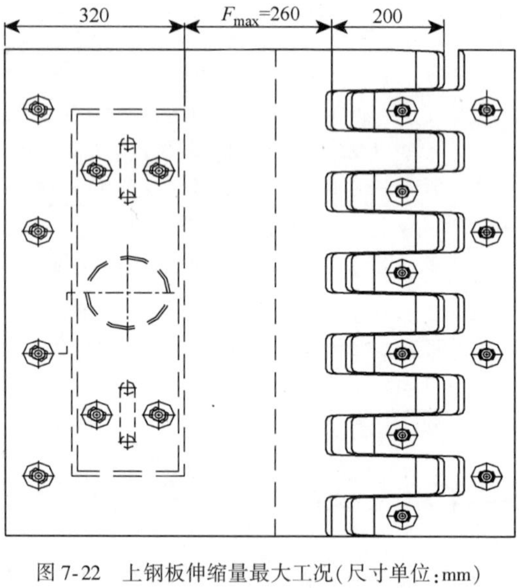

图 7-22　上钢板伸缩量最大工况（尺寸单位：mm）

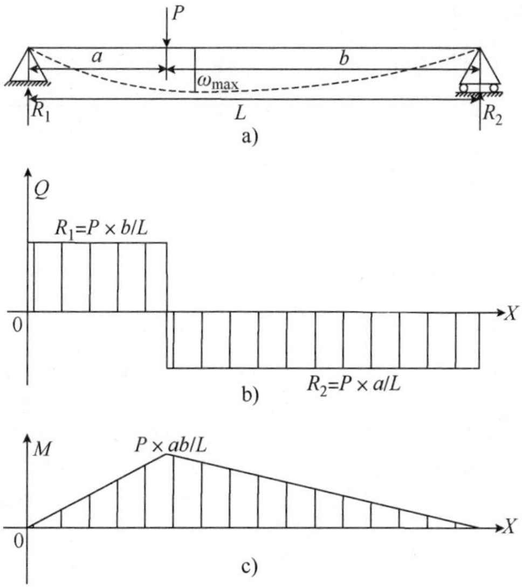

图 7-23　上钢板受力图

a)上钢板受力简图;b)上钢板受力剪力图;c)上钢板受力弯矩图

(2)板厚计算

设计荷载 P(忽略钢板自重)为车辆荷载,按照《公路桥涵设计通用规范》(JTG D60—2004)车辆荷载后轴重力标准值为 140kN,考虑汽车荷载的冲击作用,冲击系数按照桥涵规范,并参照《公路桥梁伸缩装置设计指南》(中交企字〔2011〕2 号)取为 1.45,这样作用在上钢板的车轮荷载为 $P=(140\times1.45)/2=101.5(\text{kN})$。已知每节钢板宽 $B=996\text{mm}$,跨径 $L=460\text{mm}$,待求板厚 H。结合图 7-23 受力状况和材料力学知识分析得到:

①据第四强度理论有:

$$\sigma=\sqrt{\sigma_{\max}^2+3\tau_{\max}^2}\leqslant\sqrt{[\sigma]^2+3[\tau]^2} \tag{7-1}$$

代入相应数值得到:$H\geqslant22.12\text{mm}$

其中:$\sigma_{\max}=\dfrac{M_{\max}}{W}=\dfrac{M_{\max}}{I_z/y_{\max}}=\dfrac{M_{\max}y_{\max}}{I_z}$,$\tau_{\max}=\dfrac{R_1}{A}$,$M_{\max}=R_1\times a=P\times ab/L$,$y_{\max}=H/2$,$I_z=\dfrac{BH^3}{12}$,$A=B\times H$

式中:$\sigma_{\max}$——上钢板最大弯曲应力(MPa);

$\tau_{\max}$——上钢板最大剪切应力(MPa);

$M_{\max}$——上钢板最大弯矩(N · mm);

W——抗弯截面模数(mm^3);

H——上钢板厚度(mm);

L——跨径(mm);

B——上钢板宽度(mm);

A——截面面积(mm^2);

I_z——截面惯性矩(mm^4);

y_{max}——至中性轴距离最大值(mm);

R_1——剪切力(N)。

②据《公路桥涵钢结构及木结构设计规范》(JTJ 025—1986)[19]中第一章第1.1.5条的规定,钢结构由汽车荷载(不计冲击力)引起的竖向挠度不应超过跨径的1/600。

此时:$P=140/2=70$(kN)

$$|\omega_{max}|=\left|-\frac{Pa(L^2-a^2)^{3/2}}{9\sqrt{3}EIL}\right|\leqslant[\omega]=\frac{1}{600}L \tag{7-2}$$

式中:ω_{max}——钢板最大竖向挠度(mm);

P——车辆荷载(kN);

L——计算跨径(mm);

a——作用点距跨缝边缘的长度(mm);

E——钢板弹性模量(MPa);

I——钢板截面惯性矩(mm^4)。

代入数值得到:$H\geqslant25.04$mm。

综合①、②可得:$H\geqslant25.04$mm。

(3)钢板挠度计算

钢板挠度的计算按照上述挠度的计算方法,如下:

$$|\omega_{max}|=\left|-\frac{Pa(L^2-a^2)^{3/2}}{9\sqrt{3}EIL}\right| \tag{7-3}$$

当板厚$H=30$mm,即板厚取现在设计的板厚时候,挠度$\omega=0.45$mm,其值远小于《公路桥涵钢结构及木结构设计规范》(JTJ 025—1986)中规定的$L/600=0.77$mm。

在极限状态下,即板厚H为理论计算的结果时,挠度会适当增大(板越薄,挠度越大)。

说明:

①本计算取$[\sigma]=180$MPa,$[\tau]=120$MPa,$E=206$GPa;严格上许用应力值$[\sigma]$要根据钢材厚度进行选择,并取5的整倍数。而本计算中的许用应力$[\sigma]$

取为最小值，具有较高的安全度。

②在工程实际中，作用于桥面的车辆荷载为均布荷载（这里还有一个基本假设即轮载下接触区域的压力是均匀的），按照《公路桥涵设计通用规范》（JTG D60—2004）车辆着地宽度及长度为 600mm×200mm。则此时，上钢板的受力图如图 7-24 所示。

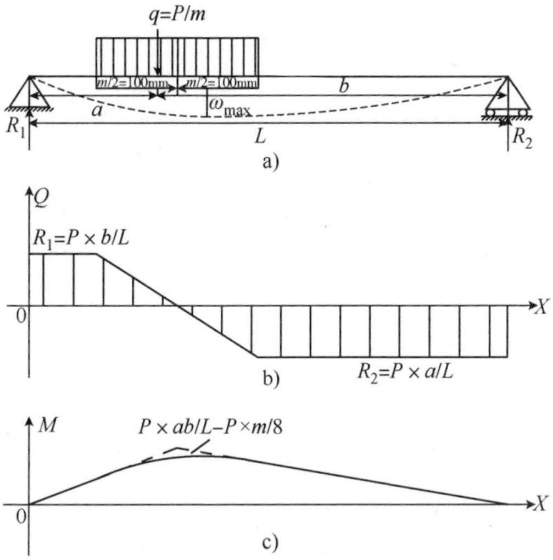

图 7-24 上钢板实际受力图

a）上钢板受力简图；b）上钢板受力剪力图；c）上钢板受力弯矩图

由图 7-24 及计算可以得到，均布荷载作用下钢板的最大弯矩 M_{max} 和最大挠度 ω_{max} 比集中荷载作用时有所减小，则对应求得的 H 下限值变小。由此可以得出，按照集中荷载计算时不仅可以简化分析和计算，而且具有更高的安全度。

③荷载 P 位置的确定

a.荷载 P 在横桥向及纵桥向均应布设在对所考虑的结构产生最大应力或挠度的位置上。

b.本计算中将荷载设置在伸缩装置中心处的位置，但不是跨径的中心处。

（4）本计算中未考虑钢板自重

（5）跨径 L 的确定

跨径 L：设定为伸缩装置伸缩量最大时的跨径（此时伸缩装置产生的应力和挠度可以达到最大），两端支点取在合理位置处（左端支点取在球铰处，右端取质心）。

另外，限于混凝土和泵送混凝土流动性较大，收缩使上钢板底面与混凝土之间常出现裂隙,上钢板下混凝土又不易振捣密实,故假设上钢板底面混凝土的支承力为零,黏结力为零。

(6)从钢板的计算可知:

①正常情况下,该钢板的受力和变形完全可以满足《公路桥涵设计通用规范》(JTG D60—2004)中规定的车辆荷载的作用。

②极限状态下:

a.MSKF 系列,该桥梁伸缩装置可承受车辆轴单个轮胎的重力为 163~273kN(相对于标准的 101.5kN),即在规范 JTG D60—2004 规定的标准车辆荷载下(140kN),该桥梁伸缩装置冲击系数可达 1.3~2.9(相对于标准的 1.45)。

b.MSQF(混凝土梁)系列,该桥梁伸缩装置可承受车辆轴单个轮胎的重力为 432~472kN(相对于标准的 101.5kN),即在规范 JTG D60—2004 规定的标准车辆荷载下(140kN),该桥梁伸缩装置冲击系数可达 5.2~5.7(相对于标准的1.45)。

c.MSQF(钢梁)系列,该桥梁伸缩装置可承受车辆轴单个轮胎的重力为 338~377kN(相对于标准的 101.5kN),即在规范 JTG D60—2004 规定的标准车辆荷载下(140kN),该桥梁伸缩装置冲击系数可达 3.8~4.4(相对于标准的 1.45)。

7.3 支承式公路桥梁伸缩装置的性能检测

1)支承式公路桥梁伸缩装置的伸缩位移

公路桥梁伸缩装置应能适应桥梁纵向、横向和竖向位移及其组合的要求。

伸缩装置的纵向位移主要是由桥梁梁体的温度伸缩、混凝土桥梁的收缩徐变、桥梁在车辆荷载作用下的弹性伸长等产生。对大跨度悬索桥和斜拉桥,由于顺桥向风力、车辆制动均会产生伸缩装置的纵向位移。伸缩装置的横向位移主要由风力和曲线桥梁的离心力等产生。伸缩装置的竖向位移通常是车辆荷载作用下的弹性位移。此外,地震作用下伸缩装置也会产生较大的纵向和横向位移。

对长大的宽桥,还应考虑由于日照作用,引起桥面两侧伸缩量不同,使伸缩装置产生扇形变形,即伸缩装置一侧伸缩量大,另一侧伸缩量小。

伸缩装置还应满足桥梁纵坡的要求,设计时要考虑由于桥梁纵坡产生的附加分力。

伸缩装置的标准位移能力,与桥梁主体结构在承载和非承载条件下的容许位移值相关。通常应由桥梁的结构设计计算确定伸缩装置的设计位移量,在确定伸缩装置的设计位移量时,还应考虑安装温度的影响,并考虑适当的位移富余量，在我国通常按基本伸缩位移量的25%～35%取值，建议应根据基本伸缩位移量的大小，适当予以调整，可以参考美国《桥梁设计规程》(ASSHTO LRFD Bridge Design Specifications)中提出的桥梁伸缩装置最小设计位移限值(表2-2)。

2)支承式公路桥梁伸缩装置的走行性能要求

伸缩装置的走行性能即伸缩装置的平整性要求。平整性也可以作为在本书6.2节中所述的耐久性的一个问题来考虑。平整性变坏的情况有两种，一种是钢制梳齿板式伸缩装置的梳齿状钢板的端部向上隆起，或是钢板叠合式伸缩装置的搭接板向上、开口，或是汽车行驶时受到冲击，或是伸缩装置发生响声等其本身表现出的缺陷，再一种是伸缩装置和周围桥面之间形成的高低之差(台阶状高差)，汽车受到冲击，致使行驶性变坏。

前一种情况，或是焊接变形矫正不够，或是施工不好、未能牢固的固定，或是考虑伸缩装置设置时没有规定间隙，或是随着浇筑桥面板混凝土，因桥梁转动而引起；以及在施工后由于地震和地基下沉等因素导致下部结构变位而引起；还有由于桥梁的挠曲而导致伸缩装置在梁端旋转所引起的情况。这些倾向通常在大跨径、梁高的高桥上比较显著。上述原因即使发生，由于橡胶伸缩装置形式等，伸缩装置对变形的适应性强，不会表现出太大的缺陷，而对于钢制梳齿板式伸缩装置和钢板叠合式伸缩装置其影响显得较大。

后一种情况是由于伸缩装置周围的桥面碾压不充分，随着汽车的行驶而下沉，产生高低差。由于这种高低差，形成较大的冲击。进一步使桥面本身移动，这种高低差逐渐扩大，平整性不断恶化。为了防止上述情况，可以选择先做成连续桥面，然后切割桥面体，再安装后嵌形式伸缩装置，之后只要慎重地施工就可以了。

后嵌形式伸缩装置有切割式紧密伸缩装置、后嵌对接伸缩装置、橡胶式伸缩装置等。与后嵌形式伸缩装置相对应的有钢制梳齿板式伸缩装置、钢板叠合式伸缩装置、先嵌对接式伸缩装置等先嵌形式伸缩装置，在桥面施工以前必须事先紧密地接合在主梁或桥面板上，因此桥面铺装不能充分碾压，常常平整性较差。

3)支承式公路桥梁伸缩装置的抗疲劳性能

伸缩装置的耐久性，原则上应和桥梁本身的耐久性相同。然而现在所使用的构造形式几乎都不能达到这一点。一般情况下只希望达到比桥面寿命大的耐久性，从经济性、施工性等方面看，这是妥当的，而且适应实际状况。同时，考虑耐久性时，必须根据道路的性质来判断其耐久年限。

这里所说的耐久性，是指到修补时或到更换时的寿命。认为寿命终结的情况是：①伸缩装置破损以致不耐使用的情况；②伸缩装置产生变形，平整性变坏，不适应汽车行驶的情况;③不能充分排水,对于桥梁下面的结构等不容许漏水的地方漏水。本节只考虑伸缩装置破损的耐久性,关于第 2 条和第 3 条在另外的章节中阐述。

即使是同一种伸缩装置,由于施工好坏不同,耐久性的差异也很大。根据耐久性来选择伸缩装置的种类时,有必要由现场的实情出发充分考虑进行哪一种施工。因此耐久性可以就不同施工情况进行比较。

通常,伸缩装置之所以变得破损而不耐使用,一般认为不是由于全部交通量引起的,而是由于重型车辆引起的。因此重型车交通量大的公路,即国道、主要地方公路等,有必要选择耐久性大的伸缩装置。钢制形式的梳齿板式伸缩装置,钢板叠合式伸缩装置,或者加劲钢材式伸缩装置等作为耐久性大的伸缩装置,是有实际成效的结构形式。除此之外,橡胶形式的一部分伸缩装置或后嵌对接形式的一部分伸缩装置可能也有耐久性大的,但实际成效不大,还不能清楚地了解其原因。但在寒冷地区,用机械不断进行除雪作业的地方,使用橡胶伸缩装置有破损的情况,必须注意。

其次,耐久性差的伸缩装置形式有紧密式、切割式、板式及角钢加强式,或者后嵌对接式的一部分等。切割部位的寿命有时远比桥面的寿命短,简单的对接形式有在通车后几个月就破损的实例。然而对轻型车辆多的市、镇、村道路等,因切割式和对接式伸缩装置能简单地施工,可以说是一种难以舍弃的方法。同样,关于人行道部分的伸缩装置,一般而言,可用这种简易的形式。

另外伸缩装置构造细节处理(焊接,栓接等)对疲劳寿命的影响也是非常大的。国外桥梁伸缩装置的设计,基本上是抗疲劳极限状态设计,对部件的疲劳应力幅值的控制和疲劳构造细节的处理,以及构造细节加工工艺的控制,将直接影响伸缩装置的使用耐久性。因此,除良好的设计理念外,必须要求伸缩装置厂家严格把控产品质量,并且有良好的施工安装,才能保证伸缩装置的抗疲劳性能。

4)支承式公路桥梁伸缩装置的抗震性能

伸缩装置在设计和使用阶段必须考虑其抗震性能,按照地震强度不同,伸缩装置抗震性能可分为以下几种:

(1)伸缩装置在地震作用下,其任何部件都能够承受外力荷载的作用;

(2)伸缩装置在地震作用下,其变位能力达到极限;

(3)伸缩装置承受外力荷载作用,但是不发生损坏;

(4)伸缩装置通过破坏本身部分结构来缓解外力荷载对其的作用,但是损坏部件不影响车辆的正常通行;

(5)伸缩装置通过破坏本身部分结构来缓解外力荷载对其的作用,但是损坏部件能够方便快速的更换;

(6)伸缩装置完全损坏,但是已缓解主要地震冲击力,在采取临时措施后,可以保证救援车辆通行。

伸缩装置抗震性能如表7-9所示:

伸缩装置抗震性能　　表7-9

地震强度	需　求	变形量	承载能力	操作性能	后期维修工作
A1	地震时仍旧能够完好地发挥作用	无	如地震前	如地震前	无
A2	变位能力达到最大值	最大变形量	如地震前	如地震前	无
B1	承受外力荷载,伸缩装置不发生损坏	超出最大变形量	如地震前	如地震前	无
B2	承受外力荷载,伸缩装置发生轻微损坏	超出最大变形量	如地震前	如地震前	更换损坏部件
B3	承受外力荷载,伸缩装置发生损坏,但损坏部分维修方便	超出最大变形量	如地震前	如地震前	更换损坏部件
B4	伸缩装置完全损坏,但已缓解大部分外力荷载	超出最大变形量	如地震前	如地震前	全部更换

5)支承式公路桥梁伸缩装置的防水性能要求

排水性及不透水性可以作为耐久性的一种来考虑。但是排水性及水密性之所以成为问题,是因为桥梁下面或有街道,或有房屋等其他设施,或有通航的河川。位于高架桥的伸缩装置如果排水性和水密性不好,会造成雨水的渗漏,使钢梁端部和支座锈蚀。对于这些情况,有必要考虑以下所述的问题。

伸缩装置,有的设有排水装置,有的未设排水装置。有排水装置的是钢制梳齿板式伸缩装置和钢板叠合式伸缩装置,但这些排水装置因砂土等堵塞而变得不能排水,形成由伸缩装置部分集中落水的情况是很普遍的。排水装置之所以堵塞,可以认为是由于施工时混凝土、沥青混凝土、木材及其他小片或碎屑掉入伸缩装置内,使排水装置堵塞。或是在施工后随着汽车的行驶,在排水装置中造成砂土堆积等。总之,一般是由于排水装置清扫困难,以致排水不良。

因此,在落水、漏水特别严重的地方,以不使用钢制梳齿板式伸缩装置和钢板叠合式伸缩装置为宜。考虑到这一点,也有把钢制梳齿板式伸缩装置的排水装置取消,而在梳齿板的下面黏结橡胶材料,改良成不透水构造的例子。如此,就成了没有排水装置的形式。由于没有足够的资料,故其不透水性的好坏,还不清楚。

未设排水装置的伸缩装置中,板式橡胶伸缩装置几乎没有不透水性,只是因为这种形式用在伸缩量极小的地方,集中落水也就不严重了,然而它不利于梁端和支座的防锈。再者,如施工不好,也要考虑集中落水。在漏水、落水有问题的地方,可不使用板式橡胶伸缩装置。

除了板式橡胶伸缩装置以外,对于没有排水装置的伸缩装置,为了使其保持不透水性,可以充分考虑分别在间隙中插入防水材料的和不插入防水材料的伸缩装置。黏结材料的是先嵌对接伸缩装置,但除去个别仔细施工的情况外,黏结都是不充分的,不透水性多半较差,因此施工时必须特别注意。

此外,对于橡胶式伸缩装置,完全的进行初期压缩和充分填实浇筑混凝土是重要的。如有可能,为了很好地和钢材紧密黏结,可以使用黏结材料。

6)支承式公路桥梁伸缩装置的其他性能要求

(1)施工性能

施工性能可分为两方面来考虑,一方面是施工的难易程度,另一方面是能否做到精心施工,以保持伸缩装置本来的寿命。这里所谓本来的寿命,是在精心设计、精心施工的情况下,具有所应有的耐久性、平整性、不透水性、排水性时的寿命。

首先,在施工是否费工这方面,施工比较简单的如紧密式伸缩装置和板式伸缩装置,这些伸缩装置因构造简单,施工也容易。与此相反,模数式、梳齿板式伸缩装置和橡胶式伸缩装置还要把已经竣工的桥面加以切割然后设置伸缩装置,所以比较费工。

其次,所谓是否可以进行保持本来寿命的良好施工,是指耐久性、平整性、不透水性、排水性等,是否根据施工的差别而改变。紧密式伸缩装置本来的寿命就短,如按一般情况施工,平整性、不透水性良好,即可达到本来的寿命。总体来说,任何形式的伸缩装置都可以通过良好的施工来保持其寿命。

角钢加强式伸缩装置、钢制梳齿板式伸缩装置、钢板叠合式伸缩装置等如果施工质量好,就会有足够的寿命。但一般来说,施工质量较差,则其平整性、不透水性多半不良。所以,务必要将其与桥面板混凝土十分牢固地固定,并使混凝土充分填铺密实。也就是说对于角钢加强式伸缩装置、钢制梳齿板式伸缩装置、钢板叠合式伸缩装置等,特别周密地施工是一个必要条件。

如上所述,施工的好坏,对伸缩装置的耐久性、平整性、不透水性的影响很大,所以必须十分重视进行精心施工。从现场的实际情况来看,如认定不能充分地进行施工管理的场合,就应该避免使用因施工质量差而使耐久性、平整性、不透水性等受到影响的伸缩装置。

(2)修补性

修补的难易,以在修补时要把桥面破坏到什么程度来决定。切割式和板式或隔离式伸缩装置等,可以只破坏周围的桥面,或把混凝土稍加破坏。与此相反,对于后嵌形式、橡胶式以及先嵌形式伸缩装置中的角钢加强或加劲钢材,必须凿除混凝土而露出锚筋部分。

对安装在钢桥上的钢制梳齿板式伸缩装置和钢板叠合式伸缩装置,有时需要露出主梁上翼缘板。不过这要取决于破坏的情况及修补的程度,不能一概而论。例如,如果只焊接梳齿板,也许不需要露出主梁的上翼缘板。

对于预应力混凝土桥,预应力锚具集中在梁的端部,因此,对后嵌形式伸缩装置,只要在开始设置后,凿开加工已浇筑的混凝土就行了。但对先嵌形式伸缩装置,凿开加工混凝土几乎是不可能的。另外钢制梳齿板式伸缩装置等可以在中段切断腹板,改成能在桥面内进行处理的对接形式。这种情况等于换成了另一种形式。例如:在城市街道高架桥上,钢制梳齿板式伸缩装置漏水严重,也有改成橡胶伸缩装置的情况。

综上所述,构造越简单的装置,修补越容易。

(3)经济性

经济性的问题,不能仅就各种伸缩装置的建筑单价来比较。就现状而言,是要尽力使伸缩装置的寿命和桥面寿命相等。但就实际情况而言,不得不认为它是一种消耗品,所以对于其寿命和修补费以及道路性质等,是要进行综合考虑而加以判断的。各种伸缩装置的建筑单价,当然仍旧是构造越简单越便宜,但如在耐久性一项中所述的那样,构造越简单寿命就越短。是使用这种便宜的伸缩装置而增加替换次数,还是使用高价装置以减少修补次数,这中间要有所选择。

对于交通量大的道路,因为修补而中止部分交通,是个较大问题。而且在交通量大的道路上,伸缩装置破坏比例也大。因此对于国道、主要地方道路等交通量大的公路,应该选择寿命长的、耐久性好的伸缩装置。

对于交通量小的道路,伸缩装置破坏的情况少。即使破坏了,为修补而限制交通的影响相对较小。对于交通量小的市、镇,村道路,考虑上述情况,选择建筑费用比较便宜的简单构造也许是经济的。经济性问题是一个应该慎重地综合判断的问题。

第8章 模数式伸缩装置

8.1 模数式伸缩装置简介

8.1.1 模数式伸缩装置的概念

所谓模数式伸缩装置,是通过在伸缩装置的两根边梁之间插入 $N-1$ 根中梁,将伸缩装置的总位移量划分为 N 个伸缩模数,从而增大伸缩装置的位移适应能力。据国内外相关规范,模数式伸缩装置每一模数通常为80 mm,可以适应的位移变化为0~80 mm(表8-1)。随着桥梁跨径越来越大,模数式伸缩装置的位移量也不断增大,目前世界上已应用的模数式伸缩装置最大位移量已达2 640mm。

模数式伸缩装置的“模数”概念　　　　表8-1

图形示意	模　　数	位移量
	2	160mm
	3	240mm
	4	320mm
……	……	……
	33	2 640mm
……	N	N×80mm

模数式伸缩装置是目前公路桥梁上使用最广泛的一种伸缩装置,由型钢组件、支承系统、位移系统、防水组件等组成。表8-2为模数式伸缩装置主要组成

元件一览表。

模数式伸缩装置组成元件　　表 8-2

名称		描述
型钢组件	边梁	锚固在梁端或桥台边缘,紧接路面的异型钢梁
	中梁	位于边梁之间,使路面连续并直接承受车辆荷载的异型钢梁,由支承系统对其所受的荷载进行传递,并由位移控制系统对其间距的均匀性进行控制
支承体系	支承梁(横梁)	对中梁起支承作用的梁(又叫作"横梁"),两端分别伸入并支承在锚入梁端的支承箱内
	支承箱(位移箱)	牢固锚固在桥梁主体结构端部的钢制箱体,对支承梁(横梁)起到支承作用,并为支承梁提供一定的运动空间
	支撑架	用于连接中梁与支承梁的钢部件
弹性支承元件	承压支座(支承)	将车辆荷载或预紧力从中梁传递到支承梁或主体结构上的元件
	压紧支座(支承)	用于防止中梁与支承梁的连接、支承梁与桥梁主体结构的连接在车辆荷载卸去后出现不密贴现象的元件
位移控制元件		用于确保模数式伸缩装置各单模宽度在梁体伸缩时基本保持一致的元件
锚固系统		焊接在边梁上的锚板、环形锚筋和焊接在支承箱上的锚钉,用于保证伸缩装置与梁体形成可靠的锚固
密封胶条		嵌入型钢型腔之中的橡胶条,用于防止桥面积水和杂物落到伸缩装置下部

1)型钢—密封胶条

型钢分为中梁和边梁,其顶面与桥面齐平,以保证行车平顺性,型钢上设有型腔,密封橡胶条嵌入型腔之中,在伸缩装置伸缩的同时保证行车平面及端部翘头范围内形成密封,防止桥面积水和杂物落到伸缩装置下部,影响桥面以下的结构(图 8-1)。

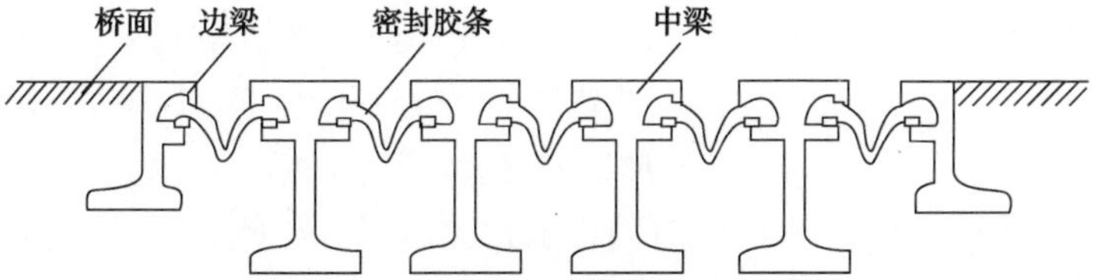

图 8-1　型钢—密封胶条布置示意图

2）支承系统

模数式伸缩装置的支承系统由支承梁、支承箱、支撑架、承压支承以及压紧支承等零部件组成，主要作用是将中梁承受的车轮荷载传递到梁体(图 8-2)。

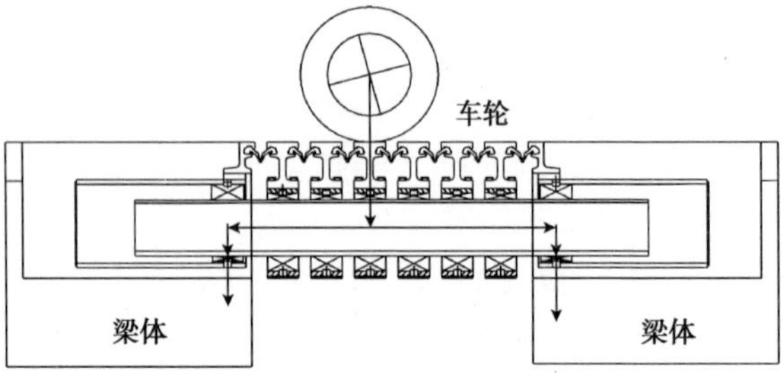

图 8-2　模数式伸缩装置的荷载传递

模数式伸缩装置的支承系统按支承梁的结构形式，可区分为格梁式、直梁式和斜梁式(转轴式)3 种，本章 8.3 节将一一对其进行介绍。

3）位移控制系统

模数式伸缩装置由两根边梁型钢之间加入若干中梁型钢组成，理想的工作状态是将伸缩位移均匀地分配到各根型钢之间，为了实现这一目的而设置的系统即称为模数式伸缩装置的位移控制系统。对于不同结构的模数式伸缩装置，其位移控制系统也有比较明显的区别，并且位移控制系统与支承系统一般有固定的对应关系：格梁式伸缩装置一般使用压缩弹簧控制；直梁式伸缩装置一般使用橡胶剪切弹簧或铰链控制；而斜梁式伸缩装置则是通过边梁、中梁与支承梁间形成的机械构造实现位移控制(详见 8.3 节)。

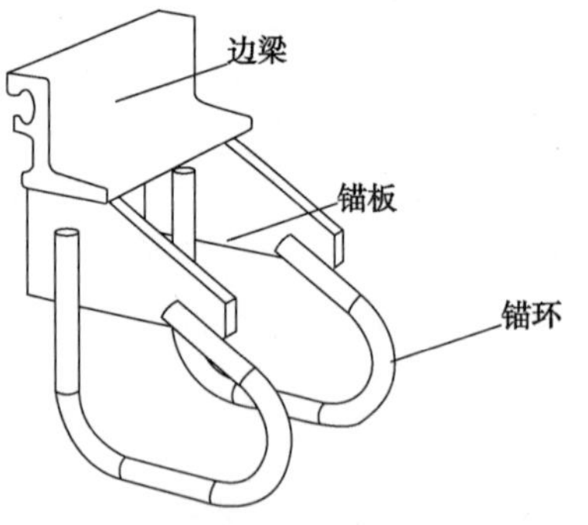

图 8-3　模数式伸缩装置锚固系统示意图

4）锚固系统

模数式伸缩装置的锚固系统主要由焊接在边梁上的锚板和环形锚筋以及焊接在支承箱上的锚钉组成，能保证伸缩装置与梁体形成可靠的锚固(图 8-3)。

8.1.2　模数式伸缩装置的应用现状

模数式伸缩装置在我国的最初应用可追溯至 20 世纪 80 年代，德国毛勒公司的模数式伸缩装置率先进入中国市场，随后瑞士玛格巴、美国万宝等公司的模数式伸缩装置也相继出现。与此同时，国内企业在引进国外先进技术的基础上，逐步研发出了适应中国国情的自主品牌模数式伸缩装置，并逐渐在国内市场占据一席之地。

模数式伸缩装置发展至今，凭借其成熟的技术和丰富的工程应用经验，得到了业内专家学者的广泛认可。从近几年模数式伸缩装置在国内公路桥梁上的应用情况来看，其产品来源主要有：德国毛勒公司的格梁和斜梁模数式伸缩装置、瑞士马格巴公司的直梁模数式伸缩装置以及成都新筑路桥机械股份有限公司等自主研发生产的 ZL 系列直梁模数式伸缩装置。这些伸缩装置分别被应用在国内多座跨江跨海大桥上，为我国公路桥梁建设事业的快速发展作出了重要贡献。表 8-3 列举了部分伸缩量大于 1 000mm 的模数式伸缩装置工程案例。图 8-4~图 8-6 为模数式伸缩装置的 3 个应用实例。

部分位移量超过 1 000mm 的模数式伸缩装置在中国的应用情况 表 8-3

桥名	跨径及桥型	主桥伸缩装置型号（位移量，mm）	供货时间	供货厂家
南京长江二桥	斜拉桥，主跨 628m	LR20（1 600）	2000 年	MAGEBA
岳阳洞庭湖大桥	（130+310+310+130）m 三塔双索面斜拉桥	SSFB800	2000 年	新津筑机厂
重庆大佛寺长江大桥	（198+450+198）m 双塔双索面斜拉桥	ZL-1120	2001 年	成都新筑
江苏润扬长江大桥南汊桥	悬索桥，主跨 1 490m	LR27（2 160）	2004 年	MAGEBA
南京长江三桥	斜拉桥，主跨 648m	LR13（1 040）	2005 年	MAGEBA
贵州坝陵河特大桥	斜拉桥，主跨 1 088m	LR21	2008 年	MAGEBA
上海崇明越江通道长江大桥	斜拉桥，主跨 730m	D1760	2008 年	MAURER
苏通长江大桥	双塔斜拉桥，主跨 1 088m	D2600	2008 年	MAURER
武汉天兴州长江大桥	（98+196+504+196+98）m 双塔三索面斜拉桥，公铁两用	ZL-1040	2008 年	成都新筑
西堠门大桥	钢箱梁悬索桥，主跨 1 650m	DS2240，DS2160	2009 年	MAURER
武汉二七长江大桥	（90+160+2×616+160+90）m 三塔双索面混合梁斜拉桥	ZL-1600	2011 年	成都新筑
江门市江顺大桥	（60+176+700+176+60）m H 形双塔双索面钢—混凝土混合梁斜拉桥	ZL-1520	2014 年	成都新筑
黄冈公铁长江大桥	（81+243+567+243+81）m 公铁两用双塔斜拉桥	ZL-1360	2013 年	成都新筑

图 8-4　应用于西堠门大桥的毛勒公司斜梁模数式伸缩装置，位移量：1 840mm

图 8-5　应用于润扬长江大桥的马格巴公司直梁模数式伸缩装置，位移量：2 160mm

图 8-6　应用于武汉二七长江大桥的新筑公司直梁模数式伸缩装置，位移量：1 600mm

8.2 模数式伸缩装置的主要零部件

8.2.1 型钢

1）型钢的类型

（1）边梁型钢

边梁型钢是直接与梁体连接的型钢，其所受荷载直接传递给梁体，主要作用为保护梁体端部混凝土。边梁型钢的主要类型见第6章中的GL型单缝式型钢伸缩装置。

（2）中梁型钢

中梁主要承受垂直和水平向的车辆荷载，并将其传递至支承梁上，顶面需有一定的抗滑能力。

根据标准《公路桥梁伸缩装置》（JT/T 327—2004）要求，中梁型钢的截面尺寸为80mm×120mm，而90mm×125mm和90mm×130mm的中梁型钢主要用于重载交通的地区（图8-7），通过提高型钢的截面尺寸来适应日趋繁重的交通荷载。

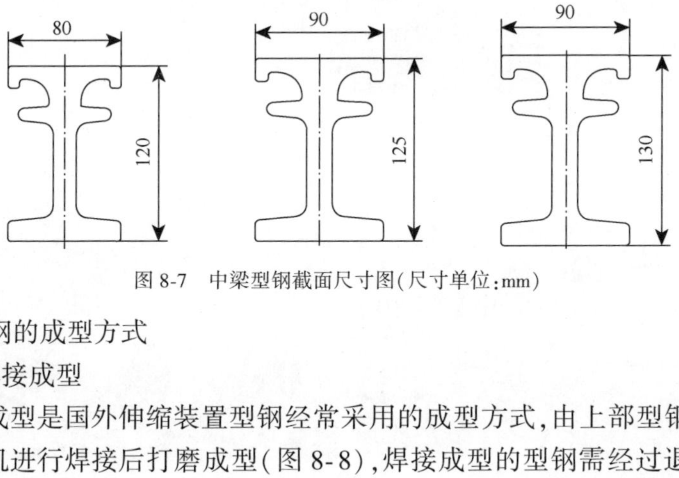

图8-7 中梁型钢截面尺寸图（尺寸单位：mm）

2）型钢的成型方式

（1）焊接成型

焊接成型是国外伸缩装置型钢经常采用的成型方式，由上部型钢与下部型钢通过焊机进行焊接后打磨成型（图8-8），焊接成型的型钢需经过退火消除焊接应力后作校直处理。由于焊接成型难免出现缺陷，型钢疲劳强度较差，且生产成本高、效率低，目前国内已基本不再使用。

（2）轧制成型

随着轧钢技术在国内的发展，模数式伸缩装置型钢的轧制成型技术已经比较成熟，是现今国内普遍采用的一种成型方式。型钢通过轧制整体成型后校直铣型腔,具有生产效率高、成型尺寸易保证、型腔尺寸稳定等优点。型钢通常采用 Q345 钢材轧制而成,边梁型钢也可以采用 Q235 钢材轧制,在寒冷地区使用时,型钢还应满足冲击韧性的要求。图 8-9 为型钢的钢坯与热轧过程。

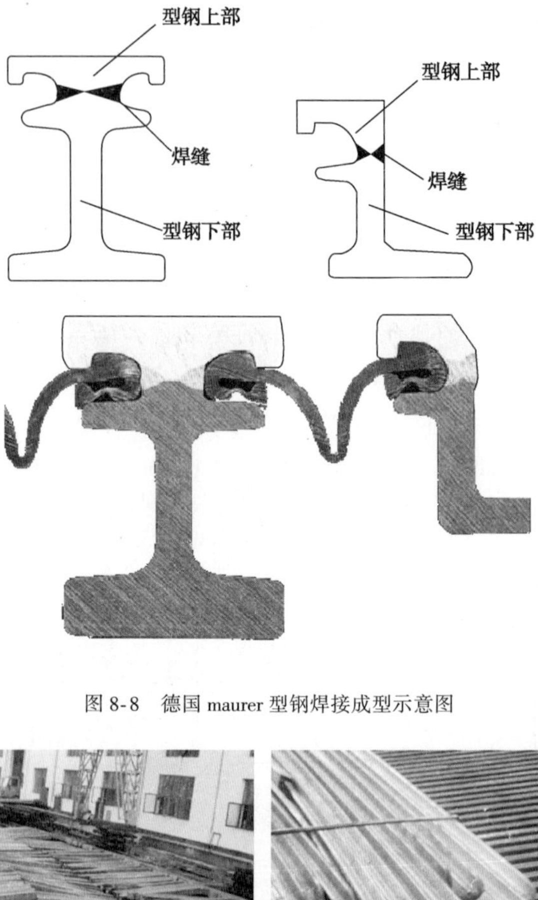

图 8-8　德国 maurer 型钢焊接成型示意图

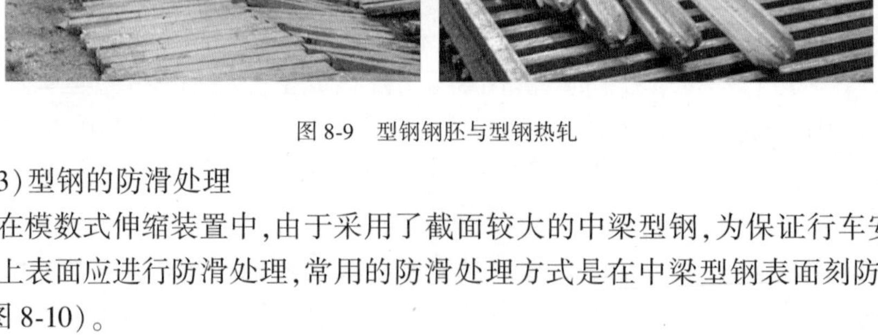

图 8-9　型钢钢胚与型钢热轧

3)型钢的防滑处理

在模数式伸缩装置中,由于采用了截面较大的中梁型钢,为保证行车安全,型钢上表面应进行防滑处理,常用的防滑处理方式是在中梁型钢表面刻防滑凹槽(图 8-10)。

型钢的防滑处理也可以通过在型钢表面设置防滑涂层的方式实现,但这类方式的不足之处在于,在伸缩装置使用过程中,型钢表面防滑涂层易脱落,防滑效果会逐渐减弱。

8.2.2 锚固组件

设在模数式伸缩装置边梁型钢和支承箱上的锚固组件作用是确保伸缩装置与梁体或桥台牢固、稳定地结合在一起,将伸缩装置承受的所有荷载有效地传递给梁体或桥台。

1)锚板和环形锚筋

锚板和环形锚筋组成的锚固组件焊接在边梁上,与梁体预埋筋以及横穿钢筋组成一个框架式的锚固体系(图 8-11),能有效地增强锚固效果。

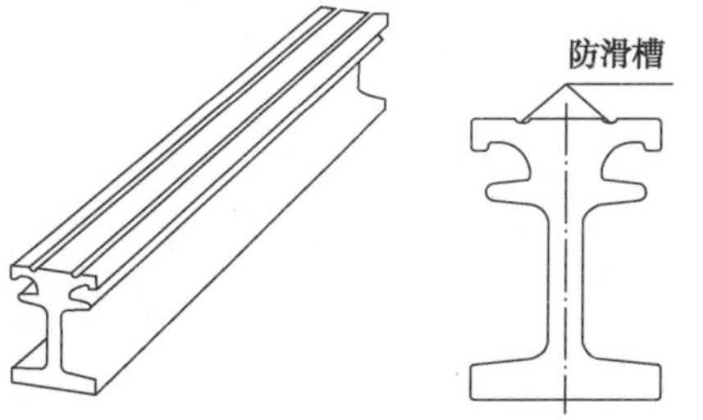

图 8-10　中梁型钢防滑刻槽示意图

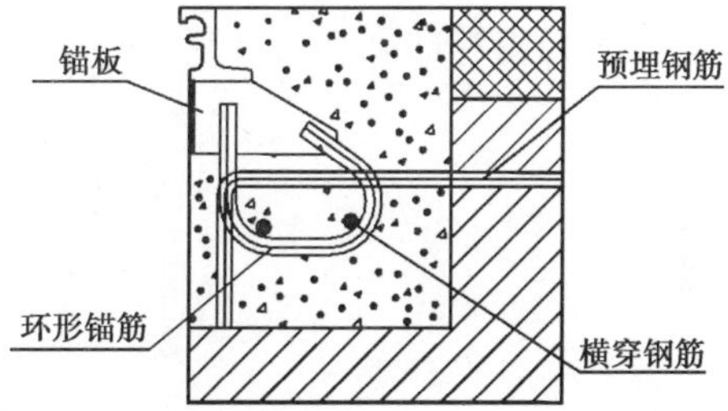

图 8-11　边梁的锚固示意图

2)支承箱(位移箱)的锚固

模数式伸缩装置的支承箱上设有锚钉,安装时与梁端预留槽区预埋件焊接,以确保支承箱在混凝土中形成可靠的锚固。图 8-12 为支承箱的锚固示意图。

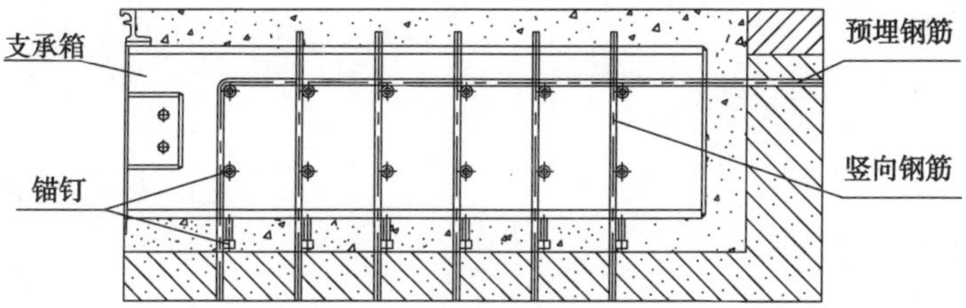

图 8-12　支承箱体的锚固示意图

8.2.3 支承箱

支承箱是装载支承梁和弹性元件的部件(图 8-13),安装时埋入混凝土中,应具有足够的刚度来保证弹性元件的预紧,通常采用 Q235 钢板焊接而成。

当伸缩装置两侧的结构发生水平横向(垂直于行车方向)相对位移时,支承箱内的支承梁会随之转动，为避免支承梁与支承箱发生干涉，支承箱的设计应考虑支承梁转动的需要，例如图 8-14 所示的扇形结构。

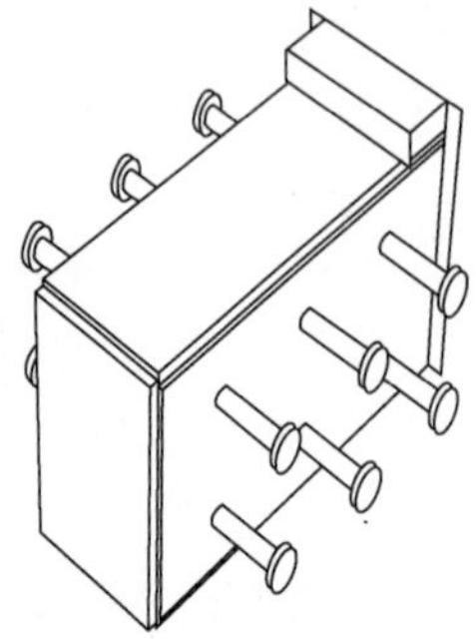

图 8-13　支承箱结构示意图

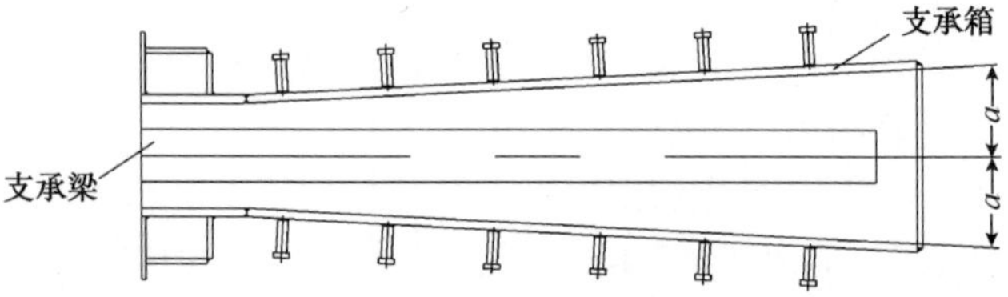

图 8-14　扇形支承箱结构示意图

支承箱内腔的高度尺寸应严格控制以保证箱内弹性元件达到设计的预压量（图 8-15）。

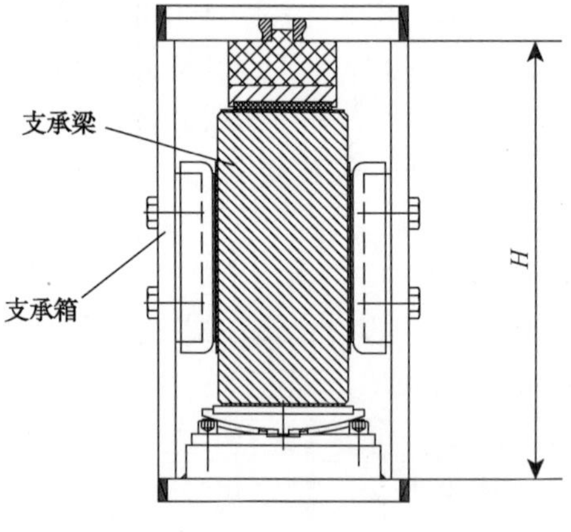

图 8-15　支承箱内腔高度尺寸控制预压量

8.2.4　支承梁

支承梁是伸缩装置主要的承载部件，弹性元件在支承梁上滑动和转动，所以支承梁应具有足够的刚度和较小的摩阻力。

1）梁体

支承梁的主体（图 8-16）一般采用钢板或者焊接工字钢，采用焊接工字钢会节省梁体所需钢材，但对于工字钢的焊接的要求较高，需采用熔透焊，并且超声波探伤应达到Ⅰ级要求。

2)不锈钢滑板

不锈钢滑板布置在支承梁上、下面与弹性元件接触的部位(图 8-16),使弹性元件在支承梁上滑动的时候具有较小的摩阻力,滑动面应涂硅脂润滑。

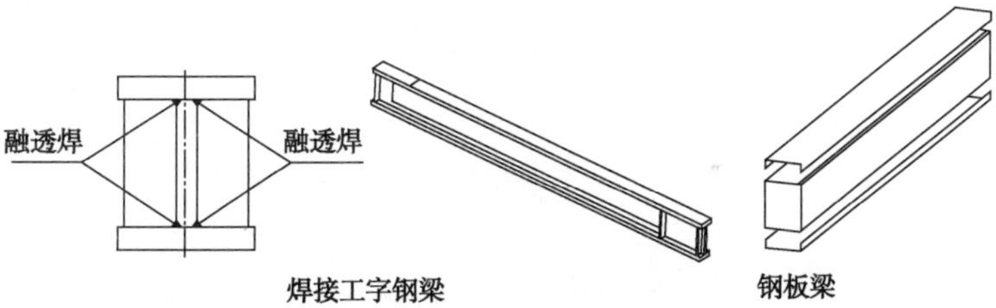

图 8-16　支承梁示意图

8.2.5　支撑架(吊架)

支撑架是连接中梁、支承梁和弹性元件,并控制弹性元件预压量的部件,应具有足够的刚度和精确的结构尺寸,格梁式伸缩装置无此部件。支撑架的连接方式如下:

1)螺栓连接

支撑架与中梁型钢采用高强度螺栓连接,优点是可以改善中梁连接的抗疲劳性能,且便于支承系统的维修更换。采用此方式时,对螺栓需进行防松处理,以防止支撑架的松动、掉落(图 8-17)。

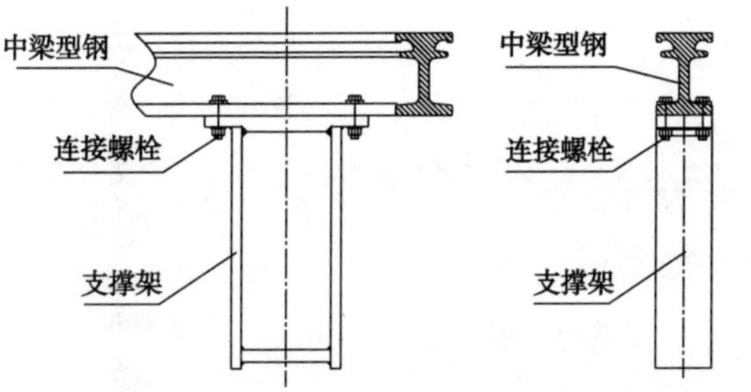

图 8-17　支撑架与中梁型钢螺栓连接示意图

目前,我国采用的中梁型钢下翼缘均带有坡度,在与支撑架连接时需在螺栓处加垫楔形垫片。此种处理方法,对高强度螺栓的连接是极为不利的,因此建议将螺栓垫圈处铣成平台。

2)焊接连接

支撑架与中梁型钢采用焊接连接(图 8-18),多用于斜梁式伸缩装置,优点是焊接结构可靠，支撑架不会松动、掉落；缺点是对焊接工艺要求高，焊缝的疲劳强度会影响伸缩装置的整体疲劳寿命，一旦损坏不便于维修更换。

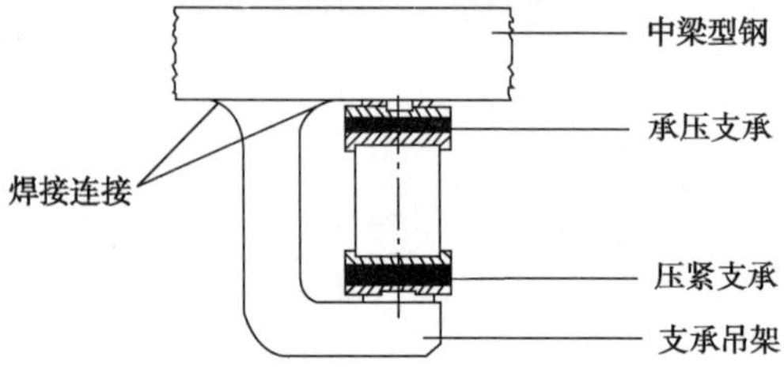

图 8-18　支撑架与中梁型钢焊接示意图

8.2.6　承压支承与压紧支承

承压支承和压紧支承属于模数式伸缩装置中的弹性支承元件，也是伸缩装置的核心元件，主体通常由橡胶材料制成，与支承梁的接触面通常设一层聚四氟乙烯材质的自润滑板以减小滑动摩阻力。支承元件的性能直接影响伸缩装置的使用寿命。

1）承压支承

承压支承主要承受竖向荷载，要求具有一定的刚度，在支撑架内承压支承设置在支承梁的上部，而在支承箱体内承压支承设置在支承梁的下部，在支承箱体内的承压支承多设计为具有转动性能的支承，如球形承压支承。承压支承的结构如图 8-19 和图 8-20 所示。

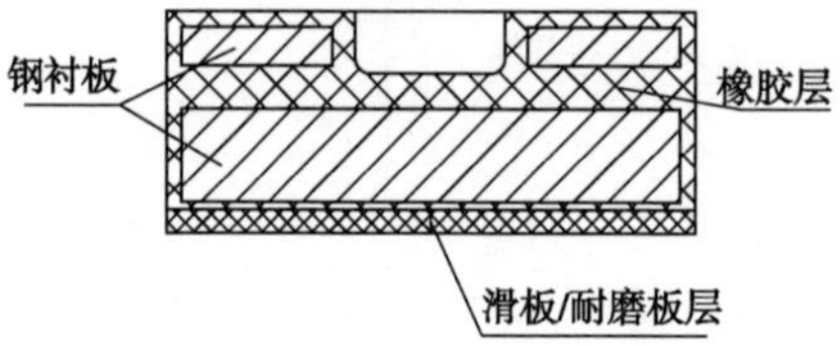

图 8-19　承压支承结构示意图

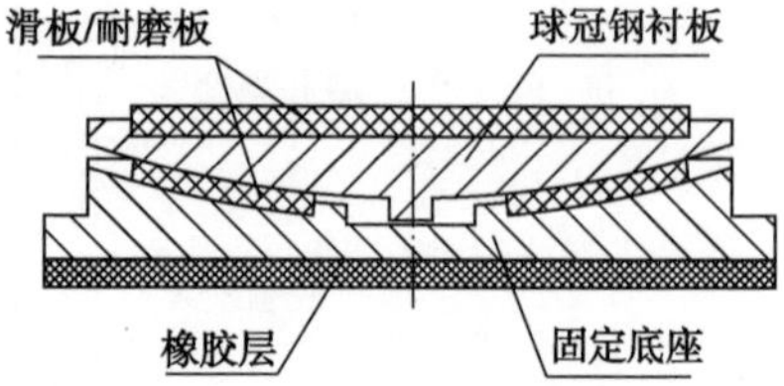

图 8-20　球形承压支承示意图

2）压紧支承

压紧支承主要作用是提供预压量，防止车辆通过时引起的反跳现象，其设计直接影响了伸缩装置的使用性能，预压量的大小需通过大量计算和试验得出。预压量过大会导致支承的摩阻力增大，影响伸缩性能；而预压量太小，车辆通过时伸缩装置的振动、噪声都较大，影响使用寿命。压紧支承结构如图 8-21 所示。

承压支承和压紧支承的胶层可以采用聚氨酯橡胶材料，其耐疲劳、耐寒、耐老化性能都优于传统橡胶材料，但成本较高。

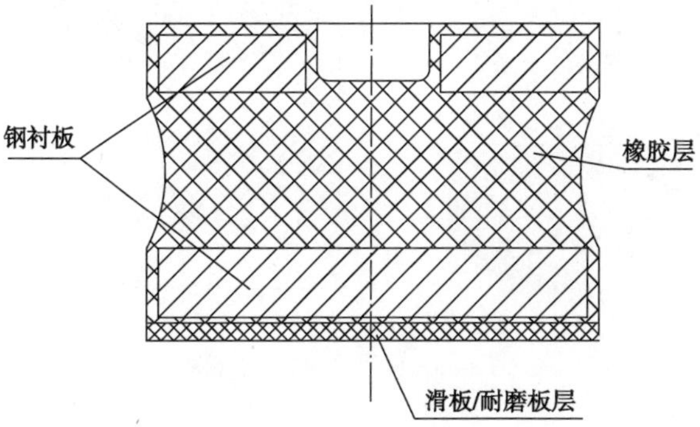

图 8-21 压紧支承结构示意图

8.2.7 位移控制部件

位移控制部件是控制模数式伸缩装置各单模之间的缝宽相对均匀的部件。斜梁式伸缩装置是依靠支承梁的几何转动来控制缝宽，因此没有独立的位移控制部件。

1）弹性控制部件

（1）压缩弹簧

压缩弹簧采用聚氨酯材料制成，通过自身压缩变形来控制缝宽的均匀性，主要用于格梁式伸缩装置，结构如图 8-22 所示。

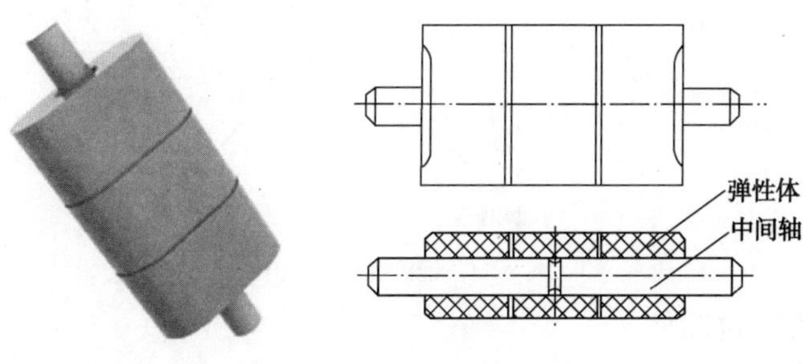

图 8-22 压缩弹簧结构示意图

（2）橡胶剪切弹簧

橡胶剪切弹簧主体采用天然橡胶或者聚氨酯橡胶制成，布置在中梁型钢底部，通过橡胶的剪切变形来控制缝宽的均匀性，用于直梁式伸缩装置，结构如图

8-23 所示。

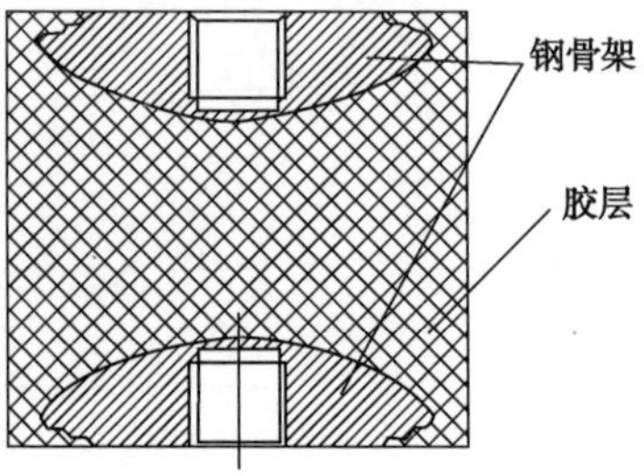

图 8-23　剪切弹簧结构示意图

2)刚性控制部件

(1)钢铰链

钢铰链式位移控制部件通过刚性几何约束来控制伸缩装置的缝宽(图 8-24),缺点是刚性结构易生锈卡死、加工和装配要求较高、连接螺栓易松动、行车时机械连杆的冲击噪声大,因此国内外现已经很少采用。

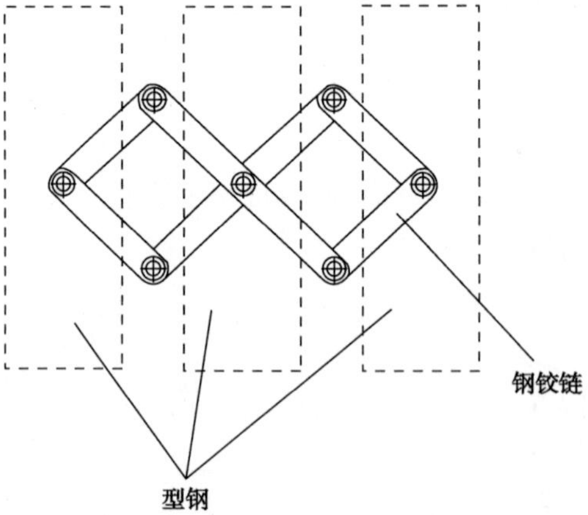

图 8-24　钢铰链结构示意图

(2)刚性限位部件

刚性限位部件是一个辅助性的位移控制部件,布置在中梁型钢底部,用于限制型钢之间的最大缝宽。一般采用限位环或者限位钩等方式(图 8-25)。

8.2.8　密封胶条

密封胶条位于模数式伸缩装置型钢之间,两侧嵌固在型钢上的凹形腔内,不需用螺栓固定,可保证伸缩装置表面彻底防水,并且能够适应型钢间各种形式的相对位移(图 8-1、图 8-26)。密封胶条的材质可以是氯丁橡胶、三元乙丙橡胶或天然橡胶,用简单的工具便可在桥面上进行更换或硫化修补。

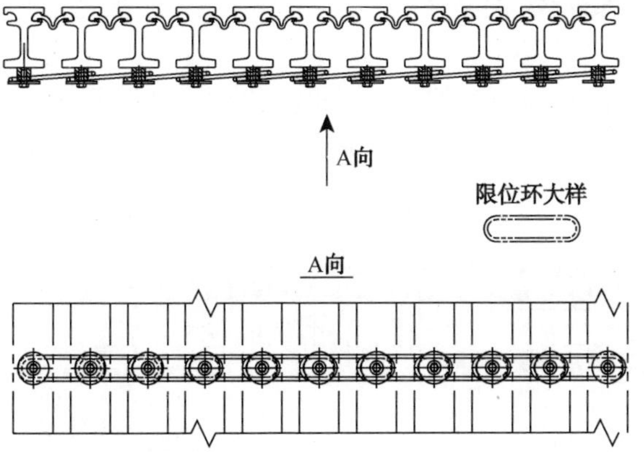

图 8-25　刚性限位环结构示意图

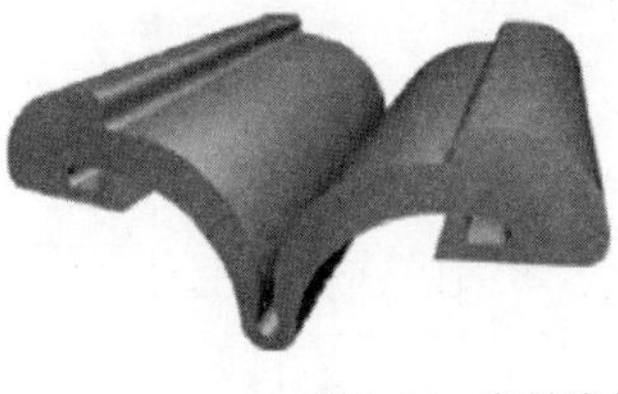

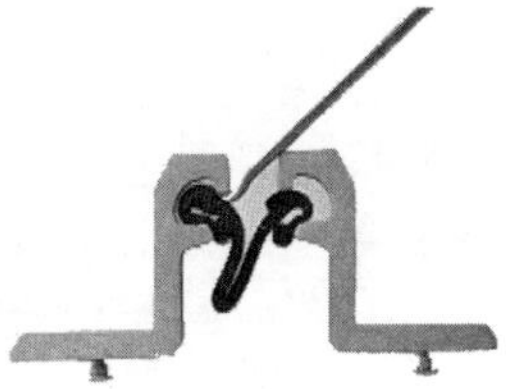

图 8-26　密封胶条结构及嵌装示意图

8.3　模数式伸缩装置的分类

模数式伸缩装置可以按如下的几种方式加以区分:

(1)按支承梁的结构形式可分为格梁式、直梁式、斜梁式。

(2)按位移控制方式可分为压缩弹簧控制式、剪切弹簧控制式、铰链控制式以及几何控制式。模数式伸缩装置的位移控制方式往往与支承梁的结构形式是对应的,如格梁模数式伸缩装置的位移控制方式主要为压缩弹簧控制式,直梁模数式伸缩装置主要为剪切弹簧控制式或铰链控制式,而斜梁模数式伸缩装置则主要为几何控制式。

(3)按伸缩装置两侧的梁端结构所决定的位移形式可分为单侧位移式和双侧位移式。这种分类方式主要基于伸缩装置两侧梁体所允许的安装槽区尺寸是否一致的考虑。当主桥为钢箱梁、引桥为桥台或混凝土梁时,由于钢箱梁侧无法为伸缩装置提供较宽的安装槽区,常常采用在钢箱梁上焊接牛腿的方式来支承伸缩装置,故要求该侧伸缩装置的支承箱外形尺寸尽量小一些,而混凝土梁侧的安装槽区则可根据支承箱体的实际大小进行设置,此种情况下多采用单侧位移式,将位移空间累积到混凝土梁一侧,如图 8-27 所示;当桥梁伸缩装置两侧梁体均为混凝土结构时,两侧的安装槽区可根据伸缩装置支承箱大小来设置,故可采用双侧位移式,将位移空间分散到伸缩装置两端,如图 8-28 所示。

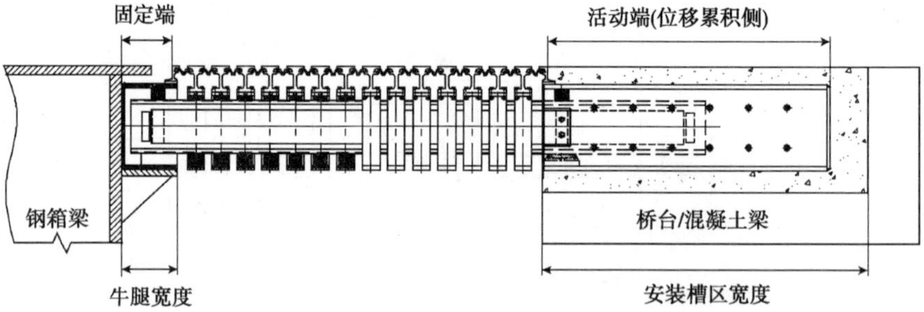

图 8-27　直梁单侧位移模数式伸缩装置示意图

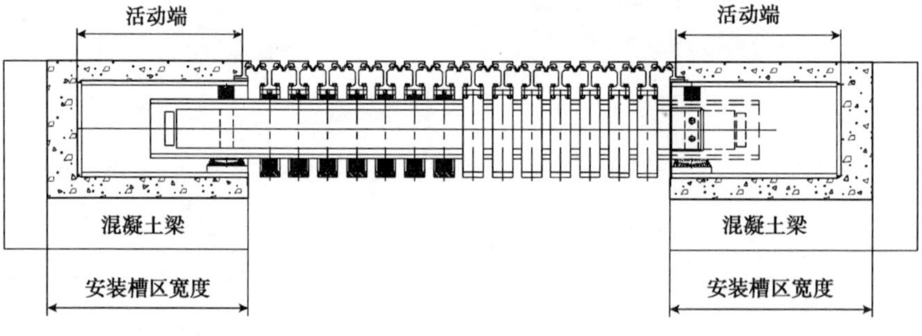

图 8-28　直梁双侧位移模数式伸缩装置示意图

8.3.1　格梁模数式伸缩装置

格梁模数式伸缩装置的每个支承箱内都有与中梁数量相等、一一对应并固结的支承梁(图 8-29),梁体伸缩时,通过支承梁之间位移控制弹簧的压缩变形来传力,实现对缝宽均匀性的控制。支承梁两端设置带有自润滑表面的弹性支承元件,保证了支承梁滑动自如。

如图 8-30 所示,中梁型钢①、②分别与支承梁①、②固定,随支承梁的移动而移动。当梁体发生位移时,支承箱体首先随梁体一同移动,通过右端聚氨酯压缩弹簧将力传递给支承梁①,带动支承梁①发生位移,支承梁①通过中间聚氨酯压缩弹簧将力进一步传递给支承梁②,由支承梁②带动中梁型钢②一同移动并且将力传递给左端聚氨酯压缩弹簧,由此实现了各缝缝宽均匀性的控制。由于各位置的聚氨酯压缩弹簧从整体上是串联结构,这使得结构之间力的传递十分快速畅通,各缝缝宽的变化几乎是同时发生的,故各缝缝宽均匀性可以得到较好地控制。

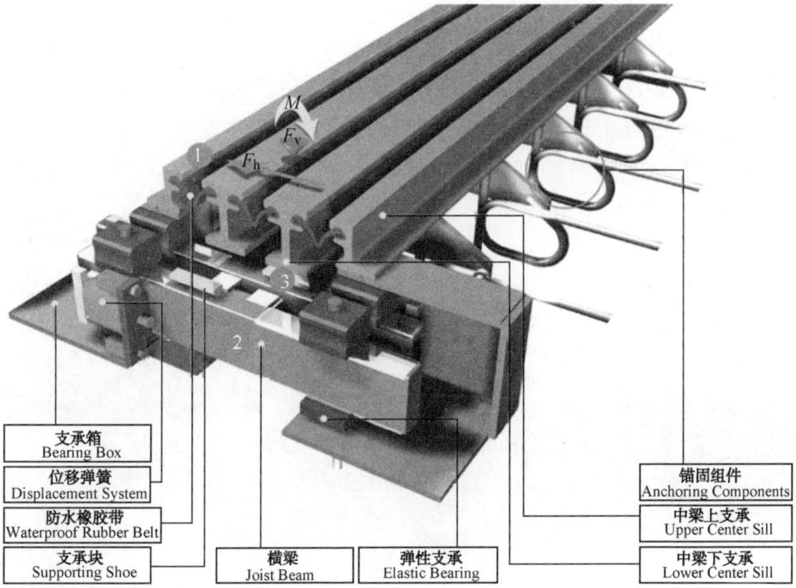

图 8-29　格梁模数式伸缩装置结构示意图

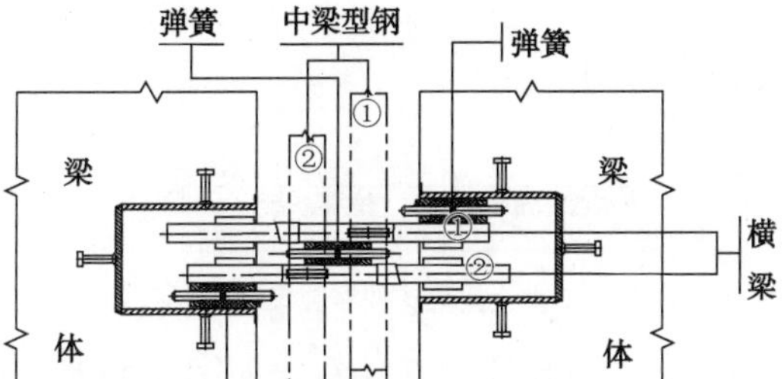

图 8-30　格梁模数式伸缩装置俯视图

格梁模数式伸缩装置的这种结构受力简单、清晰,位移均匀性好,在梁体转角不大时使用效果比较理想，但也存在缺点：格梁模数式伸缩装置中梁型钢与支承梁一一对应的结构意味着位移量越大则每个支承箱内需要设置的支承梁就越多，相应的位移控制弹簧也会越多，支承箱的体积也越大，这样一方面会极大增加成本，另一方面会使梁端的安装空间不足。因此，格梁模数式伸缩装置适用的伸缩量一般不超过 400mm。

8.3.2 直梁模数式伸缩装置

直梁模数式伸缩装置的结构如图 8-31 所示，每组支承箱内只有一根平行于桥梁轴线的支承梁，中梁与支承梁正交，采用高强螺栓和支撑架连接，通过弹性支承的扭转及压缩可实现少量竖向及横向水平变位；各缝缝宽的等距控制则是通过型钢间串联的橡胶剪切弹簧的剪切变形推动各根中梁移动来实现的。

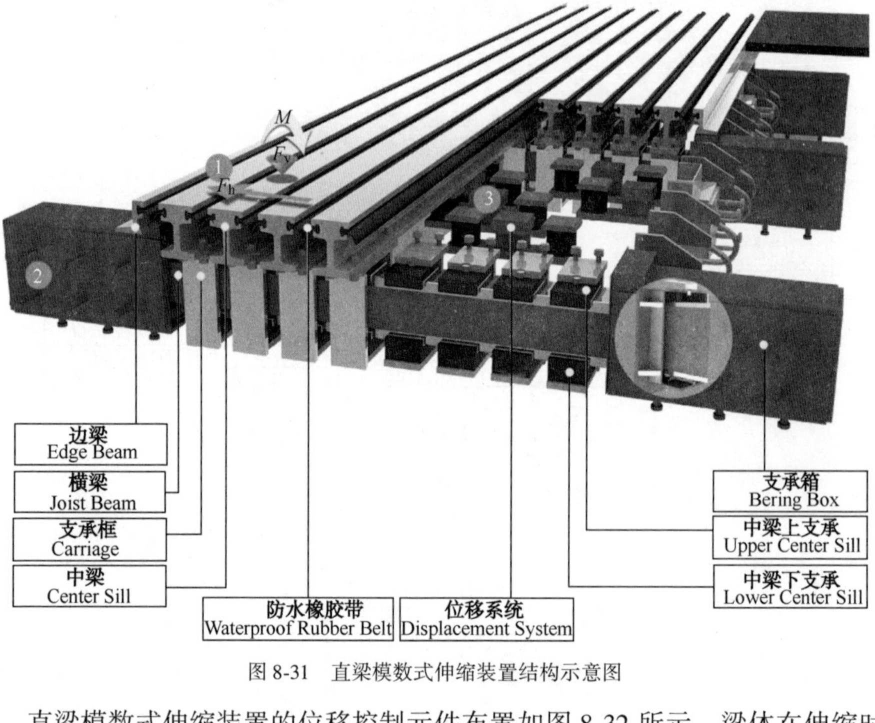

图 8-31　直梁模数式伸缩装置结构示意图

直梁模数式伸缩装置的位移控制元件布置如图 8-32 所示。梁体在伸缩时，会产生伸缩力，迫使各型钢在顺桥向发生位移，但是由于各中梁型钢的位移不会同时发生（因为伸缩力的传递需要一定的时间），在宏观上就体现为各缝缝宽不均匀。直梁模数式伸缩装置的位移控制系统能很好地解决这一问题：剪切弹簧与型钢固结，在型钢产生伸缩位移时将受到剪切作用，由于其自身具有一定的剪切刚度，在发生剪切形变的同时会将伸缩力传递给相邻的型钢使其产生位移，从而达到控制各缝缝宽均匀性的目的（图 8-33）。除了使用橡胶剪切弹簧控制位移均匀性以外，直梁式伸缩装置还通过在中梁下方设置限位环、尼龙带等部件的方式来控制每缝的极限位移不超过 80mm。

图 8-32　直梁模数式伸缩装置位移控制元件（橡胶剪切弹簧）布置示意图（仰视图）

a)　　b)　　c)

图 8-33　缝宽变化时剪切弹簧的工作状态示意图（仰视图）

a）单缝宽最小时（0mm）；b）单缝宽居中时（40mm）；c）单缝宽最大时（80mm）

直梁式桥梁伸缩装置的支承系统与位移控制系统是相对独立的，二者受力时互不干扰，分工明确，既能保证受力安全，又能实现各缝缝宽等距控制。每一根支承梁均支承所有中梁的结构，减少了支承梁的数量，减小了位移量增大对支承箱尺寸的影响，对大位移量伸缩装置的设置比较有利。要保证直梁模数式伸缩装置的正常功能，关键是要匹配好各弹性元件的力学性能与装配参数。

8.3.3　斜梁（转轴）模数式伸缩装置

斜梁模数式伸缩装置结构如图 8-34 所示，与直梁式伸缩装置一样，每组支承箱内只有一根支承梁，全部中梁均弹性地支承在这根支承梁上，但各支承梁与中梁、边梁不成正交，支承梁之间呈对称斜交、两两对称斜交或对称桥梁纵轴线斜交，总体结构呈四角铰接的梯形或平行四边形。斜梁式伸缩装置的支承梁，除了可以在轴向与支承箱相对滑动以外，还可以在支承箱内作一定范围内的水平转动。

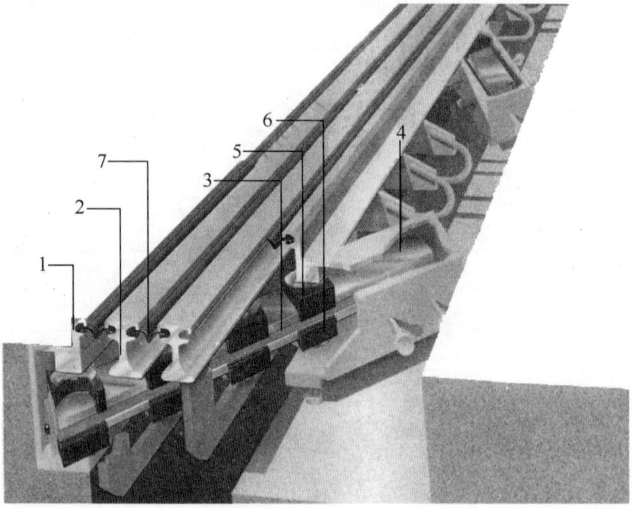

图 8-34　斜梁模数式伸缩装置结构示意图

1-边梁；2-中梁；3-支承梁；4-不锈钢滑板；5-压紧支承；6-承压支承；7-密封胶条

如图 8-35 所示，当桥梁梁体发生伸缩运动时，梁体会向伸缩装置施加一个顺桥向的力，在其顺着支承梁轴向的分力使中梁沿着支承梁滑动的同时，其垂直于支承梁方向的分力，也会使支承梁发生水平转动，在二者的共同作用下，伸缩装置便可以实现位移的均匀性控制。

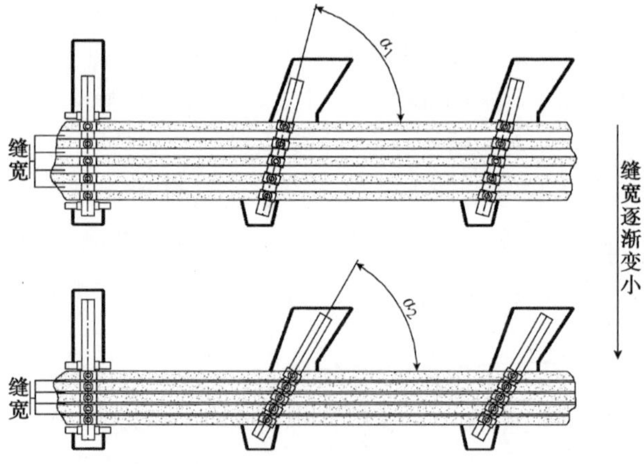

图 8-35　斜梁模数式伸缩装置位移控制示意图

斜梁模数式伸缩装置的结构简洁,将伸缩装置的支承系统和位移控制系统合二为一,伸缩装置仅由中梁、支承梁、支撑架、承压支承、压紧支承、边梁、锚固组件以及密封胶条组成,省去了聚氨酯压缩弹簧或橡胶剪切弹簧等位移控制元件,通过几何原理控制位移,各单模的位移均匀性好。但由于承压支承与压紧支承既要传递竖向荷载,又要承受位移控制时为保持几何同步关系产生的水平力,受力情况相对比较复杂,容易出现早期磨损和破坏。斜梁式伸缩装置要求加工与组装的精度高,必须严格控制支承元件和预紧元件的尺寸公差,才能保证运动学约束控制条件的实现。

8.3.4 钢铰链式及其他形式的模数式伸缩装置

我国 GQF-MZL 型伸缩装置也属于直梁模数式伸缩装置的一种,它采用钢铰链系统进行位移控制(图 8-36)。钢铰链式位移控制体系在国外早有使用,但由于钢铰链零件众多,钢铰链铰轴易磨损,加工组装精度要求高,尤其是多组钢铰链相互之间的组装精度对钢铰链体系的同步作用影响较大,组装不当将严重影响连杆的同步受力,加剧磨损。此外,机械连杆在车辆冲击作用下会产生较大的噪声,影响环保,为了减少机械连杆的冲击作用,20 世纪 70 年代德国 STRANBAG 公司也曾在机械连杆体系中设置了聚氨酯弹簧缓冲构造(图 8-37)。目前在国内外都已经基本不再使用机械连杆式模数式伸缩装置。

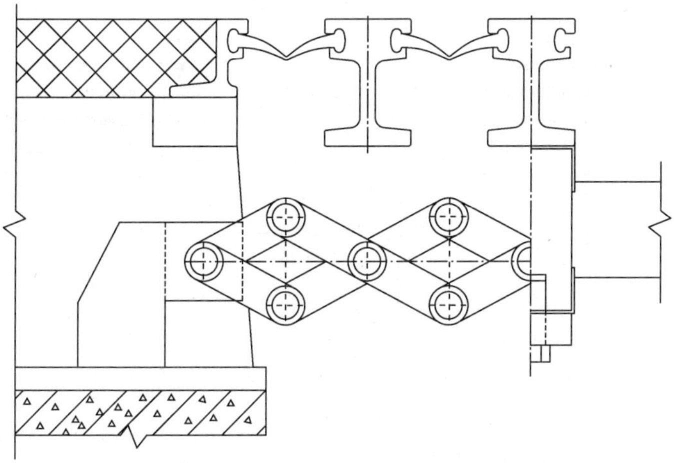

图 8-36 GQF-MZL 型模数式伸缩装置构造示意图

以下介绍几种国内外曾经采用过的其他类型位移控制系统的模数式伸缩装置。虽然目前这些形式的装置使用较少,但可为位移控制方式的设计提供参考,开拓思路。

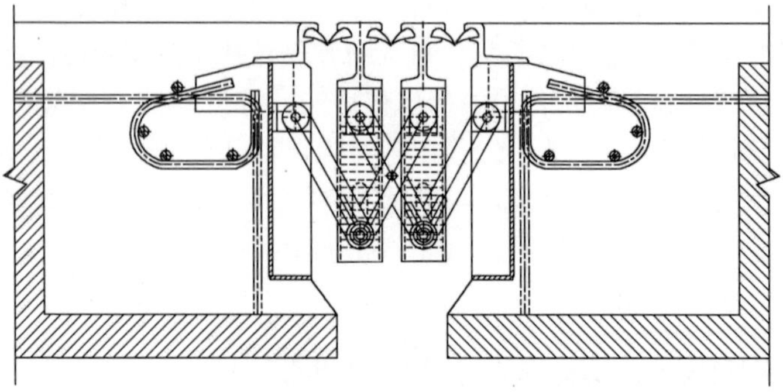

图 8-37 STRANBAG 公司设置了聚氨酯弹簧缓冲构造的机械连杆位移控制体系示意图

图 8-38 是 HONEL 公司的一种格梁式伸缩装置,其位移控制系统采用横穿支承梁的杠杆组成。中国铁道科学研究院曾于 20 世纪 90 年代,在福建漳州大桥使用过此种形式的伸缩装置。该伸缩装置位移均匀性较好,但支承箱尺寸过大,现在已经基本不采用。

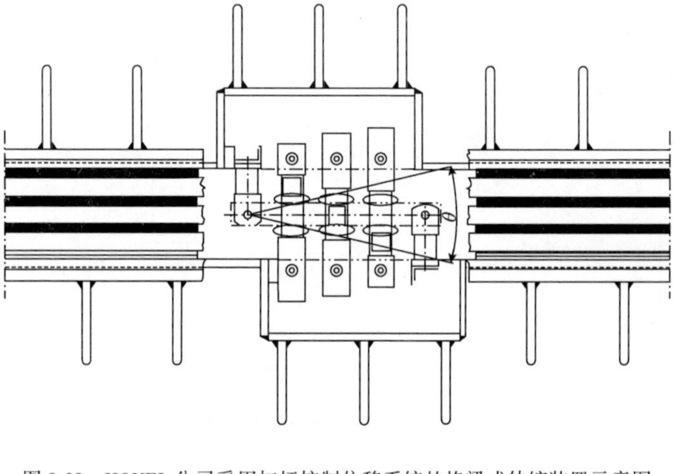

图 8-38 HONEL 公司采用杠杆控制位移系统的格梁式伸缩装置示意图

在直梁式伸缩装置中也有将橡胶剪切弹簧设置在中梁之间来控制位移均匀性的,如英国 GLASIA 公司的模数式伸缩装置(图 8-39)。这种伸缩装置曾在广东洛溪大桥上使用,效果良好。

采用橡胶剪切弹簧的直梁式伸缩装置,当中缝宽度处于中值时(40mm),橡胶未发生剪切变形,理论上对中梁位移没有约束作用,会影响伸缩装置各缝的位移均匀性。为改善此种情况，中国铁道科学研究院庄军生在上海卢浦大桥480mm的直梁模数式伸缩装置中，采用了橡胶剪切弹簧与聚氨酯压缩弹簧相结合的位移控制方式，即除了采用橡胶剪切弹簧外，在相邻中梁之间的腰部设置了一组聚氨酯压缩弹簧，用于缝宽在40mm左右时，提供一定的位移控制能力，并提高中梁在车轮荷载水平力作用下的抗倾覆能力。上海卢浦大桥480mm伸缩装置经十多年使用，缝宽均匀，性能良好。

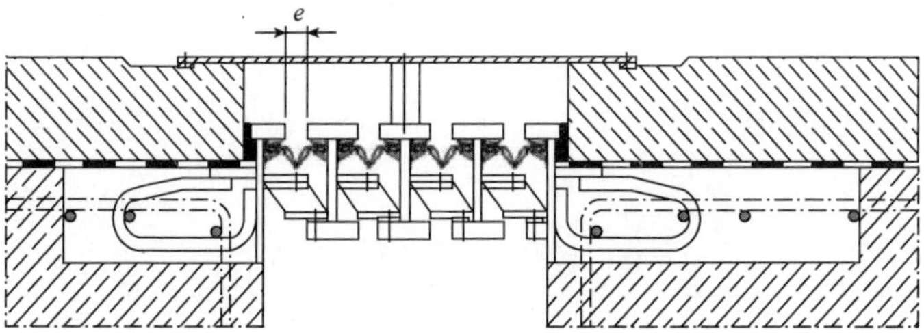

图8-39　GLASIA公司将橡胶剪切控制弹簧设置在中梁之间的直梁模数式伸缩装置示意图

几种模数式伸缩装置的性能对比见表8-4。

几种模数式伸缩装置的性能比较表　　表8-4

项　目	格梁式伸缩装置	直梁式伸缩装置		斜梁式(转轴支承式)伸缩装置
		橡胶剪切弹簧控制	机械铰链控制	
适用位移量(mm)	160~400	240~2 400	240~2 400	240~2 400
位移均匀性	优	优	良	优
三向位移适应能力	优	优	较差	良
位移控制元件	聚氨酯压缩弹簧	橡胶剪切弹簧	机械铰链	橡胶剪切弹簧
位移控制结构	简单	较复杂	复杂	简单
支承箱在梁体结构上的布置	位移较大时，支承箱尺寸偏大	支承箱较小，便于梁端布置	支承箱较小，便于梁端布置	支承箱斜向设置，梁端布置不方便

8.4　模数式伸缩装置的性能检测

8.4.1　伸缩装置部件性能检测要求

1)模数式伸缩装置钢部件的检测要求

对模数式伸缩装置钢部件的检测主要包括原材料性能检测和焊缝检测。

(1)原材料性能检测

按标准《公路桥梁伸缩装置》(JT/T 327—2004)规定,使用温度为-25~-60℃时,型钢材质不低于Q345C钢强度要求;使用温度为-40~-60℃时,型钢材质不低于Q345D钢强度要求;在沿海桥和跨海桥使用时,型钢材质不低于Q355NHD钢强度要求,其力学性能应符合《耐候结构钢》(GB/T 4171—2008)的要求。

型钢直线度要求为:异型钢材沿长度方向的直线度公差应满足1mm/m,全长直线度公差应满足5mm/10m,扭曲度不大于1/1 000。

Q345C结构钢的化学成分及机械性能应满足《低合金高强度结构钢》(GB/T 1591—2008)的要求,具体见表8-5:

Q345C钢的化学成分和机械性能 表8-5

化学成分(%)					机械性能			
C	Si	Mn	P	S	σ_s(MPa)	σ_b(MPa)	δ_5(%)	A_{kv}(J)
≤0.20	≤0.55	1.00~1.60	≤0.035	≤0.035	≥345	470~650	≥22	≥34

Q345D结构钢的化学成分及机械性能应满足《低合金高强度结构钢》(GB/T 1591—2008)的要求,具体见表8-6:

Q345D钢的化学成分和机械性能 表8-6

化学成分(%)					机械性能			
C	Si	Mn	P	S	σ_s(MPa)	σ_b(MPa)	δ_5(%)	A_{kv}(J)
≤0.18	≤0.50	≤1.70	≤0.030	≤0.025	≥345	470~630	≥21	≥34

Q355NHD结构钢的化学成分及机械性能应满足《低合金高强度结构钢》(GB/T 1591—2008)的要求,具体见表8-7:

Q355NHD钢的化学成分和机械性能 表8-7

化学成分(%)								机械性能			
C	Si	Mn	P	S	Cu	Cr	Ni	σ_s(MPa)	σ_b(MPa)	δ_5(%)	A_{kv}(J)
≤0.16	≤0.50	0.50~1.50	≤0.030	≤0.030	0.25~0.55	0.40~0.80	≤0.65	≥355	490~630	≥22	≥34

在欧洲标准中，中梁型钢的材质应符合 EN 10025：在工作温度高于-20℃时，不低于 S235J2 钢材的强度要求；在工作温度低于-40℃时，不低于 S235K2 钢材的强度要求。

焊接在支承梁上的不锈钢滑板，按标准《公路桥梁伸缩装置》(JT/T 327—2004)要求，应符合《不锈钢冷轧钢板和钢带》(GB/T 3280—2007)的规定，其性能要求与欧洲标准 EN 10088-2 中等级 1.4401、1.4404、1.4571 或同等级别的奥氏体钢是一致的。

(2)焊缝检测

模数式伸缩装置钢结构件的加工工艺主要是焊接，因此必须对受力部件的焊缝进行检测。焊缝应符合国家标准《钢结构工程施工质量验收规范》(GB 50205—2001)中规定的Ⅱ级焊缝要求，焊缝需按《焊缝无损检测 超声检测 技术、检测等级和评定》(GB/T 11345—2013)要求进行一定数量的超声波探伤检查，并按设计规定评定级别，必须达到Ⅱ级焊缝要求。

2)模数式伸缩装置橡胶元件的检测要求

(1)密封胶条的性能检测要求

模数式伸缩装置的密封胶条可采用三元乙丙橡胶、天然橡胶或氯丁橡胶。氯丁橡胶适用于月平均温度在 -25～+60℃的地区；三元乙丙橡胶、天然橡胶适用于月平均温度在-40～+60℃的地区，密封胶条具体的性能检测要求与单缝式型钢伸缩装置相同，可参见本书 6.3.3“橡胶性能试验”。

(2)承压支承、压紧支承的性能检测要求

模数式伸缩装置承压支承与压紧支承使用的橡胶材料应符合表 8-8 的要求。

承压支承、压紧支承用橡胶物理机械性能 表 8-8

项目	天然橡胶		氯丁橡胶		聚氨酯橡胶		试验标准
	承压支承	压紧支承	承压支承	压紧支承	承压支承	压紧支承	
硬度(IRHD)	62±2	70±2	62±2	70±2	80±5	90±5	GB/T 6031
拉伸强度 (MPa)	≥18.5	≥18.5	≥17.5	≥17.5	≥25	≥25	GB/T 528
扯断伸长率 (%)	≥500	≥350	≥450	≥300	≥350	≥350	GB/T 528
脆性温度 (℃)	≤-50		≤-40		≤-50		GB/T 1682
恒定压缩变形(70℃,24h)(%)	≤20		≤15		≤20		GB/T 7759

续上表

项目		天然橡胶		氯丁橡胶		聚氨酯橡胶		试验标准
		承压支承	压紧支承	承压支承	压紧支承	承压支承	压紧支承	
耐臭氧老化（拉伸20%，96h，40℃±2℃）		25pphm		100pphm		100pphm		GB/T 7762
		不龟裂						
热空气老化（与未老化前数值相比的最大变化）	试验条件	70℃，168h		100℃，96h		70℃，100h		GB/T 3512
	拉伸强度（%）	-15，+15		-15，+15		-15，+15		
	扯断伸长（%）	-20，+20		-40，+20		-20，+20		
	硬度变化（IRHD）	-5，+10		0，+10		-5，+10		
湿热老化（与未老化前数值相比的最大变化）	试验条件	—				80℃，72h		GB/T 3512 放在热水中老化
	拉伸强度（%）					-15，+15		
	扯断伸长（%）					-20，+20		
	硬度变化（IRHD）					-5，+10		

模数式伸缩装置承压支承与压紧支承的竖向刚度和抗疲劳性能应符合表8-9的要求。

承压支承和压紧支承的性能要求　　表8-9

项目	要求
竖向刚度 K_{v1}	K_{v1}应在设计竖向刚度K_v的±20%内，即$K_{v1}=K_v \pm K_v \times 20\%$，并在竖向刚度试验后，试样应无破坏、裂纹、脱黏等缺陷
抗疲劳性能	疲劳试验后，试样不得损坏，残余变形不得大于7%

注：其他性能应满足JT/T 327—2004的规定。

（3）模数式伸缩装置位移控制元件的性能要求

按标准《公路桥梁伸缩装置》（JT/T 327—2004）规定，模数式伸缩装置聚氨酯压缩弹簧用橡胶的物理机械性能应符合表8-10的要求，聚氨酯压缩弹簧的抗压与疲劳性能应满足表8-11的要求。

聚氨酯压缩弹簧用橡胶机械物理性能　　表8-10

项目	计量单位	指标
密度	kg/m^3	550±10
拉伸强度	MPa	≥4

续上表

项　　目		计 量 单 位	指　　标
扯断伸长率		%	≥350
恒定压缩变形（任选一项）	70℃,72h	%	≤6.5
	150℃,24h	%	≤8
抗撕裂强度		kN/m	≥120
60%压缩模量		MPa	4.0±0.2
疲劳试验 200 万次	频率≤3	Hz	无裂纹
	压应力=7	MPa	

聚氨酯压缩弹簧抗压与抗疲劳性能要求　　表 8-11

项　　目			要　　求		
压缩性能	静态压缩	加载荷载(kN)	2	4	6
		加载后弹簧高度(mm)	100~110	65~75	55~65
		加载后残余变形(mm)	≤2		
		加载后外观	无裂纹、鼓泡、脱黏等不良现象		
	60 %压缩模量(MPa)		4.0±0.2		
抗疲劳性能		频率≤3Hz	无裂纹		
		压应力=7MPa			
		残余变形(%)	<10		
耐水性		50%压缩量,80℃水,1 000h	无损坏		

注:其他性能应满足 JT/T 327—2004 的规定。

(4)橡胶剪切弹簧的性能要求

桥梁伸缩装置用的橡胶剪切弹簧通常可采用天然橡胶、氯丁橡胶共聚物或聚氨酯橡胶,其物理机械性能一般应由各生产厂家的产品研制成果确定。表 8-12是国内外常用的两种橡胶剪切弹簧的原材料物理机械性能要求,表 8-13是橡胶剪切弹簧的剪切与抗疲劳性能要求。

橡胶剪切弹簧的物理机械性能要求　　表 8-12

橡 胶 种 类		聚氨酯橡胶	天然橡胶/氯丁橡胶共聚物
项目	试验标准	技术要求	
硬度(IRHD)	GB/T 6031	75±5	73±5

续上表

橡胶种类			聚氨酯橡胶	天然橡胶/氯丁橡胶共聚物
项目		试验标准	技术要求	
拉伸强度(MPa)		GB/T 528	>20	≥17
扯断伸长率(%)		GB/T 528	>400	≥450
脆性温度(℃)		GB/T 1682	≤-50	≤-40
撕裂强度(裤型)(kN/m)		GB/T 529	≥12	≥12
与钢板黏结剥离强度(kN/m)		GB/T 7760	>10	>10
恒定压缩永久变形(A型,70℃,24h)(%)		GB/T 7759	≤20	≤25
耐臭氧老化试验(拉伸20%,96h,40℃,25pphm)		GB/T 7762	无龟裂	无龟裂
热空气老化	试验条件	GB/T 3512 GB/T 6031	70℃,168h	70℃,96h
	拉伸强度(%)		±15	±15
	扯断伸长(%)		±20	±25
	硬度变化(IRHD)		-5~+10	-5~+10

橡胶剪切弹簧的剪切与抗疲劳性能要求 表8-13

项目		要求
剪切性能	剪切位移为40mm时	剪切力为(5.5±0.8)kN或按特殊设计要求
	剪切位移为60mm时	不发生黏结剥离、开裂等破坏
抗疲劳性能	全位移疲劳试验后残余变形量	≤4mm
	日位移疲劳试验后残余变形量	

注:其他性能应满足JT/T 327—2004的规定。

3)支承元件和位移控制元件的力学性能检测

(1)试样

试样为足尺的支承或位移控制元件。

(2)试验布置

试件应支承和夹持在与实际伸缩装置使用现场边界条件相似的试验设备上。试验安装(采用对称的或反对称的支承条件,在多个试件相似试验中选择一种)不应由于边界条件的偏差对试验造成不利的影响。

(3)试验的过程

根据伸缩装置的动、静态设计工况得出元件的荷载和变形的标准值,静力试验时的不利荷载和变形取标准值的1.2倍,有利荷载和变形取标准值的0.9,动力试验时荷载和变形取标准值,疲劳试验循环次数不少于200万次。加载频率根据现场试验或按车辆行驶速度和车轮着地面积确定。

(4)判定

①模数式伸缩装置的支承元件

模数式伸缩装置支承元件使用的橡胶材料应符合表8-8的要求。模数式伸缩装置承压支承与压紧支承的竖向刚度和抗疲劳性能应符合表8-9的要求。

②模数式伸缩装置的位移控制元件

模数式伸缩装置聚氨酯压缩弹簧用橡胶的物理机械性能应符合表8-10的要求。聚氨酯压缩弹簧的抗压性能应符合表8-11的要求。

桥梁伸缩装置橡胶剪切弹簧的物理机械性能应符合表8-12的要求。橡胶剪切弹簧的剪切与抗疲劳性能应符合表8-13的要求。

在欧洲标准《公路桥梁伸缩装置》(ETAGn° 032—2013)中,位移控制弹簧的橡胶物理机械性能应符合表8-14的要求。

欧洲标准对位移控制弹簧机械物理性能的要求　　表8-14

性　能	标　准	单　位	要　求
密度	ISO 2781:2004 1996年1月修订版	kg/m^3	型式试验结果偏差≤50
国际橡胶硬度IRHD	ISO 48 ISO 7619-2:2006	IRHD	型式试验结果偏差≤5
抗拉强度	ISO 37	N/mm^2	型式试验结果偏差≤10
断裂伸长量	ISO 37	%	型式试验结果偏差≤10
撕裂强度	ISO 34-1	—	—
抗剪刚度	ISO 1827	N/mm^2	≤0.2
永久性压缩形变	ISO 815B	%	型式试验结果偏差≤5
抗老化性能	ISO 188、ISO 48、ISO 37	—	针对未老化材料
		IRHD	硬度的变化≤+7
		%	拉伸强度的降低≤ 20
		%	断裂伸长量下降≤30
耐臭氧性	ISO 1431-1	试验过程B,20%伸长率,96h(+0/-2),40(±2)℃,臭氧浓度50(±5)pphm	无明显开裂

③聚四氟乙烯板、改性超高分子量聚乙烯板

伸缩装置承压支承与压紧支承上使用的聚四氟乙烯板、改性超高分子量聚乙烯板应用新鲜纯料模压而成，严禁使用再生料和回头料。板表面储硅脂坑应模压成型，不得采用机加工方法成型。自然光下用目视法检查板材表面，应光滑，不应有裂纹、气泡、分层，不应有影响使用的机械损伤等缺陷，不应夹带任何杂质。

聚四氟乙烯板在5201-2硅脂润滑条件下，与不锈钢板对磨时，在常温条件下(23℃±5℃)，平均压应力为30MPa时应满足下列要求：线磨耗率≤15μm/km，初始静摩擦系数μ_{st}≤0.012。聚四氟乙烯板的其他物理机械性能应符合表8-15的规定。

聚四氟乙烯板物理机械性能 表8-15

项　目	技术指标	检验标准
密度(g/cm^3)	2.13~2.20	GB/T 1033.1
拉伸强度(MPa)	≥30	GB/T 1040.2
扯断伸长率(%)	≥300	GB/T 1040.2
球压痕硬度(H132/60)(MPa)	23~33	GB/T 3398.1

改性超高分子量聚乙烯板在硅脂润滑条件下，与不锈钢板对磨时，在常温条件下(21℃±1℃)，压应力在45MPa时应满足下列要求：初始静摩擦系数μ_{st}≤0.008，线磨耗率≤5μm/km；改性超高分子量聚乙烯板的其他物理机械性能应符合表8-16的规定。

改性超高分子量聚乙烯板物理机械性能 表8-16

项　目	技术指标	检验标准
密度(g/cm^3)	0.93~0.98	GB/T 1033.1
拉伸强度(MPa)	≥30	EN ISO 527-1、EN ISO 527-3(采用5型试样、厚度2mm±0.2mm、表面光滑，试验拉伸速度为50mm/min)
扯断伸长率(%)	≥250	GB/T 1040.2
球压痕硬度(H132/60)(MPa)	33±20%	GB/T 3398.1
弹性模量(MPa)	850±20%	GB/T 1040

如果各元件满足表8-8~表8-16的要求,即可判定该伸缩装置使用的支承元件和位移控制元件力学性能为合格。

4)模数式伸缩装置部件的静力试验

(1)一般要求

本文介绍模数式伸缩装置的部件在破坏极限状态(ULS)和使用极限状态(SLS)荷载组合下的机械抗力的试验方法。试验时要考虑材料相关的徐变和松弛的影响。

(2)原理

本试验的原理是使部件在承受静力荷载组合作用下发生外形变化(或表现为变形)。在试验过程中随徐变和松弛的累积时间,需对边界条件进行修正。

(3)试样和试件的准备

试样应为足尺部件。

(4)荷载布置

试件承受的荷载组合(包括分项系数)和在试件上的分布见附录A的A.4.2,包括荷载和位移的分配效应由现场试验和分析确定。试验荷载应包括预紧力 F_{ik} 的作用,也应预测徐变和松弛的影响。

(5)试验的布置与条件

部件应安装在一个试验台架上,该台架可保证荷载、位移和转动(可通过楔片调整)与大部分实际安装情况相一致。试验台架应满足所有试验阶段加力的需要,并能适应变形和转角的要求。

如果温度对材料性能影响是通常的情况,试验温度应选择在23℃±5℃的范围内进行。

如果材料机械性能受温度影响而变化,可以通过计算确定其他温度时的数值。

如果温度对材料性能的影响不是通常所知的,则应在最低 T_{min}-20℃和最高 T_{max}+45℃温度条件下进行试验。

(6)试验的实施

欧洲标准《公路桥梁伸缩装置》(ETAGn° 032—2013)规定的试验实施过程见表8-17,试验时应考虑转角、偏心以及发生的变形和约束的影响。表8-17中的相关符号和参数是根据欧洲标准确定的(参见附录A),使用时应根据我国相关标准予以转换。

对徐变试验,应注意长期加载的连续性和测量仪表的准确性。

试 验 实 施 过 程　　表 8-17

阶　段	荷 载 说 明	作用于试件上的荷载	持 荷 时 间
1	预紧力加准静力荷载	$1.2\times F_{ik}+0.3(Q_{1k}+Q_{2k}+Q_{3k})$ ④ 缝开启程度:60%	<5min
2	恒载(徐变试验)	见第 1 阶段	见注① 见注②
3	作用使用极限状态荷载	C_{SLS}见附录 A 和注⑤	<5min
4	卸载	0	72hrs,见注③
5	作用破坏极限状态荷载	C_{ULS}见附录 A	<5min
6	作用破坏极限状态荷载后的残余性能	见第 5 阶段	1hr

注:①典型的荷载位移曲线见图 8-40;

②徐变试验仅对相关的支承、预紧元件和可以忽略的控制元件;

③记录部件的恢复性能;

④Q_{1k}表示重车道的竖向荷载,取值 300kN;Q_{2k}表示主车道的竖向荷载,取值 200kN;Q_{3k}表示超车道的竖向荷载,取值 100kN;对于我国公路荷载后轴按 2×140 = 280kN,中轴按 2×120 = 240kN(不计冲击系数时)取值;

⑤C_{SLS}表示使用极限状态下的荷载;C_{ULS}表示破坏极限状态下的荷载。

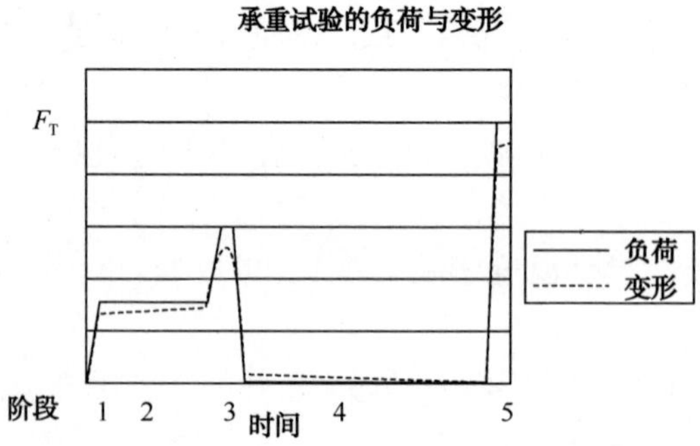

图 8-40　典型的荷载位移曲线

在同一试验台上,具有和第 3~第 6 阶段相同设置时,可以不进行第 1、第 2 阶段的试验。

在整个试验过程中,需观察和评定:

①变形(最大,最小和平均值),误差 5%;

②荷载后加载速率,误差 5%;

③在阶段 3 和 4 中,应观察试件的塑性变形;

④徐变率,误差 5%;

⑤黏结失效(如果存在);

⑥开裂(如果存在);

⑦例外情况;

⑧疲劳模式(如果存在);

⑨确定荷载—变形曲线。

(7)通过与否的判定

①测量的变形、徐变和松弛应在支承和预紧元件与使用寿命相关的极限值之内;

②在使用极限状态(SLS)下无塑性变形;

③在破坏极限状态(ULS)下产生的开裂和黏结失效不会引起伸缩装置破坏;

④在破坏极限状态下不发生脆性破坏。

(8)试验报告

试验报告应包括以下内容:

①制造商和生产中心的名称;

②试件的名称和代号;

③模型说明(型式、理论的位移能力、批号)。

④图纸;

⑤材料说明;

⑥参考附录和与其的偏差;

⑦试验装置的说明;

⑧试件的准备资料、试验资料和试验温度;

⑨试件尺寸;

⑩观察到的现象和根据(6)和(7)条进行判别,作出通过与否的结论;

⑪试验前后相关的照片。

5)组件的动态试验、抗疲劳和磨损阻力

(1)一般说明

本节介绍模数式伸缩装置部件的抗疲劳和耐磨耗能力,试验方法包括了滑动表面累积磨耗的影响。

(2)原理

本试验的原理是在部件上作用一个位移(阶段 1)和往复荷载(阶段 2)。作用的位移和荷载模拟实际结构在车辆荷载作用下的位移。

本节介绍了动力试验的一般过程,通过分析伸缩装置荷载传递过程,可以确定哪些试验应全做,哪些特殊阶段试验可以忽略。

(3)试样和试件的准备

试样应为足尺部件,防水密封件应从现场取样。

(4)位移和荷载分布

试件承受的荷载组合(包括分项系数)和在试件上的分布见附录 A 的 A.4.2,其中荷载和位移的分配效应由现场试验和分析确定。

①由于温度作用引起桥梁的位移(阶段 1)

试验过程中相对于工作寿命“a”的累积滑动距离如下:

$a\times365\times0.33\times$最大位移能力$=120\times a\times$最大位移量;

B 级和 C 级工作寿命:$a\geqslant10$;

部件的磨耗试验应考虑预紧力的作用,并考虑徐变和松弛的影响。

②车辆荷载(阶段 2)

根据部件的位置从疲劳荷载模型 1 或疲劳荷载模型 2 选择作用的荷载(表 8-18)。荷载应考虑最不利组合,并考虑伸缩装置开启 60 %的情况。

轴类型、轮胎印痕和轴几何尺寸 表 8-18

疲劳负荷模型	轴类型	车轮印痕面积 A_w(长度×宽度)	轴印痕横向几何尺寸
1	—	300mm×250mm	车轮印痕 250mm,车轮间隙 100mm,车轮印痕 250mm,轮间距 1 300mm,车轮印痕 250mm,车轮间隙 100mm,车轮印痕 250mm
2	A	300mm×250mm	车轮印痕 250mm,车轮间距 2 000mm,车轮印痕 250mm
	B	300mm×250mm	同疲劳负荷模型 1
	C	300mm×333mm	车轮印痕 333mm,车轮间隙 1 834mm,车轮印痕 250mm;作为替代,对于未承受整个轮/轴负荷的子部件,可用 A 轴取代 C 轴

伸缩装置疲劳荷载模型 1 用于检验与疲劳相关的极限寿命,试验参数如下:

a.竖向轴向荷载:欧洲标准采用 $\Delta\varphi_{fat}\times0.7\times Q_{1k}=1.3\times0.7\times300=273$(kN)。

式中 300kN 是车辆后轴 2 个轴共计 4 个车轮的总重,1.3 为冲击系数,0.7 为考虑疲劳荷载的组合系数。按我国《公路桥涵设计通用规程》(JTG D60—2004),竖向轴向荷载为:$1.45\times0.7\times(2\times140)=284.2$(kN)。此荷载为车辆后轮双轴的总和，单个后轴的轴向荷载为 284.2/2＝142.1(kN)。该荷载用于检验中梁或其他部件的疲劳极限状态，当检算部件的破坏强度极限状态时，荷载不应考虑 0.7 的疲劳组合系数，则单个后轴的轴向荷载为 142.1/0.7＝203kN。

b.水平轴向荷载(双后轴)：欧洲标准采用 $\Delta\varphi_{fat,h}\times0.7\times0.2\times Q_{1k}=1.0\times0.7\times0.2\times300=42$(kN)。按我国《公路桥梁通用设计规程》(JTG D60—2004)，考虑疲劳极限强度时，单轴水平向荷载为：140×0.3×0.7＝29.4(kN)。

c.最小循环次数：5×10^6。

d.轮压面积：$l\times b=300\text{mm}\times250\text{mm}$(我国标准为 600mm×200mm)。

根据现场试验结果，动力增大系数可以折减。

伸缩装置疲劳荷载模型 1 以疲劳设计寿命得出的 $S-N$ 曲线为基础，考虑竖向和水平向荷载组合及分布的试验参数应按表 8-18 得出(我国对车辆荷载的规定可参见第 3 章表 3-2 的内容及其相关的叙述)。

根据现场试验结果，动力增大系数 1.3 可以折减。

疲劳试验荷载应包括分项系数 $\gamma_{Ff}=1.0$。

(5)试验的实施

试件应先进行阶段 1 并随后进行阶段 2 的试验，并注意给出转角、偏心、发生的变形和约束的影响。

①阶段 1，磨耗和摩擦试验

a.施加荷载 F_{ik}，其值允许偏差为 5%；

b.使试件以 4mm/s 的名义速度进行往复运动，振幅为伸缩装置总位移能力的±33%(一个全行程的位移量为伸缩装置总位移的 67%)。

c.要求的循环次数由部件的工作寿命得出。如果试件的温度超出 35℃，可以中断试验。

d.在试验开始后，测量初始静摩擦、10 次动摩擦系数以及每间隔 1 000m 滑动距离和在每个评判周期点的摩擦系数。

e.通过测量试件在每个阶段前后的质量和尺寸确定试件的磨耗量，并观察滑动表面。

②阶段 2，疲劳试验

a.试验在环境温度(+5～+35℃)条件下进行，试验取伸缩装置 60%最大开启位置时的荷载。

b.循环荷载由“(4)位移和荷载分布”中相关过程的分析得出，在此应考虑部件预加载的影响。

c.部件的疲劳抗力应经过各种试验，这些试验会引起部件发生失效或开裂。

试验结果由 $S-N$ 曲线表示。如果经受 5×10^6 次疲劳后部件没有失效或明显破坏,可以认为无必要考虑其极限疲劳寿命。

(6)试验结果

试验应注意以下结果:

①阶段 1

a.在试验开始时的初始静摩擦和 10 次循环的动摩擦系数;

b.每间隔 1 000m 滑动距离和在每个评判周期点的摩擦系数;

c.每一阶段试件的质量损失,每一阶段试验前后试件的尺寸;

d.滑动表面的状况;

e.试验中作用力的大小;

f.尺寸;

g.黏结失效;

h.开裂;

i.变形;

j.预加荷载的改变。

②阶段 2

a.作用的荷载;

b.变形和变位;

c.裂缝;

d.特殊的性能状况;

e.疲劳模式;

f.预期的疲劳寿命。

(7)试验报告

试验报告应包括以下内容:

①制造商和生产中心的名称;

②试件的名称和代号;

③模型说明(型式、理论的位移能力、批号);

④材料说明;

⑤参考附录和与其的偏差;

⑥试验装置的说明;

⑦试件的准备资料、试验资料和试验温度;

⑧试件尺寸;

⑨根据"(6)试验结果"表达观察到的现象;

⑩试验前后相关的照片。

8.4.2 伸缩装置整体性能检测要求

1)伸缩位移性能测试

(1)试样

试验设备应能对整体组装后的伸缩装置进行力学性能试验。如果受试验设备限制,不能对整体伸缩装置进行试验时,对模数式伸缩装置的新产品或老产品转厂生产的试制定型鉴定可取不小于 4 m 长并具有 4 个变位单元,支承梁间距等于 1.8 m 的组装试样进行试验。

(2)试验

①整体试验应在制造厂或专门试验机构中进行;

②对整体组装的伸缩装置进行力学性能试验时,应将伸缩装置试样两边的锚固系统用定位螺栓或其他有效方法固定在试验平台上,然后使试验装置模拟伸缩装置在桥梁结构中的实际受力状态进行规定项目试验;

③模数式伸缩装置应进行拉伸、压缩试验,纵向、竖向、横向错位试验,测定水平摩阻力、变位均匀性。应按实际受力荷载测定中梁、支承梁及其连接部件应力、应变值,并应对试样进行振动冲击试验,对密封胶条进行防水试验。

(3)试验判定

如模数式伸缩装置整体性能符合表 8-19 的要求,则判定为合格。

顺桥向伸缩装置整体性能指标　　表 8-19

序号	项目		模数式	
1	拉伸、压缩时最大水平摩阻力(kN/m)		≤4	
2	拉伸、压缩时变位均匀性(mm)	每单元最大偏差值	−2~2	
		总变位最大偏差值	e<480mm	−5~5
			480mm≤e≤800mm	−10~10
			e>800mm	−15~15
3	拉伸、压缩时最大竖向偏差或变形(mm)		1~2	
4	相对错位后拉伸、压缩试验(满足1、2项要求前提下)	纵向错位	支承梁倾斜角度不小于 2.5	
		竖向错位	相当顺桥向产生 5%坡度	
		横向错位	两支承梁 3.6m 范围内两端相差 80mm	
5	最大荷载时中梁应力、支承梁应力、应变测定、水平力(模拟制动力)		满足设计要求	
6	防水性能		注满水 24h 无渗漏	

2）防水性能试验

（1）试样

伸缩装置防水性能试样长度为 1 m，试样缝宽为 40 mm。

（2）技术要求

注满水（水面高度高于型钢上表面 5 mm）后 24 h 无渗漏，型钢下部无漏水。

（3）试验方法

①将试验场地清理干净，确保场地干燥、无杂物，场地平整、水平。

②将取好的试样平放在试验场地上，试样长度方向型钢外侧用硅脂堆砌成挡水墙。硅脂高出型钢表面不得低于 10mm，表面顺滑、无间隙。

③用硅脂将试样两端头密封，试样两端头密封高度不得低于型钢表面 10mm。

④将干净的水缓慢倒入试样，使水面高出型钢上表面 5mm。在 24h 之内，观察试样是否有漏水现象。

⑤在试样下部放置干燥的 A4 纸。如观察到有漏水现象，则试验终止。

（4）试验报告

试验结束后应提供试验报告，试验报告应包括以下内容：

①试验概况。试验温度、试样型号、长度。

②试验过程描述。试验中如有异常情况发生，应详细描述试验过程中出现的异常现象。

③给出每次观察的结果并记录。

④试验现场照片和视频资料。

⑤试验结论。是否满足技术要求。

3）夹持性能试验

（1）试验条件

试验室的标准温度为 23℃±5℃，且不能有腐蚀性气体及影响检测的振动源。

（2）试样

试验应取用实样，密封胶条夹持性能试验取 0.2m 长的组装构件为试样，其技术性能应符合《公路桥梁伸缩装置》（JT/T 327—2004）的有关规定。

应抽取 3 组，每组 3 个试样（试样应采用同一材料、同一工艺、同一批次）。

试验前将试样直接暴露在标准温度 23℃±5℃下，停放 24 h，以使试样内外温度一致。

(3)试验设备

试验应在计算机控制的万能试验机上进行。

(4)试验精度

试验机的级别为Ⅰ级,其示值的准确度和相关的技术要求应满足国家计量标准《非金属拉力、压力和万能试验机检定规程》(JJG 157—2008)的规定。

测量试样变形量的仪表量程应满足试样变形量的需要,测量竖向压缩变形量和水平位移变形量的分度值为0.01 mm,其示值误差和相关技术要求应按相关的检验规程进行检定。

(5)试验方法

①试验步骤

试件布置见图8-41。在试验机的承载板上固定异型钢,使异型钢型腔处于同一水平面上,精度应小于1 mm。水平油缸、负荷传感器的轴线和密封胶条的对称轴重合。

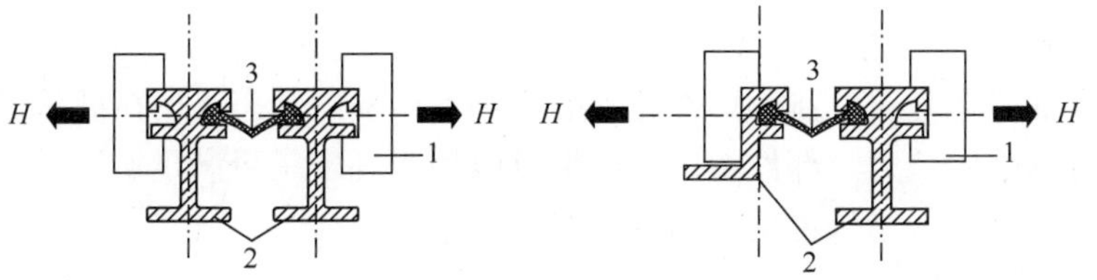

图8-41　密封胶条夹持性能试验试件布置示意图

1-承载板;2-异型钢;3-密封胶条

试验步骤如下:

a.以0.05~0.10kN/s的速率连续均匀加载水平力,使水平力加载至1.0kN,持荷15min,观察密封胶条是否脱落、是否产生细裂纹;

b.以连续均匀的速率卸载至无水平力,静置5min;

c.重复步骤a、b,连续进行3次加载过程;

d.若3次夹持性能试验均未出现密封胶条脱落和细裂纹,则说明橡胶密封带的夹持性能满足要求。

②试验记录

橡胶密封带夹持性能试验主要记录表8-20中的内容。

4)静力性能试验

(1)目的

通过选择最不利荷载组合和缝开启位置,评定伸缩装置的(准)静力和抗疲劳性能。

橡胶密封带夹持性能试验记录表 表 8-20

试件	试件编号	
	对应伸缩装置型号	
实测次数	试验项目	试验结果
1	密封胶条是否脱落	
	密封胶条是否产生细裂纹	
2	密封胶条是否脱落	
	密封胶条是否产生细裂纹	
3	密封胶条是否脱落	
	密封胶条是否产生细裂纹	
试验情况描述		

注:若密封胶条脱落或产生细裂纹,宜记录其对应的水平力值。

(2)原理

评定的原理是对整体和部件施加静力和疲劳极限状态下的荷载从而把握住伸缩装置的整体抗力。部件的试验结果可以用于确定是否满足所遇设计情况的要求。现场试验的结果可用于确定荷载的传递。

(3)评定要求

极限状态评定的要求见表 8-21。

极限状态评定的规定 表 8-21

极限状态	极限状态的要求和评定的规定	部件的特殊规定
ULS, 基本组合	静力要求(无内部疲劳和过度的位移); 垂直和水平影响按附录 A 的组合	中梁和边梁 • 完全塑性性能 • 弹性体系的截面内力和弯矩 • 分项系数 $\gamma_{M0}=1.0$ 中梁与支承梁的连接 • 完全塑性性能 • 弹性体系的截面内力和弯矩 • 分项系数 $\gamma_{M0}=1.0$ 支承梁 • 全塑性性能 • 弹性体系的截面内力和弯矩

续上表

极限状态	极限状态的要求和评定的规定	部件的特殊规定
ULS, 基本组合	静力要求(无内部疲劳和过度的位移); 垂直和水平影响按附录A的组合	支承梁 • 与跨径相关的组合规定见附录A.4.2.1 • 水平固定与导向功能 • 分项系数 $\gamma_{M2}=1.25$ 支座 • 支承荷载(变形准则) • 弹性体系的截面内力和弯矩 • 分项系数 $\gamma_{M0}=1.0$ 预紧元件 • 容许接触面分离 • 分项系数 $\gamma_{M0}=1.0$ 控制元件 • 完全塑性性能 • 弹性体系的截面内力和弯矩 • 分项系数 $\gamma_{M0}=1.0$ 防水密封元件 无相关要求 支承箱 • 完全塑性性能 • 弹性体系的截面内力和弯矩 • 分项系数 $\gamma_{M0}=1.0$ 锚固体系(包括支承箱) • 完全塑性性能 • 弹性体系的截面内力和弯矩 • 预埋钢筋设计按EN 1992 • 钢筋堆焊按EN ISO 13918 • 分项系数 $\gamma_{M0}=1.0$ 缝顶部分离部件(防噪声)及其连接 • 完全塑性性能 • 弹性体系的截面内力和弯矩 • 分项系数 $\gamma_{M0}=1.0$

续上表

极限状态	极限状态的要求和评定的规定	部件的特殊规定
ULS, 基本组合	无疲劳破坏; 应力幅低于等幅疲劳极限或累积损伤假定,$D<1.0$; 截面内力和弯矩按弹性体系,应考虑试验得出的动力系数放大,参见 8.4.3; 垂直与水平作用应组合,以动力分析为基础的状态改变是容许的,参见 8.4.3; 部件试验结果的评定参见 8.4.1 或采用 EN 1993-1-9,EN 1999 相关标准由小尺寸试件试验确定; 支座,预紧元件或控制元件的变位或疲劳,可以考虑由于内部荷载传递的重分布,导入累积疲劳损伤的概念	带拼接的中梁 • 分项系数 $\gamma_{Mf}=1.15$ 边梁 • 分项系数 $\gamma_{Mf}=1.15$ 中梁与支承梁的连接 • 分项系数 $\gamma_{Mf}=1.15$ 支承梁 • 分项系数 $\gamma_{Mf}=1.35$ 支承箱 • 分项系数 $\gamma_{Mf}=1.15$ 支座 • 分项系数按 EN 1990 预紧元件 • 分项系数按 EN 1990 位移控制元件 • 分项系数按 EN 1990 防水密封元件 • 无承载能力没有分项系数要求锚固体系 • 预埋钢筋设计按 EN 1992 • 钢筋堆焊按 EN ISO 13918 • 焊接按 EN 1993-1-9 • 分项系数按 EN 1990 缝顶部分离部件(防噪声)及其连接 • 分项系数 $\gamma_{Mf}=1.15$
ULS	磨耗参见本节第一小节	支座,预紧元件,滑板和控制元件 厚度减少 • 摩擦系数增加 • 功能变化(活动的可能性) • 预紧力的变化
偶然极限状态	静力要求(没有内部疲劳和过度变形); 垂直与水平作用应组合,见附录 A.4.2.2	见 ULS
地震设计状态	静力要求(没有内部疲劳和过度变形); 垂直与水平作用应组合,见附录 A.4.2.3	见 ULS,考虑选择疲劳模式,按附录 A

续上表

极限状态	极限状态的要求和评定的规定	部件的特殊规定
SLS, 特征组合	变形,位移或转角的可逆性; 开裂极限; 行车安全; 在疲劳荷载组合和 SLS 使用极限状态下的变形,产生缝宽和平整度的不均匀性,见附录 A; 伸缩装置在车辆荷载下的变形	中梁 中梁与支承梁的连接 支承梁 边梁 支承梁与支承箱的连接 支座 预紧元件 位移控制元件 锚固体系 缝顶部分离部件(防噪声)及其连接

8.4.3　伸缩装置动力性能测试要求

模数式伸缩装置由各个部件组成,当仅靠分析不能概括对部件和组装件专项试验的荷载和边界条件时,就需要通过现场试验和有限元分析相结合的方式来确定。

本节介绍如何进行组装件的现场试验,如何布置、如何进行和如何评定动力性能。这里所指的现场试验意味着对足尺的伸缩装置进行试验,试样可以设置在实际道路上或在试验台座上。

注:由于我国目前对伸缩装置动力学的研究还不成熟,没有相关的规范,本节是按欧洲标准内容编写,仅供参考。

1)目的

本试验的目的是得到垂直和水平荷载下伸缩装置的动力性能、动力系数,体系和材料的阻尼及自由振动特性。

2)原理

试验的原理是靠一个能够以不同速度通过的车轮对一个足尺的伸缩装置施加运动荷载,需要使用加速度计、应变计和光纤信号仪等仪器以保证动力分析的可靠性,作为动力研究试验精度不需要高于 10 %。

作为模拟试验,需使用伸缩装置组装件的 3D 有限元模型,由此可以导出特征频率和特征向量。

用于类型相同但尺寸不同的伸缩装置的测试分析结果,其垂直、水平和转动自振频率不应在原始试样的 90 %以下。当自振频率较高时,动力响应将小于被测试样,测试结果可作为安全值使用。

3)使用范围

试验结果的评定可用于在行车方向承受单轴荷载的伸缩装置(伸缩装置宽度约 1 200mm),对较大的伸缩装置在经过附加的分析后可以使用。

本节的动力评定是以伸缩装置的设置与行车方向垂直,且与桥梁的主轴方向垂直为前提的;当伸缩装置与行车方向不垂直时,将表现出一个较平缓的荷载响应,因此可以认为已经被包括在评定结果范围内。

对细节特殊的试样,如水平方向弯曲和弧形的,甚至还伴有竖向弯曲的伸缩装置,需要进行附加的分析。

4)滚动试验的试样和试样的准备

试验应采用足尺的伸缩装置,最少带有 3 根中梁,最短应含 6 个中跨和 2 个悬臂段(在实际桥上相当于双行车道并带一个应急车道)。支承梁—中梁距离至少为最大理论值的 80 %,中梁的悬臂段长度约为中梁跨径的 30 %。伸缩方向应与行车方向垂直。

伸缩装置应处于良好的状态,没有失效或缺陷。伸缩装置的平整度符合制造商的设计要求。临近铺装的平整度符合质量要求(见 EN 1991-2,4.2.1,第三点),过渡段应平整、连续。

部件材料详细要求见本书 8.4.1“伸缩装置部件性能检测要求”,部件在设计寿命中的老化过程(磨耗和松弛)可以认为不会引起连接和支承处装配弹性的明显改变。如果材料不能满足本书 8.4.1 中的详细规定,则应分析老化的影响,并在试验记录中描述。

5)试验装备和条件

(1)场地和条件

伸缩装置应设置在一个荷载和安装条件与施工现场类似的场地上,试验在环境温度 5~35℃下进行。

(2)试验的建议

最少 4 条防水密封条(3 根中梁)。

(3)测试设备

伸缩装置的测试设备包括加速度计、应变计和位移传感器,设置在中梁和支承梁上。这些设备应能清楚地测试刚体位移、竖向弯曲、水平弯曲、扭转以及倾斜。测试设备的抽样频率应能保证动力性能分析的准确性,因大多数结构的自振频率接近 120 Hz,所以建议最小的试验频率为 1 500Hz。

(4)中梁

在同一跨3根相邻的中梁上布置应变计,且每根中梁均应有3个被测截面,位于支承点附近和跨中,每个截面布置4个应变计,用于测量截面的竖向及水平弯矩。如果上部滚动车轮的荷载传递条件对每个中梁是相同的,则只须测量中间一根中梁在支点位置的应变(图8-42)。为了便于布置,支点处的应变计往往只能设置在距支点很近的地方,在这种情况下,测量结果应作修正。

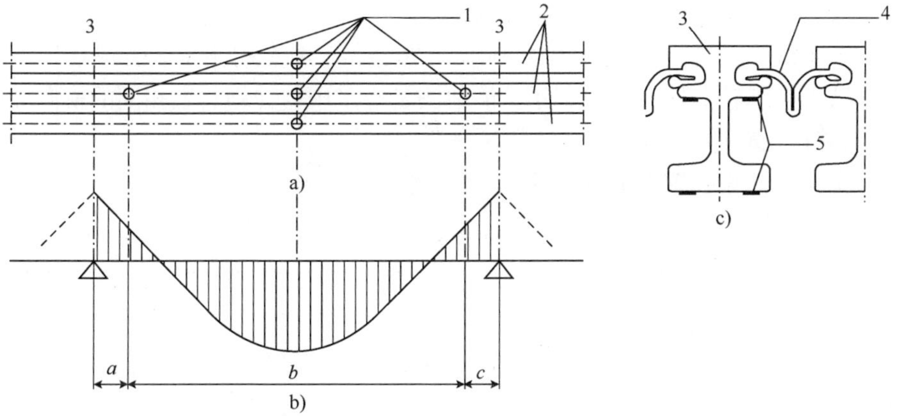

图8-42　中梁上应变计的标准布置

a)截面图;b)弯矩图;c)示意图

1-应变计位置;2-中梁;3-支点;4-密封胶条;5-应变计

进行制动和启动试验时,应测量支点的水平位移。

应准确地记录应变计的位置,因为此应变值将用于计算与垂直和水平弯矩有关的弯曲应力图。

可以用测量位移来替代测量应变。在这种情况下,应注意计算出与每根中梁的相对位移,以便可以正确地得出截面内力和截面弯矩。

(5)支承梁

对于支承梁,可选择只测量垂直荷载的传递。荷载的传递(截面弯矩)可以由应变计或位移计得出。位移测量应包括支承梁的变形和支点的位移。

(6)伸缩装置的末端(悬臂)和其他不连续部分

当伸缩装置的悬臂端大于中间跨宽度的0.3(中梁的自由悬臂部分),或有其他不连续部分时,应添加额外的加速度计进行检验。其结果(频率,特征向量和加速度)用于3D有限元分析。

(7)一般要求

测量设备的位置和类型应在试验计划中列出,同时也应标示车辆的滚动位置。计划中还应指出通道的数量等，以便保证分析计算时对试验记录的可追溯性。

6)荷载的布置和滚轮试验的实施

(1)实施

滚轮试验时，应先确定伸缩装置的固有频率和特征向量（如通过锤击测试）。

(2)滚轮试验

滚轮试验时，应进行车轮轴力荷载的测定。应用专用测量装置或在轮下放一张纸得到车轮着地尺寸并记录。静力测量应采用与伸缩装置相同的横向坡度进行，并记录轮胎充气状况。

车轮在伸缩装置上通过的速度，可参考表8-22：

车辆速度和位置 表8-22

序 号	速 度(km/h)	作用位置
1	≤5	A
		B
2	50	A
		B
3	70	A
		B
4	90	A
		B

表中A为作用在中梁上的最大效应。

至少每根轴有一只车轮（左或右）作用在中梁（3根被测中梁）的跨中，容许偏差为跨长的10%。

表中B为作用在支承梁上的最大效应。

至少每根轴有一只车轮（左或右）作用在中间中梁（3根被测中梁中位于中间的一根）的支点处，容许偏差为跨长的10%。序号1模拟静力荷载通过伸缩装置的传递。序号2~4模拟动荷载在伸缩装置上的传递。

行车速度可使用巡航控制或手动控制，应作记录。

应记录车轮的（横向）位置和距中梁支点的距离。

建议记录动力车轮的着地长度（如在实际速度下，通过摄像机拍摄）。

应记录中梁的中距及中梁的宽度(即记录缝宽)。

试验伸缩装置(和部件)的安装图应作为试验资料的一部分。

建议采用以下车轮形式进行试验:

①两轴卡车,轴重见 EN 1991-2 FLM4 类型 1,前轴 70 kN,后轴 130 kN。

②五轴卡车,轴重见 EN 1991-2 FLM4 类型 3,拖拉机,前轴 70 kN,后轴 150 kN;拖车,三轴 3×90 kN。

(3)制动和启动试验

制动试验用于研究在伸缩装置上的最大制动效应,启动试验用于调查在伸缩装置上的最大启动效应。试验方法如下:

①制动试验

车辆以 70(±5) km/h 的速度和最低 $-4\ m/s^2$ 的加速度,在距伸缩装置 5~10m 的距离处制动。测试时应关闭车辆的防抱死系统(ABS)。试验的详细细节和车辆特性见“(2)滚轮试验”。

②启动试验

卡车的驱动轴在伸缩装置前 2 m 处启动,并全力加速。试验的详细细节和车辆特性见“(2)滚轮试验”。

7)测量和分析

试验应测量以下方面的内容,以便用于进一步分析。

(1)车辆

①车辆着地尺寸(静力)。车辆的动力着地长度应由在中梁上与行车速度相关的应变计测出(见后面部分)。

②轮胎压力。

③行车速度(连续通过,制动和启动)。

④行车的横向位置。

(2)伸缩装置

①中梁宽度。

②缝宽。

③应变(用应变计)。

④加速度。

⑤位移(用激光)。

在分析之前,应消除在竖向、水平向和转动位移之间的相互干扰影响和相位变化。

(3)滚轮试验对垂直相位的影响

①初始动力冲击系数

中梁上的竖向动力冲击系数应从竖截面力矩得出。在跨中和支点处的截面力矩,由应变计所在位置的截面力矩得出,并且要考虑车轮着地和位置偏差对横向荷载的影响。支点和跨中的力矩用于确定动力冲击系数。考虑速度的竖向动力冲击系数 daf 是序号“i”的竖向力矩幅值 M_{Svi}(支点和跨中弯矩的总和),除以序号 1($v=0$)时的竖向力矩幅值 M_{Sv0}。

分析:

a.竖向支点力矩:M_{sv};

b.竖向跨中力矩:M_{mv};

c.竖向力矩幅值:$M_{Sv}=M_{sv}+M_{mv}$;

d.静态竖向力矩幅值:M_{sv0};

e.序号“i”的竖向力矩幅值:M_{Svi};

f.动力冲击系数:$daf=M_{Svi}/M_{Sv0}$。

②上浮

用相同的方法得出在卸载后竖向力矩幅值:$M_{Svu}=M_{svu}+M_{mvu}$;

竖向上浮比:$U_v=M_{Svu}/M_{Sv}$。

③组合动力竖向效应

用于疲劳评定的动力荷载(力矩等)设计幅值($E_{dv,dyn}$)应基于下式:

$$E_{dv,dyn}=E_{dv0}\times daf\times(1+U_v) \tag{8-1}$$

(4)滚轮试验对水平相位的影响

中梁的水平传递系数“tr”(包括牵引力、滚动摩擦和动力冲击影响),应由车辆通过时的水平截面力矩和车辆停止时的垂直截面力矩确定。在跨中和支点处的截面力矩,由应变计处的截面力矩得出,如果相关的话,要考虑车轮着地和位置偏差对横向荷载的影响。综合支点力矩和跨中力矩求得传递系数。考虑速度的传递系数“tr”是所测得的序号为“i”的水平力矩幅值 M_{Shi},除以竖向力矩幅值 M_{Sv0}。

分析:

a.静力作用下的竖向支点力矩:M_{sv0};

b.静力作用下的竖向跨中力矩:M_{mv0};

c.静力作用下的竖向力矩幅值:$M_{Sv0}=M_{sv0}+M_{mv0}$;

d.在速度 i 运动荷载作用下的支点处力矩:M_{shi};

e.在速度 i 运动荷载作用下的跨中处水平力矩:M_{mhi};

f.在运动荷载作用下的水平力矩幅值:$M_{Shi}=M_{shi}+M_{mhi}$;

g.考虑动力冲击系数 daf 的传递系数 V/H:$tr=M_{Shi}/M_{Sv0}$。

①响应比

卸载后竖向力矩幅值($M_{Svu}=M_{svu}+M_{mvu}$)采用相同的方法得出。

水平响应系数:$U_h=M_{Shu}/M_{Sh}$。

不作进一步分析时 U_h 可取 1.0。

②组合动力竖向效应

用于疲劳评定的动力荷载(力矩等)设计幅值($E_{dh,dyn}$)如下:

$$E_{dh,dyn}=E_{dh0}\times daf\times(1+U_h) \tag{8-2}$$

(5)制动和启动试验

制动和启动试验分析可用于标定在破坏极限状态 ULS 下的制动力,细化对破坏极限状态 ULS 水平荷载的说明。

①制动试验

由中梁的水平弯矩,可以得出水平荷载。伸缩装置的等效水平刚度,可以由水平力和水平位移得出。

②启动试验

由中梁的水平弯矩,可以得出水平荷载。伸缩装置的等效水平刚度,可以由水平力和水平位移得出。

③转动效应

分析表明,转动效应可以与模数式伸缩装置的具体种类无关。如果不相关(例如中梁与支承梁之间采用焊接连接的格梁式伸缩装置),可以省略测试。

转动的影响可由位移测量得出。

8)计算

在进行滚动试验的同时应采用一个足尺的 3D 伸缩装置模型进行计算分析。

(1)计算模型

①一般规定

计算模型的全部尺寸应保证能取得所有相关的频率和特征向量,因此模型应包括所有相关的特征,如偏差、弯曲点、悬臂部分以及支承梁的偏移。模型应确保能够计算在所有对疲劳局部敏感的横截面处(如堆焊部位)的相关截面内力和弯矩抗力。

②中梁

中梁模型的线单元在每个节点至少应有 6 个自由度。网格划分应确保可以计算出自振频率(每跨至少有 4 个无中间节点的单元和 2 个有中间节点的单元)。

③支承梁

支承梁模型的线单元在每个节点至少应有6个自由度。网格划分与所要支承的点有关,每个支点即是一个节点。

④中梁与支承梁的连接

计算模型可以采用以下3种方式:强制约束、虚拟单元或细分网格。强制约束有得出不合理结果的风险。细分网格会使网格自由度过多而复杂化,对分析的结果却没有贡献。因此建议采用虚拟单元(线性单元的连接虚拟梁的特性,虚拟弹性连接以动力特性为基础)。

⑤支承梁的支承

支承梁的支承使用弹簧模型,基于动力学特性模拟支承和预紧元件的连接。

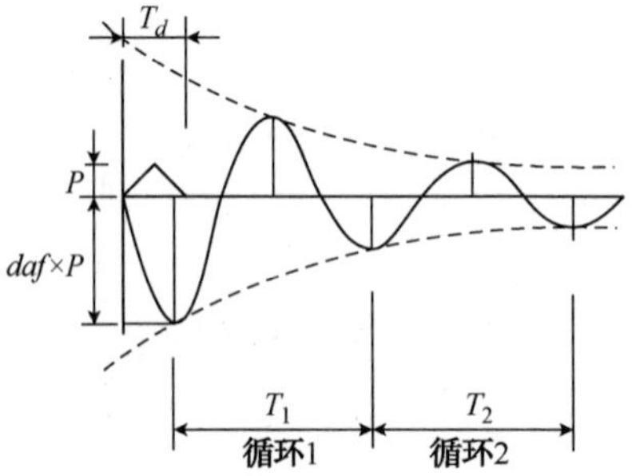

图8-43　带有阻尼振动的结构循环

⑥阻尼

材料阻尼和体系阻尼可减小振动(图8-43)。

用于计算的阻尼比应基于对相关截面的测试得到的阻尼比 $d=C/C_{cr}$。

$$A_{n+1}=A_n\times\frac{1}{e^{2\pi d}} \tag{8-3}$$

此处:A_n=振幅"n";$d=C/C_{cr}$。

阻尼 d 实例:

钢,$d=0.005$;

混凝土,$d=0.010$。

对于伸缩装置通常取 $d=0.1$ 作为整个系统的阻尼值,而如中梁和支承梁等各个部件自身可以有不同的阻尼比。

(2)悬臂部分

悬臂部分长度大于中梁跨径的0.3时,应单独计算并满足以下要求:

应力幅低于规定的恒定振幅 $\Delta\sigma_D$。

应力幅应通过准静荷载下结构的变形得出,并被作为质量振动使用。分析用的阻尼比只可视为材料阻尼比。

(3)荷载

试验车辆的轴荷载应建立成时程荷载模型,结合由滚动试验得到的车辆着地尺寸给出。

中梁承载时间由车轮着地长度和中梁的宽度得出。

支承梁承载时间取决于车轮着地长度、中梁的数量(宽度)以及间隙的数量(宽度)。

(4)计算结果

应计算固有频率和特征向量,并与测量得到的固有频率和特征向量进行比较。

注:足尺测试只能取得固有频率,但模型计算可以得到固有频率和二次谐波。形状上的细小差别将会增大测试与计算结果之间的差异。

如果模型计算结果不超过10 %,不必进一步计算。如果结果超过10 %,需要进行附加分析,对模型进行调整或修改。

(5)组合效应

垂直荷载的动态应力幅应与水平荷载的动态应力幅进行组合。

当在特殊部位两种荷载效应方向相同时:

$$\Delta\sigma_{comb}=\Delta\sigma_{v}+\Delta\sigma_{h} \tag{8-4}$$

式中:$\Delta\sigma_{comb}$——组合应力幅;

$\Delta\sigma_{v}$——垂直荷载的动态应力幅;

$\Delta\sigma_{h}$——水平荷载的动态应力幅。

如果需要,组合应力幅应包括在垂直和水平振动之间的相位差,但需以附加分析为基础。

9)试验报告

试验报告组成:

①伸缩装置的描述,包括试样前后30 m以上距离内的铺装状态、行车方向上的坡度及与行车方向的交角;

②伸缩装置图纸(整体尺寸,部件尺寸,材料规定等);

③试验车辆(外形和车轮静载,车轮着地尺寸,车轮充气压力,轮距和轴距,滚轮试验时与伸缩装置的横向相对位置,滚轮速度);

④测量装置(类型)和布置位置(参考伸缩装置尺寸作详细草图);

⑤试验频率和测量装置(加速度计和应变计);

⑥上浮效应V和响应作用H;

⑦固有频率和特征向量(V,H,T);

⑧动力振幅,动力增大系数$daf(V)$;

⑨传递效应,包括动力振幅系数($V\cdot H$);

⑩变形;

⑪内力和力矩;

⑫阻尼($V+H$);

⑬试验执行资料(环境概况、温度等)。

第9章 公路桥梁伸缩装置的安装

桥梁伸缩装置的安装是桥梁建设中一个重要项目,其施工质量的好坏,将会直接影响到日后行车的平稳性、舒适性、安全性以及桥梁的服务质量和使用年限,也决定了桥梁伸缩装置是否能够最大体现产品设计的目的。另外,伸缩装置安装是将装置本体通过现场材料和施工手段进行组装,与梁体及桥面锚固衔接的过程,可以看作是伸缩装置在工厂生产的延伸。现场施工工艺是否符合标准,施工质量是否达标都会影响伸缩装置本身设计寿命和使用质量,因此伸缩装置安装的重要性不言而喻。

桥梁伸缩装置为桥梁工程桥面系附属工程,但施工安装时间基本都在上层路面施工结束后。在路面安装桥梁伸缩装置,施工工序较合理。也有在上层路面施工之前先安装桥梁伸缩装置的情况,但伸缩装置的高程控制,后期路面顶层施工与伸缩装置接缝高差处理难度较大,因此建议在路面上层结构施工结束后,再施工安装伸缩装置。本书介绍的施工安装方法也是路面上层施工结束后安装伸缩装置的方法。

无论是何种桥梁伸缩装置,若采用后安装桥梁伸缩装置的方法,在路面顶层施工之前,一定要对伸缩装置预留槽口进行保护。一般采取的方法是用沙袋或碎石将伸缩装置预留槽填埋,施工水泥混凝土路面时采取一定的保护。施工沥青路面时不间断施工,将预留槽位置同时铺筑,安装伸缩装置时再进行切割开挖施工。

伸缩装置安装应遵循一定的安装原则,以保证安装质量。一般来说伸缩装置安装的总体要求如下:

(1)安装前的准备工作。

安装前应检查预留槽口的尺寸、预埋钢筋的位置是否与安装图纸相对应,两侧梁端的平整度和修补状况、槽口的清理等。

(2)待安装的伸缩装置的检查。

安装时应保证伸缩装置的结构尺寸、位移控制箱的位置、边梁锚固钢筋的位置、临时连接装置的可靠性和稳定性等。

(3)伸缩装置应在设计要求的安装温度下进行安装。在安装时应确定伸缩装置初始缝宽与安装温度相匹配。

(4)将伸缩装置放入预留槽口,调整位置和高程,测量并调整伸缩装置顶面的不平整度,使其符合标准要求,焊接预埋钢筋。

(5)做好预留槽口灌注前的准备工作,如混凝土和专用树脂材料的准备。

(6)灌注预留槽口。

(7)混凝土的养护与保养。

(8)拆除模板,清理填缝材料,清理施工现场,完成伸缩装置安装。

根据目前桥梁伸缩装置在公路建设市场上的使用情况,本书将重点介绍无缝式桥梁伸缩装置、模数式桥梁伸缩装置和梳齿板式桥梁伸缩装置的安装。

9.1 柔性填充式伸缩装置的安装

柔性填充式伸缩装置是以填充材料原料的形式出厂,在安装现场对原料作加热、混合等处理后,浇入预留槽区内形成成品,因此除了原料本身的品质以外,施工质量是影响这种伸缩装置最终使用效果最为重要的因素。柔性填充式伸缩装置的安装一般包括以下一些步骤(图9-1):

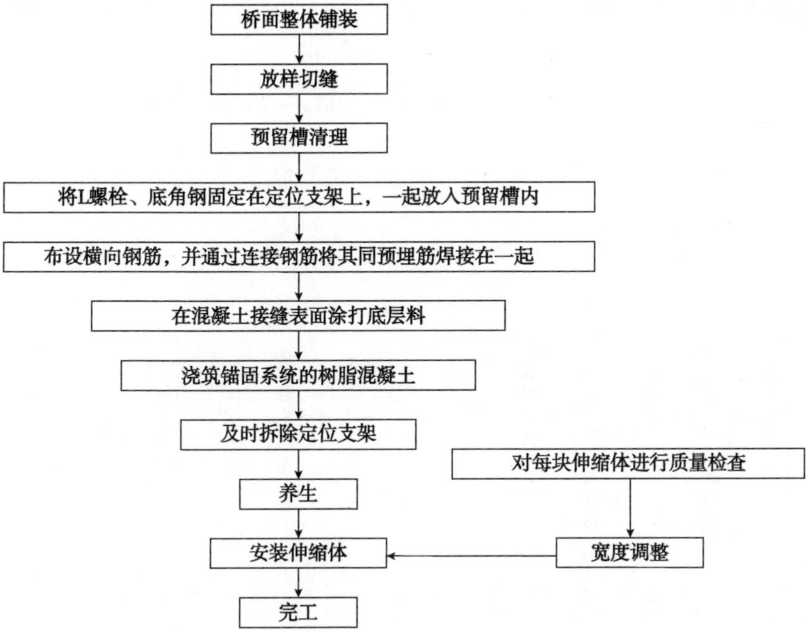

图9-1 柔性填充式伸缩装置安装步骤

(1)切除路面铺装,形成伸缩装置安装槽区。当铺装过厚或基底不平整时,需要在槽底浇筑C40以上的混凝土调整槽深并找平,必要时还需要植筋以确保后浇混凝土能够对伸缩装置有可靠的支撑。

(2)彻底清洁槽区,设置跨缝板、锚固件等结构件,进行黏结、密封等处理。如果槽区混凝土表面存在脏污、尘土、积水,将会影响填充材料与基底的黏结效果,因此必须进行彻底的清理,必要时可以采取喷砂、水洗、烘干等措施;一般需要确保黏结的部位在浇注前用专门的底涂作表面处理,不需要与填充材料黏结的部位要做隔离措施,保证填充材料按设计的方式受力。

(3)将原料、集料等充分搅拌混合(沥青基材料需加热),浇入预留槽区内并铺平。对于沥青基弹塑体,应将集料和弹塑体原料分别加热后再混合搅拌,浇筑后可使用碾、夯的方式进行平整;对于聚氨酯弹性体应将各组分按配合比在规定时间内充分搅拌均匀后进行浇筑,浇筑后可直接按照浇筑混凝土的方式进行抹平。

(4)填充材料固化后,根据实际情况对其表面进行处理。为了修补伸缩装置表面细小的孔洞和缝隙,增强伸缩装置的耐久性、防水性和美观性,可在填充材料表面干燥后,使用特制的涂料涂抹在其表面,涂料必须与填充材料之间有良好的黏结性能,并且耐磨、耐腐蚀、耐老化。

9.2 梳齿板式桥梁伸缩装置的安装

梳齿板式桥梁伸缩装置的安装步骤如图9-2所示,具体过程如下:

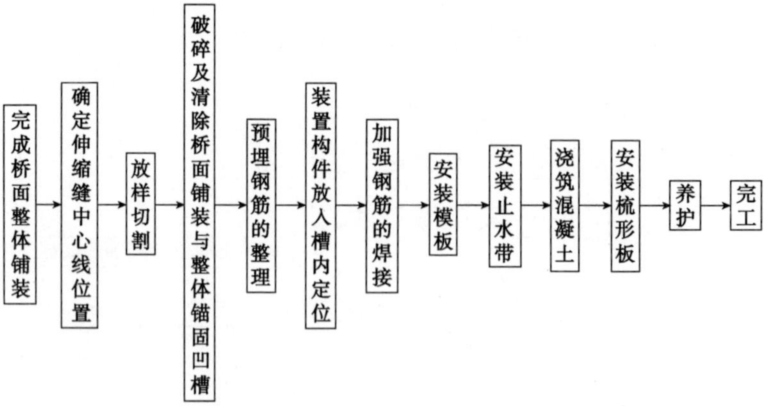

图9-2 梳齿板式桥梁伸缩装置安装步骤

1)施工准备

(1)施工前,所有用于本工程的伸缩装置、辅料、设备、工具等均应运抵施工现场。所有上路施工设备都必须做好防滴漏措施。伸缩装置均采用软质材料下垫上盖,以防止伸缩装置油漆被磨损。

(2)在施工现场根据要求设置交通安全标志,设备工具和用料应放在指定的地点或区域,所有施工人员进入施工现场时应穿戴安全服、安全帽,文明施工。

(3)在夜间施工时,应保证有足够的照明设施,能满足夜间施工需要,并准备备用电源。施工现场设置明显的交通标志、安全警示牌、警戒灯等标志,标志牌必须具有夜间荧光功能。保证施工机械和施工人员的施工安全。

2)放样切割

(1)待上面层沥青混凝土摊铺压实完全并冷却至常温后,根据设计图纸找准设置伸缩装置的位置(通过护栏上预留的位置定位路面伸缩装置的位置),然后再根据设计尺寸并结合实际预留槽口在沥青路面上标出安装槽口边线,并用沥青混凝土切割机进行切割。切割前铺垫彩条布以防止路面污染。

(2)质量控制要点:

①画线时,如发现缝区边缘处沥青路面不平,应延伸至平整处画线切割;

②画线时,如原有预埋槽尺寸小于图纸尺寸,应按图纸尺寸画线;如原有预埋槽尺寸大于图纸尺寸,应按原有预埋槽尺寸画线,并确认装置安装后两侧混凝土过渡段等宽;

③画线时,应确保装置两侧过渡段混凝土宽度相同;

④切割时,应严格按照标线切割,并保证槽口顺直。

(3)检验标准

①切割方向直线偏离尺寸:≤10mm;

②槽口沥青混凝土无破损、抬起现象;

③画线时应确保伸缩装置安装后两侧混凝土过渡段符合设计图纸要求。

3)开挖清理

(1)根据切割的缝宽,开挖清理出槽口区内的沥青混凝土层及杂物。

(2)将缝区底面混凝土凿毛,并把构造缝内的杂物清理干净,以确保梁体的自由伸缩不受影响。

(3)清理出的杂物要堆放在离缝区边沿1m以外的位置(后续工作3m直尺的摆放不受影响),下面用塑料布垫好,如果条件允许应及时清理出施工现场(对路面的保护作用)。

(4)开挖时,注意不得破坏桥梁主体,不得将缝区以外的沥青路面破坏,包括破角和抬起。

(5)开挖出的垃圾或施工过程中的杂物不得随意丢在桥底下、边坡上、路侧绿化带等地方,应清理到指定的堆放场地。

(6)特别事项:机械开挖清理时避开锚具和钢绞线,以免造成重大损失。

(7)检验标准。

①缝内填充物清理彻底,梁端混凝土及预埋钢筋表面无夹杂物、黏结物;

②维修项目,凿除尺寸(深度及宽度)满足伸缩装置安装图纸要求,露出预埋钢筋满足焊接需要,基底混凝土无松散现象;

③槽口沥青混凝土无破损、抬起现象。

4)定位螺栓组托架(如有变位体系的装置,一同定位变位构件)

(1)调整预埋钢筋至符合要求。

(2)对已有预埋钢筋进行调整处理。

(3)对预埋钢筋缺失或没有办法调整的情况,采用种植钢筋。

(4)将螺栓组(变位构件)托架放入预留槽内,用3m直尺定位托架,同时安装焊接连接钢筋。

(5)根据图纸要求在混凝土后浇带区域(宽度为20cm的混凝土区域)安装U形锚固钢筋架和通长钢筋。

(6)检验标准。

①经调整(或种植)的预埋钢筋,与连接钢筋焊接的预留搭接长度,不低于预埋钢筋直径的10倍;

②钢筋种植符合相关植筋技术规范;

③焊接检验标准:预埋钢筋利用充分无漏焊,焊缝饱满,搭接长度不小于10倍钢筋直径,焊接工艺按规范抽样试验,检测结果必须合格;

④变位箱球座高度与设计高度误差≤0.5mm;

⑤螺栓顶高不得低于路面5mm,L螺栓顶高不宜超出路面高度(超出部分可在后期紧固螺栓时用角磨机磨去)。

5)安装模板

(1)根据构造缝宽度确定角钢(3cm×3cm)位置,将角钢固定在梁体两侧,角钢的横向方向设置横坡,横坡方向和大小与路面横坡一致。

(2)根据要求支设模板(安装深度25cm以下的,模板厚度大于8mm;安装深度25cm以上的,模板厚度大于10mm;安装深度40cm以上的,模板厚度大于15mm)。支设在构造缝两侧角钢与梁端间,模板顶部靠在角钢侧面1/3高度位置,再用铁丝把模板固定牢靠。模板内侧缝隙用砂浆填塞密实以防止混凝土浇筑过程中漏浆。模板之间梁端缝隙用聚苯板填塞。

(3)检验标准。

①模板顶高控制在角钢1/3高度以下为佳,不得超出角钢1/2高度(超出后影响止水带正常安装);

②聚苯板靠近模板底口并填塞紧实,同时不影响止水带U形槽底的自由高度(模板安装时可使缝口上大下小以便于聚苯板填塞);

③填缝砂浆不得使用软质材料如土工布代替。

6)安装止水带

(1)安装伸缩装置橡胶止水带,使用钢夹将止水带固定在托架中间角钢上,注意止水带的横坡,必要时可以通过在止水带内导入水,检测止水带的防水导流性能。在城市高架和特殊要求地区,必须将路面的积水通过泄水孔和伸缩装置排至路面雨水井。

(2)检验标准。

①止水带必须保证横向排水顺畅,不得有局部凹凸不平现象;

②止水带必须挂接在角钢顶端,不得有局部卷边、翻边及鼓边现象;

③止水带任何一处(包括止水带卡扣)高度不得影响活动梳齿板及不锈钢板安装空间。

7)调平支撑螺母

(1)调整支撑螺母的位置,固定板侧支撑螺母距路面顶(3米直尺底)距离(设计高度)=板厚+不锈钢板厚+橡胶板厚。

(2)检验标准。

调平部件顶面高不得低于设计高度,可根据不同型号梳齿板自重计算后调整,高于设计高度2mm为宜。

8)预安装梳齿板

按图纸调整螺母高度,将整条缝的梳齿板套入螺栓组托架,查看整条伸缩装置在齿板间隙、顺直度等方面是否满足设计及规范,如有不符合要求的对螺栓进行调整,至符合为止。

9)浇筑底部混凝土

(1)根据设计要求进行混凝土配合比设计,一般采用C50钢纤维混凝土,C50混凝土配合比设计根据设计部门和地方材料要求配合设计。

(2)注意事项。

①水泥最好采用P.O 52.5水泥,有特殊要求时,如海上桥梁,采用海供水泥;

②钢纤维掺量一般设计为 50kg/m^3,钢纤维符合公路工程使用材料的要求(抗拉强度大于 600MPa);

③在一些空气湿度较大的地区,采用 C50 聚丙烯腈纤维混凝土,聚丙烯腈一般掺量为 1.2~1.5kg/m^3(抗拉强度大于 650MPa);

④无论是钢纤维还是聚丙烯腈纤维对混凝土的和易性都有较大影响,施工时应控制好水的用量,掌控混凝土和易性;

(3)浇筑混凝土,重点在混凝土的振捣,振捣棒采用直径为 ϕ50 的交流电振捣棒,振捣时确保变位箱下面和变位箱两侧均流入混凝土。

(4)检验标准。

每批次浇筑混凝土均应进行取样抽检,取样数量为每批次 3 组,一组用于标准养护(28d 强度),一组在现场同条件下养护(现场试件用于开放交通的强度判定,开放交通前试件强度须达到设计强度 70%),一组作为鉴定备用。

10)安装固定板、活动板

(1)将固定板安放在固定螺栓上,用 3 米直尺测量固定板和路面的高差,控制板面宜比路面低 1mm(伸缩装置检测评定的指标为-2mm 以内,必须达到),通过拧紧板面螺母来调整高度(橡胶调平垫圈提供了下调空间),调整好后,初步紧固板面螺母。

(2)将活动板安放入固定好的托架,用 3 米直尺测量活动板与路面的高差,逐步拧紧板面螺母,使板面低于路面 1mm。

(3)检验标准

①板面低于路面 1mm,相邻板(齿)间高度差不超过 1mm;

②板齿横向间隙宜控制在 5mm 以上,但不得小于 2mm。

11)浇筑后浇带混凝土

待所有梳齿板调整到合理位置时浇筑后浇带混凝土,并及时振捣。后浇带的收面必须分别在浇筑完成后和初凝前两次收面,初凝前应注意混凝土顺桥面坡度流动的情况并及时修正。对混凝土后浇带的抹平收光,一定要在混凝土初凝前完成,混凝土抹平收光后,用细扫把将其表面扫毛,以增大摩阻力。混凝土面应低于路面 1mm。

12)养护

待混凝土初凝后,用毛毯或稻草覆盖并按时洒水进行养护,在养护期间要封闭交通,包括行人,以防被人踩压或车辆碾压后影响其平整度。养护时间应不少于 5d,最好能达到 7d 以上,混凝土强度达到设计强度的 70%以上。

13)螺母加固、封胶

(1)待混凝土强度达到后,用加力杆(长度≥1m)拧紧螺帽,然后对螺帽法兰盘缺口处用电焊进行堆焊(以防在通车过程中螺帽松动)。

(2)对螺栓高出板面的不得用火焰切割直接气割,必须用磨光机磨平,以免烧坏板面油漆。在螺母切边侧通过焊接定位,焊接时注意不得损坏表面防腐层。

(3)在灌注环氧树脂前,应采用空压机清理出螺栓孔的杂物和焊渣,清理过程中不得将环氧树脂洒落到板面和路面处,造成污染。

(4)用环氧树脂灌满上部螺栓孔,环氧树脂应加热至100℃,掺入固化剂后温度在70℃,迅速灌注螺栓孔。必须灌满螺栓孔,但不得高出伸缩装置板面,否则会影响行车舒适度。

(5)检验标准。

①螺母拧紧后用力矩扳手检测螺母紧固力,紧固力矩不得小于700N·m(700~750N·m);

②螺栓顶不得高出板面(高出部分须磨平);

③环氧树脂表面平整光滑,不得溢出板面或洒漏板面,如有应清除(同时注意不得破坏板面油漆)。

14)清理现场

所有工作结束后清理伸缩装置施工区域,将所有建筑垃圾(废弃沥青混凝土、废弃混凝土,废弃钢材等)清理出现场,严禁随意随地乱倒;把施工设备和杂物清理出路面范围,并开放交通。

9.3 模数式伸缩装置的安装

模数式伸缩装置的安装质量好坏直接决定伸缩装置的使用性能,因此必须按照伸缩装置安装施工工艺,对每一道工序进行严格控制。由于单缝式型钢伸缩装置的安装方法与模数式伸缩装置类似,仅在安装步骤的繁简上有所区别,故在本节一并介绍。

模数式伸缩装置和单缝式型钢伸缩装置的安装均分为11个过程(图9-3):

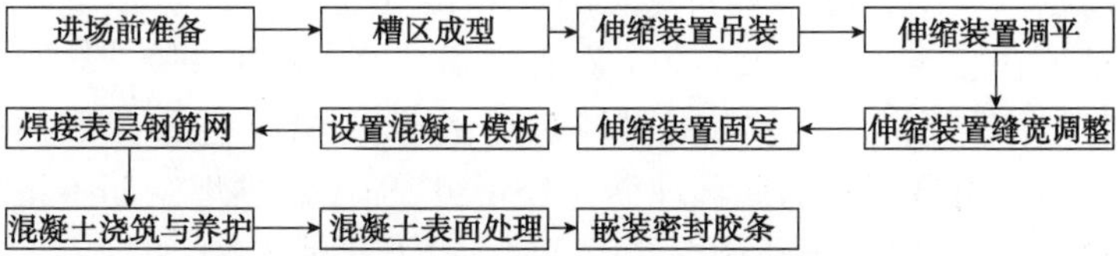

图9-3 模数式、单缝式型钢伸缩装置安装步骤

1)进场前准备

(1)在清理工作开始之前,保证施工安全有序地进行,在施工路段前后 80m 处设置醒目的“前方施工”警示标志。

(2)按设计单位提供的施工用设计图纸以及现场实测数据检查伸缩装置所有零部件在运输途中有无损坏,安装现场的伸缩装置型号、长度、配件及数量是否正确。

(3)检测梁体之间的间隙是否满足设计要求。

(4)检查施工设备和机具的完好性。

(5)各种主要材料必须按要求送检合格后方能使用。

(6)与业主、监理工程师联系进场及施工的有关事宜。

(7)在所施工路段范围严格按相关施工安全规范设置施工安全标志。

(8)施工现场自备发电机组。

(9)所有机具设备均采取防范措施,防止设备漏油导致的污染及损害。

2)槽区成型(图 9-4)

图 9-4 槽区成型过程

(1)检查梁端槽区四周混凝土有无破裂、起拱、塌陷和不平整等具体路面情况并结合伸缩装置构造图,确定需开挖桥梁伸缩装置槽区的宽度,并据此画线切缝,画线切缝必须顺直。若施工现场槽区已基本成型则可跳过本步骤。

(2)用风镐凿毛梁体槽区并清理,在凿除混凝土时按照伸缩装置断面构造图保护好原槽区内的预埋件和桥梁原有结构的完整性。保护槽口以外的混凝土。废渣堆放在彩条布上。槽区长、宽、深各尺寸符合施工图要求。

(3)检查引桥侧槽区内伸缩装置预埋筋的分布情况,仔细观察预埋筋有无漏埋、松动,对不符合要求的原预埋筋应校正;特别注意预埋钢筋不得出现裂缝和折断现象,对有裂缝和折断的钢筋应及时按焊接要求补焊。

(4)槽区没有预埋筋时,按要求把预埋筋焊接在原桥梁钢筋上。

(5)将引桥槽区破碎的混凝土及杂物清理干净。

3)伸缩装置吊装(图9-5)

(1)伸缩装置已在工厂组装好,一般应在图纸规定温度条件下进行安装;当伸缩装置的安装温度不同于图纸规定时,应对伸缩装置的缝宽进行调整。

图9-5　伸缩装置吊装

(2)拉线法检查伸缩装置型钢弯曲度,每米弯曲度≤2mm,总长范围内无明显弯曲,用钢卷尺测量伸缩装置长度和桥面宽度是否一致。

(3)在伸缩装置下方的混凝土平台上搭设操作平台。

(4)使伸缩装置入槽并调整纵、横向位置。

4)伸缩装置调平(图9-6)

图9-6　伸缩装置调平

(1)纵向:以防护栏边线和伸缩装置端头重合(目测)为基准,调整纵向位置。

(2)横向:以伸缩装置型钢间隙中心线和梁端间中心线偏移≤10mm为原则。

用公路靠尺和塞尺由中间向两端通过液压千斤顶调整伸缩装置的顶面高度,由于沥青路面通车后会经历二次压实,故应调整至比沥青路面低1~1.5mm。

5)伸缩装置缝宽调整(图9-7)

伸缩装置宜在当地气温为图纸规定的中间温度时进行安装。若安装气温无法满足中间温度要求,则需要对伸缩装置的缝宽进行调整。伸缩装置安装缝宽计算方法如下(以每缝最大宽度限定为80mm为例):

(1)当现场实际温度低于图纸规定的中间温度时,安装缝宽B(mm)为:

$$B=40+[80/(T_{max}-T_{min})]\times(T_{中}-T_{实际}) \quad (9\text{-}1)$$

（2）当现场实际温度高于图纸规定的中间温度时，安装缝宽 B(mm)为：

$$B=40-[80/(T_{max}-T_{min})]\times(T_{实际}-T_{中}) \quad (9\text{-}2)$$

若计算所得 B 值小于 25 mm，则 B 值取 25 mm。

式中：$T_{实际}$——安装时的实际温度；

T_{max}——当地全年最高温度；

T_{min}——当地全年最低温度；

$T_{中}$——当地全年平均温度。

6）伸缩装置固定（图 9-8）

检查复测伸缩装置缝宽和高程都满足设计施工要求后进行全面施焊，焊缝质量符合焊接规范。

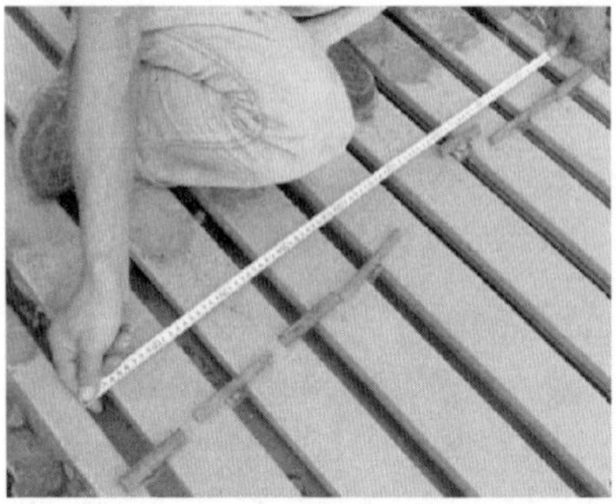

图 9-7　伸缩装置缝宽调整

图 9-8　固定伸缩装置

（1）伸缩装置锚环与预埋筋焊接在一起。

（2）支承箱四周锚钉同预埋钢筋、横穿钢筋焊接在一起。

（3）按设计图纸要求布筋，在预埋钢筋、横穿钢筋、纵向钢筋与伸缩装置锚固系统接触的地方采用点焊连接。钢筋的混凝土保护层厚度为 2.5～3cm。

（4）焊完后，及时割除辅助门架，确保伸缩装置自由工作。

7）设置混凝土模板（图 9-9）

模板放置于伸缩装置较底端和槽口上边缘的空间内，以防止混凝土流出槽口，根据伸缩装置型钢下平面到预留槽口底部的距离，确定模板的几何尺寸。模板的制作应确保各模板之间以及模板与槽口之间的间隙密封性好，支模应牢固。要保证在浇筑混凝土时不跑模、不变形、不漏浆。要注意保护好支承箱内和支承梁上不得有混凝土浆漏入。

8）焊接表层防裂钢筋网（图 9-10）

伸缩装置表层钢筋网排布方案依据设计图纸进行确定，焊接时应采用两侧相互交错进行,防止边梁钢受热变形,每间隔 1m 处设置 ϕ10mm 竖钢筋与预埋筋和锚筋组,并焊接以固定钢筋网。

图 9-9　设置混凝土模板

图 9-10　焊接表层防裂钢筋网

9)混凝土浇筑与养护

(1)混凝土浇筑以前要对槽区再一次进行清理,清除槽区内施工留下的杂物以及焊缝上的焊渣。槽区应预先充分浇水,以保证槽区混凝土处于充分湿润状态。

(2)混凝土浇筑时,型钢表面用胶布粘牢,保证浇注时不污染型钢表面。

(3)浇筑混凝土前,应在槽区内涂抹混凝土界面处理剂。

(4)混凝土的振捣采用插入式振动器,在边梁、支承箱及锚固钢板周围的混凝土必须振动密实。

(5)混凝土保持表面平整、无局部凹凸。

(6)混凝土初凝后在其上覆盖一层土工布或草包,经常洒水,保持湿润状态。混凝土的养生强度达到 80%以前,不应有任何车辆通行,以防止伸缩装置松动和混凝土破坏,若遇特殊情况,车辆必须通过伸缩装置时,则应搭悬空跳板。

(7)新浇筑的混凝土达到设计强度 80%后,清除表面覆盖物并拆除支撑模板。

10)混凝土表面处理

伸缩装置混凝土表面为直接承受车辆荷载作用的部分,因此在保证其本身强度的同时,要求混凝土表面具有抗滑性能,混凝土施工结束后要对混凝土进行抹平处理,在混凝土达到初凝之前,对混凝土进行拉毛处理以增加摩阻力。也可以使用路面刻纹机在混凝土终凝后对混凝土表面进行表面处理。

11)嵌装密封胶条(图 9-11)

(1)用撬棍或其他专用工具将密封胶条嵌入型钢型腔内,胶条必须整道安装,不允许有接头;

(2)密封胶条与型腔密贴,无凸起,无损坏;

(3)密封胶条嵌装完成后,将伸缩装置型钢表面及施工现场清理干净。

图 9-11　嵌装密封胶条

第10章　公路桥梁伸缩装置存在的问题、劣化评定及养护维修

随着我国公路和城市道路的发展,交通量的增大和重型车辆的增多,初期和中期阶段使用的各种类型伸缩装置普遍出现材料老化、脱落,钢齿板的铆钉、锚杆剪断或拉开等现象,大部分已经呈破坏状态,而近几年采用的伸缩装置,如板式伸缩装置或模数式伸缩装置,也因各种原因,有相当一部分已遭损坏。为了进一步了解桥梁伸缩装置的实际使用情况,并对其破损状况作分析,在全国部分地区进行了调查研究。

通过对北京市公路管理处、天津市桥梁管理所等近20个城市的桥梁管理部门所管理桥梁的调查,伸缩装置已破坏的桥梁数量,占被调查桥梁总数近一半。总的看来,伸缩装置的完好率很不理想,破坏率很高,情况相当严重[20]。

10.1　各类桥梁伸缩装置存在的问题

10.1.1　嵌填型(U形镀锌铁皮型等)

破坏形式:夏季桥梁伸长,伸缩装置缝隙中填料挤出、上鼓,引起跳车;冬季拉开断裂,造成漏水等。

原因分析:主要是结构上不够合理。由于镀锌铁皮或铝片较薄,不能过多地承受主梁传来的水平荷载,容易出现断裂现象。软性填充材料多为沥青砂、聚乙烯胶泥,易于老化脱落,造成漏水腐蚀伸缩装置,并使其失去伸缩作用。目前此类装置基本不再继续使用。

10.1.2　嵌固对接型(橡胶条型)

破坏形式:热天鼓起、冬天脱落,锚固件破坏(图10-1)和两侧混凝土(路面)破碎等。

原因分析:这是60年代产品,有单孔、三孔、四孔的胶条,在使用过程中胶条一直处于压缩状态,设计思想是合理的,但安装时很难加压达到设计的理想状

态,不是过紧就是过松,过紧容易造成鼓起,过松易脱落;这种装置构造尺寸较小,以往常常是在混凝土铺装层中放置。主要锚固件,与梁体的预埋件连接薄弱,加之铺装混凝土较薄,后浇混凝土面层多缺乏振捣,密实度和强度都有一定的问题,造成两侧混凝土容易破损。所以,此类装置破坏的主要原因可归结为施工原因。

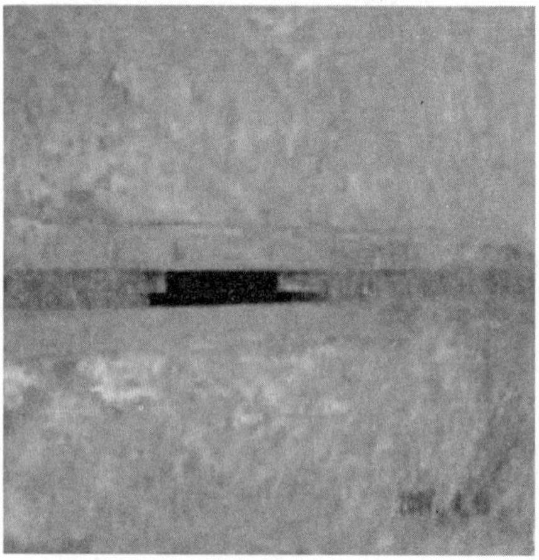

图 10-1　锚固件破坏

10.1.3　板式橡胶伸缩装置

板式橡胶伸缩装置的破坏形式:

(1)橡胶板剥离;

(2)预埋钢板外露、脱落、断裂;

(3)锚固螺栓剪断脱孔飞出(图 10-2);

(4)两侧混凝土开裂破碎,出现坑槽等多种破坏现象,造成整体破坏等(图 10-3)。

原因分析:板式橡胶伸缩装置,规格种类繁多,近几年来国内桥梁上普遍采用,而出现的问题较多,破坏严重。究其原因是多方面的,综合来看,有如下几点:

(1)结构本身的原因(设计原因)。此类伸缩装置,其原理是利用上下凹槽之间的橡胶剪切变形来满足梁体的伸缩,伸缩体内又埋有钢板,跨越梁端间隙承受荷载,两侧有锚固钢板,通过螺栓与梁端连接,并且一般采用每米分块安装,整体性较差。我们曾对有关生产厂家生产的各种(部分)规格板式橡胶伸缩装置拉伸及压缩时的水平摩阻力进行较大批量的专门检测测试,其综合结果如表

10-1 所示。

图 10-2　锚固螺栓剪断

图 10-3　两侧混凝土开裂

部分板式橡胶伸缩装置水平摩阻力测试结果　　表 10-1

伸缩量(mm)	拉伸时		压缩时	
	摩阻力(kN/m)	最大变形(mm)	摩阻力(kN/m)	最大变形(mm)
30	15.7	15	19	-15
40	24.1	20	23.8	-20
40	18.7	20	23.4	-20
40	17.1	20	24	-20
80	19.6	30	25.7	-40
100	20.3	30	24.8	-50
平均值	19.25	—	23.45	—
摩阻力平均值	21.35			

注:试样由上海工程橡胶厂、上海彭浦橡胶总厂、常熟橡胶厂提供。

一般国外技术标准对伸缩装置摩阻力的限制规定为不大于 4kN/m,而根据测试结果,国内产品的实际水平摩阻力远大于此规定值,约为此规定值 5 倍还多。因此对锚固系统要求极高,也给施工带来困难,没有特殊专用工具是很难保证达到设计要求的,应是出现早期局部破坏和整体破坏的主要原因。

(2)产品质量不好。这类伸缩装置生产工艺条件要求比较苛刻,例如,橡胶材质性能，加劲钢板的材质及合理布置，钢板与橡胶黏结强度，生产时的温度和湿度的控制等都要求非常严格，稍不注意就出质量问题，往往容易出现整板断裂、脱胶、胶层磨损、钢板外露、锚固螺栓剪断、橡胶板飞出等现象，其与橡胶伸缩装置的本身质量、横向宽度大、刚度差异大等都有直接关系。

以西宝一级公路咸阳渭河大桥 100 型板式橡胶伸缩装置破坏情况调查为例：原设计 100 型预埋钢板之间的橡胶体厚度分别为 41mm 与 31mm，而对 88 块 100 型橡胶体的测量结果，预埋钢板之间的橡胶体厚度最薄的为 23mm 与 14mm，一般平均为 31.7mm 与 22.25mm。预埋钢板之间橡胶体的减薄，使伸缩体的允许变形只有原设计允许变形的 71.77 %左右，另外体内预埋钢板严重倾斜，最大的倾角为 6°12′，这是造成橡胶体变形不均匀的主要原因，还有部分钢板外露，无橡胶护层，且橡胶与钢板粘贴不好，造成钢板翘起，橡胶剥离的严重破坏。

(3)施工原因。对伸缩装置施工工艺要求重视程度不够，已破坏的伸缩装置多数在施工时未能严格掌握工艺标准和安装步骤。例如，西宝一级公路咸阳渭河大桥伸缩装置的安装，按照常规，伸缩装置的安装温度宜为年平均气温或相当气温。根据施工单位提供桥位处多年平均最低气温为-13℃左右，多年平均最高气温为 39℃左右，伸缩装置安装气温控制在 26℃左右较为合适。但该桥伸缩装置的安装温度比常规规定的低将近 10℃左右，最严重的则低 15℃，调查时实测气温为 27～29℃，反映出当前梁体结构伸长变形已接近，或超过设计值 50mm。即在当时气温的情况下，应该采取预拉开一定数值，以保证安装就位不致出现早期破坏。但由于此类伸缩装置的水平摩阻力大，没有特殊的专用工具，未能做到这一施工工艺要求，加上因产品质量上存在一定的问题，使橡胶体伸缩量减少了 29%。

再者，预埋钢筋直径过细(ϕ12)，钢板较薄($\delta=5$mm)，锚固件焊接质量不能保证，经不起高速重载车辆的冲击、振动和疲劳荷载作用，很快开焊弹起；橡胶板底垫砂浆找平填高的做法不恰当，车辆行驶冲击致使所垫砂浆粉碎溜边，使梁间隙相对加大，其下未设托板，轻者橡胶板脱孔飞出，重者使橡胶板折断破坏；二次混凝土浇筑不密实，达不到设计要求的强度，混凝土时常出现蜂窝、空洞等，难以承受车辆荷载的强烈冲击；伸缩装置两侧混凝土和沥青混凝土铺装层结合不好，碾压不密实，形成两张皮，容易产生开裂、脱落，形成坑槽，最终引起伸缩装置的破坏；梁端缝隙不符合设计要求，比如，根据大连市的调查，设计梁间缝隙宽 4～5cm，而施工后的梁间缝隙宽度多为 7～10cm，结果缝隙加大，橡胶板则出现了螺栓孔拓大飞出以及折断破坏等。

(4)伸缩装置的选型不合理。任意扩大此类伸缩装置的适用范围(最大者有超过400mm)，伸缩装置整体强度不足、螺栓变形、盖帽穿透、整板松动是常见的现象，特别是在重车道上破坏尤为明显；桥梁设计者在选型时，未考虑到计算、施工误差等多种复杂因素的影响，直接按伸缩量计算值选定型号规格和仅考虑产品价格等，没有预留必需的富余量而适当选偏大型号，更甚者，选用型号偏小的伸缩装置，例如，某大桥如按该地区的多年最低平均气温与多年最高平均气温计算，它的伸缩量应不小于190mm，再加上考虑施工误差因素的影响、安装温度的偏差以及二期恒载及活载引起梁长变化等因素，设计伸缩量应不小于140mm才是可靠的，但该桥选用伸缩量为100mm的板式橡胶伸缩装置，如此即使产品质量再好，施工安装精度再高，也逃不掉其破坏的可能性，故合理选定形式是保证桥梁伸缩装置有较好的使用效果和耐久性极为重要的环节。

(5)管理养护的原因。桥梁伸缩装置的部件长期暴露在大气空间，并且承受高速行驶车辆的反复冲击作用，使用环境非常恶劣，管理养护工作十分重要。但目前多数桥梁伸缩装置基本上处于不进行养护的状态，如不作经常性的检查维修，伸缩装置中的杂物、尘土不能及时认真清除，使原设计的伸缩量得不到保证；桥梁超载的情况不能得到有效控制，特别是夜间缺乏管理，汽车不按规定行驶，超载车辆自行上桥等，这些应是造成桥梁伸缩装置使用效果不好、耐久性差、整体破坏的重要原因。

10.1.4　钢制梳齿板式伸缩装置

(1)钢制梳齿板式伸缩装置，包括钢梳齿板型和钢平板叠合型，出现破坏的主要形式为(图10-4~图10-8)：

①锚固件病害。锚固混凝土破裂，锚固螺栓锈蚀严重、损坏、脱落，锚固件疲劳断裂。

②梳齿板病害。梳齿板变形或翘起，凹凸不平，齿板横向间隙不均匀，卡齿，齿板断裂，整块脱落。

③转动控制座、转轴病害。梳齿转动不灵活，造成齿板翘起，影响行车安全。

④防水橡胶条内积满尘土、垃圾，漏水。防水橡胶条内积水或漏水造成钢件腐蚀，防水橡胶条内杂物不易清除而失去伸缩功能等。

图10-4　梳齿板脱落

(2)原因分析：从目前已破坏的部分钢制伸缩装置情况看，破坏原因有设计问题、加工工艺问题、施工质量问题和管理养护问题等。这类伸缩装置在加工和使用过程中容易产生变形,难以保证齿板和垫板贴合,一旦产生了间隙,对连接部位受力很不利,而引起噪声、跳车,加之日夜运营,齿板在反复荷载作用下,引起过早疲劳,紧固螺栓(或螺钉)松动,梳齿板转动翘起外露,杂物容易将梳齿间隙卡住,影响伸缩功能,排水机能不完善,杂物、污水落入桥下,污染环境,产生腐蚀等,对这种情况的防治,是今后的重要问题之一。

图 10-5　螺栓脱落

图 10-6　梳齿板翘起

图 10-7　混凝土开裂

图 10-8　梳齿板脱落

10.1.5　单缝式型钢伸缩装置

单缝式型钢伸缩装置是目前公路桥梁上使用最广泛的伸缩装置,常见的破坏形式如下:

(1)锚固区混凝土破碎;

(2)密封橡胶带迅速老化、脱落或破裂,严重漏水;密封橡胶带内垃圾堆积过多,影响伸缩功能。

造成破坏的原因主要有如下几个方面:

锚固区混凝土破碎的主要原因为锚固区混凝土振捣不实;采用 C 形、F 形边梁伸缩装置锚固区混凝土厚度偏薄,在车轮荷载作用下混凝土被压碎;C形、F形边梁底面尺寸过小(15~30mm),在混凝土上的支承面过小,承压强度过大。尤其是单缝式型钢伸缩装置主要用于预制装配式混凝土桥梁部位,预制梁的尺寸公差,常常使梁端桥面处混凝土不齐平,通过抹灰将梁端找平,C形、F形边梁有部分区段实际支承在抹灰层上,支承强度严重不足,完全依靠锚筋受力,极易引起边梁与混凝土的接触面裂开,造成伸缩装置渗漏水。因此国外将C形、F形边梁主要用于柔性连接的伸缩装置上。采用Z形钢边梁,锚固区混凝土厚度较大的伸缩装置,其锚固区混凝土破碎的情况将有所改善。

造成密封橡胶条漏水和破坏的原因主要是:密封橡胶条的形状与中梁或边梁钢的口形不匹配;由于路面上的石子、泥沙等杂物进入并沉积在密封橡胶条缝隙内,柔性的物质可随着伸缩体张合将其挤出或行车时带走,但刚性、大颗粒的物质难以被挤出,经车轮下压,易造成密封橡胶带被刺破,造成雨水、尘土、杂物下漏产生污染现象。尤其是在冬季易积雪地区,在密封橡胶条内的积雪,如不及时清除,在车轮荷载的作用下,密封橡胶条极易被压破。

10.1.6　模数式伸缩装置

(1)模数式系列伸缩装置,是国内近几年来为适应大位移量桥梁工程需要而研制开发的产品,用量不算很大,使用期还不很长,暴露出的问题也不明显。但除国外引进的产品外,国内产品经实际应用后,仍出现一些问题。模数式伸缩装置的主要病害表现为:

①锚固件病害。锚固混凝土破裂,装置两侧混凝土出现裂缝、坑槽,位移控制箱底部混凝土未捣实,锚固系统不可靠,出现局部或整体性破坏等。

②中梁构件开焊、断裂,出现晃动、噪声;中梁局部变形弯曲下挠;型钢表面凹凸不平。

③伸缩均匀性差,位移控制系统失灵。

④弹性控制元件、承压支承与压紧支承病害。承压支承和压紧支承变形过大或破坏,橡胶剪切弹簧剪切变形过大或破坏,聚氨酯压缩弹簧丧失弹性或破坏。

⑤密封橡胶带迅速老化、脱落或破裂,严重漏水;密封橡胶带内垃圾堆积过多,影响伸缩功能。

(2)原因分析。应用期不长即出现上述缺陷,究其原因,主要有如下5个方面:

①目前国内此类伸缩装置用的边梁、中梁多采用挤出成型或轧制成型,常常

采用小型炼钢炉，钢材材质不稳定，易造成型钢疲劳断裂；型钢调直成型工艺不稳定，调直后的稳定化处理不足，易造成型钢在使用过程中弯曲（内应力释放）；中梁钢与支承梁或吊架的焊接工艺技术不稳定，焊工未经考核，焊接质量较难保证，出现开焊情况；有时采用压条（或夹件）和螺钉扣紧密封橡胶带的做法，扣件容易锈蚀断裂，造成橡胶带脱落或跳起飞出。即使采用挤压成型的异型钢作边梁、中梁，因其挤压工艺原因，模具磨损快且大，造成孔型不准、变化大，密封橡胶带易滑脱等问题。上述可归结为构造和加工的原因。

②由于承压支承与压紧支承破坏或脱落，造成支承梁下沉，引起中梁支承跨径增大，断裂。由于橡胶剪切弹簧剪切破坏，聚氨酯压缩弹簧破坏造成伸缩位移控制失灵，各缝位移严重不均匀。

③造成密封橡胶条漏水和破坏的原因与单缝式型钢伸缩装置相同。这种情况除对密封橡胶带的形状作进一步改进外，只有靠养护的经常性清扫来保证整个装置的使用效果。

④安装这类伸缩装置的预留槽口内，既有锚固箱又有布置较多的锚固钢筋，包括梁体的主钢筋和预埋的锚固钢筋，给浇筑混凝土带来困难，容易出现空洞、密实度不易保证、强度不足等问题。尤其是处于位移箱下部的混凝土，由于振捣不实，在使用过程中易被压碎，造成位移箱下沉，使中梁钢支承跨径加大，造成中梁钢断裂。锚固区混凝土在使用过程中出现裂纹，逐步出现坑槽，如不及时处理，将会导致锚固部位全面的、严重的破坏，这也是今后必须解决好的重要课题。

⑤某些产品如 XF 斜向型，由于加工组装精度要求极为严格，在多根中梁的情况下，较难保证精度，稍不慎重，易出现自锁造成失灵和破坏。

型钢断裂病害见图 10-9，止水带破裂见图 10-10。

图 10-9　型钢断裂

图 10-10　止水带破裂

10.1.7 无缝式伸缩装置

鉴于桥梁伸缩装置部位不容易处理好,且伸缩装置造价相对较昂贵,也容易损坏,使其维修费用增加;又由于伸缩装置有损桥面美观,不利于车辆行驶和影响行人的情绪,致使各国桥梁设计都趋向于尽可能少地设置桥面伸缩装置,或者设计成无缝桥梁结构。

连续简支梁桥首先在英国应用,并获得成功。迄今为止美国最长的连续简支梁桥是奥温尔桥,该桥为预应力混凝土结构,全长 1 287m,仅在桥台处设置大位移量伸缩装置。设计这种结构,要在中间梁的伸缩装置处设置连续钢筋,在梁底使用滑板支座或滚动支座,全桥只能设计一个固定支座。这种结构的设计计算虽然繁杂,但现代电子计算机和结构分析程序的发展,已能轻易地计算出桥面连续简支梁桥或连续梁结构的内力和位移。我国最长的连续简支梁桥是浙江省宁波市解放桥,该桥 11 孔桥面连续,全长 233m;湖北省沙洋大桥引桥均为 30m 跨径的预应力混凝土简支梁,4 孔或 6 孔为一连的桥面连续,即连续段分别为 120m 和 180m 设一条暗缝。目前桥面连续的长度已大大突破上述长度,有向较大连续长度的方向发展的趋势。

修建无缝桥梁的方法,根据美国联邦公路局技术咨询报告中的建议,将桥台设计成整体式,主梁的两端则固定在整体式桥台上。这就要考虑桥台能否随着上部结构的温度变化而产生位移,也要考虑桥台位移对桥头引道路面的影响。这些都是无缝桥梁结构设计和修建时应该考虑的。根据田纳西州的经验:一个设在桩基上的典型柔性桥台,其本身的挠曲能产生 50mm 的位移,而设在岩石基础(但不嵌入岩层)上的同样桥台,只能允许 6~7mm 的位移。因此,伸缩量超过桥台位移必须安装伸缩装置或使用铰接桥台。即无缝化的建议,有其使用范围的限制。根据我国的一般经验,单缝的伸缩量在 30mm 以下时,采用桥面连续,或使用 EPBC 弹性体,或 TST 弹塑体的办法,只要施工时充分注意,应该是有效的。

由于我国近几年才开始较多使用此类装置,时间不长,但施工工艺复杂,或多或少仍存在桥面开裂、材料老化,造成漏水等问题。所以,进一步加强这方面的研究是十分必要的。

10.2 桥梁伸缩装置破坏的主要原因

桥梁伸缩装置破坏的原因分析是直接促进伸缩装置发展的重要手段。

尽管未作全国公路和城市桥梁伸缩装置的统一调查，但从部分公路和城市桥梁的情况反映出的问题是比较严重的。前面的叙述，可归纳成如下几方面的主要原因：

(1)交通方面的原因

交通量增大，重型车辆和超重车辆不断增多，随之车辆的冲击作用也明显变大，因此设计、施工上即使稍有缺陷也会成为破坏的原因之一。

(2)设计方面的原因

①有些桥梁结构，桥面板的刚度不足，当桥面板受到汽车荷载作用时，因翼板较薄，横向联系较弱，导致桥面板变形过大；

②多数设计是将伸缩装置的锚固件置于桥面铺装层中，与主梁(板)连接的部分很少，这些锚固方法在荷载作用下容易造成开焊脱落，而且力的分布不容易传递，微小的变形可能演变成大的位移，最终导致混凝土黏结力的失效；

③伸缩量计算不准确，没有考虑到伸缩装置安装时的实际温度对伸缩装置的影响等，在伸缩装置本身不具备或很难具备调整初始位移量，以适应于安装温度对位移的要求时，选型不当是造成伸缩装置破坏的重要原因之一；

④设计上未对伸缩装置两侧的后浇混凝土和铺装层材料的选择、配合比、密实度和强度提出严格要求或规定；

⑤对于大跨桥、斜桥、弯桥等设计时，没有形成与一般的梁(板)结构相符合的构造形式和锚固方法；

⑥使用黏结材料、橡胶材料等新形式的伸缩装置，错误地选定构造和材料，且防水、排水设施不完善，由于漏水、溢水，锚固件受腐蚀，梁端和支座侵蚀严重，多成为破坏的原因之一。

(3)施工方面的原因

①对桥梁伸缩装置施工工艺要求重视程度不够，未能严格按照施工工艺标准和安装工序进行施工；

②锚固件焊接质量不能保证，只注意表面，忽视内部质量标准要求；

③后浇混凝土(或其他填充料)浇注不密实，达不到设计的强度要求，时常出现蜂窝、空洞等，难以承受车辆荷载的强烈冲击；

④由于赶工期，草率从事，放松了伸缩装置的施工质量，甚至不按设计图纸要求施工，是现阶段造成伸缩装置破坏的重要原因之一。

⑤伸缩装置两侧混凝土和沥青混凝土铺装层结合不好，碾压不密实，形成两张皮，容易产生开裂、脱落，最终引起伸缩装置的破坏；

⑥缺乏统一的质量验收标准。

(4)管理维护方面的原因

①平时对在伸缩装置上的砂土、杂物未能及时认真地清扫,使原设计的伸缩量得不到保证;

②原有桥梁逐渐老化,维修又不充分,因此破坏不断扩展;

③桥梁超载情况不能得到有效控制,特别是夜间缺乏管理,车辆不按规定行驶,超载车辆自行上桥,对桥梁伸缩装置的有效使用和耐久性常带来严重威胁。

10.3　桥梁伸缩装置性能劣化评定的建议

桥梁伸缩装置在使用过程中,随着使用年限的增长,会逐渐出现一些病害和使用性能的劣化,在日常的养护维修中,需针对病害的程度进行必要的维修或更换,因此,对桥梁伸缩装置可能出现的病害进行分类是必要的,目前国内尚无相关的病害评定方法。根据我国对公路桥梁性能评定分级的要求,建议将桥梁伸缩装置的性能劣化评定分为4级,见表10-2。

公路桥梁伸缩装置的性能劣化评定分级表　　表10-2

劣化等级	对结构功能及行车安全的影响	措　施
Ⅰ级	无影响	正常保养与检查
Ⅱ级	影响较小	加强检查、正常维修
Ⅲ级	劣化继续发展将会上升为Ⅳ级	更换非主要受力部件,修补受力部件
Ⅳ级	伸缩装置功能严重劣化,危及行车安全	立即更换

根据以上分级,对几种常用的伸缩装置的病害分别分级如表10-3~表10-7所示。

板式橡胶伸缩装置病害分级表　　表10-3

病害类型	劣化等级	病 害 性 质	处理措施
锚固系统病害	Ⅱ	锚固混凝土局部开裂,面积≤10%	局部修补
	Ⅲ	锚固混凝土多处开裂,10 %<面积<30 %	立即修补
	Ⅳ	锚固混凝土大面积开裂、压碎、锚固失效	全面修补、更换
橡胶板破损	Ⅰ	橡胶板老化,与钢板黏结开裂、剥离、破损,破损面积≤10%	正常保养与检查

续上表

病害类型	劣化等级	病害性质	处理措施
橡胶板破损	Ⅱ	橡胶板老化，与钢板黏结开裂、剥离、破损，10%<破损面积≤30%	加强检查、局部修补
	Ⅲ	橡胶板老化，与钢板黏结开裂、剥离、破损，30%<破损面积<50%	立即修补
	Ⅳ	橡胶板老化，与钢板黏结开裂、剥离、破损，破损面积≥50 %	全面修补或更换
骨架，钢板支承结构病害	Ⅰ	角钢平面位置偏差过大，不平整，高差过大，外露凹凸不平，高差≤1mm，面积≤10%	正常保养与检查
	Ⅱ	角钢平面位置偏差过大，不平整，高差过大，外露凹凸不平，1mm<不平整高差，10%<面积<30%	局部修补
	Ⅲ	角钢平面位置偏差过大，不平整，高差过大，外露凹凸不平，2mm<不平整高差，10%<面积<30%	立即修补
	Ⅳ	角钢平面位置偏差过大，不平整，高差过大，外露凹凸不平，高差≥2mm，面积≥30%	全面修补或更换
连接榫槽开裂，不闭合	Ⅰ	连接榫槽开裂，形成缝隙，不闭合，面积≤10%	正常保养与检查
	Ⅱ	连接榫槽开裂，形成缝隙，不闭合，10%<面积≤30%	局部修补
	Ⅲ	连接榫槽开裂，形成缝隙，不闭合，30%<面积<50%	立即修补
	Ⅳ	连接榫槽开裂，形成缝隙，不闭合，面积≥50%	全面修补或更换

单缝式型钢伸缩装置病害分级表 表 10-4

病害类型	劣化等级	病害性质	处理措施
锚固系统病害	Ⅰ	轻微裂纹：少于5处且宽度≤3mm	正常保养与检查
	Ⅱ	中等裂纹：超过5处且宽度≤3mm或少于3处但3mm<宽度<15mm	局部修补

续上表

病害类型	劣化等级	病害性质	处理措施
锚固系统病害	Ⅲ	严重裂纹:多于3处且宽度≥15mm	深度修补
	Ⅳ	锚固混凝土大面积开裂、压碎,裂纹贯穿槽区,锚固失效	全面修补或更换
防水密封系统病害	Ⅰ	垃圾堆积过多	及时清理垃圾
	Ⅱ	垃圾堆积过多,影响伸缩功能;密封胶条脱落	加强检查、及时清理、复位密封胶条
	Ⅲ	密封胶条出现裂缝,漏水位置少于3处	局部修补
	Ⅳ	密封胶条大面积开裂、孔洞、撕坏,严重漏水	立即更换

悬臂梳齿板式伸缩装置病害分级表　　　　表10-5

病害类型	劣化等级	病害性质	处理措施
梳齿板病害	Ⅰ	齿板局部凹凸不平	正常保养与检查
	Ⅱ	梳齿板变形或翘起,齿板局部凹凸不平,同一位置,同一断面处,齿板高差>1mm	加强检查、正常维修
	Ⅲ	梳齿板变形或翘起,齿板高差>2mm,卡齿	修补
	Ⅳ	梳齿板变形或翘起,齿板高差>3mm,严重卡齿,齿板断裂,整块脱落	立即更换
锚固系统病害	Ⅰ	局部锚固螺栓松动	正常保养与检查
	Ⅱ	锚固区混凝土破损,螺栓松动,数量≤10%	加强检查、正常维修
	Ⅲ	锚固区混凝土破损,螺栓松动,数量10%~30%	修补
	Ⅳ	锚固件严重锈蚀、损坏、脱落,数量≥30%	立即更换
防水密封系统病害	Ⅰ	垃圾堆积过多,渗水	及时清理垃圾
	Ⅱ	垃圾堆积过多,影响伸缩功能,面积≤30%	加强检查、及时清理
	Ⅲ	多处老化开裂,漏水,面积>30%	定期更换
	Ⅳ	大面积开裂,撕坏,严重漏水,面积>30%	立即更换

单元支承式梳齿板伸缩装置病害分级表 表 10-6

病害类型	劣化等级	病害性质	处理措施
梳齿板病害	Ⅰ	齿板局部凹凸不平	正常保养与检查
	Ⅱ	梳齿板变形或翘起，齿板局部凹凸不平，同一位置，同一断面处，齿板高差>1mm	加强检查、正常维修
	Ⅲ	梳齿板变形或翘起，齿板高差>2mm，卡齿，个别齿板断裂	修补或更换断裂齿板
	Ⅳ	梳齿板变形或翘起，齿板高差>3mm，严重卡齿，齿板断裂，整块脱落	立即更换
转动控制座病害	Ⅲ	转动控制座失效，活动梳齿板转动失灵	修补
	Ⅳ	转动控制座失效，活动梳齿板转动失灵，≥2个单元	立即更换失效单元
锚固系统病害	Ⅰ	局部锚固螺栓松动	正常保养与检查
	Ⅱ	锚固区混凝土破损，螺栓松动，数量≤10%	加强检查、正常维修
	Ⅲ	锚固区混凝土破损，螺栓松动，数量10%~30%	修补
	Ⅳ	锚固件严重锈蚀、损坏、脱落，数量≥30%	立即更换
支撑托架病害	Ⅲ	支撑托架脱焊，松动，<2个单元	维修
	Ⅳ	支撑托架脱焊，松动，>2个单元	立即补焊
防水密封系统病害	Ⅰ	垃圾堆积过多，渗水	及时清理垃圾
	Ⅱ	垃圾堆积过多，影响伸缩功能，面积≤30%	加强检查、及时清理
	Ⅲ	多处老化开裂，漏水，面积>30%	定期更换
	Ⅳ	大面积开裂，撕坏，严重漏水，面积>30%	立即更换

模数式伸缩装置病害分级表 表 10-7

病害类型	劣化等级	病害性质	处理措施
中梁型钢病害	Ⅰ	局部缝隙不均匀，中梁钢局部变形弯曲下挠	正常保养与检查
	Ⅱ	缝隙不均匀，缝隙大于80mm，缝隙过小或闭合	加强检查、正常维修
	Ⅲ	异型钢接焊缝脱焊断裂，但未断开	修补脱焊部件
	Ⅳ	异型钢断开，掉落	立即更换
支承系统病害	Ⅰ	承压支承与压紧支承正常变形	正常保养与检查
	Ⅱ	承压支座和压紧支座变形过大，支承横梁下挠变形，支撑架固定螺栓松动	加强检查、正常维修

续上表

病害类型	劣化等级	病害性质	处理措施
支承系统病害	Ⅲ	支承梁吊架脱焊或螺栓脱落	立即修补脱焊部件或重新安装并紧固螺栓
	Ⅳ	承压支承与压紧支承破坏、脱落,滑板层磨耗殆尽	立即更换
位移控制系统病害	Ⅰ	压缩弹簧、剪切弹簧正常变形	正常保养与检查
	Ⅱ	压缩弹簧、剪切弹簧变形较大,超出设计值20%	加强检查、正常维修
	Ⅲ	个别压缩弹簧、剪切弹簧变形过大、开裂,连接件脱落	更换局部零件,重新安装并紧固连接件
	Ⅳ	压缩弹簧、剪切弹簧、机械铰链破坏	立即更换
锚固系统病害	Ⅰ	轻微裂纹:少于5处且宽度≤3mm	正常保养与检查
	Ⅱ	中等裂纹:超过5处且宽度≤3mm或少于3处但3mm<宽度<15mm	局部修补
	Ⅲ	严重裂纹:多于3处且宽度≥15mm	深度修补
	Ⅳ	锚固混凝土大面积开裂、压碎,裂纹贯穿槽区,锚固失效	全面修补或更换
防水密封系统病害	Ⅰ	垃圾堆积过多	及时清理垃圾
	Ⅱ	垃圾堆积过多,影响伸缩功能;密封胶条脱落	加强检查、及时清理、复位密封胶条
	Ⅲ	密封胶条出现裂缝,漏水位置少于3处	局部修补
	Ⅳ	密封胶条大面积开裂、孔洞、撕坏,严重漏水	立即更换

10.4　桥梁伸缩装置的养护维修

如10.3节所述,伸缩装置在使用过程中出现病害是不可避免的,为了延长其使用寿命,防止造成更大的损失,对伸缩装置进行定期或不定期的检查,并根据情况及时采取必要的维修或者养护措施是十分必要的,本节将介绍一些常见类型的伸缩装置养护维修方面的情况。

10.4.1　梳齿式伸缩装置的养护维修

1)养护的检查项目、内容、方法、工具指标及周期梳齿式伸缩装置的养护要求见表 10-8。

梳齿式伸缩装置养护说明　　表 10-8

序号	检查项目	检查内容	检查方法	检查工具	参考指标	检查周期
1	齿板防腐是否有效	伸缩装置各齿板的表面防腐	目测	—	根据使用情况对梳齿防腐进行跟踪，必要时进行表面防腐修补	日常
2	清洁	伸缩装置齿间是否有易损坏齿板的尖锐物和影响伸缩装置正常伸缩的硬物	目测	—	无尖锐物和影响伸缩装置的硬物，有则清理	日常
3	底部止水带和密封胶条	止水带是否损坏和脱落	目测	—	止水带和密封胶条无脱落、开裂和孔洞	日常
4	梳齿板	梳齿板是否损坏、松动和开裂	车辆通过时，梳齿板是否有异常的响声、碰撞和跳车现象	—	梳齿无损坏、松动和开裂	日常
5	安装槽区混凝土	混凝土是否破损和开裂	目测	—	混凝土无破损和开裂	日常
6	梳齿板螺栓及螺母	梳齿板的螺栓和螺母是否松动、损坏和脱落	逐个检查各螺栓和螺母，并观察是否有损坏和脱落的螺栓和螺母	活动扳手、手电筒	螺栓和螺母没有松动、损坏和脱落	2 次/年
7	转动座、限位座螺栓和螺母	转动座、限位座的螺栓和螺母是否松动、损坏和脱落	用扳手逐个检查各螺栓和螺母，并观察是否有损坏和脱落的螺栓和螺母	活动扳手、手电筒	螺栓和螺母没有松动、损坏和脱落	2 次/年
8	弹簧	弹簧是否开裂和脱胶	用手电筒目测	手电筒	剪切弹簧无开裂和脱胶	2 次/年

续上表

序号	检查项目	检查内容	检查方法	检查工具	参考指标	检查周期
9	结构件	伸缩装置转动座、止水带等是否损坏	用手电筒观察各结构件是否损坏,如弹簧失效、钢板变形等	手电筒	各构件无损坏	2次/年
10	表面涂装	伸缩装置各钢构件表面是否生锈	用手电筒目测	手电筒	钢构件表面无锈迹	2次/年

2)养护的具体操作及发现问题时的解决措施

(1)日常养护

①清除梳齿板间的尖锐物等杂物。

②车辆通过时,是否有跳车或异响现象,如有应对梳齿板螺栓、螺母等进行检查,如螺栓松动、损坏,应及时拧紧和更换。

③检查伸缩装置安装槽区混凝土是否存在混凝土损坏、裂痕、间隙等现象,如有应分析原因,并进行处理。

④检查伸缩装置与桥面铺装连接处是否损坏或有裂纹,不锈钢滑板是否破损和锚固螺栓螺母是否松动,一经发现应及时修补,以免影响伸缩装置的使用寿命。

⑤检查伸缩装置防排水系统是否有效,排水口是否填塞,及时清除排水口处的杂物。

(2)伸缩装置下部结构定期养护

伸缩装置下部结构每年应检查两次,检查的内容如下:

①螺栓和螺母

检查转动座、螺栓和螺母是否松动、损坏,如松动应及时拧紧,破坏的应及时更换,特别用于连接下部支承的螺栓一定要连接可靠,该螺栓连接是否可靠直接影响其他构件的使用寿命。

②结构件

检查转动座等是否损坏,如有,应及时与生产厂家联系,并在生产厂家技术员的指导下进行修复或更换。

③工作面

检查梳齿间和表面是否有污渍、水泥浆、锈渍等现象,经常清扫、擦拭齿板下不锈钢表面。

④防腐涂装

检查伸缩装置各钢构件表面是否有表面涂层损坏、污渍、油漆剥落、裂开等现象。必要时用砂纸打磨损坏部位并重新涂上油漆。

3)所需维护工具、器材的配置及其他条件

梳齿式伸缩装置维修所需器具见表10-9。

梳齿式伸缩装置维护所需器具 表10-9

维护内容	工具、器材	维护内容	工具、器材
密封胶条	刷子或加压空气、撬棍	梳齿间间距	5m卷尺
螺栓	扳手、手电筒	防腐层的状况	刷子、砂布、手电筒
不锈钢滑板表面	笤帚		

4)注意事项

(1)超限机动车、履带车、铁轮车等需经过桥梁伸缩装置时,应报管理部门审批,采取相应保护措施后方可通行,防止伸缩装置发生过度的弯曲变形。

(2)严禁酸、碱、油类、有机溶剂等物洒到伸缩装置上,以防伸缩装置表面层损坏及伸缩装置表面打滑。

(3)在发生地震或者出现恶劣的天气之后,应巡查记录伸缩装置的工作状况。

(4)若条件允许,可在梁缝增加检修平台,以供维护人员进行检测和养护维修,检修平台避开梁内门孔。

10.4.2 模数式伸缩装置的养护维修

1)养护的检查项目、内容、方法、工具、指标及周期

模数式伸缩装置的养护要求见表10-10。

模数式伸缩装置养护说明 表10-10

序号	检查项目	检查内容	检查方法	检查工具	参考指标	检查周期
1	缝宽均匀性	伸缩装置各缝宽的均匀性	用目测估计各缝宽均匀性,也可用直尺、卷尺测量	卷尺	单缝最大缝宽不大于80mm,每单元最大偏差不大于2mm	日常

续上表

序号	检查项目	检查内容	检查方法	检查工具	参考指标	检查周期
2	清洁	伸缩装置缝区是否有易损坏防水橡胶带的尖锐物和影响伸缩装置正常伸缩的硬物	目测	—	无尖锐物和影响伸缩装置自由伸缩的硬物,有则清理	日常
3	密封胶条	密封胶条是否损坏和脱落	目测	—	密封胶条无脱落、开裂和孔洞	日常
4	型钢	型钢是否损坏、松动和开裂	车辆通过时,型钢是否有异常的响声、碰撞和跳车现象	—	型钢无损坏、松动和开裂	日常
5	安装槽区混凝土	混凝土是否破损和开裂	目测	眼睛	混凝土无破损和开裂	日常
6	支撑架螺栓及螺母	中梁与支撑架之间的螺栓和螺母是否松动、损坏和脱落	用扳手逐个检查各螺栓和螺母,并观察是否有损坏和脱落的螺栓和螺母	18 的扳手、手电筒	螺栓和螺母没有松动、损坏和脱落	2 次/年
7	连接剪切弹簧的各螺栓、螺母	连接支撑架、剪切弹簧之间的各螺栓和螺母是否松动、损坏和脱落	用扳手逐个检查各螺栓和螺母,并观察是否有损坏和脱落的螺栓和螺母	16 和 24 的扳手、手电筒	螺栓和螺母没有松动、损坏和脱落	2 次/年
8	剪切弹簧	剪切弹簧是否开裂和脱胶	用手电筒目测	手电筒	剪切弹簧无开裂和脱胶	2 次/年
9	支承梁上下支承	支承梁上的压紧支承和滑动支承是否损坏和开裂	用手电筒目测	手电筒	压紧支承和滑动支承无损坏和开裂	2 次/年

续上表

序号	检查项目	检查内容	检查方法	检查工具	参考指标	检查周期
10	边梁上下橡胶支承	边梁下支承箱内的压紧支承和滑动支承是否损坏和开裂	用手电筒目测	手电筒	压紧支承和滑动支承无损坏和开裂	2次/年
11	结构件	伸缩装置下的剪切弹簧连接件、支撑架和支承箱等结构件是否损坏	用手电筒观察各结构件是否损坏，如焊缝开裂、钢板变形等	手电筒	各构件无损坏	2次/年
12	表面涂装	伸缩装置各钢构件表面是否生锈	用手电筒目测	手电筒	钢构件表面无锈迹	2次/年

注：单缝式型钢伸缩装置主要检查密封胶条、型钢及混凝土，检查内容、方法、指标等与模数式相同。

2）养护的具体操作及发现问题时的解决措施

（1）日常养护

①检查伸缩装置的缝宽是否均匀一致，单缝最大缝宽是否超过80 mm。如超过，应检查伸缩装置下部结构是否损坏，如损坏应及时更换。

②清除伸缩装置密封胶条上的尖锐物等杂物，如发现密封胶条脱落或破坏应及时将胶条复位或更换，胶条复位时，应用专用的撬棍将胶条嵌入伸缩装置型钢内。

③车辆通过时，是否有跳车或异响现象，如有应对伸缩装置的支撑架螺栓、螺母等进行检查，如螺栓松动、损坏，应及时拧紧或更换。

④检查伸缩装置安装槽区混凝土是否存在混凝土损坏、开裂等现象，如有应分析原因，并进行处理。

（2）伸缩装置下部结构定期养护

伸缩装置下部结构每年应检查两次，检查的内容如下：

①螺栓和螺母

检查中梁与支撑架之间、支撑架与弹簧之间的螺栓和螺母是否松动、损坏，如松动应及时拧紧，破坏的应及时更换，特别是支撑架与中梁之间的螺栓一定要连接可靠，该螺栓连接是否可靠直接影响其他构件的使用寿命。

②弹性元件

检查弹性元件是否开裂、脱胶,如发生开裂和脱胶应及时更换。

③支承梁上下橡胶支承和边梁上下橡胶支承

检查支承梁上下橡胶支承是否损坏、是否与支承梁和支撑架紧密贴合,如发现损坏应及时与生产厂家联系,在生产厂家技术员的指导下进行更换。

④结构件

检查支承梁、中梁、支撑架等结构件是否变形和损坏,如有,应及时与生产厂家联系,并在生产厂家技术员的指导下进行修复和更换。

⑤支承梁滑动面

检查支承梁滑动表面是否有污渍、水泥浆、锈渍等现象,经常清扫、擦拭支承梁不锈钢表面,定期涂上硅脂。

⑥防腐涂装

检查伸缩装置各钢构件表面是否有表面涂层损坏、污渍、油漆剥落、开裂等现象。必要时用砂纸打磨损坏部位并重新涂上油漆。

3)需配置的维护工具、器材及其他条件

模数式伸缩装置维修所需器具见表10-11。

模数式伸缩装置养护维修所需器具　　表10-11

养护维修内容	工具、器材	养护维修内容	工具、器材
弹性胶带	刷子或加压空气、撬棍	伸缩装置间隙宽度	5m卷尺
螺栓状况	扳手(规格16、18、24)、手电筒	防腐层的状况	刷子、砂布、手电筒
滑动表面	镜子、手电筒、硅脂、布	伸缩装置邻近道路的状况	目测

4)检修平台

对位移量在1 000mm以上的模数式伸缩装置,建议在梁端设置检修平台(图10-11),检修平台的作用如下:

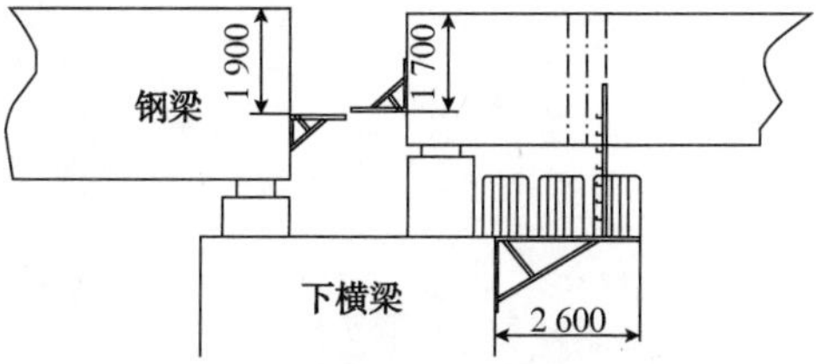

图10-11　伸缩装置检修平台示意图(尺寸单位:mm)

(1)便于大桥养护维修人员或者伸缩装置厂家技术人员到达伸缩装置的下部,对其下部零部件进行检查和维修;

(2)便于大桥养护维修人员或者伸缩装置厂家技术人员到达桥墩,对桥梁支座进行检修维护;

(3)由于梁端间隙较大,当上部有较大物体通过伸缩装置掉落时,会直接落在检修平台上,从而减小安全隐患。

第 11 章　公路桥梁伸缩装置的发展展望

随着我国经济建设的快速发展,我国交通建设的步伐逐步加大,带动了我国交通物流行业的任务量增大,这对我国的交通基础建设提出了较高的要求。改革开放以来,我国桥梁建设快速发展,出现了越来越多的大跨径桥梁,桥梁的长大化发展越来越明显。因此对我国桥梁伸缩装置的技术也提出了更高的要求。

1983 年 10 月在澳大利亚悉尼召开的第七届国际桥梁和结构工程大会上确定了桥梁伸缩装置的基本要求:①连续的承载面;②能够保证桥梁的自由伸缩;③良好的防水性能和排泄系统;④具有减噪和防振的功能。我国未来的桥梁伸缩装置的发展也必将在这 4 点要求的基础上加以创新,实现我国伸缩装置技术的革命性发展。

1)材料方面

随着我国材料技术的不断发展,越来越多的新型材料如雨后春笋般出现,更多性能优异的材料能够用于桥梁伸缩装置产品中。钢材、橡胶和特种树脂等新型材料的出现必将使得伸缩装置进入一个更新的发展阶段。

未来的伸缩装置不仅要满足桥梁最基本的承载要求,而且还必须能够降低外界荷载引起的伸缩装置的振动,以及降低车辆通过时的噪声等,这就要求伸缩装置的结构材料不但要具有一定的刚度,而且必须具有一定的韧性才能完美的实现上述要求。

2)结构方面

伸缩装置不仅要满足桥梁因温度变化引起的纵向伸缩,而且还要满足桥梁在横向、竖向以及合理扭转等各个方向的变位要求,因此对伸缩装置中变位系统提出了较高的要求。目前多向变位的设计理念已深入人心,市场上也出现了较多的能够实现多向变位功能的产品,但是大部分伸缩装置因其设计时考虑不完整,并不能很好地实现伸缩装置的多向变位功能,因此在以后的伸缩装置设计中,多向变位结构的设计是一个重点。

伸缩装置的结构构造主要由传力系统、位移控制系统和防水密封系统等部分组成。上述各部分的材料性能、结构的合理性将直接影响伸缩装置的性能和使用寿命,因此,需要对伸缩装置这些系统的合理结构形式进行深入的研究。例如:模数式伸缩装置应研究更加可靠、合理和简洁的位移控制体系,支承式梳齿板式伸缩装置应研究更加合理的转轴形式及其锚固性能等。

3)环保方面

随着社会经济的快速发展,人们对生活水平的要求也逐渐提高,行车舒适性和低噪声成为人们越来越关注的问题之一。优良的桥梁伸缩装置不仅作为桥梁伸缩缝处的连接装置,而且还必须能够与桥梁成为一体,当车辆通过时不会产生很明显的跳车现象,也不会发出刺耳的噪声,影响驾驶员的注意力及周边居民的正常生活。在对环保要求愈来愈高的现代社会,桥梁伸缩装置的环保降噪性能是决定该种伸缩装置是否能够被现代社会接受和长久应用下去的关键因素之一,降低车辆通过伸缩装置时发出的噪声,以及降低伸缩装置内部构件之间的刚性碰撞,保证通车舒适性将是未来伸缩装置的发展趋势之一。

4)施工养护方面

桥梁伸缩装置的施工质量直接影响着伸缩装置的使用寿命,在施工时严格要求,把控细节,保证每一道工序都能够达到规定的标准要求,因此在以后的桥梁伸缩装置设计中,安装方便、易于养护维修的特点也将是业主和施工方关注的重点。同时也要求我国学者专家尽快制定出相应的桥梁伸缩装置施工安装和验收规程,以规范伸缩装置的安装工艺,保证安装质量。

5)标准化方面

目前我国桥梁伸缩装置的行业标准只有《公路桥梁伸缩装置》(JT/T 327—2004)和《单元式多向变位梳形板桥梁伸缩装置》(JT/T 723—2008)两部。参考赵衡平老师《现代桥梁伸缩装置》一书中对《公路桥梁伸缩装置》(JT/T 327—2004)的评价[21],由于发布时间较久,该行业标准中存在着一些错误,并且已不能完全适应现代桥梁伸缩装置的技术水平。而《单元式多向变位梳形板桥梁伸缩装置》(JT/T 723—2008)中的内容具有很强的针对性,不具有代表性,所以该行业标准只能针对一种类型的伸缩装置,缺少代表性。所以这就要求我国桥梁伸缩装置领域内的专家学者尽快制定出一个具有代表性和通用性的桥梁伸缩装置系列行业标准,以规范我国伸缩装置的技术标准,首先,需要制定《公路桥梁伸缩装置的通用技术条件》,这是各种类型的伸缩装置都需要遵守的技术条件,包括基本性能要求、材质性能要求、质量检验方法和产品验收规则等方面的规定,尤其是需要严格规定伸缩装置的出厂检验和型式检验的要求,加强伸缩装置的质量控制。同时应对几种典型的、常用的伸缩装置,针对各自的技术特点制定相应的技术标准,如《模数式桥梁伸缩装置》、《支承式梳齿板式桥梁伸缩装置》和《单缝式型钢桥梁伸缩装置》等,进一步规范公路桥梁伸缩装置的形式与种类。以便于质量控制。制定桥梁伸缩装置施工安装技术条件,便于伸缩装置的安装质量控制及验收。此外,应在总结大量伸缩装置使用经验的基础上,制定桥梁伸缩装置的劣化评定标准,为养护维修提供可靠的依据。通过一系列的产品、施工安装和养护维修标准的制定,全面控制伸缩装置的质量。

6)减振方面

桥梁伸缩装置在服役过程中要承受来自行人、车辆甚至地震等不同因素的影响,这些外界荷载的作用会使桥梁及其伸缩装置产生不同程度的振动,这会对桥梁或者伸缩装置产生一定程度的破坏。如何减少或者降低振动,对桥梁尤其对伸缩装置的使用寿命具有重大的影响。所以伸缩装置的减振性能也必将是以后研究的一个重点。

我国是一个多地震的国家,开展伸缩装置的抗震或减震性能研究,保证桥梁伸缩装置在地震后紧急状态下的可通过能力,以及地震后伸缩装置的可修复性能,也是今后需要认真研究的一个重要课题。

7)锚固方面

模数式伸缩装置边梁与混凝土的连接、部分梳齿板式伸缩装置转轴部分与混凝土的连接、模数式伸缩装置有效的多向变位功能的实现,以及板式橡胶伸缩装置的锚固系统与混凝土的连接等多种伸缩装置的锚固性能在现阶段的使用中都出现了很大的问题,大部分伸缩装置的锚固系统由于处理不当,不能满足在桥梁上的使用寿命要求,出现了早期的破坏,影响了伸缩装置的正常使用功能。所以开发新型的、牢固可靠的锚固系统对提高伸缩装置的使用性能、延长伸缩装置使用寿命具有很好的实际意义。

伸缩装置的锚固质量直接影响其使用寿命。国外对伸缩装置锚固部位的质量要求极高,美国要求伸缩装置与桥梁主体的连接应具有70年的使用寿命,欧洲要求该部位的连接的使用寿命,为伸缩装置可更换部件使用寿命的一倍以上。而我国伸缩装置的锚固部位在使用3~5年后普遍出现问题,影响伸缩装置的正常使用,甚至不得不更换伸缩装置。因此有必要开展伸缩装置锚固性能的研究,确定合理的锚固深度和锚固方式,以及可靠的施工工艺。

8)智能化方面

我国的公路交通目前普遍存在超载车辆多、车流量大的现象,无论进口或是国产的大位移伸缩装置,在使用过程中都出现过很多问题,而大位移伸缩装置由于其体量大,结构复杂,一旦发生损坏,不管是维修还是更换都会严重影响交通,造成巨大的经济损失。因此,使产品本身具备对自身健康状况的监控和预警功能,就成为了以桥梁伸缩装置为代表的桥梁功能部件的一种新的发展趋势。得益于信息技术的飞速发展,人们对桥梁部件工作状态的实时采集、传输、处理都已经能够比较容易地实现,通过安装在支承梁、中梁、弹性元件等位置的各种传感器对伸缩装置的位移、应力、应变、振动等基础信息进行采集和分析,结合伸缩装置结构动力学研究的成果,可以对其部件及整体的健康状况进行判别。由于桥梁伸缩装置等桥梁功能部件往往都设置在桥梁结构的关键部位,通过对他们进行监测和分析,不仅能够实时地掌握其自身的健康状况,对整个桥梁的工作状况也能够作出一定的评估和判断,及时地发现和处理问题,避免造成重大损失。

总之,随着我国工程材料和结构设计理论的发展,随着桥梁伸缩装置的产品标准、施工安装验收标准和养护维修标准等的制定和完善,通过认真贯彻执行标准对伸缩装置产品质量的要求,在广大从事桥梁伸缩装置设计、生产、检测及施工等人员的共同努力下,必将在我国的公路桥梁建设提供性能更可靠、品质更优良、使用寿命更长的桥梁伸缩装置。

附录 A　车辆荷载及荷载组合

本附录译自欧洲标准《公路桥梁伸缩装置》(ETAGn° 032-2013)—通用技术条件。

A.1　一 般 规 定

本附录主要介绍汽车荷载、荷载组合和如何处理在伸缩装置邻接部位的荷载,以便检验力学性能。

本附录给出了作用于伸缩装置上的汽车荷载,作为 USL 破坏极限状态下的(准)静力作用。在 SLS 使用极限状态下与预应力、强制变形、恒载和地震力的作用,在各自系列部分给出。此外给出了疲劳荷载。

这些荷载是以欧洲规范 EN1991-2 为基础的。进一步的细节要求可参见各自系列产品说明。

本附录中给出了 α、γ 和 Ψ 值。

车轮荷载的分配应考虑车轮和伸缩装置上部结构表面和路沿的有效接触面积,此时假定轮胎的接触面是刚性的。荷载的作用应考虑按图 A-1 给出区域的最不利位置。

区域 1:邻接铺装层表面的着地面积;

区域 2:跨越缝隙表面的着地面积;

区域 3:轮胎与伸缩装置结构部件全面接触的面积 A';

区域 4:轮胎与伸缩装置结构部件全面接触的面积 A'';

区域 5′和 5″:轮胎没有作用在伸缩装置结构部件上(缝隙和漏空部分面积)。

伸缩装置的静载抗力规定是伸缩装置处于最不利的开启位置条件下。荷载作用的最不利位置,应根据影响线和荷载作用区域分配的相关面积确定。

作用在区域 5′和 5″的荷载应附加作用到邻近的区域 3 和 4 的支承面积上。在这里区域 5′作用在区域 3 面积上,区域 5″作用在区域 4 面积上,更多的细节参见各种类型伸缩装置的说明。车轮着地面积示意图见图 A-2。

应注意伸缩装置斜交的情况。

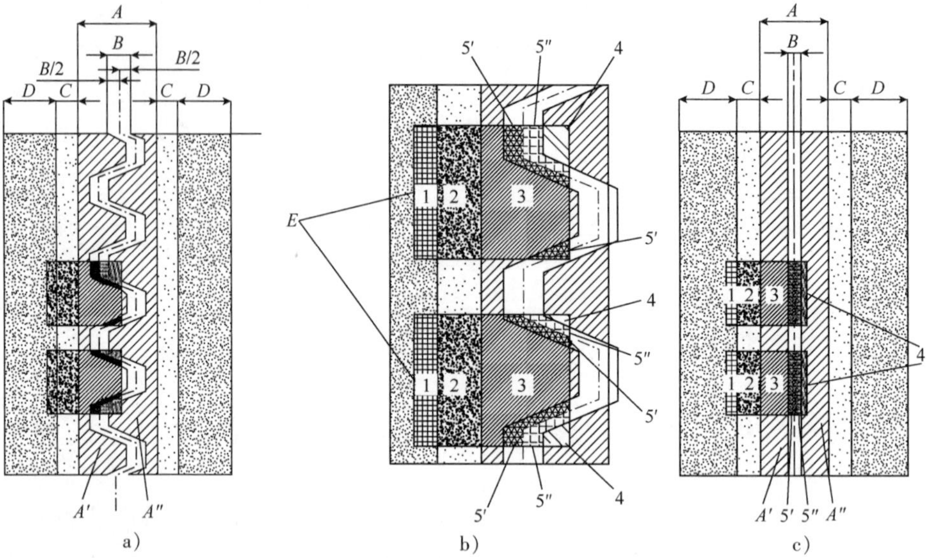

图 A-1　车轮荷载作用原理

a)作用在伸缩装置上的车轮着地面积;b)在不同区域作用的车轮着地面积;c)邻接铺装层及跨越缝隙表面的着地面积

A-伸缩装置面积;A′、A″-伸缩装置接触表面面积;B-缝隙和漏空部分面积;C-跨越的缝隙面积;D-邻接铺装面积;E-车轮着地面积

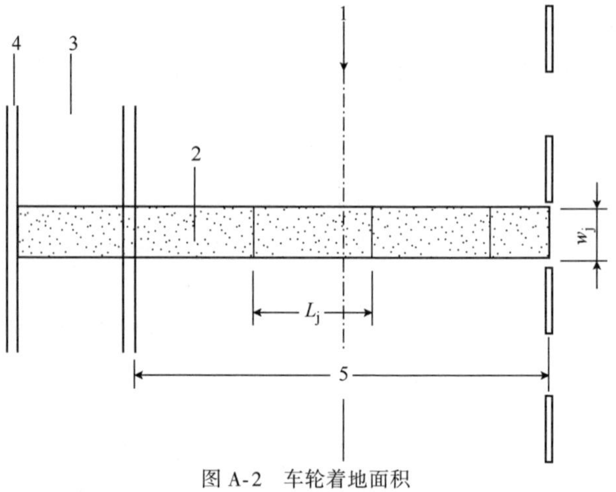

图 A-2　车轮着地面积

1-行车方向;2-伸缩装置;3-人行道;4-人行道护栏;5-行车道;L_j-横向着地宽度;W_j-最大开启缝宽时顺桥向着地长度,该缝宽包括伸缩装置本身和参与荷载传递的邻接部分

A.2 静力作用模型

A.2.1 竖向荷载模型

竖向荷载按 EN 1991-2 4.3 节的荷载模式 1,取 α_{Q1}(参见 A.2.2.1)。

偏离 EN 1991-2 标准时,应给出修正的车辆着地面积,因为伸缩装置是一种表面部件,它需要较精确地模拟轴向荷载和路面表面的相互作用。

A.2.1.1 串联布置

串联体系单轴的轴重 TSn 作用于两对轮胎的 4 个车轮,每个车轮着地尺寸为 $l=300$mm, $b=250$mm,两轮之间的距离为 100 mm。轮对内侧的距离为 1 300mm,几何尺寸见图 A-3。

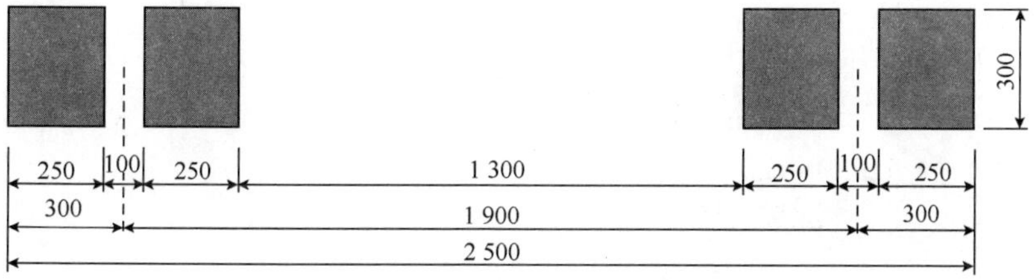

图 A-3 车轮轮压布置(尺寸单位:mm)

串联体系应按最不利位置作用在伸缩装置上(图 A-4)。

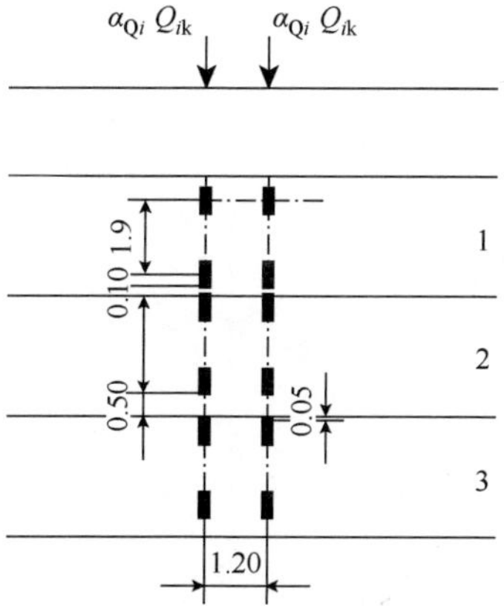

图 A-4 串联体系布置(尺寸单位:m)

注:数字 1,2 和 3 为对应车道数;如果能证明作用在车道 3 上的荷载,对伸缩装置的设计没有影响,可以忽略。

表 A-1、表 A-2 给出了图 A-2～图 A-4 中 Q_{ik}之值，该值与伸缩装置的几何尺寸有关，是车辆荷载模式对结构部件的影响。

轴 重 基 本 值 表 A-1

荷载作用位置	串 联 体 系	轴重 Q_{ik}(kN)
车道 1	*TS*1	300
车道 2	*TS*2	200
车道 3	*TS*3	100

车辆和轴向荷载 表 A-2

L_j	车 辆 和 轴 重	
	$W_j \leq 1.20$m	$W_j > 1.20$m
<0.50m	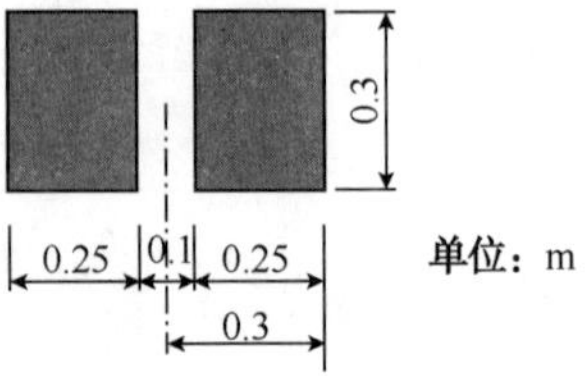 $Q_{1k}/2 = 150$ kN	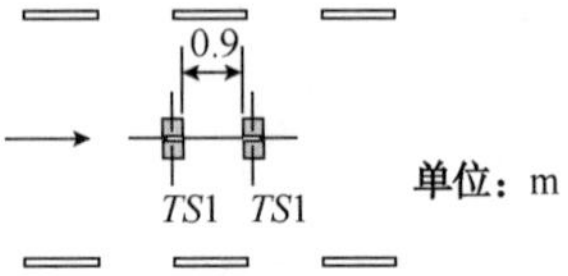 $Q_{1k}/2 = 150$ kN
0.50～1.60m	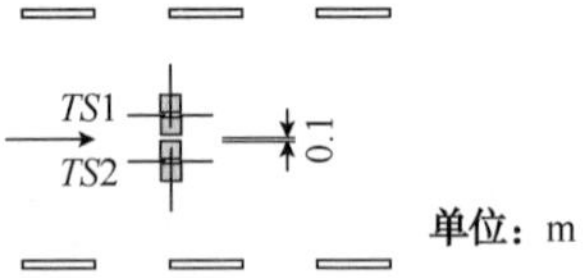 $Q_{1k}/2 = 150$ kN(*TS*1) $Q_{2k}/2 = 150$ kN(*TS*2)	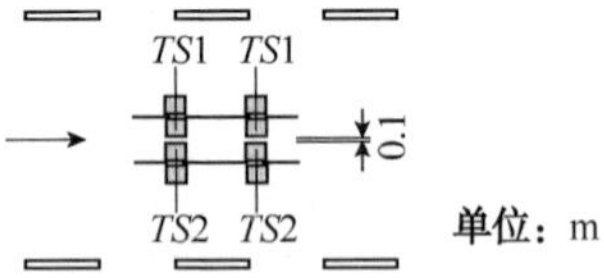 $Q_{1k}/2 = 150$ kN(*TS*1) $Q_{2k}/2 = 150$ kN(*TS*2)
1.60～2.50m	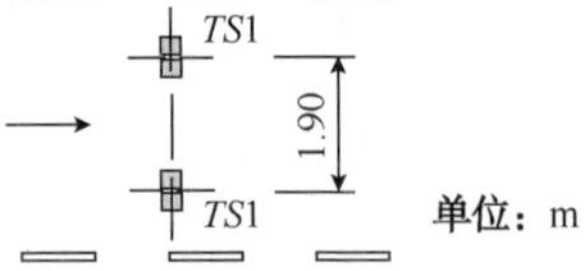 轴重 $Q_{1k} = 300$ kN(*TS*1)	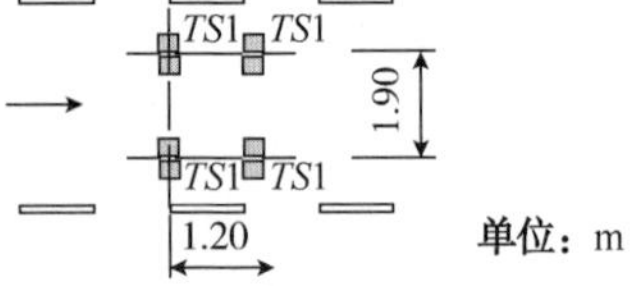 轴重 $Q_{1k} = 300$ kN(*TS*1)

续上表

L_j	车 辆 和 轴 重	
	$W_j \leqslant 1.20$m	$W_j > 1.20$m
≥2.5m	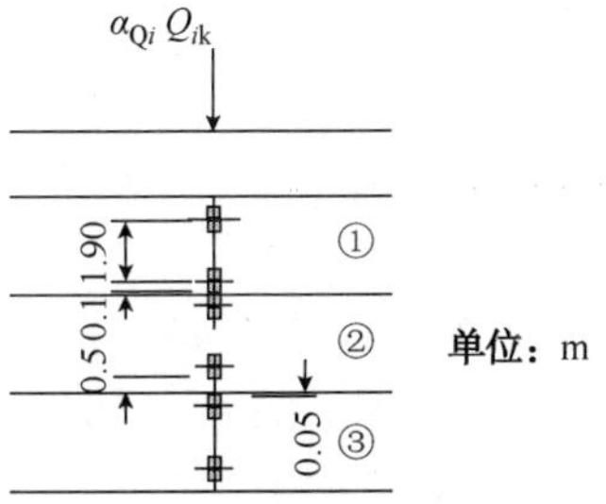 见表 A-1	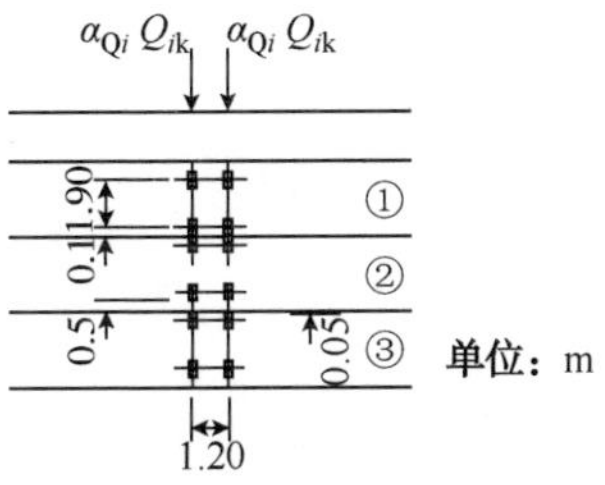 见表 A-1

注：1.轴向荷载的位置选择在路沿之间的基本结构的最不利位置，在使用荷载下可以是在不同的位置；
2.两个邻近车轮最小距离，在垂直行车方向为 0.1 m；
3.车轮着地面积见图 A-3；
4.除了柔性和填埋式伸缩装置外，在伸缩装置上铺装层的分散作用，不考虑；
5.动力放大作用包括在荷载作用内，但荷载的影响作用不考虑；
6.荷载包括了路面纵、横坡的影响；
7.荷载考虑了离心力在轴向的不均匀分布。

A.2.1.2　荷载模式 1

此处仅提供了串联体系的 *TS* 荷载，与伸缩装置不相关的均布荷载（UDL）在此没有提供。

A.2.1.3　人行道荷载

集中荷载 35kN，作用面积 200mm×200mm，此种集中荷载可以包括所有的荷载作用。

A.2.1.4　偶然荷载

车轮在人行道上或轨道车在伸缩装置上。

偶然荷载见 EN1991-2 第 4.7.3.1 条。

（1）设有防护挡墙时，在此旁边的轴向荷载可以不考虑。

（2）不设挡墙时，应考虑偶然荷载（图 A-5）：

轴向力：
$$A_d = \alpha_{Q2} Q_{2k} = 200(\text{kN}) \quad (\text{A-1})$$
$$\alpha_{Q2} = 1.0$$

A.2.2　水平荷载作用模型

由 EN1991-2 的荷载模式 1 通过伸缩装置上产生的水平荷载。

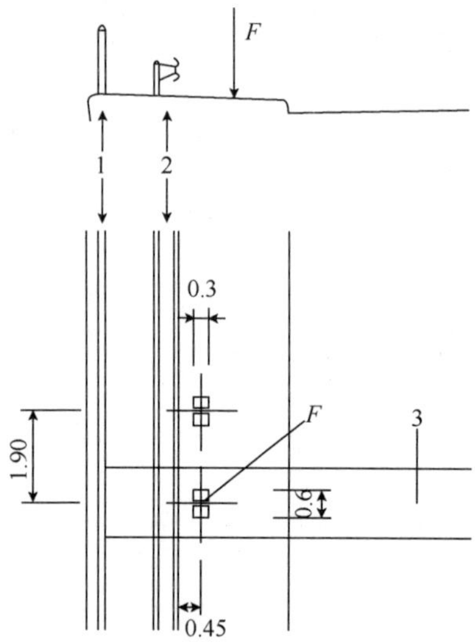

图 A-5 人行道偶然荷载（尺寸单位：m）
1-人行道护栏；2-安全防撞护栏；3-伸缩装置；
F-偶然荷载，$F=A_{d/2}=100$（kN）

只考虑串联体系 *TS* 提供的荷载作用，均布荷载与伸缩装置无关。

取决于伸缩装置的宽度，当 $W_j \leqslant 1.20$m 时，仅考虑 1 个轴的作用，当 $W_j > 1.20$m 时，考虑 2 个轴的作用。

A.2.2.1 制动力和启动力

制动力和启动力假定作用在行车方向上，仅考虑荷载模式 1，*TS*1。

作用在伸缩装置单一部件上的制动力和启动力的计算如下：

$$Q_{lk} = b_k \times \alpha_{Q1} \times Q_{1k} = 120(\text{kN}) \tag{A-2}$$

式中：$\alpha_{Q1}=1.0$；$b_k=0.4$ 是由于减速作用产生的 Q_{1V}/Q_{1k}之值。

（1）应考虑第 2 轴上的 *TS*1 荷载；

（2）来自 1 个车轮的制动力，可以通过车轮接触面积分配到承载部件上，直到伸缩装置的缝隙处。其水平力可以由 1 个车轮或其一部分所引起。

（3）制动力在行车方向，不与离心力的分力组合。

A.2.2.2 离心力

离心力按荷载模式 1 考虑：

$$Q_v = \sum \alpha_{Qi} \times Q_{ik} \tag{A-3}$$

离心力 $Q_{tk}=0.2Q_v$；

由单轴作用：$Q_{1k}=60$kN；

由在 2 轴上的作用：$Q_{2k}=40$kN；

由在 3 轴上的作用：$Q_{3k}=20$kN；

如果由 3 个轴共同作用 $\sum Q_{ik} = 120$kN；

式中，$\alpha_{Qi}=1.0(i=1,2,3)$；

说明在表 A-2 中给出，应考虑第 2 轴的影响。

A.2.2.3 偶然荷载

偶然荷载即作用在伸缩装置路缘石处的撞击力。

作用在伸缩装置路缘石处的撞击力可按以下两种方式处理：

(1)按 EN1991-2 第 4.7.3.2 的作用力,作用在伸缩装置的路缘石处,路缘部分不发生破坏;

(2)路缘石部件可以修理和更换,但不影响伸缩装置的主体结构。

1)路缘石不修理和更换

路缘石部分的损害不影响伸缩装置的主体结构。

偶然荷载 A_d:由车轮损害路缘石,应考虑 $F_h = 100\text{kN}$ 的水平力,作用于垂直向表面长度为 0.5m,最大高度为 0.2m,同时作用车辆垂直荷载。也可以用0.33 $d_{Qi} \times Q_{ik}$ 的撞击力,作用面积为高 0.1m,宽 0.5m(图 A-6)。$d_{Qi} = 1.0$,$A_d = 100\text{kN}$(垂直)+50kN(水平)。

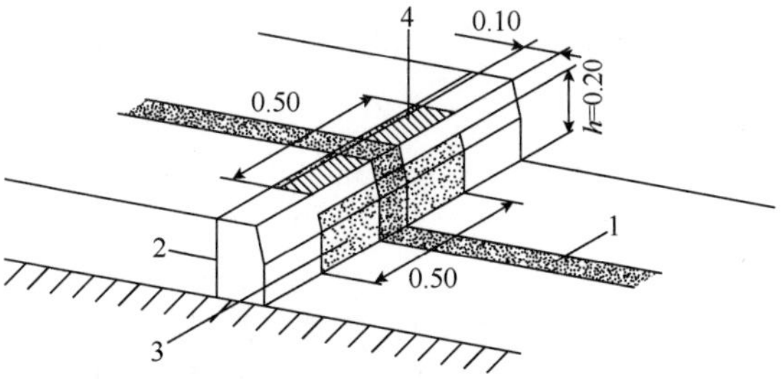

图 A-6　作用在路缘石上的偶然荷载(尺寸单位:m)

1-伸缩装置;2-路缘石;3-垂直面上作用的横向力 $F_h = 100\text{kN}$;4-水平面作用的竖向力 $F_v = 50\text{kN}$

2)路缘石可以修理和更换时

路缘石的损害不影响伸缩装置的主体结构。

10kN 的水平力作用在路缘石上,但不施加垂直作用,荷载作用方式与路缘石不修理和更换时相同。路缘石的修理和更换方法是加盖板,$A_d = 10\text{kN}$(水平)。

A.3　疲劳荷载模式

A.3.1　一般规定

疲劳荷载模式 1($FLM1_{EJ}$)和模式 2($FLM2_{EJ}$)是以 EN 1991-2的 FLM1 和 FLM2 为基础的。

疲劳荷载作用的影响,可以是竖向的、水平的或是双向组合的。在 EN1991-2 的荷载模式中,考虑了伸缩装置与路面铺装良好的质量下的动力放大作用。

伸缩装置的不平顺可以引起附加的动力系数,在垂直方向为 $\Delta\varphi_{fat}$,在水平方向产生附加动力系数 $\Delta\varphi_{fat,h}$,由垂直差引起的荷载作用下的跳车(自由振动),应在各自系列产品中考虑。

由于相继轴向荷载作用不产生干扰，伸缩装置的荷载模式仅考虑单轴荷载(不是车辆荷载)。

伸缩装置的疲劳评定按 $FLM1_{EJ}$，用于预期疲劳寿命的检验，可以按破坏极限状态考虑。

作为替代荷载模式，$FLM2_{EJ}$ 是一种等效的轴向力，也可以作为制造商的一种选择。

这种模式，车辆的数量可以根据 EN1991-2 表 4.5 确定，横向分布按 EN1991-2 图 4.6 确定。

轴向荷载在表 A-3 上所示数据是按 EN1991-2 表 4.7 根据车辆类型平均间距得到的，每年车辆轴向荷载作用次数是从 EN1991-2 表 4.5，按每年车辆行车数的比例得出的。

车轴形式，轮压和轴间尺寸 表 A-3

疲劳荷载模式	车轴形式	着地面积 A_w ($l \times b$)	车轮着地面积在横桥向的尺寸
$FLM1_{EJ}$	—	300×250	轮压 250mm，间隙 100mm，轮压 250mm，距离 1 300mm，轮压 250mm，间隙 100mm，轮压 250mm
$FLM2_{EJ}$	A	300×250	轮压 250mm，距离 2 000mm，轮压 250mm
	B	300×250	见 $FLM1_{EJ}$
	C	300×333	轮压 333mm，距离 1 834mm，轮压 333mm。作为替代荷载，对不承受全部轮压/车轴荷载的上部部件，C 型车轴可以用 A 型替代

A.3.2 疲劳荷载作用模式 1($FLM1_{EJ}$)

单轴作用下的垂直和水平荷载可以按下式计算，此时在行车方向的纵坡不超过 4%：

$$Q_{1k,fat} = \Delta\varphi_{fat} \times Q_{1k} \times 0.7 = 273(kN) \qquad (A-4)$$

其中：

$$\Delta\varphi_{fat} = 1.3, Q_{1k} = 300kN$$

同时：

$$Q_{1lk,fat} = 0.2 \times \Delta\varphi_{fat,h} \times Q_{1k} \times 0.7 = 42(kN) \qquad (A-5)$$

在行车方向：$\Delta\varphi_{fat,h} = 1.0$

对超过 4% 的坡度，采用以下计算：

$$Q_{1lk,fat} = 7.0x + 14.0(kN)$$

x=坡度,以%计。

A.3.3 疲劳荷载作用模式 2($FLM2_{EJ}$)

此种模式车辆的数量可按 EN1991-2 表 4.5 取值,横向分布见该标准图 4.6。对于在行车方向有坡度的桥梁,垂直和水平荷载相互作用见表 A-4。

疲劳作用的垂直和水平荷载　　　　表 A-4

$Q_{1k,fat}$(kN),包括冲击系数 $\Delta\varphi_{fat}=1.3$ 在内的竖向轴重	$Q_{1lk,fat}$(kN)在行车方向包括冲击系数 $\Delta\varphi_{fat,h}=1.0$ 在内的水平轴向荷载	轴数比例	车轴形式
100	—	1.1	A
120	—	1.25	C
150	$y=3x+8$	0.20	B
170	$y=4.5x+6$	0.45	B
190	$y=5x+8$	0.45	B

注:x=坡度(%),最小值 $x=4$。

表 A-4 中所述的荷载包括以下动力系数:$\Delta\varphi_{fat}=1.3$,$\Delta\varphi_{fat,h}=1.0$。通过伸缩装置的滚轮试验确定,表中数值可以修正。

A.4 评　　定

A.4.1 一般要求

在破坏极限状态下的性能按全塑性检验,检验方法在相关欧洲标准中给出。

在使用极限状态下的检验,由于荷载作用和主体结构在标准条件下的位移作用,产生的内部变形的几何状态,同时要考虑偶然荷载和地震引起的位移。

在以下方程式中"+"表示"组合在一起"。

伸缩装置上水平作用不能独立于垂直作用单独存在,系数 Ψ_0包括了由于相同原因引起的荷载的增加作用。

A 4.2 破坏极限状态下的作用组合

车辆荷载和伸缩装置开启位置,在不同设计场合的组合系数为:Ψ_{0T},Ψ_{0d},Ψ_{0lk},和 Ψ_{0tk}。

竖向车辆荷载的组合采用荷载模式 1。

A.4.2.1　车辆荷载和设计状态(组合)

这种组合的组成和传递,在 ULS 设计状态下,根据伸缩装置的缝宽几何尺寸、影响线和表面状态可以有不同的组合。

$$C_{\mathrm{ULS}}=\gamma_{\mathrm{Gi}}G_{\mathrm{k}}+\gamma_{\mathrm{F}}F_{\mathrm{ik}}+\Psi_{0\mathrm{T}}\gamma_{\mathrm{Qi}}[Q_{1\mathrm{k}}+(\Psi_{0\mathrm{lk}}Q_{\mathrm{lk1}}+\Psi_{0\mathrm{tk}}Q_{\mathrm{tk1}})+Q_{2\mathrm{k}}+(\Psi_{0\mathrm{tk}}Q_{\mathrm{tk2}})+Q_{3\mathrm{k}}+(\Psi_{0\mathrm{tk}}Q_{\mathrm{tk3}})]+\gamma_{\mathrm{dE}}\Psi_{0\mathrm{d}}d_{\mathrm{Ek}} \tag{A-6}$$

分项系数 γ 在表 A-5 中给出,组合系数 Ψ_0 在表 A-6 中给出。

分 项 系 数　　表 A-5

分项系数	不利值	有利值	备　注
γ_{Gi}	1.35	1.00	—
γ_{F1}	1.20	0.90	破坏引起局部和少量的损害
γ_{F2}	1.50	0.70	破坏引起主体结构和大量的损害
γ_{Qi}	1.35	—	—
γ_{dE}	1.00	—	—

组 合 系 数　　表 A-6

C_{ULS}	设 计 条 件	$\Psi_{0\mathrm{T}}$	$\Psi_{0\mathrm{d}}$	$\Psi_{0\mathrm{lk}}$	$\Psi_{0\mathrm{tk}}$
1	较小的开启位置,最大车辆荷载,离心力	1.00	0.60	0	0.50
2	最大开启位置,折减的车辆荷载,制动力,离心力	0.70	1.00	0.50	0.50

其中:$\Psi_{0\mathrm{T}}$——车辆荷载的组合系数;

$\Psi_{0\mathrm{d}}$——开启条件下的组合系数;

$\Psi_{0\mathrm{lk}}$——行车方向的车辆荷载组合系数;

$\Psi_{0\mathrm{tk}}$——行车垂直方向的车辆荷载组合系数。

作为可以包络所有设计场合的组合系数如下:$\Psi_{0\mathrm{T}}$ 和 $\Psi_{0\mathrm{d}}=1.00$,$\Psi_{0\mathrm{lk}}$ 和 $\Psi_{0\mathrm{tk}}=0.50$。

伸缩装置上行走和制动的车轮荷载实例:

ULS 1,在伸缩装置折减的开启位置上作用最大的车辆荷载,有离心力作用的行进中的车辆作用,由于内力的疲劳引起的不利结果是局部的和(或)次要的。

$C_{\mathrm{ULS-1}}=1.35G_{\mathrm{k}}$(竖向)$+1.2F_{\mathrm{ik}}+1.35\times1.00\times\{300\mathrm{kN}$(竖向)$+[0.50\times120\mathrm{kN}$(纵向水平)$+0.50\times60\mathrm{kN}$(横向水平)$]+200\mathrm{kN}$(竖向)$+[0.50\times40\mathrm{kN}$(横向水平)$+100\mathrm{kN}+0.50\times20\mathrm{kN}$(横向水平)$]\}+0.6\times d_{\mathrm{Edec}}$

ULS 2,在伸缩装置最大的开启位置上作用折减的车辆荷载,制动力加离心力,由于内力的疲劳引起的不利结果是局部的和(或)次要的。

$C_{ULS-2}=1.35G_k$(竖向)$+1.2F_{ik}+1.35\times0.70\times$\{300kN(竖向)+[0.50×120kN(纵向水平)+0.50×60kN(横向水平)]+200kN(竖向)+[0.50×40kN(横向水平)+100kN+0.50×20kN(横向水平)]\}$+1.00\times d_{Edec}$

式中:$d_{Edec}=\gamma_{dE}d_{Ek}$。

注:伸缩装置的内力来自位移、转动及预应力的压缩和松弛等相关运动的位移。

一个车轮的荷载为轴重的50%。轴位根据A.2.1.1和A.2.1.2,荷载分配按表A-7进行。

准静力荷载　　表A-7

荷载源	数值	方向	作用位置	荷载分配按以下
自重,G_k	由制作商提供	竖向	—	—
反力,F_{ik}	由制作商提供	—	—	—
车道1,Q_{1k}	轴重300kN	竖向	A.2.1.1和A.2.1.2	A.1
车道2,Q_{2k}	轴重200kN	竖向	A.2.1.1和A.2.1.2	A.1
车道3,Q_{3k}	轴重100kN	竖向	A.2.1.1和A.2.1.2	A.1
车道1,Q_{lk1}	轴重120kN	水平行车方向	A.2.1.1和A.2.1.2	A.1
车道1,Q_{tk1}	轴重60kN	水平垂直行车方向	A.2.1.1和A.2.1.2	A.1
车道1,Q_{tk2}	轴重40kN	水平垂直行车方向	A.2.1.1和A.2.1.2	A.1
车道1,Q_{tk3}	轴重20kN	水平垂直行车方向	A.2.1.1和A.2.1.2	A.1
人行道和自行车道偶然荷载,A_{k1}	车轮100kN	竖向	EN 1991-2,4.7.3.1(1)和(2)	A.1
路缘石处偶然荷载,A_{k2}	车轮100kN	水平	EN 1991-2,4.7.3.2(1)	A.1

A.4.2.2　偶然作用组合

在偶然作用设计组合的ULS设计状态下,可以有各种组合状态,取决于伸缩装置缝宽的几何尺寸、影响线和表面状态。

行车道上不考虑偶然作用组合,偶然作用只是局部作用(人行道和路缘石上),因此只于一线作用的车辆荷载组合。

$$C_{\text{ULS-ACC}}=G_k+F_{ik}+\Psi_{2k}(Q_{1k}+Q_{lk1}+Q_{tk1})+A_d+\Psi_{2d}d_{Ek} \tag{A-7}$$

式中：Ψ_{2k}——活载作用的准恒定值的组合系数；

Ψ_{2d}——伸缩装置开启位置的准恒定值的组合作用。

作用于路缘石上的车轮偶然荷载实例： ULS ACC，由于内力的疲劳引起的不利结果是局部的和（或）次要的，模拟行驶中的车辆。 $C_{\text{ULS,A2}}=G_k$（竖向）$+F_{ik}+0.3\times$[300kN（竖向）+120kN（水平纵向）+60kN（水平横向）+100kN（水平竖向）+50kN（竖向）]$+0.6d_{Ek}$

相应位移轴上车辆作用的准恒定值不为"0"。

对于偶然在人行道上作用的车轮荷载的组合 $C_{\text{ULS,A1}}$：

$\Psi_{2k}=0.3$ 与车辆荷载组合；

$\Psi_{2d}=0.6$ 与伸缩装置开启位置组合；

A_d 见 A.2.1.4；

$Q_2=1.0$。

对于路缘石上的偶然荷载的作用 $C_{\text{ULS,A2}}$：

$\Psi_{2k}=0.3$ 与车辆荷载组合；

$\Psi_{2d}=0.6$ 与伸缩装置开启位置组合；

A_d 见 A.2.2.3。

A.4.2.3　地震设计组合

设计要求、设计方法和原理参见本书 2.5 节和 3.3 节。

如果在设计中已经考虑了地震作用预设了桥梁的极限位移，则不必再进行地震设计场合的组合（设计地震场合 A1）。

在设计地震场合 A2 时，设计地震极限状态 ULS 如下：

$$C_{\text{ULS-SEISMIC}}=G_k+F_{ik}+\Psi_{1k}(Q_{1k}+Q_{lk1}+Q_{tk1})+A_{Ed} \tag{A-8}$$

式中：Ψ_{1k}——活载作用经常值的组合系数，$\Psi_{1k}=0.4$；

A_{Ed}——设计地震作用（包括由纵向、横向和竖向地震位移导出的内力），

$$A_{Ed}=d_E+d_G+\Psi_3 d_{Tk} \tag{A-9}$$

d_E——设计地震位移；

d_G——恒载和准恒载长期作用的位移（混凝土的收缩、徐变，松弛，沉降）；

d_{Tk}——温度变化产生的位移；

Ψ_3——由温度作用产生准恒载的折减系数，见表 A-8。

以上均为最不利组合下的位移。

场合 A2，B1～B4 地震组合系数　　表 A-8

组　　合	组合系数 Ψ_3	备　　注
A2	0.50	地震时
B1	0.30	—
B2	0.10	—
B3	0.10	地震时
	0.20	地震后
B4	0	地震时
	0.20	地震后在收缩装置上
	0	地震后在保险装置处

当一些有重要影响的因素产生二次作用时，设计地震位移会增大。

> 地震设计组合 A2：
> ULS SEISMIC，在这种组合下 A_{Ed} 出现的条件（位移 $d_{Ed}+d_G+0.5\times d_{Tk}$）。
> 对这些伸缩装置的分析和内力的计算为：
> $C_{ULS-SEISMIC}=G_k$（竖向）$+F_{ik}+0.4\times$［300kN（竖向）+120kN（纵向水平）+60kN（横向水平）］$+d_E+d_G+0.5\times d_{Tk}$

地震设计组合 A1 和 A2，由具有较高或然率的地震作用产生，或采用较小的 A_{Ed} 之值。

对具有较低或然率的地震作用，可采用场合“B”。

对于设计模式“B”，在破坏极限状态 ULS 地震设计组合时，可以采用的各种组合，取决于伸缩装置的部件几何尺寸。

$$C_{ULS-SEISMIC}=G_k+F_{ik}+\Psi_{2k}(Q_{1k}+Q_{lk1}+Q_{tk1})+A_{Ed} \tag{A-10}$$

式中：A_{Ed}——设计地震作用（表示地震位移 d_E，包括在公式 A-9 中，Ψ_3 在表 A-8 中给出。

伸缩装置的地震位移能力表达为极限缝宽之值，行车表面的间隙在表 A-8 中给出，或参见各自系列产品说明。

A.4.2.4　疲劳极限状态组合

在疲劳极限状态下，由于一定数量的荷载循环次数后，裂缝扩展，结构没有足够的承载能力。疲劳寿命应由车辆荷载的最不利位置来评定。

疲劳寿命应考虑垂直荷载和水平荷载的相互作用，疲劳极限状态的相关组合为：

$$C_{FAT}=F_{ik}+(Q_{lk,fat}+Q_{lk1,fat})+\Psi_{0d}d_{Ek} \tag{A-11}$$

式中：Ψ_{0d}——组合系数，$\Psi_{0d}=0.6$；

d_{Ek}——伸缩装置最大开启时的位移。

在式(A-11)中 $Q_{lk,fat}$ 和 $Q_{lk1,fat}$ 是与疲劳荷载模式相关的车辆作用次数的荷载，对 $FLM1_{EJ}$ 与车辆次数无关，对 $FLM2_{EJ}$ 车辆次数根据 A.3.3 确定。

实例：用于评定无限疲劳寿命的疲劳性能。
$C_{FAT}=F_{ik}+[210kN(垂直)+\Delta\varphi_{fat,h}\ 42kN(水平)]+0.60$ 伸缩装置最大开启位置
注：此处应考虑自由振动和阻尼的作用。

A.4.3 使用极限状态的组合(SLS)

符号与破坏极限状态 ULS 相同。

A.4.3.1 特征组合

荷载组合如下：

$$C_{SLS}=G_k+F_{ik}+\Psi_{0T}[Q_{1k}+(\Psi_{0lk}Q_{lk1}+\Psi_{0tk}Q_{tk1})+Q_{2k}+(\Psi_{0tk}Q_{tk2})+Q_{3k}+(\Psi_{0tk}Q_{tk3})]+\Psi_{0d}d_{Ek} \tag{A-12}$$

对所有的设计场合 Ψ_0 可取为：$\Psi_{0T}=1.00$；$\Psi_{0d}=1.00$；$\Psi_{0lk}=0.50$；$\Psi_{0tk}=0.50$。

实例：特征组合。
SLS，折减的伸缩装置开启缝宽，作用最大车辆荷载，具有离心力作用的行进中的车辆。
$C_{SLS,CHAR}=G_k+F_{ik}+1.00[300kN(竖向)+(0.00\times120kN(纵向水平)+0.50\times60kN(横向水平)+200kN(竖向)+0.50\times40kN(横向水平)+100kN(竖向)+0.50\times20kN(横向水平)]+0.6\times d_{Ek}$

A.4.3.2 经常组合

相关设计组合的车辆如下：

$$C_{SLS-FREQUENT}=G_k+F_{ik}+\Psi_{1T}(Q_{1k}+\Psi_{0lk}Q_{lk1}+Q_{2k}+Q_{3k})+\Psi_{1d}d_{Ek} \tag{A-13}$$

式中：$\Psi_{0lk}=0.50$，$\Psi_{1T}=0.70$，$\Psi_{1d}=0.60$。

实例：经常组合。
SLS，最不利作用，模拟行进中的车辆。
$C_{SLS,FREQUENT}=G_k+F_{ik}+0.7(300kN+200kN+100kN)+0.6\times d_{Ek}$

本附录中的符号含义见表 A-9。

本附录中的符号含义表 表 A-9

符号	含义	参考资料
拉丁大写字母		
A_{Ed}	设计地震作用	EN 1990,1.6
C_{FAT}	疲劳极限状态组合	—
C_{SLS}	使用极限状态组合	—
$C_{\mathrm{SLS-FREQUNT}}$	经常组合	—
C_{ULS}	在持久和瞬时设计条件下的破坏极限状态组合	—
$C_{\mathrm{ULS-ACC}}$	偶然设计组合	—
$C_{\mathrm{ULS-SEINSMIC}}$	地震设计组合	—
FLM1	疲劳荷载模式 1	EN 1991-2,4.6.1 和 4.6.2
$\mathrm{FLM1_{EJ}}$	伸缩装置疲劳荷载模式 1	—
$\mathrm{FLM2_{EJ}}$	伸缩装置疲劳荷载模式 2	—
FLM4	疲劳荷载模式 4	EN 1991-2,4.6.1 和 4.6.5
F_{ik}	由预应力和强迫变形引起的特征内力	—
G	自重(恒载)	EN 1990,1.6
LM1	静力荷载模式 1	EN 1991-2,4.3.1 和 4.3.2
L_{j}	伸缩装置结构有效长度	—
$P_{\mathrm{D-wheel}}$	设计竖向车轮荷载	—
S	车轮着地面积	—
SLS	使用极限状态	EN 1990,6.5
S_{v}	缝隙和间隙的面积	—
Q_{v}	为确定总离心力的垂直荷载总和	—
Q_{fwk}	人行道集中荷载	EN 1991-2,1.5.2 和 5.1
Q_{ik}	在车道 i 上作用的竖向荷载	EN 1991-2,4.3. 1 和 4.3.2
Q_{lk}	一轴上的制动力	EN 1991-2,1.5.2 和 4.4.1
Q_{tk}	离心力	EN 1991-2,1.5.2 和 4.4.2
$Q_{\mathrm{1k,fat}}$	$\mathrm{FLM1_{EJ}}$条件下的竖向轴荷载	—
$Q_{\mathrm{1lk,fat}}$	$\mathrm{FLM1_{EJ}}$条件下的水平轴荷载	—
Q_{2k}	偶然竖向特征车辆荷载	EN 1991-2,4.7.3.1
TSi	在 i 车道上的串联竖向荷载	EN 1991-2,1.5.2 和 4.3.2

续上表

符　　号	含　　义	参 考 资 料
拉丁大写字母		
ULS	破坏极限状态	EN 1990,6.4
W_j	伸缩装置最大开启状态下的有效宽度	—
拉丁小写字母		
b_k	减速作用特征值	—
d_{Ek}	制造商提供的伸缩装置最大开启尺寸	—
d_E	伸缩装置设计地震位移	—
d_G	由恒载和准静载在主体结构产生的纵向变形，引起伸缩装置的开启尺寸	—
d_{Tk}	由桥上温度作用产生的变形,引起伸缩装置的开启尺寸	—
希腊大写字母		
$\Delta\varphi_{fat}$	竖向荷载疲劳作用动力系数	EN 1991-2,1.5.2 和 4.6.1
$\Delta\varphi_{fat,h}$	水平荷载疲劳作用动力系数	—
希腊小写字母		
a_{Qi},a_{qi}		EN 1991-2,4.3.2
a_{Q2}	偶然模式荷载校正系数	EN 1991-2,4.3.2,4.7.3.1
γ_{F1}	在疲劳影响是局部的和(或)较小时的荷载分项系数	—
γ_{F2}	在疲劳影响是总体局部的和(或)较大时的荷载分项系数	—
γ_G	恒载作用的分项系数	EN 1990.1.6
γ_{Qi}	活载作用的分项系数(*TSi* 荷载)	EN 1990.1.6
γ_q	活载作用的分项系数(UDL 均布荷载)	EN 1990.1.6
$\sigma_{Contact}$	车轮与伸缩装置表面的接触应力	—
Ψ_{0T}	车辆荷载的组合系数	—
Ψ_{0d}	伸缩装置开启位置的组合系数	—
Ψ_{0lk}	卡车制动引起的车辆荷载组合系数	—
Ψ_{0tk}	卡车离心力引起的车辆荷载组合系数	—
Ψ_{2k}	活载作用的准静载值的组合系数	EN 1990.1.6
Ψ_{2d}	伸缩装置开启位置的准静载值的组合系数	—
Ψ_{1k}	活载作用经常值的组合系数	EN 1990.1.6
Ψ_3	温度作用的准静载值的组合系数	—

附录 B 2012 年美国《桥梁设计规程》第 14 章中有关桥梁伸缩装置的设计规定(节译)

B.1 要 求

B.1.1 一般要求

桥梁伸缩装置应由能适应结构位移和转动需要的部件组成。

伸缩装置的形式和表面缝隙应能适应摩托车、自行车和行人通行的要求,应既不显著影响道路的行驶特性,又不引起车轮的损伤。

伸缩装置的设计应能防止结构由于水、融冰剂和路上碎石的损坏。

桥面纵缝只是用于改进上下结构之间不同的横向和竖向位移差。

格栅式和木制桥面以及正交异性板桥面的伸缩装置及其锚固应专门处理。

【解释】为了适应不同的横向位移,可以采用具有横向位移能力的弹性支座或组合支座,替代实际的纵向伸缩缝。

B.1.2 结构设计

伸缩装置及其支承体系应能经受相应的设计极限状态的荷载作用,以及满足相应设计极限状态下的位移量的要求,相关规定见本标准的第三章。抗力系数及其修正应满足标准第 1、5、6、7 和 8 章的规定。

在积雪地区,伸缩装置的护板、护板的连接和锚固件应能承受铲雪机械的作用效应。在积雪地区边梁和密封件的锚固,以及斜交角超过 20°的模数式伸缩装置在没有有效的防护方法时,应考虑在边梁顶面垂直边梁方向、沿边梁长度任何位置,长度为 3m(10ft)的 20kN/m(0.12kips/in)线荷载作用。此荷载考虑了动力荷载的偏差。

以下系数应在确定荷载作用和位移时考虑:

(1)结构材料的特性,包括温度膨胀系数、弹性模量和泊松比;

(2)温度、徐变和收缩效应；

(3)结构部件的尺寸；

(4)施工公差；

(5)施工方法和施工顺序；

(6)斜交角和曲率；

(7)伸缩装置位移阻力；

(8)铺设路面的方法；

(9)由于路堤施工产生的下部结构位移；

(10)与下层土壤固结和稳定化相关的基础位移；

(11)结构约束；

(12)结构的静、动力响应及其相互作用。

上部结构设置多道伸缩装置时，影响某一道伸缩装置位移量的上部结构长度，为从伸缩装置到该段结构中点的长度。

对侧向不设导向支座的曲线桥，在支座处伸缩装置位移的方向可以假定为与桥梁中线平行的法线方向。而该中心线可取为从伸缩装置处至结构中心点的连线。

在设计路缘石处和高起的护栏处的竖向伸缩装置时，应考虑伸缩装置处的纵向位移和转角。

【解释】模数式伸缩装置的边梁承载能力极限状态，以及与混凝土或其他部件的锚固，如果伸缩装置相对于行车方向的斜交角超过20°，应考虑铲雪荷载。对于较小的斜交角，斜向的铲雪机的叶片不会同时和边梁接触，采取B.3.3的方法防护后，在设计中可不考虑铲雪荷载。

铲雪机叶片的角度范围很宽，除非采取了B.3.3的方法防护才可使用，模数式伸缩装置斜向安装时，与叶片的斜交角在3°之内，以避免叶片插入中梁之间的缝隙内。

铲雪机荷载由制造商提供，该荷载是一个50mm宽的弹性叶片以10°斜角的压力作用。铲雪荷载及其冲击作用在动力荷载偏差中不考虑。铲雪荷载在承载能力极限状态下作为活荷载应乘以荷载系数。

上部结构的位移包括：浇注桥面引起、体积变化、收缩、徐变、温度和湿度、车辆和行人的通过、风压及地震作用。下部结构的位移包括：墩台的不均匀下沉、倾斜、弯曲和回填土引起的桥台水平位移，以及由于路堤和原土壤的固结引起的低矮桥台的移动。

桥梁上部结构的任何位移均将受到桥梁支座的位移阻力，以及下部结构的刚性和柔性的抗力作用。辊轴和摇轴支座的滚动摩擦，弹性支座的剪切抗力或滑动支座的滑动摩擦阻力都会影响伸缩装置的位移。此外，桥台的刚度，各种基础类型和高度的桥墩的相对柔度都将影响支座位移和支座阻止位移反力的大小。

由圆石、砖和有接缝的混凝土组成的引道刚性路面，将经历增长或因为增长受到约束引起很大的纵压力。为了保护桥梁结构不受这些潜在力的破坏，保持桥面缝的位移能力及封缝物的性能，在引道路面处应设置有效的路面压力解除缝或锚定物。

当上部结构末端的水平位移是由体积变化引起的，在结构内部产生抵抗这些变化的力得到平衡，通过估算这些力，并考虑支座和下部结构对位移的抗力，可以确定位移中心点的位置。然后可以确定在某一特定接缝处产生位移的上部结构的长度。

B.1.3 几何形状

伸缩装置表面的设计位移应与支座位移协调一致，以避免约束伸缩装置的伸缩，从而影响施加在支座上的荷载效应。

【解释】对于正交或略微斜交的桥梁布置，可在伸缩缝处选择适当的路面坡度和变化最小的水平及垂直的伸缩缝线形，以简化伸缩缝的位移，并提高结构的性能。

B.1.4 材料

应对材料进行选择以确保它们在弹性、热力学性能和化学性能方面的相容性。在存在很大差异的地方，应确定材料界面，以便提供全功能化的系统。

材料（不含合成橡胶）的使用寿命应不小于75年，填缝和沟槽使用的合成橡胶类材料的使用寿命不小于25年。

对暴露的伸缩装置表面应进行防滑处理，且所有部分应能抗磨损和抗车辆冲击。

除高强度螺栓外，易受化学溶剂影响的材料应采用不锈钢。

【解释】应优先考虑对现场配料和安装变量最不敏感的，以及可以被非专业化的养护人员修理和更换的材料。也应优先考虑在需要更换时可能获得的构件和装置。

B.1.5 养护

伸缩装置应设计成在桥梁设计期限内，以最少的养护即可使用的形式。

细部设计应允许能从桥面下接近伸缩装置，并应提供足够的养护空间。

伸缩装置的机械部件和合成橡胶部件是可以更换的。

伸缩装置的设计应能便于路面铺装加高的需要。

【解释】选择支座部件、伸缩缝和桥台背墙的位置,及桥墩墩顶的形状时,应为它们提供具有足够的空间,并且可以从桥下到达伸缩缝的通道。对于地面不能直接到达的大型伸缩装置,应设置进人口、梯子、工作平台和施工步道。

B.2 选 择

B.2.1 伸缩装置的数目

伸缩装置的数目应尽可能少,应优先选择连续性桥面体系和上部结构,并在适当情况下选择整体式桥梁。

在整体式桥梁的引道上,应考虑是否需要设置全功能往复可控式伸缩装置。

在易受明显的不均匀沉降影响的单跨结构桥台处,可设置活动式伸缩装置,如果不均匀沉降导致超限应力,则对于多跨桥梁应考虑在中间增设桥面伸缩装置。

【解释】当上部结构的长度和下部结构的柔度,可以使得由于位移受约束产生的次应力处于可控制的容许范围内时,应考虑采用整体式桥梁,即不设桥面活动伸缩装置的桥梁。

当横梁的设计不能适应由于桥面和独立的支承构件(如梁和桁架)在相对温度和活载影响下所产生的纵向位移差时,应当采用桥面中的应力解除缝、纵梁中的活动缝,以及在纵梁与横梁之间的活动支座。

带有略微斜交和连续的结合式钢纵梁的大跨径上承式结构,可以承受相当大的不均匀沉降而不至于产生显著的次应力。因此,对于由稳固基础(如桩、基岩、密实的下层土等)支承的多跨桥梁,几乎没有必要设置中间桥面伸缩装置。由于沉降产生的次应力可改变反弯点的位置,所以对易发生疲劳的细节的位置,应进行适当的控制。

B.2.2 伸缩装置的位置

在公路、铁路、人行道桥和其他公共场所,以及在凹形竖曲线的低点处应避免设置伸缩装置。

应根据桥台背墙和翼墙来确定桥面伸缩装置的位置,以防止伸缩装置凹处的积水排到桥座处。

桥面开口缝（直排水式）应设置在可能引导排水绕过支座，并直接在伸缩装置下面排出的地方。

在伸缩装置正好处于易受碎石堆积影响的结构件和支座之上的地方，应设置封闭式伸缩装置。如果桥面上使用除冰剂，则应设置密封缝或防水缝。

对于直线桥来说，桥面伸缩装置的纵向元件（如梳齿板、缘石和护栏以及模数式伸缩装置的支承梁）应设置在与桥面纵轴平行的位置。对于弯桥和斜桥，应留有余量使桥面端头位移与支座提供的位移保持一致。

【解释】在必须使用水平雨水槽的地方，不应设置带排水槽的开口缝。

上承式桥的端部是围绕与桥座方向支座中心线大致平行的轴转动的，在斜交桥中，这些轴不垂直于纵向运动的方向。在板、开口缝或合成橡胶伸缩装置之间，应设置足够的横向净空，以防止纵向和旋转运动之间由于线性误差而导致失灵。

B.3 设计要求

B.3.1 施工期间的位移

如果可行，应采用分阶段施工以推迟位于或靠近路堤的桥台和桥墩的施工，直至路堤已筑好或固结。否则桥面伸缩装置的尺寸应能适应路堤施工后，由于土壤固结而引起的桥台和桥墩的位移。

在混凝土结构中可以采用浇筑合龙段的方法，用于减少混凝土收缩对伸缩装置的伸缩量和支座位移量的影响。

【解释】如果有必要在安装和调整桥面缝之前，就让沉降或其他施工位移发生，则可以采用以下施工控制措施：

（1）在桥墩和桥台施工之前筑好桥台路堤；

（2）对路堤施加压实荷载，以加速已就位的土壤的固结和调整；

（3）在安置支座和桥座处的背墙前，将墙式桥台回填至路基高度；

（4）在桥面板上留空一段暂不浇注，使伸缩缝在安装前承受大部分桥跨的恒载。

B.3.2 使用中的位移

桥面横向布置的伸缩装置，在垂直于伸缩缝方向的伸缩量，在规定的承载能力极限状态的荷载组合作用下，在垂直于伸缩缝方向的伸缩量 W 应满足以下要求：

（1）对于单缝式伸缩装置：

$$W \leqslant 64+38(1-2\sin^2\theta) \quad \text{(B-1)}$$

（2）对于多缝式伸缩装置：

$$W \leqslant 50+25(1-2\sin^2\theta) \quad \text{(B-2)}$$

式中：θ——伸缩缝处的桥面斜交角。

对于金属和非预应力的木制上部结构，桥面横向伸缩缝及路面缝隙的开口宽度应不小于25mm，对于混凝土结构，应考虑由于混凝土徐变和收缩造成伸缩缝的张开，初始缝宽可以小于25mm。

除非有更合适的准则，否则路面纵向伸缩缝的最大缝宽，不应大于25mm。

在承载能力极限状态下梳齿板式伸缩装置相邻梳齿之间的缝隙尺寸应满足以下要求：

（1）对位移量大于200mm的纵向缝隙，不应超过50mm；

（2）对位移量等于或小于200mm的纵向缝隙，不应超过75mm；

（3）在极限位移时梳齿板缝的直接搭接不应小于38mm。

如有自行车通行的地方，应考虑在路肩处使用特殊的钢盖板。

【解释】在选择梳齿板式伸缩装置的缝隙尺寸时，摩托车的安全行驶是其中一项主要考虑的因素。

B.3.3　防护

桥面的设计应考虑行车交通和路面养护设备的影响，以及其他环境造成的长期损害。

混凝土桥面的伸缩缝应设置型钢、焊接件和铸造件加劲。这种加劲钢材应置于路面的凹槽中，不受铲雪机械造成的损坏。

应为设有伸缩缝的引道路面设置压力解除缝和（或）路面缝。整体式桥梁的引道应设置往复可控式路面接缝。

【解释】使桥面缝包层（指伸缩装置与路面混凝土接触部位设置的型钢、焊接件和铸造件制成的加劲物，以下相同）和封缝物免受铲雪机损坏的保护措施包括以下方面：

（1）300~460mm宽的混凝土缓冲地带，伸缩缝包层置于缓冲地带以下6.5~9.5mm的凹槽内；

（2）突出路面但不高过12.0mm的坡形钢肋，当铲雪机刀片经过伸缩缝时，可用于举起刀片；

(3)在柔性路面内,使包层寓于预计的车辙之下,但深度不足以积水。

如果伸缩缝的斜角与铲雪机刀片的斜角一致,特别是30°~35°时,应考虑其他措施来防止铲雪机造成的损坏。

B.3.4 搭板

伸缩缝搭板和梳齿板缝,应设计成能够支承车轮荷载的悬臂构件。

应研究伸缩缝搭板两侧之间的不均匀沉降。如果不均匀沉降不能减小到可接受的水平,或在搭板和它们的支承设计和细节中不能承受不均匀沉降,则应考虑设计一种更合适的伸缩装置。

在合成橡胶支座或吊杆处不应使用刚性搭板,除非将它们设计为悬臂构件,且它们的安装应能防止由于支座处的水平和竖向位移所造成的影响。

【解释】在由于毗邻的结构元件的不均匀竖向位移差,或由于在不同平面上的搭板和支座的纵向位移而引起搭板之间发生失灵的地方,搭板可能要承受上部结构的全部恒载和活载反力。如果搭板不能抵抗这些荷载,则它们会失效并对行车交通形成危害。

厚度较大的合成橡胶弹性支座在垂向荷载作用下,或短吊杆在桥面纵向位移下,可能导致伸缩装置处的毗邻结构构件产生明显的不均匀竖向位移差。为了适应这种位移差应设置一种合适的封缝物或防水明缝,不宜采用带有刚性搭板或指状物的结构接缝。

B.3.5 加劲钢材

埋置在底层混凝土中的伸缩装置边缘的加劲钢材,应设置直径20mm的竖向排气孔,排气孔的中心距不大于460mm。

对有车辆经过且宽度大于300mm的金属表面应进行防滑处理。

【解释】排气孔可以帮助排除滞留在加劲钢材下面的空气,并有助于提高在伸缩装置边缘包层下混凝土的密实度。

B.3.6 锚固

应设置加劲钢材的锚固或剪力键,以确保底层混凝土与伸缩装置金属之间的连接,加劲钢材和基层混凝土之间的伸缩装置应密封,以防止造成表面的腐蚀。

路面伸缩装置加劲钢材应直接锚固到结构性支承上,或以有效长度延伸到基层钢筋混凝土中。

应为路面加劲钢材的自由边(与其他锚固或附着物的距离大于75mm)设置

直径为 12.0mm，长度不小于 100mm，且端部焊接的螺栓，螺栓与其他锚固或附着物的距离不大于 300mm。人行道和护栏的加劲钢材边缘的锚固与上述相同。

【解释】在设计锚固时也应考虑铲雪机的冲击作用。

B.3.7 螺栓

搭板、封缝物和伸缩装置锚固螺栓应为充分拧紧的高强度螺栓。应避免在带有高强度螺栓的连接中采用非金属垫层。在新浇筑的混凝土中应采用就地浇筑的锚固，在新的施工中不应采用伸缩锚、埋头锚和注浆锚。

【解释】注浆锚可用于既有伸缩装置的养护。

B.4 制　　作

型钢或钢板的厚度应足以加劲组件并将焊接引起的扭曲减至最小。

为确保适宜的装配和功能，应满足以下要求：

(1)全部伸缩装置构件应在工厂装配好以备检查和批准；

(2)伸缩装置和封缝物全部装配好后才可运至现场；

(3)不长于 18m 的已装配的伸缩装置，按不需要现场拼接的方式交付安装。

【解释】通过采用厚度为 12.0mm 的或更厚的型钢、钢筋和钢板来加强伸缩装置的直线性和构件的相配性。

应建立施工程序和惯例，允许按安装温度调整伸缩装置，而不改变在车间装配时设定的伸缩装置部件的方位。

B.5 安　　装

B.5.1 调整

如果缺乏更精确的资料，则安装温度应为：

(1)混凝土结构中在伸缩装置安装前 48h 内的阴暗处的平均气温；

(2)主要构件由钢制成的结构在伸缩装置安装前 24h 内的阴暗处的平均气温。

对于较长的结构物，伸缩装置的伸缩量应设有富余量，以计入在设定安装温度时固有的不确定性，在确定伸缩装置的伸缩量时，应考虑在完成伸缩装置安装的时间内，可能发生的上部结构位移。在较长结构伸缩装置的设计中，应优先考虑有利于在最短可能的时间内调节伸缩装置和完成安装的装置、细部和程序。

对伸缩装置的支承与主要构件的连接，应能在水平、垂直和转动方向上进行调节。

在实际可能的情况下，应采用施工缝及桥面预留槽口，以便在伸缩装置安置和调节之前，做好回填土和主要结构构件的浇筑。

【解释】对于长度较小的桥梁的伸缩缝、安装温度的变异，对缝宽的作用可以忽略不计外，每个伸缩装置的图纸应提及在可能的安装温度下所要求的伸缩装置宽度。对于混凝土结构，可考虑利用混凝土温度计测量上部结构单元之间的伸缩装置的温度。

应采用安装后在调节桥面缝之前，容许主体结构发生恒载位移的施工程序。

B.5.2　临时支承

应为桥面伸缩装置配置临时装置，以支承伸缩装置部件于适当的位置上，直至做好永久性的连接或浇筑的混凝土完成初凝，该临时装置应容许针对安装温度的变化调节伸缩装置的宽度。

【解释】应及时解除临时装置，以避免由于温度快速变化引起的上部结构位移所导致对锚固部分的破坏。

对主要杆件由钢制成的较长的结构，在合同文件中应包含确保在混凝土铺筑之后，立即拆除临时装置，或解除它们之间的连接的指示。

B.5.3　工地拼接

伸缩装置设计应包括分阶段施工，以及长度大于18m的伸缩装置的横向的在工地拼接的细节设计。如实际可能，工地拼接部位应位于车轮荷载作用地带以外。

拼接的细节设计应使疲劳寿命最大化。

分阶段施工使用的在工地拼接的布置应考虑其他施工缝，以便提供足够的空间进行拼接连接。

应要求在完成伸缩装置安装后才能铺设永久性封缝物。如实际可能，应当采用可以一次性连续安装的封缝物，如果在现场无法避免拼接，则应对封缝物的拼接部分进行硫化处理。

【解释】对于不太关键部位的伸缩装置或受载较小的伸缩装置的拼接，如伸缩装置包层在混凝土铺筑期间用作模板，则应提供足够刚性的连接，以便能经受住位移。

B.6 伸缩装置类型的选择

B.6.1 开口缝

桥面开口缝可允许水自由流过伸缩缝处，在使用除冰剂的地方不应采用开口缝。开口缝处的墩台应防止水的聚积及碎石的堆积。

【解释】在某些条件下，桥面开口缝可以有效地和经济地解决问题。一般情况下，开口缝适用于在冬季砂和盐均很少使用的次级公路。但不适用于城市地区，因为在城市地区桥面伸缩缝的排水设备的费用很高。

优良的排水性能取决于一个有效的桥面排水系统，通过伸缩缝控制桥面排水以及水的容纳和处理场地的径流。有一点很重要，即不允许在该伸缩缝下的任何结构部分聚积排水和堆积路面碎屑。

针对桥面排水的有害影响而采取的保护措施可包括，赋予结构表面一定的外形以防止路面碎屑滞留，或在路面上设置水流转向物、盖子和罩层。

B.6.2 闭口缝

封闭的桥面伸缩装置应使桥面（包括路缘石、人行道、中央隔离带，以及必要的护墙和护栏）密封，密封的桥面伸缩装置应防止水和碎石的堆积，这种堆积可能会限制伸缩装置的伸缩。在易受路面排水影响的闭口缝或防水缝下面的结构表面，应具有对开口缝所要求的形状和保护措施。

封缝物不应透水，并能在闭合时清除碎屑。

在伸缩缝的凹槽处和封缝物的凹槽处的积水，不应该排到桥座上或其他水平部位上面。

在伸缩缝与合成橡胶密封压盖或薄膜的几何形状变化相适应的地方，密封压盖或薄膜不应与车辆的车轮接触。

【解释】对于某些情况，特别是对于具有高起的路缘石或严重偏斜的护栏的伸缩缝，以及在伸缩缝易受到很大位移影响的情况，完全有效的封缝物尚待开发。因此，应考虑使用被适当保护的某类开口缝以取代密封缝。

形状如同沟槽且低于路面表面的片状或条状封缝物，会被碎屑填塞。伸缩缝在闭合时可能爆裂，除非封闭的伸缩缝直接伸展到桥面边缘，堆积的水和碎屑可以从这里排出。为了延伸伸缩缝和安全地排水，可能有必要将一些类型桥台的背墙和桥座向前推移使背墙与翼墙齐平，或改变翼墙位置，使其不会挡住桥面伸缩缝。

B.6.3　防水伸缩缝

伸缩缝的防水系统(包括伸缩缝槽、集水管和落水管)应能汇集、引导和排出桥面上的积水。

在设计排水槽时应考虑以下因素：

(1)不小于1∶12的槽坡；

(2)端部的槽口敞开或具有较大的排水口；

(3)预制槽口；

(4)由加劲的合成橡胶、不锈钢或其他有耐久涂层的金属组成的槽；

(5)不锈钢扣件；

(6)可以从伸缩缝下面更换的槽；

(7)可以从路面冲洗的槽；

(8)金属焊接缝和经过硫化处理的合成橡胶拼接板。

B.6.4　封缝物

封缝物应能适应所有预期的位移。

在选择封缝物的类型时,应考虑以下因素：

(1)预制的或拼装的；

(2)对伸缩装置不作大的变更即可更换；

(3)不承受车辆荷载；

(4)可以一个连续件的形式安装；

(5)窝藏于伸缩装置缝包层表面之下；

(6)用机械器件锚固；

(7)适用伸缩装置缝宽度变化,伸缩阻力小。

封缝物的合成橡胶为：

(1)由氯丁橡胶或天然橡胶用钢片或织物片加劲的耐久性高的胶带；

(2)经过硫化处理的；

(3)经过长期的循环试验验证的；

(4)用化学方法处理过的黏结剂黏结的。

B.6.5　灌注式封缝物(柔性填充式伸缩装置)

灌注式(柔性填充式)封缝物的缝宽,应不小于预计位移量的6倍。

封缝物与金属和混凝土材料的黏结，应按国家规定的试验方法经过试验验证。

【解释】灌注式封缝物只能用于承受小位移的伸缩缝及不透水的次要的地方。

B.6.6 承压式封缝物和蜂窝状封缝物

当将具有带状织物的封缝物设置于全部位移范围之内时，伸缩缝的斜交角度应不大于20°。

用于伸缩缝的承压式封缝物在不受压时的宽度应不小于64mm，不大于150mm，宽度的增量应定为12.0mm的倍数。

主要公路的封缝物应不需拼接或剪裁。

在沟边和路缘石区域内，路面封缝物应弯曲呈缓和曲线以维护路面的排水，应采用安全的通风的帽子和盖子保护路面封缝物的端部。必要时，可以在路缘石或护栏区域内对次级封缝物进行剪裁和弯曲，以利于弯曲和插入伸缩缝中。

除非对封缝物及黏结的适应性已有类似长期试验的依据，否则在容易持续受压的地方不应设置密实的蜂窝状封缝物。

【解释】受压封缝物只能用于可精确地预测伸缩缝位移范围的情况。

当混凝土伸缩缝凹槽是通过一次性锯开，而非通过可拆除的模板的浇注形成时，受压封缝物和蜂窝状封缝物的性能将得到改善。

B.6.7 片状和条状封缝物

在选择片状封缝物和条状封缝物时应考虑以下因素：

(1)其封闭压条应有不承受车辆荷载的锚固伸缩缝设计；

(2)容许完全闭合而不至对密封压条有不利影响的伸缩缝设计；

(3)合成橡胶密封压条一直延伸到桥面边缘，而不是在路缘石处或护栏处弯曲；

(4)具有足够的路拱或超高，以保证积水后碎石朝侧向排出；

(5)做成有利于排除碎石的形状的密封压条；

(6)做成水平和竖向线形均没有突变的密封压条。

B.6.8 木板封缝物

在选择和利用木板封缝物时应考虑：

(1)用于轻型汽车行驶的次级道路和结构物；

(2)用于正交或轻微斜交的伸缩缝；

(3)用于在长度方向上只使用一块连续的封缝物的伸缩缝；

(4)用于需使用硫化过的拼接的封缝物的伸缩缝；

(5)具有可承受封缝物的展开或缩短所需要的力的锚固的伸缩缝。

【解释】在具有不可预见的位移范围的伸缩缝中不应使用木板封缝物。

B.6.9　模数式伸缩装置

B.6.9.1　一般要求

本文规定了模数式伸缩装置的参数要求、承载能力极限状态设计和疲劳极限状态设计。

这些规定适用于单梁式、多梁式和斜梁式支承体系的模数式伸缩装置。

【解释】这些模数式伸缩装置的设计规定，为承受主要荷载的模数式伸缩装置的钢部件，提供了一个合理的和传统的设计方法。这些规定不能明确模数式伸缩装置功能部件的设计，也不涉及弹性部件的设计。这些规定是以Dexter(1997)等的研究成果为基础的，包含了荷载、动力响应测试，以及通用的模数式伸缩装置构造细节疲劳抗力的广泛论述。疲劳试验过程与构造细节的研究相一致。

通用形式的模数式伸缩装置见图B-1~图B-3。

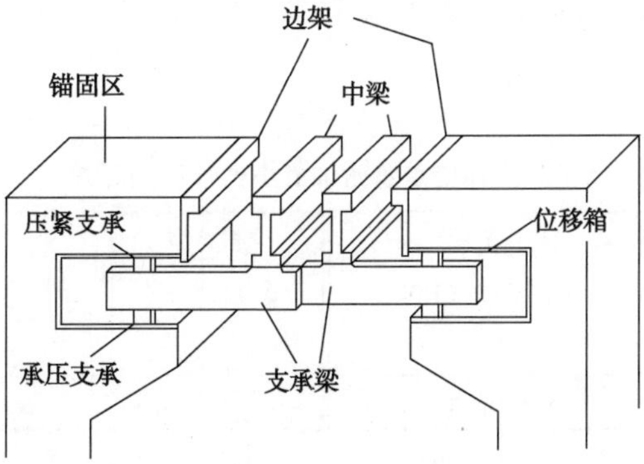

图B-1　多梁式支承体系

B.6.9.2　参数要求

表B-1给出了模数式伸缩装置在6个可能自由度的最小位移量上，需要附加到按承载能力荷载组合设计所确定的模数式伸缩装置的全部密封条上的最小位移量和转角值。

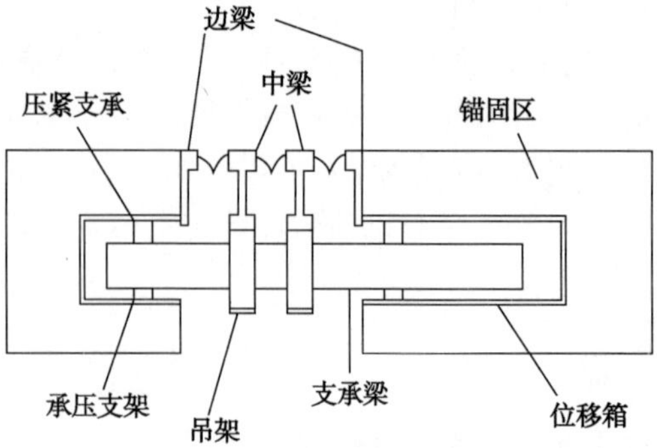

图 B-2　单梁式支承体系

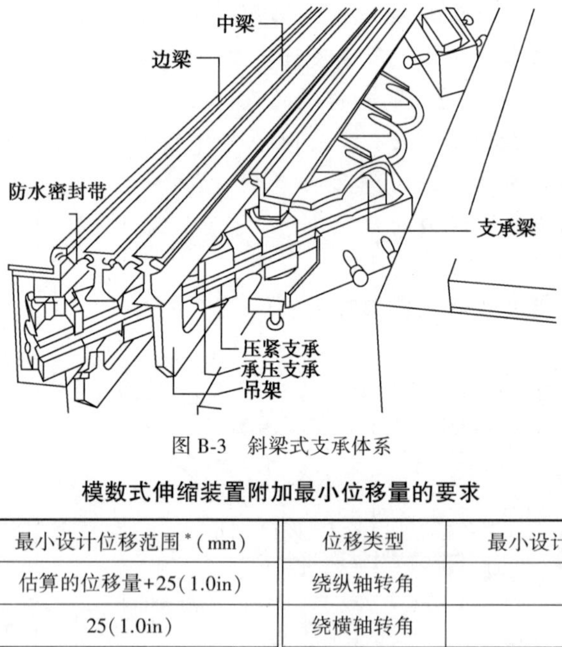

图 B-3　斜梁式支承体系

模数式伸缩装置附加最小位移量的要求　　表 B-1

位移类型	最小设计位移范围*(mm)	位移类型	最小设计位移范围*(°)
纵向位移	估算的位移量+25(1.0in)	绕纵轴转角	1
横向位移	25(1.0in)	绕横轴转角	1
竖向位移	25(1.0in)	绕竖轴转角	0.5

注：* 在表中表示的总设计位移是正位移量或负位移量的 2 倍。

【解释】模数式伸缩装置应进行在车轮通过时降噪和减振的功能设计。

模数式伸缩装置的一个共同问题是密封防水条易被碎石填塞。车辆在伸缩装置上通过时，被压实的碎石会作用到密封防水条上。如果密封防水条张开到接近最大缝宽时，模数式伸缩装置可以排除大部分碎石。因此需具备一个附加的位移能力。

模数式伸缩装置应允许6个自由度的位移，即3个方向的位移和绕3个轴的转动。表B-1给出了模数式伸缩装置在纵向必须提供25mm(1.0in)的强制性附加位移，但不超过50mm(2.0in)，如有可能应附加到最大计算位移上。即如果因此引起需要使用更宽的密封防水条时，不应采用超过25mm(1.0in)的附加位移。除了纵向位移以外的其他5个自由度需要在最大计算位移量之外提供的附加位移量见表B-1。位移量的一半应附加到每个方向的名义位置上。有些桥梁可以要求更大的附加最小位移量。

设计者应给出每个方向的总的基本的横向和竖向位移，以及绕3个理论轴的转角。由于竖向坡度和水平支座引起的垂直位移，由于梁端转角引起的竖向位移也应考虑。

进一步的设计规定和建议参见美国《桥梁设计规程》(AASHTO LRFD Bridge Design Specifications，以下简称AASHTO LRFD)和Dexter(1997)等的研究报告。

B.6.9.3　试验与计算要求

模数式伸缩装置的全部试验应符合AASHTO LRFD附录A的规定。

每种形式的模数式伸缩装置应按本附录B.6.9.6和B.6.9.7节的要求，进行承载能力、疲劳和破坏极限状态的设计。

B.6.9.4　荷载和荷载系数

边梁、锚固件、中梁、支承梁、支承梁与中梁间的连接、位移控制箱及其连接，所有的结构部件如梁、桁架弦杆、系梁和其他结构部件，都应进行在垂直和水平荷载同时作用下的承载能力、疲劳和破坏极限状态的设计。在积雪地区的模数式伸缩装置的边梁及其锚筋，应根据B.1.2节在考虑铲雪荷载作用下，按承载能力极限状态进行设计。此时设计不必考虑车辆荷载。

车辆两轮的横向中心距为1 800mm(72in)，每轮荷载在中梁和边梁上的分配见本附录B.6.9.5节的规定。作用在部件顶面车轮轮压的分配宽度为500mm(20in)。

对于承载能力极限状态，竖向荷载的串联布置(车辆的中、后车轮同时作用在伸缩装置上)按AASTHTO LRFD规程3.6.1.2.3条的规定，载重车的轴重根据3.6.1.2.2条的规定，可以不予考虑。当伸缩装置开启尺寸超过1 200mm(4ft)时，需要考虑车轮的串联布置。竖向荷载应按该规程表3.6.2.1-1考虑动力作用的增大。

承载能力极限状态的水平荷载按竖向荷载的20%取值，作用在同一车道的中梁和边梁的上表面。当模数式伸缩装置处于坡道上，坡度超过5%时，应考虑坡度引起的附加水平车辆荷载的影响。

为了分析承载能力极限状态,车轴轴线应被定位,并考虑横向最大荷载的作用位置。

疲劳极限状态的竖向车轮荷载应力幅应根据 AASHTO LRFD 规程 3.6.1.2.2 条由三轴的载重车辆的最大轴重确定。对模数式伸缩装置的疲劳极限状态设计,应考虑串联的总的轴向荷载作用,即轴距为 1 200mm(4ft)的两个轴的荷载作用。当伸缩装置开启尺寸超过 1 200mm(4ft)时,需要考虑车轮的串联布置。竖向荷载的应力幅应按该规程表 3.6.2.1-1 考虑动力作用的增大。疲劳状态 I 的荷载系数见该规程表 3.4.1-1。

疲劳极限状态的水平车轮荷载应力幅应按竖向荷载的 20%取值,当模数式伸缩装置处于坡道上,坡度超过 5%时,应考虑坡度引起的附加水平车辆荷载应力幅。

为了分析疲劳极限状态,车轴轴线确定为仅是垂直与横向的,并考虑横向最大荷载的作用位置。对于斜交角大于 14°的桥梁。同一车轴两个车轮的位置不一定同时作用在一个中梁上,可以分别按每个车轮的作用分析应力幅。

【解释】在疲劳极限状态设计中根据 AASHTO LRFD 规程 3.6.1.2.2 节,采用设计卡车荷载的 50%轴重,即 72kN(16.0kip)。该折减值认为设计采用的卡车荷载的主轴为一个简化的串联轴的作用。这种简化对于模数式伸缩装置和其他伸缩装置是不令人满意的,因为伸缩装置对每个独立的轴承受一个单独的应力循环。

对于强度极限状态设计,应考虑两种荷载组合。因此认为设计卡车荷载的每个主轴实际承受 144kN(32.0in)的串联荷载,对于 220kN 设计卡车系列荷载,虽然没有用于疲劳设计,但是该力值是影响强度设计的主要因素。

对疲劳极限状态设计的荷载规定实际表达为荷载幅值。当这些荷载作用在一个结构分析模型上时,不考虑永久荷载的作用,在计算中表示弯矩、力和应力都是弯矩、力和应力的幅值。在使用时这些应力幅部分是由向下作用的荷载引起的,部分是由于动力冲击作用回弹引起的向上作用的荷载引起的。

对于桥面伸缩装置的动力荷载的公差(冲击系数),在欧洲通过现场试验确定为 75%,Dexter(1997)等人的现场试验结果也是一致的。由于荷载加上动力荷载公差引起的应力幅,表达为该应力幅的向下部分应力和回弹引起的向上部分应力幅值的总和。Dexter(1997)等人的现场试验表明,最大的向下幅值约为静力荷载的 32 %,回弹引起的向上部分应力幅值约为 31%。

在疲劳极限状态设计中竖向轴向荷载幅值在 AASHTO LRFD 规程 3.6.1.2.2

条规定为卡车设计轴重最大轴向荷载的50%，该值乘以1.75的动力荷载的公差（冲击系数），再乘以1.5（或2×0.75）的荷载系数，就得出在该规程表3.4.1-1中对于疲劳状态Ⅰ的荷载190kN（42.0kip）。0.75的荷载系数是将HS20卡车的轴重转化为HS15卡车疲劳荷载，这被认为是有效的应力幅值。系数2.0放大了疲劳极限状态最大预期的有效应力幅，这个考虑冲击的结果，能满足本附录B6.9.7节关于疲劳应力幅限值的要求。如果不考虑动力作用的影响，静力轴向荷载限值应该为108kN。疲劳设计规范中也规定，荷载值不应超过这个限值。现场测试在多个地方进行，典型的卡车激励反映为动力荷载的偏差。因此，当设置在结构上的伸缩装置有明显的下沉或损坏，车辆在行车道上通过时，动力荷载的偏差可以比卡车动力激励增大20%。

模数式伸缩装置的中梁跨径小于1 200mm（4.0in）时动力响应较小（Pattis，1993；Tschemmernegg和Pattis，1994）。本附录B.6.9.7节的疲劳极限状态设计规定只适用于跨径大于1 500mm（5.0in）的中梁，高度约为100mm（4.0ft）的中梁对跨径没有特别的限制。

对水平曲率半径小的曲线桥（曲线半径小于150m），其竖向弯矩约增大20%。如果卡车的行车速度被限制时，可以不考虑对水平曲率半径小的影响。在这种情况下动力冲击的影响将小于全速行驶的卡车，动力冲击作用的减小将与曲线桥竖向荷载增加作用相抵消。

该动力荷载偏差对于承载能力极限状态设计的垂直荷载来说是偏低的，因为在承载能力极限状态设计时采用峰值荷载，而不是荷载幅值。根据模数式伸缩装置的现场测试，最大向下的竖向弯矩是静力弯矩的1.32倍。这种偏低通常不考虑，因为部件通常是疲劳能力控制而不是强度控制的。

水平荷载为竖向荷载的20%加动力荷载偏差。使用性能测试报告（Dexter，1997）表明，20%的水平荷载幅值对于卡车匀速通过，包括车辆的加速和日常制动的作用是足够的。20%的水平荷载幅值对于疲劳极限状态设计通常有±10%的波动。

在承载能力极限状态设计时，20%水平荷载的值是指在一个方向作用荷载峰值的20%。该20%水平峰值荷载是与承载能力极限状态相对应的。现场性能测试报告（Dexter，1997）表明，由于车辆的极端的制动可能产生远大于匀速通过时的水平力。因此20%水平峰值荷载表达的是在承载能力极限状态设计条件下车辆极端制动的状况。疲劳极限状态设计对于这种极少出现的情况不需要考虑，应该考虑经常出现的状况。

如果模数式伸缩装置处于交通信号灯、停止信号或收费站处，或者中梁的宽度不是通用的,则水平力需要专门考虑。

B.6.9.5　车轮荷载的分配

每根边梁应承受50%的在本附录B.6.9.4节规定的竖向和水平向的荷载。

表B-2给出了中梁荷载的分配系数。即每根中梁和支承梁的设计中,应承受的在B.6.9.4节规定的竖向和水平向的荷载的百分数。未在表B-2中给出的中梁上翼缘宽度,可以通过内插法求得,但在任何情况下分配系数不得小于50%。剩余部分荷载应均匀分配到邻近的两个中梁和边梁上。

中梁荷载分配系数　　表B-2

中梁上翼缘宽度(mm)	分配系数(%)	中梁上翼缘宽度(mm)	分配系数(%)
65(≤2.5in)	50	100(4.0in)	70
75(3.0in)	60	120(4.75in)	80

【解释】为了便于设计,宽度为62.5mm(2.5in)或以下中梁的疲劳极限状态设计的荷载为95kN(21.0kips)。在中梁上作用两个相距1800mm(72.0in),作用宽度为500mm(20.0in)的47.5kN(10.5kips)的车轮荷载,即95kN/m(0.525kips/in)的荷载。

分配系数也就是分配到每根中梁上的设计车轮荷载幅值,是作用荷载、轮胎压力、缝隙宽度和中梁高度的函数,可惜,对分配系数起作用的各种因素具有不同的量级,甚至在相应的公式和图表中出现较大的差异。建立分配系数现有的方法不能适应所有变化,甚至会引起错误。综观这些不确定性因素,采用一种简单的列表方式来建立分配系数是可行的。如果有建立在试验资料基础上的数据,也可以采用。

车轮荷载的分配系数见表B-2,这是以现场和试验室试验为基础确定的,参见Dexter等(1997年)的报告,在其他的研究成果中也有相同的结论。该分配系数是假定伸缩装置处于最大开启位置(最大缝宽)得出的,在最大缝宽下,采用21%的分配系数计算疲劳应力范围,对疲劳极限状态设计可能过于保守。然而如Dexter等(1997年)所述,这个保守的数值正好可以补偿AASTHT LRFD中疲劳设计车轮轴重的不足。

为了比较疲劳限值与乘以系数的静力车轴荷载幅值,在不考虑疲劳荷载偏差时取105kN(24kips或42.0kips/1.75,如B.6.9.4节所述)。在疲劳极限状态设定的静力车轴荷载幅值是很少出现的被超出的车轴荷载。因此,疲劳极限状态设计乘以21%的分配系数太大,事实上,如果在此使用了修正的分配系数,相当于在疲劳极限状态作用了很少出现的130kN(29.0kips)的静力车轴荷载幅值。

这里相当于采用了只有极少出现的概率仅为0.01%的160kN(36.0kips)车轴荷载,参见Schilling(1990年)或Nowak和Laman(1995年)的资料。

对较大的车轴荷载冲击的折减,是对增大了的车轴荷载分配系数的降低。根据Dexter(1997年)报告,车轴荷载从105kN增加到160kN(24.0~36.0kips),增大了50%,而中梁上的荷载从57kN增加到66kN(12.6~14.6kips),增大仅有16%。

即使在最大缝宽时的变化很小,对于承载能力极限状态Ⅰ的检算也是合适的。在这种情况下不再留有余量是正确的,因为动力荷载偏差有32%的余量,对于承载内力极限状态设计是足够的,见本附录B.6.9.4节的解释。

采用留有余量的分配系数的另一个好处是可以补偿中梁高度可能的偏差。试验室研究表明由于中梁高度偏差3mm(0.125in),可以产生分配系数24%的增长,参见Dexter等(1997年)报告。尽管这些偏差不经常出现,且在新的施工规定中要求消除这些偏差,但还是应谨慎地预计这些可能出现的偏差。

B.6.9.6 承载能力极限状态设计要求

进行模数式伸缩装置承载能力极限状态设计时,假定中梁顶部缝宽处于全部开启状态,典型的为75mm(3.0in)。

进行模数式伸缩装置承载能力极限状态设计时,应能承受AASTHTO LRFD规程6.5.4、6.12和6.13条的荷载作用。所有的截面相对于该规程A6.1、A6.2、A6.3.2和A6.3.3条的规定是可靠的和安全的。

模数式伸缩装置在承载能力极限状态Ⅰ设计时,应能经受的荷载组合按AASTHTO LRFD规程表3.4.1-1竖向和水平向荷载组合的规定进行。永久荷载可以不计。荷载分配系数见本附录B.6.9.5节。

锚固件在没有水平车轴荷载作用下,仅作用竖向车轴荷载时,按AASTHTO LRFD规程6.10.10.4.3条进行承载能力极限状态的设计。锚固件应单独进行水平车轴荷载作用下的承载能力极限状态的设计。在积雪地区的模数式伸缩装置的锚筋,应根据本附录B.1.2节在考虑铲雪荷载作用下,按承载能力极限状态进行设计。承载能力极限状态下的拔出和破损性能,按ACI318标准分别以各自荷载设计,采用以下抗力系数。

决定于钢材的抗力系数:

$$\Phi_{\text{tension}}=0.8,\Phi_{\text{shear}}=0.75$$

决定于混凝土的抗力系数,荷载系数等级为A级,辅助钢筋在疲劳区域时:

$$\Phi_{\text{A,tension}}=0.85,\Phi_{\text{A,shear}}=0.85$$

决定于混凝土的抗力系数,荷载系数等级为B级,辅助钢筋在非疲劳区域时：

$$\Phi_{B,tension}=0.75, \Phi_{B,shear}=0.75$$

【解释】承载能力极限状态和疲劳极限状态的锚固计算见 Dexter 等(2002年)的报告。在这些报告中可以得到承载能力和疲劳极限状态的安全性的要求,也包括铲雪荷载。该设计要求不经过详细计算也是可以接受的,设计要求中钢制边梁的最小厚度为 10mm(0.375in),钢材等级为屈服强度 235MPa,锚固钢筋直径不小于 ϕ12.5mm,长度 150mm,中距 300mm。锚筋的最小保护层厚度为 75mm,此外位移控制箱的最小保护层厚度为 50mm。

中梁作为刚性支承的连续梁,按竖向荷载作用下测量的应变进行合理的布置。对于水平方向的荷载连续梁模型是合适的。对于水平荷载更精确的分析,可以将支承梁和中梁作为同一平面的框架铰接在支承梁端部。

最大的中梁应力在跨中,此时车辆的一个车轮作用在跨中。如果跨径相同则外侧跨(从路缘石起第一跨)通常控制设计。一个合理的设计,外侧跨的应力应比中间跨的小 10%。

垂直和水平的车轮荷载理想化为一个作用在中梁中心线上的线荷载,即不必计算中梁荷载的偏心。中梁相对于支承梁的反力最大值,通常是一个车轮作用在支承梁的中心处,此情况取决于中梁与支承梁焊接的临界截面处,适用于直梁式支承体系的吊架(钢箍)的设计或支承梁的设计。

模数式伸缩装置用于斜交结构上,需要有专门的设计要求。

B.6.9.7　疲劳极限状态设计要求

1)一般要求

模数式伸缩装置的结构部件,包括中梁、支承梁、连接件、栓接件和焊接连接板及其附件的断裂韧性要求见 AASTHTO LRFD 的 6.6.2 条。螺栓的拉伸疲劳符合 AASTHTO LRFD 6.13.2.10.3 条的要求。

模数式伸缩装置的结构部件,包括中梁、支承梁、连接件、栓接件和焊接连接板及其附件的疲劳极限状态的要求应符合 AASTHTO LRFD 6.6.1.2 条和以下修正补充条款。每个细节都应是安全的。

$$\Delta f \leqslant \frac{1}{2}\Delta F_{TH} \tag{B-3}$$

式中：Δf——荷载作用,按本附录 B.6.9.4 和 B.6.9.5 节考虑了荷载分配系数后,竖向和水平向车辆荷载作用产生的设计可变作用应力幅;

ΔF_{TH}——按 AASTHTO LRFD 表 6.6.1.2.5-3 根据重要性作细节分级的常幅疲劳限值。

对于中梁与支承梁的疲劳细节分级,工厂拼接、工地拼接或其他评定细节应以本附录B.6.9.3节的疲劳试验为基础确定。所有其他细节也应以试验为基础确定。在疲劳试验中没有开裂的细节,可以不评定。对于不需要评定的疲劳构造细节可由AASTHTO LRFD表6.6.1.2.3-1确定。

锚筋和边梁的疲劳极限状态评定,应考虑车辆竖向和水平向的荷载作用。剪力连接和其他锚筋的疲劳极限状态设计,应能在AASTHTO LRFD 3.4.1条确定的疲劳极限状态Ⅰ之下,承受AASTHTO LRFD 6.10.10.2条的竖向荷载作用。对于标准的焊接接头锚固,不需要考虑车辆水平荷载的作用。

边梁的最小厚度为9.5mm(0.375in)。标准的端头焊接锚筋的中距在300mm(12.0in)之内时,不需要进行面内弯曲疲劳极限状态的检验。

【解释】铝制部件在疲劳极限状态下的强度大概只有钢制部件的1/3,因此模数式伸缩装置基本不用铝制部件。

模数式伸缩装置的屈服强度、冲击韧性和焊接质量不再特别说明。

模数式伸缩装置有关疲劳极限状态的设计是控制关键细节的应力幅值。承载能力极限状态应按本附录B.6.9.6节的要求检算,通常不控制设计,除非总的开启缝宽和支承梁的跨径很大。也可以采用替代的设计方法,但该方法应经过试验验证和(或)屈服疲劳抗力和设计寿命符合要求。极限状态的目标可靠性是模数式伸缩装置在使用寿命期间,不发生疲劳开裂的或然率为97.5%。

规定不包括疲劳极限状态设计的最终寿命(见AASTHTO LRDF 3.4.1节疲劳Ⅱ级)。大多数模数式伸缩装置的结构,在未达到最终寿命的疲劳极限状态设计条件下,应具有足够的承受卡车荷载的能力(见AASTHTO LRDF 3.4.1节疲劳Ⅰ级)。另一方面,每辆车辆轴数和每轴的疲劳循环次数的不确定性,使最终设计寿命存在差异,所以设计应花费一定精力考虑非最终疲劳寿命。

这个过程力图假定在疲劳极限状态荷载幅值产生的应力幅值小于CAFL的规定值,且能满足非最终疲劳寿命的要求。

模数式伸缩装置疲劳评定的细节包括:

(1)中梁与支承梁的连接;

(2)中梁的任何附着装置的连接(水平稳定设施和吊架);

(3)中梁的工厂和工地伸缩缝。

模数式伸缩装置的构造细节大部分可以从桥梁设计规程中得到,不能得到的细节应通过足尺疲劳试验确定。

中梁与支承梁的连接是最基本的连接细节,如前所述,采用一种典型的全熔透焊,属于细节C类范畴。贴角缝连接的疲劳抗力极低,不容许使用。

对于中梁,属弯曲应力范围的螺栓连接属于D类细节,在任何施工中,螺栓连接必须使用一个以上的螺栓。

单梁支承的模数式伸缩装置的螺栓连接,通常包含一个吊架或钢箍,用于支承梁的滑动和(或)转动。中梁和边梁的现场焊接接头易于疲劳,在新的施工规定中,要求尽可能在现场将伸缩装置放入预留槽口之前进行全熔透焊。然而在施工过程中经常有车通行,在几个截面处需要同时安装,在此情况下,伸缩装置必须在安装后焊接。因为槽口和位置的差异,伸缩装置在现场安装后再进行全熔透焊接是可能的,特别在有多个中梁时。部分熔透焊接的疲劳抗力较低,不被容许使用。

螺栓接头经常使用,且有报告指出这些螺栓接头没有开裂,螺栓连接板功能像一个铰,即不受弯矩。这个细节只承受较小的剪切应力,对疲劳极限状态不必进行特殊设计。然而,在与支承梁的连接处,设于跨中的螺栓连接处会产生较大的弯矩,因此带有现场接头的梁的跨径应比标准跨径小,以便减小在支承梁连接处的荷载作用应力幅值。

不锈钢滑板常作为盖板焊接在支承梁上,盖板端头的疲劳强度属疲劳细节E。对模数式伸缩装置没有关于这些滑板疲劳开裂的报告。这是因为在滑板端头部位的弯曲应力幅值远低于中梁连接处。疲劳强度比传统的盖板大也是有可能的,也许是因为滑板很薄。

在支承梁和中梁局部焊接位移控制系统配件部位的疲劳极限状态也应通过检算,位移控制系统配件附加的检算,与支承梁的应力幅值相关,在这些配件上也承受一些弯矩荷载。位移控制系统配件也承受水平荷载,特别是在单梁式支承体系上。该水平荷载同时通过与中梁连接的支座和弹性压紧元件的摩擦力传递。因为此摩擦力的传递,受模数式伸缩装置的动力性能影响,因此很难确定作用在位移控制系统配件上的荷载。

这些位移控制系统配件应按本附录B.6.9.3节要求,通过完全地开启位移振动试验。如果位移控制系统配件在开启位移振动试验中没有发生问题,就不必进行疲劳极限状态的设计。如果位移控制系统配件有疲劳问题,在开启位移振动试验时会有反应。

2)应力幅的设计

构造细节的设计疲劳应力幅,应由模数式伸缩装置体系在按本附录B.6.9.4和B.6.9.5节规定的竖向和水平向车辆荷载组合作用下的结构分析得到。模数式伸缩装置疲劳极限状态分析时,缝宽的开启程度不应小于伸缩装置位移的中值,也不应小于最大缝宽值的一半。对于每一种细节,结构设计应考虑车轴荷载作用于最不利位置，以使实际构造细节的应力幅最大化。

标准的应力幅 Δf 应根据模数式伸缩装置的类型按以下公式计算：

(1)单梁式支承体系

中梁：在邻近焊接或螺栓连接的评定截面的设计应力幅 Δf，应取中梁在评定截面处由竖向和水平向的弯曲应力的应力幅值之和。在计算中梁应力时，不考虑任何受力支承连接，如连接板和连接架等对应力的影响。对螺栓连接的单梁支承体系，应力幅按净截面计算。

连接板：在中梁和支承梁之间的连接板和连接架的竖向反力的疲劳应力幅 Δf，假定为大于或等于总的竖向反力幅值的30%。在连接板和连接架的应力幅计算中，不需要考虑中梁的应力影响。水平车辆荷载对连接板和连接架的疲劳影响可以忽略。

(2)焊接的多梁式支承体系(格梁式)

中梁焊趾伸缩装置即A型焊缝的设计应力幅 Δf，应包括由竖向和水平向弯矩作用同时发生的应力幅 S_{RB} 和在焊缝顶部的竖向应力幅 S_{RZ} 组合而成，见图B-4。A型焊缝的设计应力幅按下式确定：

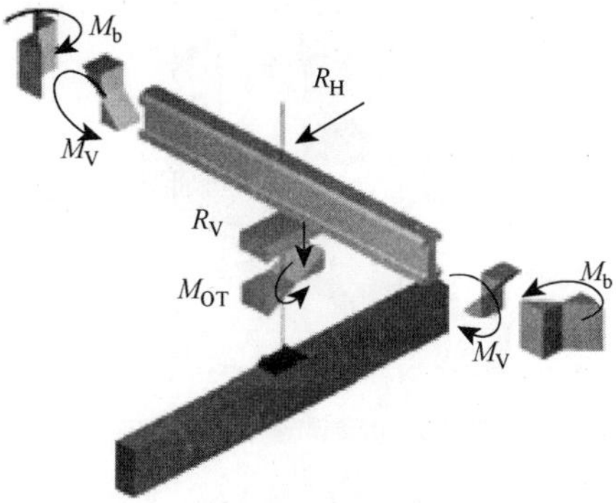

图B-4 A型焊缝的荷载效应

$$\Delta f=\sqrt{S_{RB}^2+S_{RZ}^2} \tag{B-4}$$

其中：
$$S_{RB}=\frac{M_V}{S_{Xcb}}+\frac{M_H}{S_{Ycb}},S_{RZ}=\frac{M_{OT}}{S_{Wtop}}+\frac{R_V}{A_{Wtop}},M_{OT}=R_H d_{cb}$$

式中：S_{RB}——中梁上的组合弯曲应力幅；

M_V——中梁在焊趾的临界截面处，由竖向荷载幅值引起的竖向弯矩应力幅；

M_H——中梁在焊趾的临界截面处，由水平向荷载幅值引起的水平向弯矩应力幅；

M_{OT}——由水平反力作用产生的倾覆力矩；

S_{Xcb}——对中梁底面的竖向截面模量；

S_{Ycb}——中梁水平截面模量；

S_{RZ}——由支承梁的共同作用，在中梁与支承梁焊接部位顶部的竖向应力幅；

R_V——连接处的竖向反力幅值；

R_H——连接处的水平向反力幅值；

d_{cb}——中梁高度；

S_{Wtop}——中梁焊缝顶部轴向受弯处的截面模量；

A_{Wtop}——顶部焊缝面积。

中梁焊趾缝即B型焊缝的设计应力幅Δf，应包括由竖向和水平向弯矩作用同时发生的应力幅S_{RB}和在焊缝顶部的竖向应力幅S_{RZ}组合而成，见图B-5。B型焊缝的设计应力幅按下式确定：

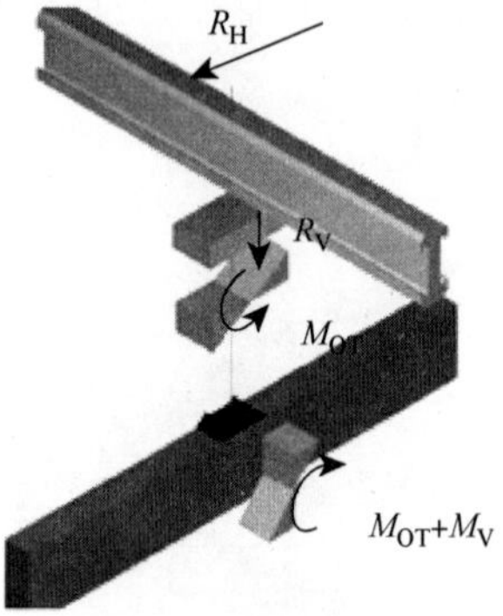

图B-5　B型焊缝的荷载效应

$$\Delta f=\sqrt{S_{RB}^2+S_{RZ}^2} \qquad (B-5)$$

其中：$S_{RB}=\dfrac{M_V}{S_{Xsb}}+\dfrac{1}{2}\dfrac{R_H(d_{cb}+h_W+\frac{1}{2}d_{sb})}{S_{Xcb}}$，$S_{RZ}=\dfrac{R_H(d_{cb}+h_W)}{S_{Wbot}}+\dfrac{R_v}{A_{Wbot}}$；

式中：S_{RB}——在支承梁处由于最大弯矩产生的弯曲应力幅值，包括由竖向反力和连接处的倾覆产生的弯矩作用；

M_V——在支承梁处由于竖向反力作用，在焊缝连接的焊趾临界截面处的弯矩幅值的竖向分量；

S_{Xsb}——对支承梁顶部的支承梁竖向截面模量；

h_W——焊缝高度；

d_{sb}——支承梁高度；

S_{RZ}——由支承梁的共同作用，在中梁与支承梁焊接部位底部的竖向应力幅；

S_{Wbot}——在支承梁轴线方向，焊缝底部受弯处的截面模量；

A_{Wbot}——底部的焊缝面积。

熔透的凹角焊缝，即C型焊缝的设计应力幅Δf，应由在中梁与支承梁焊接最狭窄横截面处，竖向和水平向反力共同作用发生的应力幅S_{RZ}组合而成，见图B-6。C型焊缝的设计应力幅Δf按下式确定：

$$\Delta f=\frac{R_V}{A_{Wmid}}+\frac{R_H\left(d_{cb}+\frac{1}{2}h_w\right)}{S_{Wmid}} \tag{B-6}$$

式中：S_{Wmid}——中梁轴线方向最狭窄横截面处，焊缝的截面模量；

A_{Wmid}——最狭窄横截面处的焊缝面积；

其他符号物理意义同式（B-5）。

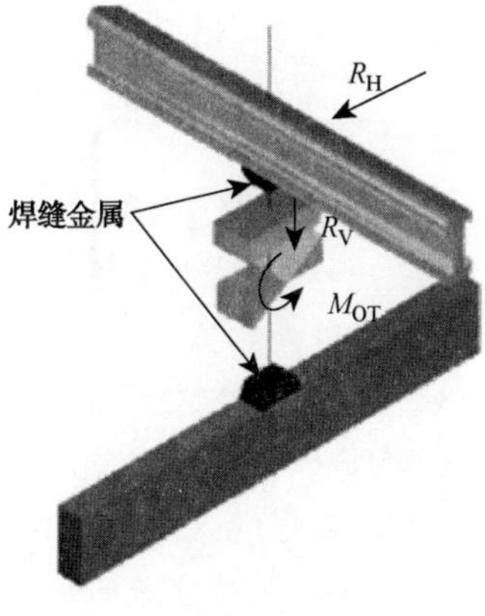

图B-6　C型焊缝的荷载效应

【解释】因为设计车轴荷载和分配系数表示最不利状态，而疲劳极限状态设计的结构分析不需要表现比平均应力状态更严酷的条件，因此对于疲劳荷载，假定伸缩装置的缝宽值等于或略大于缝宽的中值，标准取用37.5mm（1.5in），即处于平均缝宽的状态。缝宽的大小主要影响支承梁的跨径。

结构分析的规定见本附录B.6.9.6节的解释。斜向安装的模数式伸缩装置在设计中应特别关注。

伸缩装置斜交角大于14°时，可能同一车辆的车轮不同时作用在一根中梁上，此不对称荷载的作用，可能会明显地影响疲劳敏感细节的应力幅值，可能是有利的也可能是不利的。尽管如此,一个斜向中梁要承受的弯矩幅值作用,应包括在邻近跨车轮作用传来的负弯矩和在本跨车轮作用的正弯矩。

对于通用类型的模数式伸缩装置,重要细节的设计应力幅值,可采用简化的假定导出。经验表明这些简化假定对于提供设计计算中的作用应力幅值已经是足够的,它和设计细节等级给出的疲劳试验资料的图表相同。

设计应力幅值应以焊趾的临界截面为准。如图 B-7 所示一个支承梁临界截面典型的弯矩图。支承梁的设计弯矩应力幅值是中梁反力和水平力作用在中梁顶部引起的转动力矩的总和。这对于确定中梁中线处的弯矩是偏保守的。

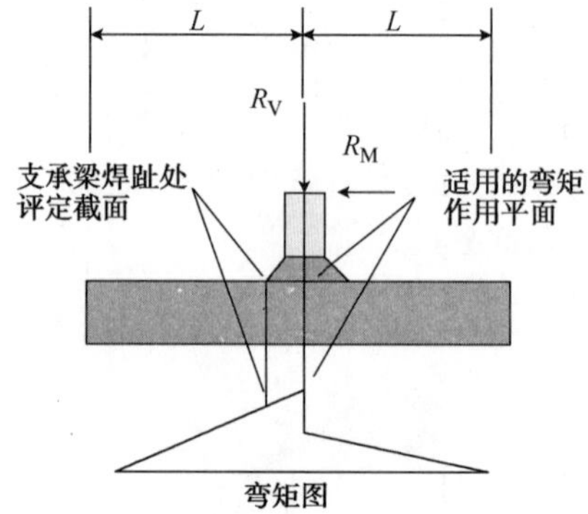

图 B-7　典型的支承梁弯矩图

除了焊接多点支承式(格梁式)模数式伸缩装置外,中梁与支承梁连接的所有细节的设计应力幅值,可以根据所处位置的计算得出。对于焊接多点支承式模数式伸缩装置的应力幅值采用专门的公式计算。这些专门的公式由焊接多点支承式模数式伸缩装置的疲劳试验得出。焊接多点支承式支承梁和中梁的连接的设计应力幅值,由中梁或支承梁在焊缝处的水平应力幅值的平方和竖向应力幅值的平方之和的平方根得出。注意这种方法的应力组合忽略了截面内的剪应力。在这个过程中忽略剪应力是因为通常剪应力很小,也很难确定。

附录C　术　　语

伸缩装置(Expansion Joints):桥梁伸缩装置是公路桥梁路面的重要组成部分,用于适应桥梁的温度伸缩、混凝土及预应力混凝土桥梁的收缩和徐变、桥梁梁部结构在荷载作用下的伸缩位移等所引起的桥梁伸缩位移,以保证桥上车辆通行的安全性和舒适性。

埋入式伸缩装置(Buried Expansion Joint):在桥面伸缩部位,采用防水部件或弹性元件填实,用于承受桥面较小的纵向伸缩变形。该伸缩装置的支承表面在桥面处连续通过,伸缩材料在表面以下就地填实。

梳齿板式伸缩装置(Cantilever Expansion Joint):由悬臂对称或不对称的元件(像梳子或锯齿形的板)组成,锚固在桥面的一侧,并跨过桥面上的缝隙,梳齿板表面与桥面齐平。

柔性填充式伸缩装置(Flexible Plug Expansion Joint):由特种柔性材料(绑扎或集束)组成的柔性条带,现场将其浇筑在桥面伸缩装置处。

板式橡胶伸缩装置(Mat Expansion Joint):利用厂制的橡胶条或橡胶板的弹性性能来适应结构的位移,在橡胶板内设置钢板加劲,橡胶条和橡胶板用螺栓固定在梁体结构上,橡胶板与路面齐平,直接承受车辆荷载。

单缝式型钢伸缩装置(Nosing Expansion Joint):由边梁(型钢)、树脂或弹性体制成唇边状的防水胶条组成,缝两侧的边梁型钢可以直接埋置在混凝土中,也可以填充柔性材料,伸缩装置的防水胶条不直接承受车辆荷载。

支承式伸缩装置(Supported Expansion Joint):有跨座式梳齿板伸缩装置和拖拉钢板式伸缩装置两种。跨座式梳齿板伸缩装置是将桥面一侧的梳形钢板跨过伸缩装置部位,支承在另一侧的路面上滑动,形成简支板体系,因此能适应较大的伸缩位移量。拖拉钢板式伸缩装置的一端通过铰接方式固定在桥面上,并滑动支承在桥面的另一端的部件上(滑座),由此跨越桥面的缝隙。

模数式伸缩装置(Modular Expansion Joint):由一个充分防水的部件(在行车方向)和位移受控制的钢梁(如中梁,支承梁)组成,支承在可相对移动的梁部结构上,跨过结构的缝隙,钢梁与行车面齐平。

位移能力(Movement Capacity):桥梁伸缩装置所能适应桥梁在桥面伸缩装

置处的位移能力,该位移包括竖向、横向和纵向 3 个方向的线位移和绕 x、y 和 z 轴 3 轴的角位移。

工作寿命(Working Life):伸缩装置及其部件在正常使用条件下,能保证其结构承载能力、位移能力以及车辆行驶安全功能的最小使用年限。

工作温度(Operating Temperature):伸缩装置的工作温度通常以在背影下的环境温度为准。直接暴露在阳光下的表面温度,可按背影下的温度提高 15℃ 考虑。

老化(Ageing):材料在环境条件影响下(如水、氧气、紫外光和盐等化学溶剂)的性能变化。

缝隙(Expansion Joint Gap):伸缩装置下部部件之间(两个直线或平面之间的垂直方向) 在道路表面形成的一个长度较大、相对宽度较小的开启状态(一般为行车方向)。

开启缝宽(Opening Gap Width):伸缩装置开启状态缝隙的宽度。

最大缝宽(Maximum Opening Gap Width):伸缩装置在最大开启状态下的缝隙宽度。

设计缝宽(Design Gap Width):伸缩装置在进行承载能力极限状态、使用极限状态和疲劳极限状态设计时,取用的开启缝宽的数值。通常取最大开启缝宽的一个百分数。

锚固系统(Anchorage):伸缩装置与桥梁端部结构的连接部件,如加劲钢筋、剪力键和高强度螺栓等。

加劲钢筋(Rein Forcement):伸缩装置与桥梁端部结构的连接混凝土中预埋设置的钢筋。

剪力键(Dowel):伸缩装置与桥梁端部结构的连接混凝土中设置的抗剪销钉等元件。

高强度螺栓(High Strength Friction Grip Bolts):通过对强度级别较高的精制螺栓施加一定的扭矩,在被其连接的钢部件中产生预定的摩擦力,从而形成的连接螺栓。

预留槽(Recess):用于伸缩装置与桥梁端部连接处,在梁端预留的槽口,在伸缩装置安装后,浇筑混凝土(或柔性填充材料)填实。

中梁(Lamella Beam):几乎是等距离的(连接相邻两桥面板之间的调节间距)在导向作用下控制位移的梁,在两侧桥面板的间隔处起到为车辆在路面行驶提供足够的承载能力的作用,由横梁、格梁或斜向支承梁等支承。

边梁(Edge Beam):紧接桥梁主体结构的异型钢梁。

格梁式支承体系(Pantograph Support System):格梁式伸缩装置的每根中梁各自焊接在一根横梁(支承梁)上,多根中梁(多缝)需要设置多根横梁,每组横梁弹性支承在伸缩装置两侧的位移控制箱内,形成多根横梁组组成的伸缩装置支承体系。

直梁式支承体系(Support System):直梁式伸缩装置的多根中梁通过支承元件、预紧元件和吊架弹性支承在一根沿桥轴方向布置的横梁上,横梁的最大中距为1 800mm。直梁式伸缩装置的位移控制体系采用橡胶剪切弹簧来控制位移的均匀性。

转轴式(斜梁式)支承体系(Swivel Support System):通过部件的转动可改变其支承长度的一种横梁支承系统。

横梁、支承梁(Cross Beam):对中梁起到支承作用的梁,两端分别支承在桥梁主体结构端部的位移控制箱内。

承压支承(Bearing):将车辆荷载或预紧力从中梁传递到横梁或主体结构上的元件。

压紧支承(Prestress Element):预紧元件是用于防止中梁和横梁的连接、横梁和桥梁主体结构的连接出现向上跳动的元件。

位移控制箱(Joist Box):牢固嵌入在桥梁主体结构端部的钢箱,对横梁起到支承作用。

密封元件(Seal Element):在伸缩装置的缝隙中用嵌缝材料(胶泥、树脂材料)或防水密封橡胶条密封,用以实现伸缩装置防水的元件。

位移控制元件(Control Element):用于确保模数式伸缩装置各单模宽度在梁体伸缩时基本保持一致的元件。

参考文献

[1] European Organization for Technical Approvals. ETAGn° 032—2013 Guideline for European Technical Approval of Expansion Joints for Road Bridges [S]. Brussels, 2013.

[2] The UK Highways Agency. BD 33/94 Expansion Joints for Use in Highway Bridge Decks[S]. Welsh,1994.

[3] 赖尚贤、凌烽生.桥梁伸缩缝性能测试之发展[J].台湾德霖学报,2005(19),6.

[4] American Association of State Highway and Transportation Officials. ASSHTO LRFD Bridge Design Specifications[S]. Washington,2012.

[5] 中华人民共和国行业标准. JT/T 327—2004 公路桥梁伸缩装置[S]. 北京:人民交通出版社,2004.

[6] 中华人民共和国行业标准. JT/T 723—2008 单元式多向变位梳形板模数式桥梁伸缩装置[S]. 北京:人民交通出版社,2008.

[7] 中华人民共和国行业标准. JTG D60—2004 公路桥涵设计通用规范[S]. 北京:人民交通出版社,2004.

[8] 中华人民共和国行业标准. JTG D62—2004 公路钢筋混凝土及预应力混凝土桥涵设计规范[S]. 北京:人民交通出版社,2004.

[9] CEN. BS EN 1990 Eurocode-Basis of Structural Design[S]. Brussels,2002.

[10] CEN. BS EN 1998 Eurocode 8-Design of Structures for Earthquake Resistance—Part2: Bridges[S]. Brussels,2005.

[11] 中华人民共和国行业标准. JTG/T B02-01—2008 公路桥梁抗震设计细则[S]. 北京:人民交通出版社,2008.

[12] Guenter Ramberger.Structural Engineering Documents-Bearings and Expansion Joint[R]. Vienna: International Association for Bridge and Structural Engineering,2002.

[13] CEN. German Version EN 13036-4 Road and Airfield Surface Characteristics Test Methods-Part 4: Method for Measurement of Slip/Skid Resistance of A Surface: The Pendulum Test [S]. Brussels,2011.

[14] 中华人民共和国国家标准. GB/T 3512—2001 硫化橡胶或热塑性橡胶 热空气加速老化和耐热试验[S]. 北京:中国标准出版社,2001.

[15] 中华人民共和国国家标准. GB/T 6031—1998 硫化橡胶或热塑性橡胶硬度的测定(10-100IRHD)[S]. 北京:中国标准出版社,1998.

[16] 中华人民共和国国家标准. GB/T 528—2009 硫化橡胶或热塑性橡胶拉伸应力应变性能的测定[S]. 北京:中国标准出版社,2009.

[17] 中华人民共和国国家标准. GB/T 7762—2003 硫化橡胶或热塑性橡胶耐臭氧龟裂静态拉伸试验[S]. 北京:中国标准出版社,2003.

[18] CEN. German Version EN 13687-1 Products and Systems for The Protection and Repair of Concrete Structures-Test Methods-Determination of Thermal Compatibility-Part 1: Freeze-Thaw Cycling with De-Icing Salt Immersion [S]. Brussels, 2002.

[19] 中华人民共和国行业标准. JTJ 025—1986 公路桥涵钢结构及木结构设计规范[S]. 北京:人民交通出版社,1986.

[20] 李杨海,程潮洋,鲍卫刚,等. 公路桥梁伸缩装置实用手册(第二版)[M]. 北京:人民交通出版社,2007.

[21] 赵衡平. 现代桥梁伸缩装置[M]. 北京:人民交通出版社,2008.